KB161960

분명한 전환

생태적 재지역화 개념, 이론 그리고 모색

GREEN
SEED

30

분명한 전환

생태적 재지역화 개념, 이론 그리고 모색

김성균 지음

이담
Books

머리말

인류는 지난 200년 동안 화석연료를 기반으로 비약적인 발전을 해왔다. 산업혁명을 통해 산업 발전의 기틀을 마련하였으며 전쟁을 통해 경제적 도약을 하기도 하였다. 2000년대에 들어서면서 IT기기의 보급과 정보화를 기반으로 생활세계의 스마트 혁명이 이루어지고 있다. 인류는 앞으로도 에너지 혁명과 환경 혁명을 통해 인간이 지난 세월 동안 누려온 풍요를 누릴 것으로 생각하고 있다. 반면, 인구의 증가, 경제성장 그리고 1인당 GDP의 증가 등이 지구의 자원을 감소시키고 있다는 사실에 대해서는 그리 깊게 생각하지 않는다.

지난 200년 동안 누려온 풍요를 앞으로 200년 뒤에도 보장받을 수 있을까? 그러면 얼마나 좋겠는가? 문제는 이제 지구의 자원은 분명한 한계에 이르렀다는 점이다. 우리의 풍요를 위해 싼 가격으로 이용해온 화석연료의 정점도 이미 지나버렸다. 그러나 현재로서 자원 문제 해결을 위한 방법은 그리 간단하지 않다. MB정부는 이를 돌파할 대안으로 '녹색성장'을 강조하였지만, 이것이 생태적 원칙에 기반을 둔 것인가 하는 점에서는 쉽게 동의할 수 없는 부분이 너무 많다. 핵발전소를 그린청정에너지라고 이야기하는 정부 당국 앞에서 그저 고개를 돌릴 수밖에 없는 상황이다. 지난 200년 동안 성장해온 문명의 결과는 화석연료의 공급을 기반으로 급속히 팽창된 소비의 욕망이며 그 욕망은 이미 우리의 몸속에 유전적으로 코드화되어 점점 커지는 반면, 실질적으로 욕망의 견인차 구실을 해온 화석연료의 공급은 점점 줄어들고 있다. 결국, 욕망의 자양분 역할을 제대로 하지 못하게 될 화석연료는 공급과 소비의 곡선에서 커다란 갈등으로 작용할 것이다. 이것이 오일 갭oil gap이다. 앞으로 우리가 고민해야 할 과제는 점점 격차가 커질 오일 갭을 얼마만큼 줄이는가 하는 점이다. 우리는 지금 우리가 살고 있는 세상에 대한 이미지를 생각해볼 시기이다.

강의를 시작할 때 항상 하는 첫 질문이 있다.
"우리는 지금 어떤 시대에 살고 있습니까?"

침묵이 흐른다. 그리고 잠시 후 대답이 나온다.

"정보화시대요, 아니면 첨단산업사회요."

맞다. 그런데 우리는 한 번도 정보화시대와 첨단산업사회의 이면에 대해 깊이 있게 고민한 적도 배워본 적도 없다. 그러면 그 이면의 것들은 무엇일까? 나는 "생태 위기의 시대요, 기후 온난화의 시대요, 석유 정점의 시대다"라고 이야기한다. 그리고 한 학기 동안 이 이야기를 이해시킨다. 프랭크 푸레디^{Frank Furedi}의 말처럼 내가 이해시키고자 하는 이야기는 두려운 이야기일 수도 있으며 그렇지 않을 수도 있다. 아니면 비외른 롬보르^{Bjørn Lomborg}의 주장처럼 회의적이지 않은데 '회의적 환경주의자'처럼 행동하는 것인지도 모른다. 그러나 나는 공포적이든 회의적이든 간에 '생태 위기, 기후 온난화, 석유 정점'은 '정보화, 첨단산업사회' 시대의 동전의 양면이라고 생각한다. 나는 지금 우리가 정보 기술의 힘으로 첨단산업사회를 쾌속 질주하면서 그 이면의 것들에 대해서는 분명히 간과하고 있다는 사실에 주목하고자 한다. 그리고 이러한 사실이 우리가 사는 동네 그리고 지역에 어떤 영향을 주는지에 주목해보고자 한다. 왜냐하면 우리가 사는 동네 그리고 지역은 생활세계의 현장이며 공동체성이 발현될 수 있는 공간인 동시에 주민 스스로 자율과 자치를 할 수 있는 역동성을 지니고 있는 공간이다. 이렇듯 우리가 살고 있는 지역은 국가를 넘어설 수 있는 커다란 힘을 지니고 있다.

10년 전 우리 동네 상가에 제법 큰 규모의 빵집이 있었다. 물론 자신의 이름을 간판으로 내건 이른바 '동네 아저씨' 빵집이었다. 얼마 후 대규모 자본을 내세운 제품의 빵집이 옆에 입점했다. 규모는 동네 아저씨 빵집의 4분의 1 정도에 불과했다. 그리고 1년 후 두 개의 빵집은 서로 자리가 바뀌었다. 그리고 또 1년 후 동네 아저씨 빵집은 폐업했다. 그 이후 빵집 연쇄점뿐만 아니라 세탁소 체인점이 입점하면서 동네 세탁소 아저씨로부터 세탁소가 고전을 면치 못하고 있다는 푸념을 종종 듣곤 했다. 결국 최근에 세탁소는 폐업을 했다. 제법 큰 동네 슈퍼는 이미 철수한 지 오래되었으며, 그나마 남아 있는 슈퍼는 자금이 부족한지 가끔 라면을 사러 가면 라면이 거의 바닥에 깔린 정도로 진열되어 있었다. 이러한 '동네 아저씨' 가게를 전 방위로 압박하는 것이 동네 곳곳의 길목을 차지하고 있다. 우리 집을 기준으로 동쪽으로 10분 걸어가면 대형마트가 있고 5분 정도 거리에는 마트가 또 하나 있다. 그리고 서쪽으로 10분 거리에는 또 다른 브랜드의 대형마트가 있다. 차량으로 10분 거리에는 자칭 토종자본이라고 하는 대형마트가 두 개나 자리하고 있다. 그뿐인가? 골목골목에 대기업이 운영하는 편의점이 자리하고 있다. 최근에는 학원가에도 대규모 자본을 앞세운 가맹점 대형학원이 소규모 보습학원을 밀어내는 경향이 나타나고 있다. 언제부터인가 우리 동네는 초국적 자본을 무기로 편리함·쾌적함을 앞세운 대기업이나 프랜차이즈 상점이 동네 아저씨들의 가게를 점령해버렸다. 이 것은 그리 간단한 문제가 아니다. 가장 치명적인 것은 자본이 지역에서 건강하게 순환되지 않는다는 점이다. 동네 경제가 어려운 이유가 여기에 있다. 동네 아저씨 빵집에서 산 빵으로 보습학원 원장은 식사를 하고, 빵을 판 동네 빵집 아저씨는 자녀를 다시 학원에 보내고, 보습학원 원장의 옷을 세탁한 동네 세탁소 아저씨는 그 돈으로 동네 아저씨 빵집에서 빵을 구입한다. 즉, 일정 기간 건강하게 동네에서 자본이 순환됨을 알 수 있다. 그러나 지금은 어떠한가? 대형마트, 프랜차이즈 음식점, 대형 유명 학원, 체인화된 세탁소 등이 동네 자본의 순환을 끊어놓고 있다. 내가 이야기하고 싶은 것은 '동네, 즉 지역'이다. 다양한 동네 아저씨 가게는 하나둘씩 사라지고 그 자리를 채운 것이 무엇인지를 진지하게 고민해야 할 때라고 생각한다.

이 책은 전체 3부로 구성되어 있다. 프롤로그는 현재 지역이 처해 있는 위기적 상황을 진단한다. 초국적 자본을 앞세운 대기업의 유통과 경제적 세계화로부터 자유롭지 못한 지역의 현실을 진단한다.

1부 '삶의 터를 다시 읽다'는 우리가 딛고 거니는 땅에 대한 이해를 새롭게 조명한다. 특히 땅을 개발의 도구나 물리적 대상으로만 바라보는 인식에 대한 문제의식을 분명히 한다. 그리고 땅과 좋은 터를 이야기하는 이중환의 '택리지', 바람과 물과 땅과 그 이치를 묻는 '풍수지리', 하늘과 땅과 사람의 우주적 관점에서 바라보는 '삼재론', 그리고 2차로, 4차로, 8차로 아니면 4미터, 8미터 등 속도와 질주의 사회학만 강조하는 도로의 개념이 아닌 '나'부터 시작하여 길과 길, 길과 마을 그리고 우주적으로 연결되어 있는 '길'의 가치에 대한 재평가를 통하여 전통 지리학이 지니고 있는 생태적 감수성을 이야기한다. 생태적 재지역화는 지역과 생태적 관점에서 다시 논의하였다. 지역화에 대한 재논의는 기존의 지역화가 경제적 세계화, 신자유주의 관점에 기반을 둔 지역화라는 문제의식을 느끼고 진정한 지역화, 지역이 중심이 되는 지역화를 '생태적 재지역화'로 정의하였다. 그리고 생태적 재지역화는 '토지 윤리론, 근본 생태론, 그리고 생명지역주의'가 언급하고 있는 땅에 대한 의미를 살펴보고 이를 바탕으로 모색되어야 할 지역의 관점을 재구성하였다.

2부 '공간, 그 이상의 상상'은 국내외 생태적 재지역화의 다양한 사례를 살펴보았다. 국내의 사례 분석에서는 현재 전개되고 있는 지역사회운동을 유형화하여 재지역화 관점에서 재구성하였으며, 국외 사례 분석에서는 GEN, 영국 토트네스, 쿠바 아바나의 사례를 이야기하였다. 지구적 차원에서 생태마을 네트워크를 형성하고 있는 GEN은 그 지향점과 약간의 사례를 정리하였다. 그리고 영국 토트네스와 쿠바 아바나는 석유 정점으로부터 지역이 새롭게 태어나는 과정에 주목하였다. 쿠바 아바나는 화석연료의 공급 한계가 가져다줄 결과가 어떠할지를 보여주는 사례이며 영국 토트네스는 다가올 석유 정점 시대에 대비하는 과정을 보여주는 사례다. 두 지역 사례의 핵심 소재는 '석유'와 '지역'이다. 생태적 지혜와 슬기를 모아 석유정점의 위기를 극복한 쿠바 아바나의 재지역화 전략과 대비 차원에서 앞서 준비하고 있는 영국 토트네스의 재지역화 전략은 향후 우리가 모색해야 할 과제가 무엇인지를 설명하였다.

3부 '분명한 전환 그리고 생태적 재지역화'는 한국 사회가 생태적 재지역화로 가기 위한 경로를 파악하기 위해 지역이 직면한 현실을 진단하고 향후 과제를 제안하고 있다. 정치, 경제, 사회·문화, 기술 분야는 '토지 윤리론, 근본 생태론, 그리고 생명 지역주의'가 강조하고 있는 내용에 중점을 두고 지역이 처한 현실과 향후 과제를 제안하였다. 정치 부문에서는 '분권과 나눔의 정치학'을 제안하며, 경제 부문에서는 '순환과 호혜의 경제'의 가능성을 살펴본다. 그리고 사회·문화 부문에서는 '닮음과 다름의 상생의 사회·문화'를 강조하며, 기술 부문에서는 '지속 가능한 기술' 여건을 언급하였다.

에필로그는 이 글의 결론이다. 여기서는 지역사회와 마을의 중요성을 새삼스럽게 강조한다. 위로부터의 발전이 아닌 아래로부터의 지역 읽기의 관점에서 진정한 지역화, 밑으로부터의 지역화의 필요성을 강조한다. 밑으로부터의 진정한 지역화가 중앙집중화·획일화·대규모화·전문화를 지향하는 국가중심의 패러다임을 넘어설 수 있는 '국가 넘어서기'의 중요성을 강조한다.

차례에서도 알 수 있듯이 『생태적 재지역화』는 WTO 등의 출현 속에서 등장한 세계화의 의제 속에 묻혀버린 지역의 의미를 새롭게 이해하는 데 그 목적이 있다. 우리가 알고 있는 지역화는 경제적 세계화의 경로에 불과한 것으로 지역을 위한 진정한 지역화가 아니라는 것에 문제의식을 느낀다. 특히 석유 정점과 기후 온난화 시대에 우리의 삶을 스스로 기획하고 창조적으로 만드는 과정은 지역의 새로운 이해로부터 실천 가능한 방법론을 찾을 수 있다고 본다. 따라서 이 책은 과거, 현재 그리고 미래를 하나의 시계열로 보고 진행된다. 인류에게 풍요의 원천을 제공한 에너지로서의 화석연료 이야기에서부터 시작하여, 싼값에 남용한 화석연료가 가져온 기후 온난화의 문제를 짚어보고, 결국 우리의 삶을 우리 스스로 기획하는 것이 중요하다고 보고 지역의 관점에서 다양한 사례를 통해 생태적 재지역화의 의미를 분석하였다. 따라서 이 책은 석유 정점과 기후 온난화 시대에 우리의 삶의 터와 우리가 사는 지역의 의미를 재조명해보고 이를 통해 실천 가능한 현실적인 이야기를 진단했다는 점에서 큰 의미가 있다고 본다.

최근 국내외적으로 석유 정점, 기후 온난화 그리고 지역이나 마을에 대한 다양한 책이 쏟아지고 있지만 이러한 주제를 지역이라는 하나의 범주로 묶어서 다룬 책은 그리 많지 않다. 나는 이 책을 통해 우리의 삶의 터를 정부, 관료 그리고 전문가가 기획하고 집행하는 것이 아니라 우리 스스로 기획하고 만들어갈 수 있다는 것, 그리고 그래야 한다는 것을 말하고 싶다. 이 책은 지역을 연구하는 연구자에게는 지역을 이해하는 새로운 관점을 제시할 수 있으며, 일반인에게는 지속 가능한 삶의 실천이 우리 동네에서도 가능하다는 것을 보여줄 수 있다. 그리고 자라나는 청소년에게는 미래 세대의 주역으로서 석유 정점, 기후 온난화 시대에 삶의 가치와 그 의미를 새롭게 이해하는 데 도움을 줄 것으로 판단된다. 이 책을 통해 우리가 위기로 생각하고 있는 문제 그리고 크게 생각하고 싶지 않은 문제, 나의 일이 아니었으면 하는 문제가 석유 정점과 기후 온난화라는 것을 인식하고, 이 또한 우리의 지혜와 슬기를 모으면 극복 가능하다는 것에 조금이나마 기여를 했으면 한다.

2015년 2월
정자골에서 김성균

CONTENTS

프롤로그: 왜, 동네 빵집이 사라지는가?

양구를 간다고 하면 대부분 면회 가는 것으로 생각한다. "아이고, 고생이 많겠네"를 인사처럼 한다. 그만큼 심리적으로 먼 곳이 양구다. 양구 팔랑리에서 촌로 한 분을 만났다. 그는 전북 김제 출신으로 한국전쟁 이후 이곳에 들어와 50여 년을 고향처럼 생각하고 이 땅을 지켜온 분이다. 그의 옷차림은 한국전쟁에 참전한 용사다움이 오롯이 배어 있다. 이 어르신은 한국전쟁 당시 육군 이등병으로 시작하여 부사관을 지낸 장교 출신이다.

제대 이후 그가 지켜온 가게는 초라해 보일 정도로 남루하다. 컵라면 몇 개와 식은 캔커피, 그리고 건빵 몇 봉지가 전부다. 한때 군인에게 필요했을 것 같은 물품들이 먼지와 함께 여기저기 널려 있다. "상생상조 개념으로 영세상인 보호를" 등 가게 입구에는 그의 절박함을 호소하는 구호들이 즐비하다. 그의 구호는 결국 공염불이 된다. 참전용사로서나 오랫동안 세월을 지켜온 동네 사람으로서의 의미도 한순간에 사라졌다고 한다. 그와의 이야기는 긴 한숨으로 시작되었다. 이곳 팔랑리에는 편의점이 5개나 된다고 한다. MB정부 시절 청와대에 리 단위에는 편의점 입점이 안 되었으면 하는 탄원서를 내기도 했지만 탄원서는 받아들여지지 않았다. 그를 한없이 가치 없는 인생으로 만든 것은 대자본을 안고 들어온 편의점이었다. 강원도 깊은 산골도 대자본의 바람을 피해갈 수는 없었다.

세계화가 국정의제였던 1996년 김영삼 정부는 유통시장을 전면 개방하고, 유통산업의 경쟁력 강화라는 미명하에 관련 규제정책을 완화시킨 바 있다. 1997년 도소매업진흥법이 폐지되고 유통산업발전법이 제정되면서 대형마트와 같은 대규모 소매점 개설이 허가제에서 등록제로 전환되었다. 이 법안이 통과되면서 대형마트는 급속히 팽창하였고 유통시장의 주도권은 전통시장에서 대기업이 주도하는 유통시장으로 넘어가기 시작했다.

2000년 116개였던 대형마트 수는 2012년 443개로 약 4배 이상, 매출액은 4배 이상 증가하였다. 반면, 전통시장 수와 매출액은 급감하였다. 급증하던 대형마트는 2006년에 점포 수가 포화상태에 이르자 기업형 슈퍼마켓(SSM)으로 새로운 유통시장에 뛰어든다.

SSM은 신고제로 입점을 할 수 있어 개설준비 기간이 비교적 짧아 대기업이 지역사회에 쉽게 유통시장을 장악할 수 있는 또 다른 유통시장이 마련된 셈이다. 그 대표적인 SSM이 홈플러스 익스프레스, 롯데슈퍼, GS슈퍼이다. 결국 신고제로 시작한 SSM은 매장 규모의 축소 전략이 가져다준 또 다른 이점은 동네 골목상권 접근이 용이해졌다는 점이다.

대형마트보다 쉽게 입점 가능한 기업형 슈퍼마켓은 무서운 속도로 동네 골목을 장악하기 시작한다. 2000년 56개에 불과했던 SSM 점포는 2012년 1,321개로 급성장하였다. 매출액은 역시 2006년 2.3조 원에서 2012년 7.0조 원으로 급성장하였다. SSM 시장은 일명 SSM 빅3 업계인 홈플러스 익스프레스, 롯데슈퍼, GS슈퍼가 시장을 주도하고 있는 상황이다. 2012년 기준 SSM 빅3는 전체 매장의 73%를 차지하고 있으며, 매출액도 74.3%로 전체 시장의 4분의 3을 점유하고 있다. 결국 지역의 골목상권은 이미 SSM 빅3 업계에 다 내준 것이라 해도 과언이 아니다.

대형마트와 전통시장의 점포 수 및 매출액

구분	매출액/연도	2000	2002	2004	2006	2008	2010	2012
대형마트	점포 수(개)	163	232	273	329	385	428	443
	매출액(조 원)	10.6	17.4	21.5	26.2	30.6	36.8	37.3
전통시장	시장 수(개)	-	-	1,702	1,610	1,550	1,517	1,511
	점포 수(천 개)	-	-	237	226	207	201	204
	매출액(조 원)	44.7	41.5	35.2	32.7	25.9	24.0	21.1

출처: 참여연대(2010), "SSM 골목상권 침투, 18대 국회는 무엇을 했나?", 『참여연대 이슈리포트』, 참여연대 민생희망본부, p.7 재인용
시장경영진흥원(2012), 『2012년도 전통시장 및 점포경영 실태조사』
신세계유통산업연구소(2012), 『2013년 유통업 전망』

SSM 빅3 기업 점포 수

구분	매출액/연도	2000	2002	2004	2006	2008	2010	2012
SSM	전체	56	97	143	166	323	718	1,321
	홈플러스 익스프레스	-	18	18	32	110	213	297
	롯데슈퍼	-	13	43	52	110	300	470
	GS슈퍼	56	66	82	82	103	205	254

출처: 참여연대(2010), "SSM 골목상권 침투, 18대 국회는 무엇을 했나?", 『참여연대 이슈리포트』, 참여연대 민생희망본부, p.10 재인용. 2010년 이후 자료는 각 사 홈페이지

전체 SSM 및 빅3 기업 SSM의 매출액 및 시장점유율

구분		2006년	2007년	2008년	2009년	2010년	2011년	2012년
매출액(조)	전체 슈퍼마켓	19.3	19.6	21.5	22.4	23.8	25.4	26.5
	전체 SSM	2.3	2.7	3.5	4.0	5.0	6.1	7.0
	빅3 기업 SSM	1.2	1.4	1.9	2.5	3.7	4.3	5.2
점유율(%)	SSM의 슈퍼마켓 시장 점유율	11.9	13.8	16.3	17.9	21.0	24.0	26.4
	빅3 기업의 슈퍼마켓 시장 점유율	6.2	7.1	8.8	11.2	15.5	16.9	19.6

출처: 참여연대(2010), "SSM 골목상권 침투, 18대 국회는 무엇을 했나?", 『참여연대 이슈리포트』, 참여연대 민생희망본부, p.12 재인용. 2012년도 GS리테일 사업보고서. 금융감독원 전자공시시스템(http://dart.fss.or.kr/) 각 사 사업보고서 참고-2010년 이후 빅3 기업 슈퍼마켓 중 홈플러스 익 스프레스는 롯데슈퍼와 GS슈퍼 2개사 최근 3개년 점포 수와 매출액의 추정된 회귀방정식으로 산출한 추정값 활용(회귀모형 결정계수 R^2=0.9055)

2011년 프랜차이즈 편의점 시장이 다른 서비스업에 비해 7배 더 빠르게 성장한 바 있다. 통계청과 기획재정부에 따르면 체인형 편의점 사업체 수는 2만 1천여 개로 1년 전보다 22% 넘게 늘었으나 전체 서비스 사업체 수 증가율은 3.4% 증가에 그친 것으로 보고한 바 있다. 반면, 구멍가게 등이 포함된 종합소매업은 대형마트와 기업형 슈퍼마켓에 밀려 사업체 수와 종사자 수가 동시에 각각 4%, 2%가량 줄었다. 또한 대형마트를 제외한 슈퍼마켓은 사업체 수는 1% 가까이 줄었지만 종사자 수는 6%가량 늘어 대형화 경향을 보였다. 음식숙박업은 저렴하게 한 끼를 때우려는 1~2인 가구가 늘면서 분식 김밥 전문점의 매출액이 21% 증가한 반면, 설렁탕집 등 한식 음식점업은 매출 증가율이 5%에 그쳤다. 어린이집 등 보육시설 매출액은 17%, 노인요양시설 12%, 노인복지시설 매출액도 33% 증가하였다.

여기서 우리가 주목할 것이 있다. 유통시장이 소비자를 대하는 경영전략이 매우 궁금해진다. 2011년 11월 신세계 유통산업연구소의 「2012년 유통업 전망」 보고서에는 대기업의 유통시장 대응전략이 상세히 기록되어 있다. 신세계는 백화점, 대형마트, 슈퍼마켓, 편의점을 비롯하여 무점포 판매까지 유통시장 전반을 장악하고 있다는 점에서 그들의 보고서는 매우 주목할 만하다. 이들은 2012년 유통시장 환경을 소비양극화의 심화, 다양한 소비방식의 소비자의 구매행태, 복합쇼핑몰, 저가형 할인매장 등의 업태의 다변화된 유통시장을 주목하고 출구전략을 마련한 바 있다.

대형마트의 업계 매출은 2007년 28.4조 원, 2008년 30.1조 원, 2009년 31.3조 원, 2010년 33.8조 원, 2011년 36.9조 원, 2012년 39.8조 원으로 매출액이 매년 꾸준히 상승

하고 있다. 2008년 대형점포는 매년 30개씩 생기던 대형마트는 2010년 430개의 점포가 생겼다. 인구 대비 비율을 보면 인구 11만 명당 1개의 점포가 생겨난 셈이다. 기존의 대형마트는 지역에 점포의 입점뿐만 아니라 소비시장의 다변화에 대응하기 위해 고품질 저가격 상품을 확대하는 과정에서 피자, 치킨과 같은 골목상권의 대표 먹을거리까지 상품을 확대시키고 있다. 그뿐 아니라 수입산의 판매 비중을 점차 확대시켜 가고 있다. 국산과일의 작황부진과 가격 경쟁력을 앞세워 수입산 과일을 지속적으로 확대하고 냉동육류와 수산물도 판로를 확대시키고 있는 상황이다. 수산물 물량이 2007년 전까지는 10톤을 우회하는 정도의 수입을 하다가 2008년에는 41.9톤, 2009년 40.8톤, 2010년 47.2톤으로 급증한 것을 볼 수 있다.

최근에는 기존의 대형마트보다 가격이 10~30% 정도 저렴한 창고형 대형마트가 새로운 유통시장으로 등장하고 있다. 대형마트는 새로운 판로개척을 위해 2010년부터 이마트의 트레이더스와 같은 창고형 매장을 재오픈하고 했으며, 2010년에 재개장한 트레이더스는 재개장 이후 매출이 상승하고 있다. 이마트뿐만 아니라 롯데마트도 도심의 점포를 리뉴얼하여 회원제 창고형으로 재오픈하고 있다. 이러한 현상은 국내 유일의 창고형 회원제 할인점인 코스트코가 저가 가격으로 지속적 성장을 하고 있는 것에 영향을 받은 것으로 판단된다. 코스트코의 경우 2009년 금융위기에도 불구하고 19.8%의 성장세를 유지하였으며 평균 26%의 고성장을 하고 있으므로 대기업 유통시장이 벤치마킹할 수 있는 부분이다. 결국 대형마트 할인점이 가격 경쟁력을 앞세운 창고형 할인마트로 진화하면서 동네경제는 더욱 위축될 것으로 예상된다. 그뿐인가?

대기업 브랜드를 앞세운 슈퍼마켓의 지역화 전략이다. 일명 기업형 슈퍼마켓(Super Supermarket)은 SSM이다. SSM은 소량구매의 쇼핑 트렌드를 확산시키는 것이 목적이다. 2011년 슈퍼마켓 시장규모는 25.4조 원(전체 소매유통시장의 8.5%)이며, 이 중 기업형 슈퍼마켓(8개사 기준)이 6.1조 원, 중소기업/개인형 슈퍼마켓이 19.3조 원을 차지하고 있다. 대형유통 업체들은 고령화와 핵가족화, 1인 가구 증가에 따른 근거리 구매, 소량 구매 선호 등 최근의 인구·사회구조에 변화에 대응한 슈퍼마켓 업태가 적합한 것으로 대두되고 있다. 슈퍼마켓은 대형마트와 백화점에 비해 투자비용이 적고 소규모 상권에도 출점이 가능하다는 이유로 시장에 본격적으로 진출하고 있어 SSM은 최근 수년간 20% 내외의 고성장을 해온 반면, 중소기업/개인형 슈퍼마켓은 2% 내외로 저조한 상황이다.

반면, 2012년 SSM 시장은 15.0%(7.0조 원) 성장하였다. 특히 대형마트에 대한 정부규제 강화와 온라인 몰, 편의점 등의 타 업태와의 경쟁이 심화되는 상황에서 근거리 소량 구매 패턴 정착이 SSM 업계로 몰렸다. SSM은 대형마트 휴업에 따른 반사이익과 주요 SSM 업체들이 수요 진작을 위한 판촉행사, 규제를 적용받지 않는 가맹점 형태로의 출점 등을 꾸준히 진행함에 따라 타 유통업태에 비해 높은 성장이 가능한 상황이다. 오히려 대형마트에 대한 법적 규제는 SSM 사업에 대한 투자를 촉진시키는 결과를 초래했다고 볼 수 있다. 2005년에서 2010년까지 재래시장의 매출액과 수는 각각 연평균 6.0%, 1.8% 가 감소한 것으로 나타났다. 이는 재래시장의 수요는 감소한 반면, 대기업이 투자한 유통시장에 대한 수요가 높아졌음을 알 수 있다. SSM은 대형마트와 소매시장 사이의 틈새 소비를 공략하는 유통시장이다.

SSM은 근거리의 편의성을 소비자에게 제공하고자 하는 특징을 지니고 있다. 근거리 쇼핑은 두부·우유·콩나물 등의 신선식품을 PB제품을 출하함으로써 고객을 확보하는 전략을 취하고 있다. 이러한 SSM은 지역이나 마을의 규모의 경제를 최대한 효과적으로 운영하면서 대형마트와는 차별화된 마케팅 전략을 구현시키고 있다고 볼 수 있다.

슈퍼마켓 빅3 신규 출점 현황

구분	신규점포 오픈 수		총 점포 수
	2010년	2011년 9월 말	
롯데마트	87	50	327
홈플러스 익스프레스	66	33	267
GS슈퍼	67	19	224
합계	220	102	818

출처: 서울경제 2011.10.21/경향신문 2011.6.16.

SSM 매출액은 지속적으로 증가하면서 상대적으로 성장성이 낮은 슈퍼마켓 산업 내에서 차지하는 비중도 2005년 11.8%에서 2010년 21.0%로 증가하고 있는 것을 볼 때 SSM의 성장세는 지속되고 있다고 볼 수 있다. 결국 동네의 슈퍼마켓은 경쟁력이 상실되고 SSM 확장에 대한 반발은 불가피한 상황이다. 소위 구멍가게라고 하는 150㎡ 규모 이하의 소형 슈퍼마켓은 2005년에서 2009년까지 20.4%가 감소되었다. 결국 동네경제에 위기가 온 것이다.

대형마트와 SSM에 이은 편의점의 상황은 어떠한가?

편의점은 대형마트나 SSM과는 달리 소비자의 시간절약형 쇼핑 트렌드에 대응하기 위한 유통전략이다. 동네에서 도보로 쉽게 접할 수 있는 유통시장인 셈이다. 편의점은 2007년 4.8조, 2008년 5.5조, 2009년 6.2조, 2010년 7.3조, 2011년 8.7조, 2011년 10.1조로 매년 매출액이 증가하고 있다. 2011년 기준으로 편의점 업계는 공격적인 출점이 지속되면서 8.7조 규모의 전년 대비 19% 성장했다. 동네 골목골목에 입점한 편의점은 약 2만여 개의 점포에 육박하고 있다. 훼미리마트가 2010년에 오픈한 점포 중 32.8%가 동네 슈퍼마켓에서 전환한 것이며 2011년에는 43.7%로 증가한 바 있다. GS25, 세븐일레븐, 바이더웨이 등도 2010년과 2011년에는 적게는 23%, 크게는 29%가 동네슈퍼마켓이 편의점으로 전환하고 있다. 그리고 편의점에서 취급하는 품목 중의 하나가 쉽게 먹을거리를 찾을 수 있는 삼각김밥, 도시락, 김밥, 냉원팩 아이스커피 등과 같은 단품식품이다. 최근 편의점은 푸드점 코너를 설치하는 전략을 취하고 있다. 싱글족이나 맞벌이 부부를 대상으로 한 GS25 후레쉬와 같은 신선식품도 확대하고 있는 상황이다. 최근 편의점은 단품식품이나 후레쉬 푸드의 확대를 통하여 간편한 식사공간을 제공하는 전략을 취하고 있다.

편의점 산업 규모

구분	2011년	2012년	2013년	2014년	2015년
점포 수(개)	19,700	22,000	24,200	26,400	28,500
편의점 한 개당 인구수(명)	2,490	2,230	2,030	1,860	1,730

출처: 편의점 운영 동향 2011

편의점의 식품 구성비 추이

2007년	2008년	2009년	2010년
47.8%	48.4%	50.0%	51.4%

출처: 편의점 운영 동향 2011

유통시장 유형별 특징

구분	특징	
대형마트	대기업 브랜드의 신뢰, 가격 할인, 다양한 품목, 원거리 쇼핑, 대량구매	식료품에서 가전제품에 이르기까지 다양
SSM	근거리 쇼핑, 소량구매 가능, 브랜드 파워, 다양한 종류의 상품	1차 신선식품 중심으로 다양
편의점	브랜드 파워, 긴 영업시간, 근거리 쇼핑 가능, 신선식품 등 식료품 부족, 상대적으로 높은 가격	가공품 위주
일반 슈퍼마켓	근거리 쇼핑, 소량 구매 가능, 상품 구색 부족	식료품, 단순 생활용품

출처: 하나금융연구소(2011), 『SSM(기업형 슈퍼마켓) 산업 현황과 전망』

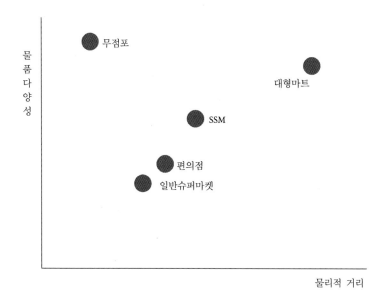

출처: 하나금융연구소(2011), 『SSM(기업형 슈퍼마켓) 산업 현황과 전망』

하나금융연구소가 발행한 『SSM(기업형 슈퍼마켓)산업 현황과 전망』이라는 보고서는 유통시장의 특성을 잘 설명하고 있다. 이 보고서는 물리적 거리와 물품 다양성을 지표로 유통시장의 상품과 거리의 관계도를 그래픽으로 그렸다. 물리적 거리는 내가 살고 있는 동네 혹은 나의 집이라고 할 수 있다. 내가 쇼핑을 하기 위해 이동하여야 하는 동선을 의미한다. 이 그래픽은 물리적 거리가 먼 곳은 대형마트가 입점하고 있으며 동네나 내가 살고 있는 곳이 가까운 곳은 일반 슈퍼마켓과 편의점이 입점하고 있는 것을 알 수 있다. 그리고 온라인을 활용한 무점포를 통하여 소비자층을 공략하고 있다고 볼 수 있다. 가령 대형마트가 온라인으로 운영하고 있는 이마트 몰, 홈플러스 몰 등과 같은 것이다. 이러한 쇼핑몰은 오프라인으로 쇼핑을 하지 않아도 오렌지와 각종 건어물도 쉽고 편하게 구매할 수 있다고 광고를 한다.

　그래픽에서 보듯이 무점포, 대형마트, SSM은 골목경제의 블랙홀로 아주 강한 삼각편대를 이루면서 소비자의 유연한 접근을 유인하는 장치로 관계되어 있다. 즉, 거주지로부터 상황에 따라 구매를 하고자 하는 욕구를 먼 거리와 짧은 거리에 배치시키고 있다.

　대형마트, SSM, 편의점에 이어 동네경제를 어렵게 만드는 것이 프랜차이즈 업체이다. 프랜차이즈는 Franchisor(본부, 혹은 본사)와 Franchisee(가맹점, 혹은 가맹점주) 사이의 계약을 통하여 가맹점은 본사의 제조법, 노하우, 브랜드이미지와 판매전략을 제공받으며 그 대가를 지급하는 형태의 사업을 의미한다. 본부는 가맹점의 확대에 의해 판로를 확대할 수 있으며 가맹점은 경영욕구를 충족할 수 있으므로 본사와 가맹점은 상호 상생의 관계가 조성되는 것이 프랜차이즈의 원칙이다. 프랜차이즈 사업은 가맹본부라고 하는 프랜차이저와 가맹사업자라고 하는 프랜차이즈가 상호 간의 계약을 통하여 사업이 시작된다. 그리고 가맹본부는 가맹사업자에게 패키지, 노하우를 제공하는 대신 가맹사업자는 가맹본부의 통제와 지도를 받는다. 그 과정에서 가맹사업자는 가맹본부에 일정의 대가를 지불한다.

　국내 프랜차이즈는 1975년 림스치킨을 효시로 보고 있으나, 본격적인 프랜차이즈는 1979년 10월 롯데리아가 롯데호텔과 롯데백화점의 연결통로인 롯데1번가 지하에 점포를 개점하면서 기업형 프랜차이즈 사업이 시작되었다. 그 이후 88올림픽을 계기로 외식문화가 확산되면서 KFC, 피자헛, 파리바게트, 투다리, 맥도날드 등의 기업형 프랜차이즈가 지역사회 곳곳에 진출하기 시작했다. 동네에 진출하기 시작한 프랜차이즈는 자영업자의 창업시장이라는 용어가 생길 정도로 활성화되었다. 프랜차이즈는 순수한 자기자본으로 사업을 하는 자영업자에게는 치명적이다. 홍보, 각종 이벤트 등이 전무한 상황에서 프랜차이즈 브랜드를 앞세운 업종에는 경쟁력이 될 수 없다. 가령 프랜차이즈 빵집과 자기자본이 투자된 빵집의 결과는 빤하다. 개인이 투자한 자영업자와의 경쟁력뿐만 아니라 동네에 머물러야 할 자본을 가맹본부에 가맹비와 유통과정에서 지불되는 비용은 동네에 순환하여야 할 자본의 흐름을 막는 꼴이 된다.

　우리 동네 아저씨 빵집이 사라지는 이유는 간단하고 분명하다. 대자본을 앞세운 초국적 기업이 운영하는 유통구조를 동네 아저씨의 몸부림으로 당해낼 수가 없기 때문이다. 동네 맛집 또한 프랜차이즈 브랜드에 밀려 버티기 힘든 상황이다. 거래를 통해서 순환하여야 할 동네자본은 카드 사용, 대기업과 프랜차이즈 유통망에 의해 동네에서 자본의 순환은 막혀 있다.

대기업의 중소업종 진출 현황

구분	회사	업종
CJ 푸드빌	로코커리	카레
	씨푸드오션	뷔페
	차이나팩토리	중식
	비비고	비빔밥
	콜드스톤	아이스크림
	빕스	양식
	투썸플레이스	커피전문점
	뚜레쥬르	제빵
	더 스테이크 하우스	양식
	투썸커피	커피전문점
	빕스버거	햄버거
	제일제면소	국수
	더 플레이스	양식
	피셔스마켓	뷔페
삼성	아티제	제과 · 제빵
	크레듀	온라인 교육
현대자동차	오젠	제과 · 제빵
LG	아워홈	외식(한국장)
	하꼬야 씨푸드	시푸드 뷔페
GS	미스터도넛	패스트푸드
	GS25(GS리테일)	편의점
롯데	포숑	제과 · 제빵
	롯데리아	패스트푸드
	TGI프라이데이	외식
	크리스피클링도넛	제빵
	세븐일레븐	편의점
애경	아퓨도	라면
	도코하야시라이스	카레
두산	페스티나 렌테	커피전문점
	KFC	패스트푸드
	버거킹	패스트푸드
신세계	달로와요	제과 · 제빵
	데이엔데이	제과 · 제빵
	스타벅스코리아	커피전문점

SK	나비콜	택시콜서비스
	엔카네트워크	중고차
	커머스 플레닛	화장품 도매
	로엔엔터테인먼트	연예기획
	WS통상	주류도매
	팍스넷	증권정보
농심	코코이찌방야	카레

또 다른 분명한 위협

석유 정점

2008년부터 휘발유 가격이 매달 일정액으로 오르기 시작하였다. 당시 그 누구도 석유 정점의 기우라고 생각하는 사람은 거의 없었다. 1리터당 800~900원대를 유지하던 휘발유 가격은 최근까지 2,000원을 마지노선으로 겨우 유지되고 있는 상황이다. 1971년 킹 허버트는 미국의 석유 정점을 예측했고 그 예측은 정확했다. 그 이후 많은 학자들이 석유 정점에 대한 연구가 진행되었고 석유 정점에 대해서는 그 누구도 부인하지 않았다. 단지 시기의 문제로 여길 뿐이다.

킹 허버트King Hurbert는 인간은 큰 위기에 봉착했으며 이것은 지질학에 있어서 전대미문의 사건이라고 경종을 보낸다. 가장 현실적인 문제는 이미 지구는 2007년을 기점으로 석유 정점에 도달하였다. 석유 정점은 우리가 사용할 수 있는 에너지가 부족함을 의미한다. 우리 인류는 화석연료를 기반으로 이루어온 문명에 대하여 매우 심도 있게 주목할 필요가 있다.

전 세계 석유 정점 현황

북미	1985	유럽	2000	구소련 연합	1987	아프리카	2008	아시아 태평양	2007
미국	1970	덴마크	2007			알제리	2006	호주	2000
캐나다	2007	이탈리아	2007	중동	2008	앙골라	2011	브루나이	1979
멕시코	2007	노르웨이	2001	이란	1974	카메룬	1985	중국	2008
		루마니아	1976	이라크	1979	콩고	1999	인도	2007
		영국	1999	쿠웨이트	1972	이집트	1993	인도네시아	1977
남미와 중미	2015			오만	2001	적도기니	2001	말레이시아	2006
아르헨티나	1998			카타르	2007	가봉	1996	파푸아뉴기니	1993
브라질	2008			사우디아라비아	1979	리비아	1970	태국	2006
콜롬비아	1999			시리아	2003	나이지리아	2008	베트남	2006
에콰도르	2013			아랍에미리트	2007	수단	2010		
페루	1980			예멘	2014	튀니지	1980		
트리니다드토바고	1978								
베네수엘라	1970								

전 세계 석유 생산 정점 ▌ 2007

기후 온난화

지속 가능하지 않은 연료, 화석연료를 무분별하게 사용한 결과는 기후 온난화가 그 답을 주고 있다. 그 결과는 참혹하다. 이러한 경종은 석유 정점의 현상이 한국사회에 그림자로 드리울 즈음 IPCC(기후변화에 대한 정부 간 회의)에서 시작된다. 기후는 자연의 리듬에 따라 나타나는 현상이다. IPCC는 이러한 자연의 리듬에 큰 변화가 있다는 것에 경종을 울린다. 그것이 『IPCC 제4차 보고서』이다. 이 보고서가 발행되면서 데이터가 오류 등을 지적하면서 온갖 비난거리를 만들려는 움직임이 있었다. IPCC는 다시 경고한다. 우리의 데이터에 오류가 있을 수도 있다. 그러나 중요한 것은 기후 온난화는 현실이며 앞으로 우리의 노력에 따라 어느 정도 예방할 수 있을 뿐이라고 다시 한 번 경고한다. IPCC는 지난 수십 년 혹은 그 이상 오래 지속되어 온 기후 상태가 변화하고 있으며, 그것은 자연적 변동 때문이든 인간 활동에 의한 변동이든 간에 기후가 변하고 있다고 주장한다. 그들은 기후 온난화 전개 시나리오를 제시한다. 지구 온도는 과거 1900년에 비하여 불과 0.35도 상승한 결과도 적응하기 힘들 정도로 처참하다. 그러나 앞으로 2100년에는 지금보다 최소 1.8도에서 4.0도까지 상승할 것으로 예측하였다. 인간의 체온은 36.5도이다. 불과 0.5도 체온 상승이 얼마나 몸을 힘들게 만드는가? 지구도 마찬가지일 것이다. 최악의 시나리오는 지금과 같은 형태의 문명이 반복될 경우 4.0도 이상 상승할 것은 자명한 일이 될 것이다.

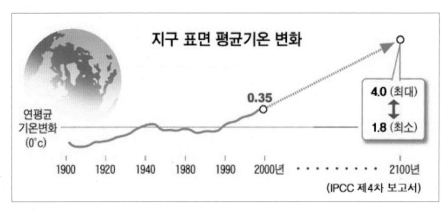

지구 표면 평균기온 변화

연평균
기온변화
(0°c)

0.35

4.0 (최대)
1.8 (최소)

1900 1920 1940 1980 1990 2000년 2100년

(IPCC 제4차 보고서)

IPCC의 지구평균기온 상승 예측온도

온도별 기후 온난화 결과 예측 현황

	0도	1도 상승	2도 상승	3도 상승	4도 상승	5도 상승
수자원에 대한 영향	·습윤열대지역과 고위도 지역에서는 이용할 수 있는 물이 증가 ·중위도 지역과 저위도 지역에서는 이용할 수 있는 물의 감소 및 가뭄현상 증가 ·수억 명이 심각한 물 부족에 직면					
생태계에 대한 영향	·산호의 백화현상 ·생물종 분포 변화 및 삼림화재 증가	·최대 30%의 생물종 멸종위기 직면 ·대부분의 산호 백화	·육상생태계 최대 15%에서 방출하는 탄소량 증가 ·광범위하게 산호 죽음 ·해양 대순환 약화 및 생태계변화	·최대 40%의 육상 생태계에서 탄소 방출량이 흡수량보다 높아짐	·지구 전체 40% 이상 생물종 멸종	
식량 생산에 대한 영향	·소규모 농가나 어업 종사자는 조건이나 지역에 따라 손실 발생	·저위도 지역 곡물생산성 저하 ·**중고위도 지역의 몇몇 곡물은 생산성 증가**		·저위도 지역 모든 곡물 생산성 저하 ·중고위도 몇몇 지역의 곡물생산성 낮아짐		
연안 지역에 대한 영향	·홍수 및 폭풍 피해 증가		·연안지역 홍수피해 몇백만 명씩 증가	·세계 연안습지 약 30% 사라짐		
건강에 대한 영향	·영양실조, 설사, 호흡기 질환, 감염 등에 의한 사회적 부담 증가 ·열파(熱波), 홍수, 가뭄으로 인한 사망자 확률 증가 ·몇몇 감염증을 옮기는 생물분포의 변화		·의료비 부담 매우 증가			

설명: 굵은 색 글자는 긍정적 요소임. 이 표는 2007년 8월호 『Newton』의 특집기사 '기후 온난화' 부분 재구성
출처: IPCC 제4차 보고서(2007)

여기에는 두 가지 딜레마가 있다. 하나는 석유를 기반으로 문명의 소비를 누려온 인류가 과연 화석연료의 시스템으로부터 자유로울 수 있는가 하는 문제이다. 왜냐하면 석유의 공급은 단순히 석유가 아니라 인류 문명의 습관, 풍요, 소비의 상징이다. 풍요는 사라져가도 그것을 잊지 못하는 습관은 어떻게 할 것인가 하는 문제가 제일 큰 딜레마이다. 문명의 상징인 석유공급을 원하지만 현실은 원하는 만큼의 석유공급이 이루어지지 않을 때 나타나는 공급과 수요의 불일치로부터 생기는 차이, 즉 오일갭(oil gap)의 차이는 어떻게 할 것인가 하는 문제이다. 오일갭은 소비의 욕망을 채워준 화석연료의 공급에 분명한 한계에 도달하여 소비의 욕망을 채워주지 못하는 상황에서 생기는 인간이 느끼는 소비의 상실감을 의미한다.

이미 지구는 기후 온난화의 결과로 알려주었으며 IPCC는 인류사회의 준비 정도에 따라 최저 1.8도에서 최고 4.0도 그 이상의 온난화된 지구에서 살게 될 것이라고 경고를 하였다. 오일 갭을 극복하는 문제는 결국 우리가 선택할 수밖에 없는 불가피한 상황이다. IPCC는 우리가 어떤 선택을 하느냐에 따라 여전히 화석연료에 기반을 둔 사회로 갈 것인지, 아니면 순환형 사회로 갈 것인지를 묻는 것이다.

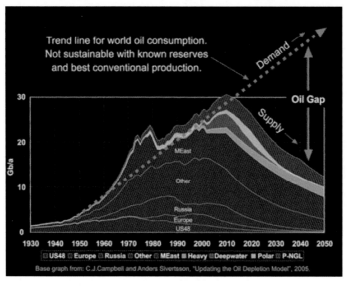

석유 공급과 수요의 딜레마

『IPCC 제4차 보고서』에서 제시된 기후변화 시나리오

구분	A1F1 시나리오	A2 시나리오	A1B 시나리오	A1T 시나리오	B2 시나리오	B1 시나리오
지향하는 사회	화석연료의존 사회	다원화 사회	밸런스형 사회	비화석 에너지 자원의존 사회	지속 가능성 사회	순환형 사회
사회적 지향점	현재와 같이 화석연료를 의존하면서 경제성장을 도모하는 사회	인구와 배출이 계속 증가하면서 기술변화가 매우 느린 사회 경제중시 지역주의 사회	경제발전과 신기술의 도입이 진행되는 사회 경제중시 국제협조주의 사회 화석연료와 비화석연료를 균형 있게 받아들이는 사회	비화석 에너지에 의존하는 사회	인구와 경제 성장이 A1과 B1의 중간단계의 사회 경제적·사회적·환경적 지속가능성에 대한 지역적 해법을 찾는 사회	지구 인구는 A1과 같지만 경제구조는 서비스 및 정보 경제 쪽으로 좀 더 급속한 변화에 대응하는 사회 자원의 이용을 효율화하는 사회 환경중시 국제협조주의 사회
특징	A그룹은 기술방향의 변화에 영향을 받아 대응하는 사회			B그룹은 서비스와 정보경제에 중심을 두고 경제구조에 영향을 받는 사회		
1990년도 대비 2100년 기온 상승 정도	4.0℃	3.4℃	2.8℃	2.4℃	2.4℃	1.8℃

이상의 내용을 종합하면 우리의 삶의 터전인 지역이 어떤 상황에 놓여 있는지 짐작할 수 있다. 신자유주의와 초국적 기업, 그리고 대형유통 시스템과 금융자본의 시스템에 매몰된 지역의 위기 그리고 인간의 욕망을 채워준 화석연료의 정점과 인간의 욕망을 추동하는 과정에서 무분별하게 사용한 화석연료의 결과가 가져다준 기후 온난화의 상황에서 지역은 지속 가능한 사회를 여는 열쇠가 될 것이다.

제1부 삶의 터를 다시 읽다

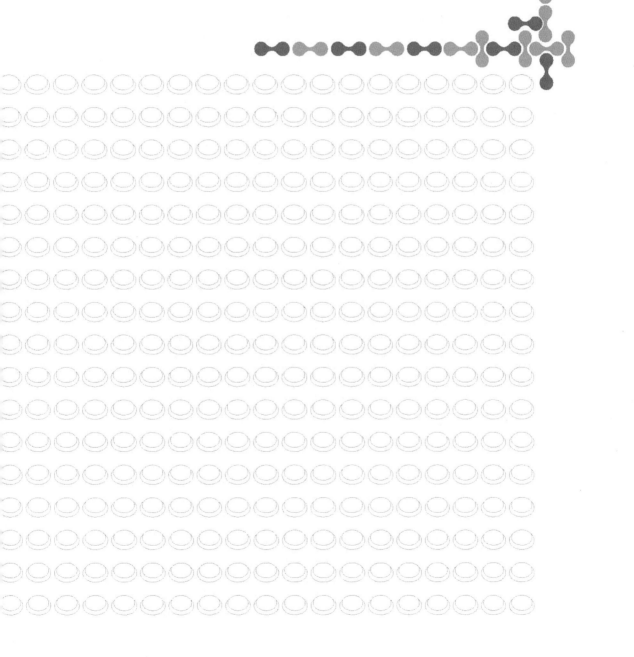

1. 땅의 경계境界와 땅의 경계警戒

동강과 한강의 깊은 인연

강원도 영월의 동강은 댐 건설 반대 현장으로 잘 알려진 곳이다. 그러나 이 동강이 2천만 인구가 모여 사는 수도권과 연결되어 있다는 것에 대해서는 쉽게 이해하려 하지 않는다.

『동강아리랑』에서 진용선은 동강을 이렇게 이야기한다.

> 예로부터 남한강 수계에 속하는 동강은 이렇게 요란스러운 강이 아니었다. 태백산에서 시작하여 임계 쪽을 두루 휘몰아 흐르는 골지천과 평창 발왕산 쪽에서 시작되는 송천이 정선 북면 아우라지에서 만나 조양강이라는 이름으로 흐른다.
> 조양강은 흐르면서 오대천과 동대천을 달고 흘러 정성읍 가수리에 이르러서야 비로소 동남천 물줄기와 만나 동강이 된다.
> 가수리에서 굽이돌아 51킬로미터를 흘러 영월읍에서 다시 평창 쪽에서 흘러오는 서강과 만나 남한강이라는 이름으로 단양, 충주, 여주를 거쳐 서울에 이르고 멀리 황해바다로 달음질한다(진용선, 1999: 17).

진용선이 전하고 있는 동강은 단순히 강원도 산골짜기에 있는 자그만 강이 아니라 우리 선조들의 생활과 삶의 경계를 연결하고 있다는 것을 알 수 있다. 그들의 삶은 어떠했을까? 동강은 1960년대 초반까지 정선에서 나는 목재를 서울로 뗏목으로 엮어 나르는 물길이었다. 농사보다 벌이가 괜찮았던 뗏목 운반은 농부들에게는 솔깃한 돈벌이였다. 정선에서 영월까지 구불구불한 감입사행천嵌入蛇行川의 거센 물길을 빠져나가는 공안 떼는 언제나 위험스러운 일이기도 했다. 떼가 닿을 만한 곳이면 떼꾼을 상대로 객주집들이 들어서 문전성시를 이루었다 한다. 떼가 한창이던 1960년대까지만 해도 정선에서 영월까지 강변에 백여 곳에 이르는 객주, 색주가가 몰려들어 강변경제권을 이루기도 하였다. 떼꾼들은 떼를 강에 대고 객줏집에 들러서는 술에 흥건히 젖어 노래를 부르곤 했다. 그 노래 중에 우리 귀에 익은 정선아리랑도 있다.

동강의 뱃길 이야기를 통하여 삶이 연결된 생명지역주의를 생각해볼 수 있다. 동강은 흔히들 인간이 인위적으로 구획된 행정구역이 아니라 하나의 생태적 연계성을 가지고 진행되는 생물상, 이것이 생명지역주의의 기본이념을 내포하고 있다. 그러나 지금의 현실은 어떠한가? 정치적 입장에 따라 전국은 약 200여 개의 행정구역으로 나뉘어 있으며, 정치적 논의 이외는 그 어떤 논의도 허용하고 있지 않는 현실 앞에서 동강과 한강의 어우러짐은 다른 것 같지만 같음을 엿볼 수 있는 정치, 경제, 사회문화가 녹아든 공동체로 이해할 수 있는 부분이다.

시류의 기류만 따라간 지역연구

한국적 근대화 프로젝트의 중심은 박정희 대통령이었다. 도시를 중심으로 한 공업화와 산업화를 근대화의 중심축으로 보았다. 그 프로젝트는 경제개발5계년계획이었다. 경제개발계획이 진행되면서 도시와 농촌의 불균형이 심화되면서 농촌지역의 개발도 근대화 프로젝트를 진행시킨다. 농촌의 근대화 프로젝트는 1970년 4월 22일 박정희는 지방장관회의에서 "우리 스스로가 우리 마을은 우리 손으로 가꾸어 나간다는 자조·자립·정신을 불러일으켜 땀 흘려 일한다면 모든 마을이 잘살고 아담한 마을로 그 모습이 바꾸어지리라고 확신한다. …… 이 운동을 「새마을 가꾸기 운동」이라 해도 좋을 것이다" 라고 지시한 것이 새마을운동의 물꼬를 트게 된 계기가 되었다. 당시 경제개발계획에 대한 국가의 집중적 투자는 도시와 농촌 간의 격차를 더욱 심화시켜 나갔고 상대적으로 불균형의 나락으로 접어들고 있는 농촌도 국가적으로는 중요한 사안이었다. 설상가상으로 1971년 대통령 선거에서 박정희 정권이 고전을 면치 못하게 되고 투표성향도 농촌지역만이 박정희 정권에 지지를 보내자 박정희 정권은 농촌지역을 결코 간과할 수 없는 지역으로 인식하게 된다. 결과적으로 새마을운동은 경제개발의 타개책으로 마련된 근대화 프로젝트라는 평가와 유신 정권의 정당성을 확보하기 위한 정치적 논리가 지배적이었다는 평가를 동시에 받아오면서 오늘에 이르고 있다.

그러나 지역개발이론의 전개과정에 비추어 한국의 근대화 과정을 살펴보면 경제개발계획과 새마을운동이 한창 진행이던 그 시절에는 불균형 성장과 성장 거점을 중심으로 개발계획을 전개하는 것이 주요 개발패러다임이었다. 따라서 상대적으로 농업을 기반으로 한 농촌보다는 생산력 증대와 국가경쟁력을 더욱 강화시킬 수 있는 산업화와 도시화가 국가발전의 주요 발전전략이었다. 그 당시 국내에서는 새마을운동의 정체성을 대변이라도 하듯이 전국의 각 대학에서는 새마을 연구소가 생겨나기 시작하였고, 학과로는 지역사회개발학과가 개설되었다. 지역사회개발학과는 지역보다는 농촌지역 그리고 커뮤니티를 연구하는 학문이다. 경제개발계획이 1980년대에 접어들면서 이농현상이 급속하게 심화되기 시작하였다. 당시 지역연구자들의 주요 연구과제 중의 하나는 농촌지역의 이농현상이었다. 급격한 이농현상은 산업화와 도시화의 결과였다. 도시화는 결국 지역에 대한 관심을 증대시키기 시작하였고, 지역사회개발학과의 대다수는 지역개발학과로 전환한다. 다수의 대학들이 지역사회중심의 연구에서 지역중심의 연구로 전환한 것이다. 즉, 농촌지역에서 지역에 대한 연구에 집중하기 시작한 것이다. 1990년대에 접어들면서 과밀화된 지역은 체계적인 계획과 개발이 필요하기 시작하였고 특히 수도권 주변에 신도시가 등장하기 시작하면서 도시계획에 대한 관심이 집중되기 시작한다. 시대의 기류에 편승한 지역개발은 도시 및 지역계획학과로의 또 다른 변화를 모색한다. 80년대 당시 지역개발학과로 출발했던 대학들은 대부분 도시·부동산학부로 전환되었다.

1990년 후반기에 접어들면서 농촌지역이나 도시지역이나 상관없이 전국은 감당할 수 없을 정도의 택지개발 수요에 직면하게 된다. 도시 및 지역계획학과는 또다시 부동산개발학과로 전환하기 시작한다. 이와 같이 지역사회라는 공간에 대한 정체성과 의미를 새롭게 하는 것은 철학적 논의에 집중하기보다는 토지, 부동산, 땅이 가지고 있는 물리적 한계를 넘지 못한 선택을 해온 셈이다. 그래서 지역사회개발에서 지역개발로, 다시 도시 및 지역계획으로, 그리고 또다시 부동산개발이라는 시대의 기류에 편승한 물리적 공간 개발에 집중해온 한계를 넘지 못했던 것이 관련 학계의 현실이다.

다시 회춘하는 개발 패러다임

패러다임이란 어떤 학문 분야의 지배적인 견해라고 할 수 있다. 따라서 일정한 분야에서 모범적, 예시적으로 사용되는 견해 또는 접근방법 중 어느 정도 기본형으로 합의된 내용이며, 그 견해의 방향에 따라 일정기간 동안 학문상의 문제를 해결해나가는 모형을 의미한다. 개발패러다임은 학자에 따라 그 분류를 다르게 하고 있으나, 「하향적 (혹은, 구)패러다임」 대 「상향적 (혹은, 신)패러다임」(Friedmann, Stohr, Weaver 등), 「지역과학(regional science)」적 패러다임 대 「지역정치경제학(regional political economy」적 패러다임(Hadjimichalis, Stroper, Schoenberger 등), 「포디즘(fordism)」적 패러다임 대 「포스트포디즘(혹은 유연적)」적 패러다임 혹은 「모던(modern)」패러다임 대 「포스트모더니즘」
패러다임(Gariofolis, Harvey, Piore and Sabel 등)으로 분류하기도 하며, 연대별로 구분하기
도 한다. 학자별로 혹은 연도별 구분에 따라 개발패러다임을 언급하고 있지만 내용적으
로 거의 대동소이하다. 다양한 분류와 구분에 상관없이 개발 패러다임은 이념적 지향성,
이론적 체계, 실제 및 정책 유형 등을 전반적으로 인식한 지역체계를 이루고 있다.

　국내에서는 연도별로 구분하고 있는데 1950~60년대의 개발 패러다임을 양적 성장지
향적인 경제적 합리주의에 의한 개발시대로 분류한다. 이 시기는 산업화 및 경제개발,
입지적 능률 추구, 성장거점 육성과 도시 지향적 개발 방식이 주요 개발 방식이었다.
1970년대는 양적 변화추구에서 질적 변화에 대한 개발패러다임에 주목한다. 특히 이 시
기는 재분배를 통한 성장추구를 주요 개발방식의 핵심적 가치로 보고 분배 지향적이며
사회학적 패러다임에 주목했던 시기였다. 따라서 성장과 분배, 효율과 형평, 상향식 개
발과 하향식 개발 방식의 상황 속에서 분배의 경제에 중심을 두게 된다. 분배의 재구조
화, 지역 간, 계층 간 균형개발은 고용 지향적 접근방법, 최소한의 소득접근 방법, 기초
수요접근방법, 상향식 개발이론, 도농지구이론 등을 주요 개발이론으로 삼기도 하였다.
1980년대에는 포드주의의 경직성에 정부개입을 가급적 지양하고 생산체계에 조응하는
공간의 재구조화 개발 방식에 주목하였다. 그리고 세계화의 맥락 속에서 지역중심의 개
발 방식도 선호하였다. 따라서 1980년대 개발패러다임은 쇄신 지향적이며 지역주의 중
심의 패러다임이었다. 포드주의와 포스트포드주의, 외생적 개발과 내생적 개발, 그리고
중앙중심의 개발방식에서 지방중심의 개발방식 사이에서 지역의 재구조화, 내생적 투자,
신산업 지구 조성 등 지방중심의 내생적 개발에 더욱 관심을 기울였다.

　1990년대 이후에는 환경모델이 주요 개발패러다임으로 등장한다. 개발자원의 세대 간
형평과 배분유지 방안이 1990년대 개발 방식의 주요 과제로 등장하기 시작했던 것이다.
따라서 환경 친화적 생태학적 패러다임이 주요 패러다임으로 자리 잡으면서 생태개발론,
지속 가능한 개발론 등이 주요 이론을 등장하게 된다. 한편에서는 이데올로기와 개발접
근 방식으로 이원화하여 이를 분류체계로 한 자유주의적 개발 패러다임, 신대중주의적
패러다임, 급진적 패러다임, 포스트모던 패러다임으로 분류하기도 하였다. 그러나 개발
패러다임의 약간의 상이한 분류체계에도 분류하고 개발패러다임은 다시 1950~60년대
방식의 근대화론에 근거한 성장모델을 지양한다는 점이다.

　2000년대 이후에는 생태 위기 상황이 더욱 심화되고 우리의 일상 앞으로 다가온 기후

온난화 앞에 인류는 전과는 다른 획기적인 개발패러다임 모색의 필요성에 대부분 공감하고 있는 상황이다. 이와 같이 복합적인 석유 정점과 금융자본주의의 위기는 지역사회를 매개로 한 발전패러다임에 대한 논의가 심화되고 있는 실정이다. 이미 이러한 움직임은 지구 곳곳에서 일어나고 있으며, 그중에서도 영국 토트네스에서는 기후 온난화와 석유 정점의 위기로부터 스스로 해결할 수 있는 지역발전 모델을 트랜지션타운 운동을 통하여 실현해나가고 있다.

지역개발정책 패러다임 흐름

연대	50~60년대	70년대
구분	성장모델	재분배모델
기본 가정	□ 발전은 유기적 성장과 진화의 방식으로 이루어짐 □ 경제성장은 비조화의 도약에 의해서 발생 □ 공업화 중시 → 양적 생산 □ 적극적 국가개입 □ 외부수요와 혁신력에 기초한 산업화 공간력 확산	□ 질적 변화추구 □ 재분배를 통한 성장을 추구 □ 선택된 폐쇄공간에서 내부적인 수요, 기술자원을 동원하여 주민의 기초수요를 충족 □ 영역적 개발과 규범의 존중
지도 이론	□ 효율성 □ 경제적 합리주의	□ 형평성 □ 필요의 원칙
흐름 경향	□ 성장 지향적 □ 경제적 합리주의	□ 분배지향적 □ 사회학적 패러다임
흐름의 갈등	□ 개발과 저개발 □ 균형과 불균형성장	□ 성장과 분배 □ 효율과 형평 □ 상향식 개발과 하향식 개발
경제 유형	□ 규모의 경제 economics of scale	□ 분배의 경제 economics of redistribution
주요 개발 방식	□ 산업화 및 경제개발 □ 입지적 능률 추구 □ 성장거점육성과 대도시 지향적 개발 □ 대규모 사업방식과 자본기술집약 □ 중앙중심의 하향식 개발전략과 적극적인 정부개입	□ 분배의 재구조화 □ 고용촉진과 최소한의 소득 보장 □ 내향적, 내부수요충족 □ 소규모 비공식 부문의 사업 □ 도·농 통합적 영역 □ 노동집약적 중간기술의 활용 □ 지역 간·계층 간 균형개발의 추진
발전구상	□ 유형적 발전	□ 무형적 발전

연관 이론	▫ 신고전파경제이론과 균형성장이론 ▫ 진화주의이론 ▫ 경제발전단계설(W. W. Rostow)과 국가발전 단계설(J. Friedmann) ▫ 산업화이론과 근대화이론 ▫ 축적성장이론(K. G. Myrdal) ▫ 성장극이론과 성장거점이론 ▫ 불균형적 극화이론(A. D. Hirshman) ▫ 공간체계이론	▫ 고용 지향적 접근방법(ILO) ▫ 최소한 소득접근방법(IBRD) ▫ 기초수용접근방법(ILO) ▫ 상향식 개발이론 ▫ 종속이론 ▫ 農都지구개발 ▫ 소규모 개발론과 중간기술 ▫ 정주권 구상과 도농통합 개발론 ▫ 주민중심전략 ▫ 중간적 지역개발

연대	80년대	90년대 이후
구분	유연체제모델	환경모델
기본 가정	▫ 포드주의의 경직성과 정부개입을 지양하고, 유연적 생산체계에 조응하는 지역공간의 재구조화 ▫ 범세계주의하의 지역경쟁체제를 강화하고 지방중심의 개발을 추진 ▫ 내발적·내생적 지역개발 추구	▫ 환경 친화적 개발 ▫ 생태시스템과 포용효과의 유지 ▫ 개발자원의 세대 간 형평과 배분을 유지 ▫ 환경창조적인 지역개발과 자원 절약적 지역개발 ▫ 존속 가능한 사회 및 지속 가능한 지역개발
지도 이론	▫ 쇄신성 ▫ 유연성의 원칙	▫ 환경성 ▫ 환경보존의 법칙
흐름 경향	▫ 쇄신 지향적 ▫ 지역주의 패러다임	▫ 환경 친화적 ▫ 생태학적 패러다임
흐름의 갈등	▫ 포드주의와 포스트포드주의 ▫ 외향적 개발과 내생적 개발 ▫ 중앙중심개발과 지방중심 개발	▫ 개발과 보존 ▫ 경제적 지속성과 생태적 지속성 ▫ 경제, 인구, 자원, 환경의 조화
경제 유형	▫ 범위의 경제 economics of scope	▫ 환경경제 environmental economics
주요 개발 방식	▫ 지역의 재구조화 ▫ 내향적 투자 ▫ 정보형 개발 ▫ 신산업지구조성 ▫ 유연생산체계에 조응하는 생산공간 ▫ 지방경영의 도입과 탈규제화	▫ 인간활동에 대한 환경비용의 고려 ▫ 자원절약적인 청정기술의 사용 ▫ 경제적 측면, 환경적 측면의 동시고려 ▫ 환경보존시범도시(eco-city)의 육성
발전구상	▫ 유연적 발전	▫ 지속 가능한 발전
연관 이론	▫ 포스트포디즘(Post-Fordism) ▫ 지역주의(regionalism) ▫ 유연적 생산체제이론 ▫ 내생적 생산체제이론 ▫ 상향식 개발이론 ▫ 쇄신 지향적 개발모형	▫ 환경윤리론 ▫ 토지이용모델 ▫ 로마클럽-'성장의 한계' ▫ UN인간환경회의 ▫ 생태개발론(sachs, 1974) ▫ 나이로비선언(1982) ▫ 동경선언(1987) ▫ 리우선언과 지속 가능한 개발(1992) ▫ IPCC 제4차 기후변화 보고서(2008)

참고: 고병호(1994. 12), "지역개발이론의 체계적 접근과 새로운 패러다임의 형성에 관한 연구", 한국지역사회개발학회 「한국지역개발학회지」, 6권 2호, pp.87-124

아직도 끝나지 않은 토건국가의 서막

광복 이후 한국은 국가건설을 위해 국토를 가꾸고 법과 제도를 구축하면서 개발주의의 서막을 알린다. 이 업무는 '부흥부'를 통하여 시작된다. 정부부처인 부흥부에 의해 건설과 개발의 제도화가 뿌리내리기 시작한 셈이다. 1960년대 경제개발이 본격화되면서 국가건설이 경제개발로 전환되게 된다. 그러나 건설은 개발이란 이름으로 승계한 것에 불과했을 뿐 그 토대는 건설이었다. 한국적 개발주의의 산실인 부흥부는 1961년 박정희 정권에 의해 등장하였으며 그해 6월 7일 건설부로 조직 개편된다. 부흥부를 확대 개편한 건설부는 국가건설과 경제기획이 주요 업무였지만 토목공사 업무를 관장하던 관료들은 경제기획의 한계를 노정하면서 그해 7월 21일 다시 경제기획원으로 확대 개편하기에 이른다. 하지만 부흥부의 국토건설 업무를 승계했던 건설부는 경제기획원 산하에 신설된 국토건설청에 집중된다. 1962년 6월에 정부조직법이 개정되면서 국토건설청이 건설부로 독립되었고 부흥부의 건설업무와 관료들은 경제기획원으로부터 분리되면서 건설부로 배치된다. 이것이 건설교통부의 전신이나 마찬가지다.

경제개발이 국가의 우선과제였던 1960년대에 경제개발로부터 분리된 국토개발은 투자나 기업 활동을 위한 입지를 결정하고 토지와 용수를 개발해 공급해주며 주택, 도로 등 사회간접자본 확충을 하는 든든한 후원자 역할을 한다. 그 이후 개발주의는 경제개발의 형태로 구체화되면서 개발은 국가조직 측면에서 건교부 업무를 중심으로 제도화되어 왔고, 산업적 측면에서는 건설업이 다른 산업에 비하여 상대적 특화를 누려왔다. 1960년 대에는 댐건설과 같은 사회간접자본에 집중적인 투자 사업에 역점을 두었고, 1970년대 에는 중화학기지 건설, 경부고속도로 건설 등 대규모 개발 사업이 진행되었고, 1980년대 에는 서해안 개발, 신산업단지 조성, 수도권 정비사업 등 산업과 공간 재배치를 위한 개발 사업이 진행되었고, 1990년대에는 대도시 주변의 대규모 택지개발, 고속도로의 확장, 도심재개발 등이 역점사업으로 진행되었다. 그리고 2000년대 들어서는 새만금 간척사업의 완공, 토지이용 규제의 완화, 시장기능의 강화를 통한 개발사업 증대 등의 개발 사업이 등장하였다.

이렇듯 한국은 경제성장의 논리로 개발 사업을 정당화해왔지만 개발과정에서 보여준 국토개발은 경제개발의 도구와 수단에 불과했던 것으로 평가되고 있다. 경제적 수단과 도구로 활용되어 왔던 개발주의는 한국 정부의 성격을 그대로 보여주는 현장이다. 이와 같이 관료들이 시장경제의 흐름에 적극적인 개입을 통하여 경제전반을 성장시키는 발전국가의 한 유형이다. 한국이 지난 세월 보여주었던 개발방식은 '개발정부'라고 불러도 과언이 아니다. 그것은 국토연구원, 토지공사, 주택공사, 도로공사, 수자원공사, 농업기반공사 등의 각 국가공기업의 규모와 사회적 역할만 보더라도 개발정부의 성향을 여실히 볼 수 있다. 어디 그뿐인가, 지방자치단체들도 각종 개발공사를 출현하면서 대규모 개발 프로젝트를 추진하고 있는 것 역시 개발국가의 산실 중 하나다. 이러한 개발정부의 입장이라도 반영하듯이 한국 대부분의 대기업이 초기 건설업을 통해 자본을 축적하고 기업 활동의 기반을 잡았다는 것은 토목 중심의 개발패러다임의 결과라고 할 수 있다.

지금 한국의 상황은 어떠한가? 경인운하 건설사업 프로젝트는 대형댐 건설이 일단락되자 새로운 대형 토목공사 프로젝트 추진이 필요하였고 그 과정에서 건교부와 수자원공사, 그리고 대형건설회사의 작품의 전조라고 할 수 있다. 정부는 환경단체의 반대에도 불구하고 4대강 사업 추진을 비롯하여 새만금 간척사업의 재추진, 경인운하건설 백지화 보류, 수도권 지역에 신도시의 공급 등은 정부 곳곳에 포진해 있는 토건 세력의 힘을 여실히 드러낸 바 있다. 한국의 근대화 과정에서 핵심적인 성장 동력이었던 토건정책은 그 어느 정권도 이로부터 자유로울 수 없었다. 오히려 참여정부는 지역균형발전의 근간을 혁신도시, 기업도시 등의 토건에 기반을 둔 성장의 한계를 넘지 못하였다.

MB정부 등장 이후 토건중심의 개발패러다임은 매우 구체화되었다. 그러나 과거 정부와는 달리 녹색성장이라는 새로운 성장동력을 축으로 토건정책을 구체화시켰다. 특히 환경과 둘러싼 정책 이슈에 대한 선명성은 MB정부에 들어서면서 분명해졌다. 2007년 대통령 선거 당시부터 논란이 되기 시작한 대운하 정책, 그 연장선상에 놓여 있는 4대강 정비사업 그리고 거시적인 국가비전으로 제시되고 있는 저탄소 녹색성장은 그야말로 신자유주의적 발전주의 중의 발전주의적 성향을 넘어서지 못했다. 이것은 매우 주목할 일이다. MB정부의 개발방식은 전통적 개발방식이며 물량 중심의 성장 지향적이며 근대화론에 근거한 토목공사 중심의 개발패러다임의 한계를 뛰어넘지 못한 특징을 그대로 보여주었다. 토목공사 중심의 개발은 경기부양과 일자리 창출에 단기적 효과를 줄 수 있을지 몰라도 21세기형 패러다임에는 맞지 않는 정책패러다임이었다. 이러한 토목공사 중심의 개발패러다임은 저탄소 녹색성장의 기조에 그대로 스며 있다. 정부는 온실가스와 환경오염을 줄이는 지속 가능한 성장이 저탄소 녹색성장이라고 주장한다. MB정부 때 발표된 녹색뉴딜정책은 당시 향후 4년간 약 20조 원을 투자해 녹색성장을 이끌어낼 것이라고 보고한 바 있다. 녹색성장 전략에 고용창출정책을 결합해 일자리 95만 개를 만들겠다는 비전도 제시하였다. 그러나 정부가 계획하고 있는 안을 보면 4대강 및 연계사업에 투자되는 18조 원을 포함해 전체 사업예산 50조 원 가운데 사회기반시설 투자 관련 부문이 32조 원 이상을 차지하고 있는 반면, 신재생에너지 연구개발에 소요되는 예산은 3조 원에 불과했다. 일자리 창출 정책은 어떠한가? 일자리 창출 계획을 녹색뉴딜 정책에서 찾고 있는데 상당 부분이 토목 및 건설 사업에 집중되어 있다. 녹색뉴딜로 인하여 창출된 일자리는 건설 및 단순생산직이 91만 6,156개로 전체의 95% 이상을 차지하고 있는 반면, 전문·기술·관리직은 3만 5,270개에 불과했다. 건설 및 단순노무직이 절대다수를 차지하고 있는 상황에서 MB정부가 제시했던 녹색뉴딜 정책은 현실이 제대로 반영되지 않은 정책이었다. 그 이유는 4대강 사업의 토목공사로 인하여 생긴 일자리를 녹색성장이라고 할 수 없기 때문이다. 그뿐인가? 수도권 규제 완화, 핵발전소 추가 건설, 경인운하사업 시행과 같은 정책도 녹색성장의 패러다임에 기초한 개발방식이라고 할 수 없다. 여전히 지금 지구적으로 일어나고 있는 개발패러다임의 기류를 따라가는 것이 아니라 오히려 거꾸로 역행하려는 의지가 강하지 않은가?

역대정권의 개발정책

구분	박정희	전두환	노태우
집권시기	1962. 3.~1979. 10.	1980. 9.~1988. 2.	1988. 2.~1993. 2.
정책기조	경제성장 촉진	사회발전 안정, 능률, 형평	능률과 형평
주요 지역개발계획	제1~4차 경제개발 5개년계획	제5차 경제사회개발계획	제6차 경제사회개발계획 제2차 국토종합개발계획
주요목표	기간산업 육성 농업생산력 증대 에너지 공급원 확대 사회간접자본 확충 공업고도화 기반 구축 수자원개발 식량자급 인구 억제 주곡자급화 중화학공업건설 사회간접자본 확충 국토자원의 효율적 이용 산업 및 인구의 적정 분산 사회간접자본의 효과적 공급	우위산업 육성 물가안정 사회서비스 개선 시장경쟁 촉진 질적·사회적 개발	산업구조조정 지역 간 균형발전 국민복지 증진
주요 제도 및 정책	「국토건설종합계획법」(1963) 「수출산업공업단지개발조성법」 (1964) 「수출자유지역설치법」, 「철강산업진흥법」, 「석유화학공업육성법」, 「지방공기업개발법」(1970) 「산업기지개발촉진법」(1973) 「다목적댐법」(1966) 「특정지역 및 수자원종합개발계획 수립·추진」(1965) 서울-인천(1963), 울산측정지역(1966) 의 지정·개발과 관광, 영농, 지하자 원 등 국토자원개발을 위한 제주도 (1966) 태백산(1967), 영산강(1967), 아산-서 산(1967) 특정지역 지정 및 개발 서울-인천(1963), 울산측정지역(1966) 의 지정·개발과 관광, 영농, 지하자 원 등 국토자원개발을 위한 제주도 (1966), 태백산(1967), 영산강(1967), 아 산-서산(1967) 특정지역 지정 및 개발	「수도권정비계획법」(1982) 수도권정비기본계획 수립(1984) 「농어촌소득원개발촉진법」 (1983) 「도서개발촉진법」(1986) 「농어촌지역발전기본법」(1986) 「중소기업진흥법」(1987) 「오지개발촉진법」(1988) 합천다목적댐(1983) 주암다목적댐(1985) 중부고속도로(1985) 대불산업단지(1987)	제2차 국토종합개발계획 수정계획 (1986) 동남권·서남권·중부권 종합개발 계획 수립(1987) 주택 200만 호 건설 수도권 내 5대 신도시 개발, 도로 확포장 상하수도 등 생활과 생산에 직결 되는 사회간접자본 확충 집중

주요 제도 및 정책	서울-인천 간(1967) 서울-부산 간(1968) 언양-울산 간(1969) 호남고속도로(1970) 영동고속도로(1971) 남해고속도로(1972) 동해고속도로(1974) 소양강댐(1967) 안동댐(1976) 대청댐(1977) 충주댐(1978) 수도권 공장 신·증설 억제, 공공기관 이전 및 개발제한구역 설정(1972) 수도권 인구재배치계획 수립 및 임시행정수도 건설(1977)		
지역정책특징	경제성장	사회분배	사회분배

구분	김영삼	김대중	노무현	이명박
집권시기	1993. 2.~1998. 2.	1998. 2.~2003. 2.	2003. 2.~2008. 2.	2008. 2.~2013. 2.
정책기조	경쟁력 있는 자율시장경제체제 구축	지역균형발전 선 계획 후 개발	선택과 집중	저탄소 녹색성장
주요 지역개발계획	경제사회 5개년 계획 폐지 신경제 5개년 개발계획	제4차 국토종합개발계획	제1차 국가균형발전 5개년 계획	-
주요목표	국가 경제력 강화 기술혁신 금융·산업 및 공공 부문 구조조정 지식기반산업육성 및 사회간접자본시설의 선진화 수도권 성장관리	분권화 추진 정부 공공기관 획기적 이전 지역특화산업육성 자족기능 갖춘 복합신도시 조성 수도권 난개발 방지	민간 부문의 창의·주도를 통한 분권화 균형발전정책 초광역경제권 구상	녹색뉴딜정책 녹색일자리 및 생활공감 대운하 정책
주요 제도 및 정책	「지역균형개발및지방중소도시기업육성에관한법률」(1994) 「민자유치촉진법」(1994) 「수도권정비계획법」 개정(1994) 「국토이용관리법」(1994) 인천신국제공항(1991) 경부고속전철(1992) 부산 가덕항만(1995) 광양만 확장사업(1995) 새만금간척사업(1991) 서해안고속도로(1990) 군장국가공단조성(1990) 백제권 개발사업(1993)	지역균형발전을 위해 기업의 지방이전촉진대책 수립(1999) 제4차국토종합개발계획과 10대 광역권계획수립(2000) 건설교통부에 지방이전지원센터설치(2000) 수도권 난개발 방지대책 수립(2000) 「국토의 계획 및 이용에 관한 법률」(2002)	국가균형발전특별법(2004) 행정수도건설 공공기관 지방이전 혁신도시 건설 기업도시건설 산활력사업 살기 좋은 지역 만들기	녹색성장기본법 발의(2009) 4대강 살리기 에너지자립마을 기초생활권계획
지역정책특징	시장경제	균형발전	균형발전	녹색성장

끝이 보이지 않는 '개발의 지방화'

우리 유년 시절에는 국토의 70%가 산이라고 배웠다. 그러나 과거 70%를 차지했던 산이 각종 개발로 인하여 도로가 되고, 택지로 전용되는 과정에서 많은 산이 깎이고 없어졌다.

18대 국회의원선거 당시 국회의원 공약사항이 아닌데도 불구하고 서울시장과 약속이라도 한 듯이 너나없이 해당 지역구의 뉴타운 개발이 주요 공약사업으로 제시되어 논란이 일어난 바 있다. 이 때문에 관련 국회의원의 일부가 선거법 위반으로 벌금형을 받기도 했다. 그러나 주민들은 어떠한가? 지역주민들은 자기 지역의 개발이익이 생기는 부분에 대해서는 온갖 수단과 방법을 동원하여 개발사업을 정당화시키는 반면, 개발을 가로막는 행위에 대해서는 여지없이 조롱거리로 만들기도 한다. 이 과정에서 주민들의 행동은 미래세대를 위한 지속 가능한 발전, 우리의 자원은 미래세대의 것이라는 선언은 그저 구호일 뿐 개인과 집단의 이익 앞에서는 미래세대의 가치는 무의미해진다. 논과 논 사이에 놓여 있는 도로들, 매워진 갯벌, 깎아진 산허리, 바닷가 앞에서까지 자리한 상업지들은 주변이 경관과 풍경은 아랑곳하지 않고 오로지 개발이익에 눈먼 국민의식의 치부 그 자체를 보여주는 것이라고 할 수 있다.

그뿐인가? 개발의 지방화는 지방자치 실시 이후 경쟁적으로 진행한 지방자치단체의 개발계획이 한몫을 톡톡히 했다. 지방자치단체는 경쟁적으로 각종 개발사업에 박차를 가해왔다. 지방선거 출마자의 핵심공약 역시 개발사업이다. 재개발 사업이나 뉴타운 개발사업 혹은 공단 조성 등이 대부분의 공약을 차지하고 있는 것이 현실이다. 지방자치단체는 경쟁적으로 지방자치단체가 출현한 공기업 형태의 도시개발공사를 설립하였다. 지방자치단체도 개발 붐에 편승하여 민간사업자처럼 개발이익을 얻고자 하는 것이다. 그 대표적인 사례가 경기도시공사이다. 경기도시공사는 1989년 4월 1일 한시적 조직인 경기도 공영개발사업단을 시작으로 1997년 12월에 경기도시공사로 재창립한 공기업이다. 경기도시공사는 도시분양 종합서비스를 제공하는 공기업으로 부동산, 택지, 주택 등 종합건설회사의 성격을 지닌 공기업이다. 경기도시공사는 분양선수금 증가 등으로 부채가 발생하면서 경영상에 상당한 어려움이 나타나기 시작했다. 경기도의 2013년 재정고시 자료에 의하면, 경기도시공사는 2012년 남양주 보금자리 주택사업의 본격적인 보상착수로 신규 차입이 증가하였으며, 광교·동탄2신도시 등의 분양선수금 증가로 부채가 과다 발생한 것으로 분석된 바 있다. 경기도시공사 부채비율이 2011년 309.9%에서 2012년에는 321.4%로 증가로 나타났다. 결국 재정적 압박은 2013년에도 지속되고 있다. 2013년 현재 기준으로 경기도시공사가 진행하고 있는 사업지구별 분양률은 택지지구는 64.8%, 산업단지는 90%, 주택은 96.1%로 평균 88.9%의 분양률에 머무르고 있다(경기도의회. 2013: 33~45). 개발의 지방화가 낳은 결과는 부동산 경기 둔화와 함께 곤두박질친 셈이다.

경기도시공사 부채현황

(단위: 백만 원, %)

구분	2012년	2011년
부채(A)	8,435,691	7,091,097
자본(B)	2,624,412	2,288,406
부채비율(A/B)×100	321.4	309.9

출처: 2013년 경기도 지방재정고시 자료(2013.8)

뉴타운 개발, 두껍아, 두껍아! 헌 집 줄게 새집 다오

2009년 초반에 한국 부동산 불패 신화의 상징인 타워 팰리스가 경매 물건으로 나온 바 있다. 이는 부동산 시장의 암울한 그림자의 시작이라는 우려 섞인 목소리가 일기 시작했다.

롯데월드 가는 길목에 보이는 아파트 단지다. 사거리에서 신호대기 중에 보이는 아파트 단지는 숨이 막힐 것 같은 느낌이다

그러나 여전히 타워 팰리스와 같은 부동산 대박을 꿈꾸는 뉴타운 개발이 전국 곳곳에서 진행되고 있다. 서울의 경우 26곳에 재개발 뉴타운 개발이 예정되어 있었다. 뉴타운 개발은 내 집 마련과 함께 투자효과를 올릴 수 있다는 기대를 부풀리고 있다. 이명박 대통령이 서울시장 재임 시 뉴타운 개발사업이 발표되면서 서울 뉴타운의 경우 평당 500만 원의 거래가격이 1,500만 원에 거래되기도 하였다. 상승한 부동산 가격은 인접지역의 주택가격까지 영향을 받고 있다. 그 피해는 전세와 월세 대란으로 이어지고 있으며 그 피해자는 중산층 이하의 계층이다. 특히 좁은 골목길을 따라 옹기종기 들어선 다세대 주택 세입자들은 흔들리는 주택가격 앞에 어떤 입장도 취하기 어려운 상황이다. 대부분의 서울 뉴타운 세입자는 1억 원 미만의 다세대 주택의 전월세에 살고 있다. 결국 뉴타운 개발이 세입자들에게는 지금 현재보다 더 열악한 주거환경으로 전락시키는 강제퇴출 명령이나 마찬가지이다. 1980년대 목동개발 이후 최대 규모로 진행되고 있는 은평뉴타운은 서민주택 공급을 목적으로 헐값에 강제 수용된 곳이다. 이곳은 터무니없는 보상비에 비하여 평당 1,300만 원으로 주변 지역보다 높은 시세가 적용되고 있다. 송파신도시 장지지구 고분양가도 원성을 산 바 있다. 그리고 당초 약속과는 다르게 주택소유자에게 적용되는 특별 분양가도 일반 분양가와 별다른 차이 없이 책정되면서 은행대출에 허덕이고 있는 것이 지금의 현실이다. 결과적으로 보면 뉴타운 거주자는 집과 땅을 가진 사람들을 내모는 일을 하고 있다.

　　세입자와 가난한 입주자를 이주시키고 조성된 왕십리 뉴타운의 경우 16평형의 임대주택은 33세대로 20%, 33형 이상 중대형 1147세대로 67%로 법적인 요건만 갖추어놓고 분양을 한 바 있다. 서울시 용산 동자동은 무보증 월세 쪽방으로 유명한 곳이나 이곳은 임대주택을 짓도록 정하고 있는 상위법을 위반하면서 용적률 980%의 주상복합아파트의 건설계획을 세웠고 임대주택은 조례로 안 지어도 된다고 하면서 임대주택 건설은 전혀 고려하고 있지 않은 상황이다. 이와 같은 상황을 미리 대변이나 하고 있듯이 길음 뉴타운 원주민 재정착률은 불과 17%, 타 지역 주민입주율은 83%에 이르고 있어 원주민 정착률은 극히 미비한 상황이다.

　　건설업이 국내 총생산에서 차지하는 비율이 18.1%, 일본 14.8%, 미국 7.2%, 독일 9.4%, 스웨덴 7.5%로 OECD국가에 비하여 현저히 높다. 결국 건설업의 구조조정에는 뒷짐을 진 채 그 모든 짐을 뉴타운 거주자에게 부여하고, 그 피해가 서민층에게 집중된다는 것은 반드시 주지해야 할 사실이다. 어린이 모래놀이처럼 "헌 집 줄게, 새집 다오"

가 될 수 있는 상황이 아니다. 대부분 지방자치단체에서 진행하고 있는 뉴타운 개발은 재산의 관리처분 방식의 택지개발을 하고 있어 지역의 역사적 특성과 도시의 기능은 거의 전무한 상황이며, 단순히 택지개발에 주안점을 둔 개발계획에 초점을 맞추고 있는 듯하다.

개발을 인프라로 더 이상의 재원을 확보할 수 없는 관리형 도시는 향후 재정비를 어떻게 해야 할지, 그리고 장기적으로 도시의 비전과 의미를 지속 가능성과 어떻게 결합시켜 도시의 기능을 모색할지에 대한 행정을 집행하고 계획하는 지방자치단체의 인문사회학적 고민은 전무하다.

여전히 대부분의 지방자치단체는 대규모 택지개발에 있어서 아파트 브랜드가 그 지역이나 마을을 대표하는 상징으로 자리 잡아가는 상황을 보면서 마을 정체성, 도시의 정체성 그리고 이를 바탕으로 형성되는 다양한 공동체적 관계 해체의 상황을 어떻게 받아들여야 할지에 대한 해답은 아직 찾지 못한 듯하다.

언제인가 TV광고를 보면서 마음이 먹먹해진 적이 있다. 중산층의 상징처럼 디자인된 ○○아파트가 화면에 잡힌다. 남자모델이 여자모델에게 "어디 살아요?" 하고 묻는다. 어디 사는가 하는 것은 자본주의 시장에서 굉장히 중요한 자산적 가치를 인정받는다는 점을 고려해볼 때 이 물음은 굉장한 헤게모니가 숨어 있는 광고카피이다. 잠시 후 "○○○에 살아요", "아, 그래요. 저도 거기 사는데", 그러면서 "누구누구는 ○○○에 산다, 나도 ○○○에 산다" 하면서 광고가 끝난다. 이 광고카피를 보면 마을은 없다. 가령 "평촌에 산다. ○○○에 산다"라고 하는 것이 주거공간의 트렌드가 되어버렸다. 광고에서 보듯이 마을의 의미는 별로 중요하지 않다. 이미 대기업의 ○○○아파트 브랜드가 마을의 대표적 브랜드가 되었다.

그 동네에 살고 싶은 트렌드는 브랜드 아파트가 대신하고 있다. 도시재정비와 같은 마을 개발은 건설업자의 것이 아니다. 그것에 아파트 브랜드가 마을의 정체성을 대신한다면 오랜 역사를 거치면서 형성해온 마을의 의미는 어디에서 찾을 것인가? 기존의 관행대로 마을이 개발된다면 아파트 브랜드가 마을을 대표하는 상징이 될 수 있지만 한국적 의미의 마을의 가치는 급속히 사라져가고 있다.

당초에 지역은 없었다

경제적 합리주의는 국가의 총량경제에 의한 양적 성장이 최종목표이다. 경제적 합리주의의 개발과정은 일정한 지역을 대상으로 하여 생산기반과 생활기반을 정비하는 물적 계획, 지역의 경제적 소득증대, 그리고 주민의 복지향상을 위한 경제적·사회적 발전을 목적으로 하고 있다. 경제적 합리주의가 취하고 있는 지역에 대한 관점은 물적 성장이다.

1950년대와 1960년대 주류를 이루었던 경제적 합리주의의 사회적 관심은 저개발 상태를 극복하는 것이었다. 따라서 슘페터Joseph Alois Schumpeter의 자본주의적 경제성장이론에 기초한 발전 모델을 선택하게 된다. 이는 전통적인 개발 모델로 양적 성장의 이론적 근거가 되었다. 총량경제성장정책의 지도이념인 성장 모델은 대도시 중심의 성장극점 육성정책과, 하향식 개발 접근 방법을 중심으로 한 개발이었다.

1950년대와 60년대 초에 이르기까지 전후 약 15년간 개발도상국가의 국가정책은 소득증대를 목표로 한 경제성장에 초점을 맞추고 있던 시기였다. 1961년 UN총회에서 케네디 대통령이 발의하여 채택된 국제연합 제1차 10개년개발연대The United Nations Development Decade의 결의는 개발도상국의 연 5% 경제성장을 제안한 바 있다. 이 제안은 곧 개발을 경제성장과 등식화할 만큼 전 세계적인 경제성장모델이었다. 우리나라도 한국적 근대화의 전략이었던 제1, 2차 경제개발5개년계획이 1960년대로 UN의 개발 연대와 일치하고 있다. 이는 경제성장론적 개발패러다임에 동참하고 대내적으로 개발수요와 경제적 욕구가 제도적인 개발계획으로 나타났다.[1]

성장모델 패러다임이 그 이론적 기반을 공고히 했음에도 불구하고, 60년대 말에 이르러 총량성장모델에 대한 회의와 위기에 봉착하게 된다. 1970년대에 접어들면서 개발의 새로운 기류는 과연 성장이 개발의 최상의 가치인가에 대한 문제제기가 나타나기도 하였다. 경제적 합리주의에 근거한 총량경제모델로 인해 사람들은 지역 간 격차 심화, 계층 간 격차 발생과 자원위기에 대한 문제의식을 느끼기 시작했다.

1960년대 말에 이르러 총량성장모델은 위기에 봉착하게 되었고, 1970년대 개발의 새로운 기류는 과연 성장이 개발의 최상의 가치인가 하는 것에 대한 반론이 제기되기 시

---

1) 한국적 근대화에 대한 이해를 위해서는 박정희에 대한 비판론적 이해를 바탕으로 한 전재호(2000)의 『반동적 근대주의 박정희』와 김형아·신명주(2005)의 『박정희 양날의 선택』에서 잘 지적하고 있으며, 반면에 조이제·카터 에커트(2005)의 『한국근대화, 기적의 과정』에서는 경제발전 성과중심의 논의를 전개하고 있다.

작하였다. 그 이유는 신고전파성장이론과 불균형성장이론에 입각하여 개발도상국의 지속적인 성장이 있었음에도, 선-후진국 간의 부의 격차는 현저하게 더 커졌으며 개발도상국의 지역 간 격차는 더욱 심화되었기 때문이다.

오히려 경제성장을 통하여 축적된 부나 증가된 소득은 불평등하게 분배되고 저소득계층의 생활수준은 전혀 개선되지 않거나 오히려 더 악화되는 경향이 나타났다. 경제성장도 근대화도 제3세계의 대다수의 국민들의 생활수준을 개선하는 데 기대했던 만큼의 효과는 가져오지 못한 것이 분명해졌다. 1970년대의 자원위기는 전통적인 패러다임에 동요를 일으킨 또 하나의 동기가 되었다. 대부분의 국가들은 계속적인 경제적·기술적 의존성의 비용을 자원위기를 통하여 심각하게 깨달았으며 지구자원의 한정된 능력문제를 경고하게 되었던 것이다. 결국 총량경제 중심의 개발·발전프로젝트는 지역중심의 논의가 아니라 거시경제중심의 논의에 불과했다.

지역, 다시 부활하다

경제적 합리주의는 성장 지향적인 발전 모델로 지속 가능한 사회를 구상하는 데 한계가 있다고 지적되면서, 지역보다는 지역사회를, 중앙보다 지방을, 집중보다는 분산과 분권을, 획일화보다는 다양화를 모색하는 발전 전략이 출현하게 된다. 특히 석유 정점, 기후 온난화 및 생태 위기의 문제가 전 지구적인 문제로 대두되면서 개발패러다임은 생태 지향적인 모델이 등장한다. 따라서 지역 그 자체가 발전의 전략적 요소로 대두되면서 밑으로의 개발을 전제로 한 상향식 개발 이론이 나타나게 되고, 지역 스스로 창의적인 지역사회를 경영하는 내생적 개발, 그리고 지역사회를 하나의 생산 주체로 보고 지역사회 발전 전략을 모색하는 지역혁신 전략, 그리고 민관학연이 지역사회 발전을 위해 협력적 관계를 유지하는 거버넌스 등에 대한 논의가 진행된다. 또한 생태 위기를 인식하고 자원 순환적 마을 만들기를 노력하는 생태마을 혹은 퍼머컬처, 트랜지션 타운 등에 대한 논의들이 새롭게 등장하기 시작한다. 이러한 논의 중심은 지역 혹은 지역사회이다. "더불어 사는 삶과 그 터전"을 위한 원론적인 고민을 다시 시작하는 것이라고 할 수 있다. 다시 주목받고 있는 지역의 의미는 근대성에서 탈근대성 과정에서 나타난 의미가 무엇인가? 경제적 세계화와 문화적 세계화에서 생태적 세계화의 등장이 갖는 의미가 무엇인가? 그리고 수평적 의사소통을 강조하는 자율·자치·소통의 갖는 시대적 의미는 무엇인가?

등에서 찾고자 하는 경향이 본격화되기 시작한다.

　지역사회, 지역, 도시, 부동산 관련 개발과 계획의 대상은 우리가 살기 위한 공간이며, 그 근간은 토지를 매개로 하고 있다. 다시 말하면 현상적인 느낌에 우선한 공간에 대한 이해보다는 그것이 지니고 있는 내면의 것들을 이해한다면 지금과 같은 방식의 지역에 대한 이해가 아니라 보다 근본적인 물음을 접하게 될 것이며 그것이 바로 지역사회, 지역, 도시, 부동산이 지니고 있는 터, 토지, 공간에 대한 근원적인 이해인 동시에 개발과 계획이 지니고 있는 사회적 이해인 것이다.

　따라서 공간적 의미를 지니고 있는 지역사회, 지역, 도시, 부동산과 사회적 의미를 지니고 있는 개발과 계획에 대한 이해는 결국 물리적 조건에 국한된 이해가 아니라 공간과 사회의 접목을 동시에 고려한 통찰적인 이해이다.

공간사회학의 이해

학문적 영역				학제적 연계
1970년대	**지역사회**	**개발**	새마을운동	
1980년대	**지역**	**개발**	성장거점	
1990년대	**도시**	**계획**	도시개발	→ 공간사회학
200년대 이후	**부동산**	**개발**	택지개발	
물리적 조건을 대상으로 한 공간적인 것		역사적 과정이 진행되는 사회적인 것		
공간		사회		

지역, 어디로 가야 하는가?

　첫째, 표피적인 공간적 해석에서 심층적인 사회적 해석으로

　지금까지 지역에 대한 이해는 지역개발, 도시계획 부동산 개발을 중심으로 진행되어 왔다. 따라서 기존의 지역에 대한 이해와 관심은 지역사회가 지니고 있는 '더불어 사는 삶과 그 터전'에 대해서는 근본적으로 이해되지 못한 가운데서는 지역을 이해하는 가장 기초적인 단위인 '삶, 터, 사람'에 대한 이해가 결여되는 것은 당연한 결과였다. 이와 관련하여 조명래는 공간사회적 이해의 부족을 지적하면서 새로운 지역개발에 대한 이해를 위한 방식을 제3세대 지역개발이라고 표현한 바 있

다.2) 이러한 이해는 하부구조 차원에 국한된 인구와 공간 그리고 환경에 대한 논의가 가능하게 하는 사회조직 차원의 이해로 확장시키는 것이며 더 나아가서는 문화, 구조, 이데올로기에 대한 이해로 확장시키는 것을 의미한다.

지금까지 지역에 대한 이해는 하부구조적인 차원의 논의에 집중된 경향이 상당히 강했다. 그러나 지역을 구성하고 있는 다양한 제반적인 여건과 시대적 상황을 고려해볼 때, 지역에 대한 이해와 접근은 새롭게 할 필요가 있다. 즉, 표피적인 공간적 해석에 집중했던 하부구조의 차원이 아니라, 하부구조를 발생시키는 사회적·문화적 메커니즘에 대한 이해가 병행되어야 한다.

현재 지역을 중심으로 한 논의는 참으로 다양하다. 이러한 다양성은 시대적 경향이 그대로 반영되어 나타나는 결과라고 할 수 있다. 정치·경제·산업·문화·행정·철학 등의 다양한 영역에서 지역에 대한 논의가 진행되고 있는 상황을 고려해볼 때 지역에 대한 의미를 광역적·심층적으로 이해할 필요가 있다.

둘째, 탈근대성, 다시 태어나는 지역

근대성의 결과는 획일화·집중화·권력화·경직화·거대화라고 할 수 있다. 그 과정에서 지역보다는 국가가 강조되어 왔다. 그리고 문명사적 과정에서는 인간의 기계적 소외로부터의 이성에 대한 새로운 각성, 그리고 기계론적 세계관, 과학중심주의적 세계관, 인간중심주의적 세계관에 대한 비평과 함께 인간소외, 자연과의 관계단절, 지역 간, 국가 간 불평등 및 지역사회에 존재하고 있는 삶과 사람에 대한 문제의식을 갖게 된다.

이러한 문제의식은 근대성이 가져다준 획일화보다는 다양화를, 집중화보다는 분산화를, 권력화보다는 분권화를, 경직화보다는 유연화를, 그리고 거대화보다는 소규모화를 강조한다. 이러한 변화는 근대성이 아닌 탈근대성에 근거한 이해로부터 시작된 것이며, 개체주의와 기계론적 세계관에 근거한 인간중심주의적 세계관이 아닌 전체와 생명론에 근거한 생태중심주의적 세계관이다. 이는 삶의 터의 주요 의제인 '사람, 터, 삶'에 중심을 두고 이 과정에서 나타나는 정치·경제·사회·문화 등에 대한 논의의 재구성이다.

---

2) 조명래는 지역개발과 지역사회개발을 이해하는 데 있어서 기존에 논의되었던 연도별 개발 패러다임에 대한 논의를 한층 뛰어넘어 일제시대부터 50년대를 제1세대 지역개발학-토목공학적 이론체계, 1960년대부터 1980년대까지를 미국의 지역학적 이론체계로 설명하면서 이를 제2세대 지역개발학으로 규정하였다. 그리고 정치경제학적 논의에 근거한 공간사회학적 이해를 제3세대 지역개발로 정의한 바 있다.

셋째, 생태적 세계화, 생태적 재지역화는 지역으로부터

헬레나 노르베리 호지Helena Norberg-Hodge는 『허울뿐인 세계화』를 통하여 경제적 세계화에 대한 비판을 강하게 하고 있다. 그녀는 지역화를 강조하기 위한 경제적 세계화 전략이 궁극적으로 지역사회를 몰락시키는 정치적 기제로 보고 있다. 그리고 거대자본이 집중된 산업규모와 자국의 이익만을 위해 이행되는 국가적 차원의 지원은 자생적 발전에 근거한 지역발전 전략을 가차 없이 밀어낸다. 유전자 조작식품과 같은 경제적 세계화의 전형 중의 하나로 일컫는 경제구조 앞에 지역은 무기력해질 수밖에 없다.

이러한 비판과 함께 헬레나 노르베리 호지는 『모든 것은 땅으로』에서 전문화는 좁은 시야를 갖고 있으며, 표준화는 동질화를 추구하고 있으며, 집중화는 소농을 무력화시키고 있다고 비판한다. 그래서 우리는 전통적으로 지니고 있었던 자신의 생태계에 적응하고, 다양한 작물을 재배하고, 자연 주기에 순응하고, 지역공동체 경제를 구축하고, 자신이 살고 있는 지역사회에 대한 새로운 이해를 증진시키고, 전통적 체계에 대한 연구를 도모할 필요가 있다. 그녀의 주장과 같이 경제적 세계화가 진정한 지역에 대한 이해를 기초로 한 생태적 지역화 전략을 구축하는 과정에서 지역을 이해하는 것은 당연한 일이다.

넷째, 밀실에서 광장으로, 그리고 자율·자치·소통의 지역으로

지방자치·주민자치가 요구하고 있는 의제는 의사소통의 문제로부터 시작한다. 지방자치가 10년이 넘어서면서 풀뿌리 민주주의, 참여민주주의의 중요성이 더욱 강조되고 있다. 이러한 흐름은 주민이 사회 발전의 가장 기초적인 단위로 중요한 위치를 이미 차지하고 있다는 것을 의미한다. 결과적으로 지역에서의 의사소통은 시민의 자율성을 부각시키고 밀실정치에서 광장정치로 이끌어내는 것이다. 그 과정에서 시민이 스스로 주체적으로 의사결정을 할 수 있는 자율·자치·소통에 대한 의미가 강조된다. 따라서 이러한 과정은 주민참여의 시작이며, 풀뿌리 민주주의와 참여민주주의를 확대시키는 일이며, 지방자치와 주민자치를 위한 시작이다. 지역사회의 의사소통은 주민참여의 원리, 파트너십 원리, 민주적 원리에 바탕을 둔다. 주민의 참여역량을 증진시키는 자치입법화의 모색, 참여민주주의의 확립, 투명 행정 구현 등이 주민의견 수렴의 원칙이다.

주민의견 수렴은 주민참여를 전제로 하는 것으로 공권력이 없는 일부 시민들이 공적 권한을 가진 사람들의 행위에 영향을 줄 의도로 정책결정과정에 참여하는 행위로써 정보의 배분, 목표와 정책의 형성, 자원의 배분과 사업의 집행방법을 결정하는 과정에서

주민과 집행부의 협력적 관계를 유지하는 행위이다. 즉, 삶의 터의 중심을 이루고 있는 주민, 그리고 주민과의 관계 형성 및 네트워크 구성, 주민들이 가지고 있는 사회적 자본의 파악, 내생적 여건 등을 총망라한 행위로 이것이 진정한 주민분권의 과정에서 나타나는 결과이다.

2. 전통 지리학의 생태적 감수성

이중환 『택리지』의 '복거총론'[3]과 지역

조선 후기의 실학자 이중환은 영조 즉위 후 계속되었던 귀양, 유배생활과 방랑생활이 오히려 그에게 지리·사회·경제 연구 분야의 실학사에 지대한 공적을 세우는 계기가 되었다. 그 대표적인 저작이 『택리지』다. 8도 유랑을 하면서 집필한 자전적 저작물인 『택리지』는 땅과 터의 선택해야 할 조건과 의미를 이야기하고 있는 책이다. 그는 좋은 땅과 터는 첫째로 지리地理 땅, 산, 강, 바다 등에 대한 형이상학적 이치가 좋아야 하고, 두 번째로는 생리生利 그 땅에서 생산되는 이익가 좋아야 하며, 세 번째로는 인심人心 마을구성원의 공동체적 관계이 좋아야 하며, 네 번째로는 아름다운 산과 물인 산수山水가 있어야 한다고 주장한다. 이 네 가지 중에 하나라도 모자라면 살기 좋은 땅이 아니라고 이야기하고 있다. 이중환은 지리, 생리, 인심, 산수가 모두 어울려 조화를 이루는 것이 좋은 터라고 설명한다.

"지리가 좋아도 생리가 모자라면 오래 살 수가 없고, 생리는 좋더라도 지리가 나쁘면 이 또한 오래 살 곳이 못 되며, 지리와 생리가 함께 좋으나 인심이 나쁘면 후회할 일이 있게 되며, 가까운 곳에 소풍갈 만한 산수가 없으면 정서를 화창하게 하지 못한다."

이중환은 '지리地理, 생리生利, 인심人心, 산수山水'의 조화를 복거卜居라 칭하고 살 곳을 선택하는 요건을 제시하였다. 그가 제시하고 있는 복거는 좋은 터를 선택하는 것, 즉 삶이

---

3) 이중환의 택리지擇里志 원전은 많은 곳에서 번역되었으며, 위원학의 『택리지 연구』는 한국의 전통적 지역이론의 관점에서 택리지를 재분석한 바 있다. 자세한 것은 신양사에서 출판한 위원학의 『택리지 연구(1993)』를 참고 바람.

터의 선택 요건에 대한 방법론에 대한 언급이다.

지리地理는 공간에 대한 논의로 환경과 자연에 대한 관계망의 이치에 대한 이야기이다. 지리는 수구水口, 야세野勢, 산형山形, 토색土色, 수리水理, 조산조수朝山朝水 등을 기준으로 삼고 있다. 수구는 물이 흘러나오는 곳으로 생활용수 및 치수계획으로서의 물의 역할과 외부로부터 독립적인 지역사회단위를 언급하는 것이기도 하다. 야세野勢는 입지대상지역의 형태뿐만 아니라 그 지역사회를 인지하는 요소로서의 빛의 역할의 강조뿐만 아니라 빛으로부터 음과 양의 영향을 언급하고 있는 것이다. 산세는 그 형상이 수려하고 단정하며, 청명하고 아담한 것을 으뜸으로 삼고 있다. 이중환은 산의 모습이 깨끗한 형태로 인간이 경관을 인식함에 있어서 긍정적인 영향을 미쳐야 하는 것으로, 환경으로서의 경관의 상징적 역할에 대하여 언급하고 있다. 토질은 굳고 촘촘해야 하며, 색깔, 입자 그리고 형태의 중요성을 이야기하고 있다. 조산은 산이 멀리 있으며 맑고 깨끗하게 보이고, 가까이 있으며 맑고 깨끗하여 사람이 한 번만 보아도 기쁨을 느끼며, 울퉁불퉁한 밉살스러운 모양이 없어야 한다. 그리고 조수는 물 너머의 물을 의미하는 것으로 작은 냇물이나 작은 시냇물은 역으로 흘러가는 것은 길하나, 큰 냇물이나 큰 강이 역으로 흘러드는 것을 좋지 못하다고 보고 있다.

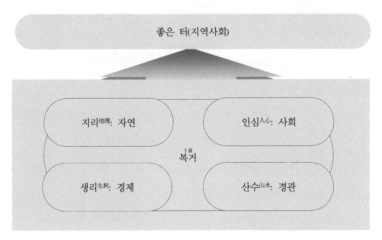

이중환 택리지의 「복거卜居」 개념도

이중환의 복거의 개념은 건강한 삶의 터를 선택하는 것으로 물, 들, 형세, 산 모양, 흙 색깔, 물길, 조산 및 조수를 중요한 요건으로 보고 있다. 생리生利는 삶의 터에서 생산되는 이익에 대한 언급으로, 땅이 기름진 곳이 제일이고, 배와 수레와 사람과 물자가 모여들어, 있는 것과 없는 것을 서로 바꿀 수 있는 곳이 제일로 정하고 있다. 그리고 땅이 기름진 것은 땅이 오곡 가꾸기에 알맞고, 또 목화 가꾸기에도 알맞은 곳이어야 한다. 논에 볍씨 1말을 종자로 하여 60두를 거두는 곳이 제일이며. 40~50두를 거두는 곳이 다음이며, 30두 이하인 곳은 땅이 메말라가고 있는 곳으로 사람 살기에 적합하지 못한 곳으로 보고 있다. 즉, 생리는 생산과 재화를 위한 거래가 왕성한 곳으로 교통의 왕래가 가능한 입지여야 하며, 자족적 생산이 가능한 곳을 의미한다. 인심人心은 지역사회의 터전을 잡음에 있어서 그 지방의 풍속을 살피는 것은 매우 중요하다고 보며 그것이 곧 인심이라는 것이다. 택리지에서는 각 8도의 지역거주자의 공동생활권의 인심 정도를 언급하면서 사회환경으로서의 지역의 선善의 의미를 제시하고 있다. 이중환은 복거卜居에 있어서 인심人心은 지역의 사회적 상호관계를 언급하고 있다. 산수山水는 정신을 즐겁게 하고 감정을 화창하게 하는 것으로, 살고 있는 곳에 산수가 없으면 사람이 촌스러워진다고 보고 있다. 그러나 산수가 좋은 곳은 생리가 부족한 곳이 많다. 그래서 기름진 땅과 넓은 들에 지세가 아름다운 곳에 가려 집을 짓고 사는 곳이 좋다. 그리고 십리 밖 또는 반나절 길쯤 되는 곳에 경치가 아름다운 산수가 있어 생각날 때마다 그곳에 가서 시름을 덜고 혹은 유숙한 다음 돌아올 수 있는 곳을 마련해둔다면 이것은 자손 대대로 이어나갈 만한 방법이라고 전하고 있다. 결과적으로 산수는 인간을 포함한 자연환경체제를 구성하는 방법을 제시하고 있는 것으로, 인간과 지리, 생리, 인심에 대한 총체적인 상호관계에 대한 언급이라고 할 수 있다.

택리지에서 복거의 의미는 지리地理라는 자연의 개념, 생리生利라는 경제의 개념, 산수山水라는 자연경관의 개념, 인심人心이라는 사회의 개념이 통합된 공간체계이다. 마을과 같은 정주환경의 지속성과 지속 가능성에 바탕을 둔 경제적 활동, 그리고 지리적으로 조망되는 자연과 환경조건, 토지이용 등에 관한 철학을 제시함으로써 건전한 삶의 터의 의미를 제시하고 있는 것이다.

바람, 물, 땅의 이치, 풍수지리風水地理와 지역

최창조는 풍수지리를 "땅속에서 흘러 다니는 생기에 감응을 받음으로써 피흉발복 할 수 있는 진혈을 찾는 데 있다"고 보았다(최창조, 1985: 74). 이희덕은 "산수가 신비로운 생기를 내포하여 인간생활의 배후에서 인간의 길흉회복을 좌우한다고 믿고, 거기에 인간과 사령을 일치・조화시킴으로써 인간생활에 복리를 추구하는 것"으로 정의한 바 있다. 이영진은 "생기에 감응받을 수 있는 좋은 땅을 찾는 것"이 풍수지리의 목적이라고 정의하였다(이영진, 2007: 64).

풍수지리風水地理는 바람과 물과 땅에 대한 이치를 이해하고 그 위에 삶의 터를 이루는 것이다. 즉, 인간이 삶의 터를 이루고 터를 만드는 과정에서 고려해야 할 이치에 대하여 설명하고 있는 것으로, 인간과 자연의 조화로운 삶의 터를 원칙으로 한 가르침이다. 따라서 자연에 대한 도전과 항거보다는 자연과의 순화된 모습을 통하여 자연과의 조화를 기반으로 생활을 영위하려는 특징을 지니고 있는 것이 풍수지리이다.

이와 같이 전통마을의 공간체계는 마을, 주택, 울타리, 마을 숲, 물, 길 그리고 집과 나로 연계된 유기적 관계망으로 이루어져 있다. 이 과정에서 바람과 물과 땅의 이치를 생태적으로 이해를 기초로 삶의 터를 이루어왔다. 우리나라 전통마을의 입지조건은 배산임수背山臨水를 원칙으로 하고 있다. 산의 윗부분의 급경사부와 아랫부분의 완경사부로 이어지는 우리나라 지형의 특성은 이를 최대한 활용한 마을 구성에 주안점을 두었다. 급경사부에는 숲이 있으며, 경사가 완만한 곳에 주로 무덤이 있었다. 완경사부에는 과수원 또는 경제림이나 잡목림으로 형성되어 있으며, 원경 면의 말단부에 산이 평야와 만나는 지점에 마을을 조성하였다. 남향의 경우에는 일조량이 상대적으로 크고, 배수가 양호하며, 땅이 적당히 건조하며, 뒷산은 겨울에 북서풍을 막아주고, 땔감을 공급하는 에너지 보급원이었으며, 외부침입에 대비한 방어선이 되기도 하였다. 또한 그곳은 지하수대가 높아 샘물이 풍부하여 취수에 편리한 장소가 되기도 하였다. 따라서 한국의 전통마을은 농경지역, 산림, 하천 등이 하나의 짜임을 갖춘 유기적 관계를 형성하고 있었는데, 이 과정에서 바람, 물, 땅을 다루는 이치가 적용되고 있다.

전통마을에서 바람은 마을에 주는 영향을 차단시키는 단절된 개념으로 이해한 것이 아니라 바람을 순화시키는 관계적 개념으로 접근하고 있다. 즉, 바람을 흩트리거나 그 힘을 꺾으려고 하는 서양식의 바람 깨기windbreak 개념이 아니라 사람이 바람을 감싸거나 바람을 끌어안는 방식으로 바람을 이용하였다. 겨울에는 남북사면의 일조량이 커서 남향집은 낮은 기후 조건에서 에너지 사용을 최소화하는 특징을 지니고 있다. 이때 뒷산은 차갑고 강한 바람으로부터 마을을 보호하는 기능을 하였다. 여름에는 습기를 먹은 바람을 가로막은 산이 갈무리하여 찬 식물체는 물기 모아 땅을 적시게 했다. 여름철 남동쪽으로부터 불어오는 바람을 장풍함으로써 물을 얻을 수 있도록 했다. 주로 숲은 산에 위치하고 있어 이렇게 모인 물은 아래로 흘러 마을과 농경지에 물을 공급하게 된다. 여름철 바람은 습기를 모아 마을에 공급하는 물을 증가시키면서 식물의 수분을 보충하는 짜임으로 되어 있다. 이와 같이 풍수에서는 바람을 잘 거둬들여 간수한다는 의미로 갈무리한다고 표현하였으며 이를 장풍藏風이라 하였다. 바람을 무조건 막는 것이 아니라 찬바람을 피하면서 공기의 순환을 원활하게 하도록 하였다. 그리고 바람을 거둔다는 것은 맞아들인다는 의미를 지니고 있지만 세하고 추운 바람도 부드럽게 만들면서 받아들인다는 의미를 지니고 있다.

물은 공동체의 의미를 지니고 있다. 최소한의 행정구역단위 중의 하나인 동의 개념을 한자어로 풀어보면 마을 동洞으로 삼수변의 수氵와 다 같이, 함께, 같게 하다 등의 뜻을 지니고 있는 한 가지 동同으로 이루어진 고을(골짜기) 동洞의 의미를 지니고 있다. 고을 동의 의미를 풀어보면 "같은 물을 쓰는 곳"이라는 뜻이다. 김정호의 대동여지도를 보더라도 작은 유역을 중심으로 시작되어 큰 유역으로 나누고 있는데, 작은 유역에는 수많은 골짜기가 표기되어 있다. 수많은 골짜기는 작은 골에 자리 잡은 마을이나 고을이 자리 잡고 있음을 의미한다. 이렇듯 물은 마을 공동체의 가장 기본적이며 기초적인 단위였다.

그 외에도 물의 기능적 측면에서 보면 마을에 자리 잡은 연못이나 웅덩이 등은 마을 숲과 함께 여름철에는 기후조절 및 청량감을 제공하고 물의 영양소를 제거하는 기능을 하고 있다. 또한 배산임수형과 같은 마을에서는 뒷산에서 내려오는 물길이 마을을 통과하며 마을 앞 물줄기와 합류를 하게 되는데, 이 과정에서 집과 집 또는 논과 논의 물길과 연결되어 있어 물을 소중하고 조심스럽게 다루었다. 즉, 물길 자체가 이웃을 배려하고 마을 공동체 의식을 제고하는 중요한 기제가 되고 있는 것이다.

땅은 명당이란 의미로 해석할 수 있다. 광의적 개념으로는 좋은 땅이나 좋은 터를 의미하며, 협의적 개념으로는 혈穴 무덤이나 건물이 세워지는 장소 앞에 펼쳐지는 들판을 의미한다. 명당은 인간의 생산활동 공간으로서 풍수에서는 완벽한 명당은 없으며 명당이란 좋은 땅이 아니라 적당한 땅을 의미한다.

좋은 터는 장풍, 내룡, 득수, 좌향, 형국 등의 형세를 만족시켜야 하나 이런 조건을 갖추는 것은 그리 쉬운 일이 아니다. 그래서 터의 결합을 보호하거나 보완하는 차원에서 비보기가 허한 곳을 보하는 것를 하거나 압승기가 센 곳을 누르는 것을 한다. 비보하는 방법은 탑, 절,

숲, 선돌, 장승, 연못, 해태 등의 인공조형물의 조성 및 설치를 통하여 환경적·심리적·생태학적으로 자연으로부터 순응한 공간조성에 많은 노력을 기울였다. 즉, 땅은 생명을 가진 존재로 깨고 부수고 뚫는 대상으로만 취급되는 부동산 개발의 전유물이 아니라 땅과 더불어 사는 관계의 대상으로 인식하고 있는 것이라고 할 수 있다.

　풍수지리는 환경은 지속 가능하고 건전한 삶을 위한 생명의 공간을 의미하며, 공동체 사회의 자족적 생활권인 동시에 동질적 조직체의 관점을 지니고 있다. 또한 물활론적 사상이 생활 속에 개입되어 하늘과 땅, 그리고 사람의 정주환경 속에 배태된 하나의 공동체적 이상향으로 바람과 물과 자연조건에 의존한 한국의 전통사관이라고 할 수 있다.

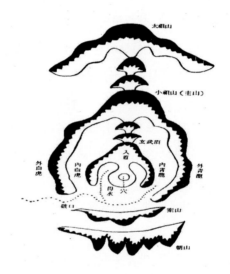

풍수지리 개념도

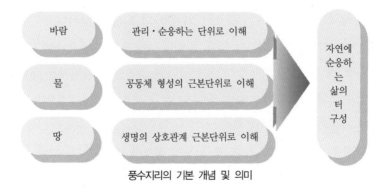

풍수지리의 기본 개념 및 의미

삼재론과 지역

고대 동양사상에서 이야기하고 있는 삼재三才·삼극三極은 천天·지地·인人을 의미한다. 주역의 계사전에 보면 괘卦에 6개의 효爻가 있는 이유를 언급하면서 "천도가 있고, 지도가 있고, 인도가 있으며, 삼재를 겸하여 이를 둘로 한다. 그래서 6"으로 칭하고 있다.

그러나 한국에서 통용되고 있는 삼재론은 동양사상의 전통 가운데 한국적 특징을 지니고 있다. 삼재론의 삼재는 영의 세계로서의 하늘과 육체의 세계인 땅, 그리고 하늘과 땅을 매개하고 이어주는 영적 능력자로서의 무巫샤먼(인人)이 대표하는 인간세계로 설명하고 있다(우실하, 1989). 대산 선생은 우리 민족의 정신적 근원을 삼재사상이라고 언급하면서, 단군신화에서 삼재론의 의미를 찾고 있다. 천天(환웅)이 지地(웅녀)와 결합하여 인人(단군)을 낳았다는 것이다(김석진, 1999). 공자의 『설괘전』에서는 "천도에는 음양陰陽이 있고, 지도地道에는 강유剛柔가 있고, 인도人道에는 인의仁義가 있다"고 이야기한 바 있다. 즉, 삼재론은 음양의 만남으로 무無에서 하나로, 하나에서 둘로, 둘에서 셋으로, 셋에서 만물로 분화되는 중국적 3수 사상인 노자의 도덕경의 논리나, 무에서 하나로, 하나에서 셋으로 분화되는 천부경의 논리도 독자적인 천지생성의 원리를 보여주고 있다. 결국 삼재론은 하늘을 지칭하는 영적인 삶(천天), 땅과의 관계를 언급하는 생태적 삶(지地), 그리고 인간과 사회에서의 관계를 언급한 공동체적 삶(인人)을 강조한다. 해월의 경천敬天, 경인敬人, 경물敬物의 삼경론도 궁극적으로 삼재론의 의미와 동일한 선상에서 이해할 수 있는 것이다. 특히 한국의 삼재론은 동학사상에서 삼재론의 의미를 찾을 수 있다.

삼재론은 천지인天地人 세 가지를 우주의 기본적인 요소로 보고, 그 가운데 하늘과 인간의 관계를 보다 중요시하고 있다. 천天은 하늘을 향한 천天이 아니라, 지상을 향한 천天, 인간과 공존하는 천天으로 역사 속에서 구체화되고 있다. 이 과정에서 동학사상의 천天의 개념은 한울님과 일치된 개념이다. 그 가운데에서도 동학사상은 천天과 인간人間을 중심에 두고 "인간의 창조적인 활동과 자각"에 의한 조화를 강조하고 있다. 동학에서의 천은 기존의 수직적인 천지 관계를 수평적으로 유지하고, 인간과 하늘의 피조적인 관계가 아니라 능동적인 관계를 지향한다. 이와 같은 동학사상은 기존의 도교나 유학의 친인합일적인 태도를 한층 더 발전시킨 개념으로 우주 안에서의 인간의 위치를 새롭게 한 것이라고 할 수 있다.

천인합일적 동양사상은 인간과 하늘을 동질적인 관계로 놓고 인간 스스로 자기 속에서 모든 가능한 근거를 찾으려는 인간존중사상이다. 인간중심주의적인 유가사상과 자연중심주의적인 도가사상 모두가 천인합일사상을 중심에 두고 있다는 점이 동양적 사유의 특징이다. 동학의 천^{天}은 바로 동학의 전통적 하늘사상이 갖는 인간존중을 바탕으로 전통적인 하늘사상을 인간중심으로 계승 발전시킨 것이라고 할 수 있다.

동학의 한울님인 수운은 '시천주$^侍天主$', 해월은 '경천' 등의 내용을 의미하는 것으로 인간과 자연, 그리고 현실적인 문제를 다루는 것이다. 동학의 한울님은 전통적인 동양사상을 기반으로 천^天 사상이 취하고 있는 천인합일적 태도를 근대적으로 재해석한 개념으로, 인간의 능동적인 실천을 강조하고 있다. 즉, 동학의 한울님의 개념은 기존 질서를 재편성하려는 사상적 배경을 담고 있는 것이다.

조선조 유학사상의 천^{天}은 인성론적인 형식의 '인간과 천'의 관계에 대하여 하늘의 지고한 조화의 힘을 인간 안에서 발견함으로써 자연관과 인간관의 기초를 새롭게 하는 것을 의미한다. 그리고 이러한 기초 위에 동학의 한울님은 당시 사회상이라도 반영하듯이 신분제도의 불평등 구조를 고칠 수 있는 평등의식을 양산시키기도 하였다. 결국 동학사상의 천^{天}은 동양에서 전통적으로 천^{天}에 중심을 둔 '천인합일$^天人合一$'의 태도를 유도함으로써 인간의 마음속에 천^{天}을 들이고 천^{天}과 인^{人}이 합일되는 한울님으로 발전시킨 것이다. 따라서 동학의 한울님은 인간의 존엄성을 강조하여 모든 이를 위한 한울님이었다.

삼재론의 세계관

구분	천^天	지^地	인^人
관계	신과 인간	자연과 인간	인간과 인간
삶의 모습	우주·영적	생태적	사회적·공동체적
특성	영성	감성	이성
관계방식	종교·예술·문화	노동·경제	정치·사회
운동영역	영성·문화운동	생태·환경운동	자치·공동체운동
윤리	경천$^敬天$	경물$^敬物$	경인$^敬人$

*출처: 모성과 살림연구소(2004), "삼재론" 「살림의 말들」, p.70

이와 같이 한국적 전통사상에서 찾아볼 수 있는 천지인$^天地人$의 개념은 서양의 개념처럼 이원적 체계가 아니라 인간과 자연과의 합일을 전제로 한 개념체계를 의미한다. 인간은 자연과 대립된 존재가 아닌 천^{天}과 지^{地}의 범주에 속한 것으로 그 속에서의 인간의 역할을 모색하고 있다. 이것이 바로 천지인$^天地人$의 삼재론이다. 하늘은 시간적 개념으로, 땅은 공간적 개념으로 그리고 인간의 하늘과 땅을 연결하는 매개적 존재로 하늘과 땅에 속한 범주로 이해된다.

마을, 모둠살이, 길 그리고 지역

마을은 동네 한자어로는 촌村, 동洞으로 촌락, 부락, 취락 등과 같은 의미로 쓰인다. 또한 마을은 모둠살이로 해석되기도 한다. 마을을 「모을」 혹은 「말」, 「몰」 또는 「마슬」로 사람들의 모둠살이를 의미한다. 마을의 의미인 모둠이란 의미처럼 사람 간에는 먼저 이웃관계가 형성되는 마실 가기가 이루어지고 그것이 모둠살이를 이루며 제도화된 장소는 마을회관과 같은 공동모임장소가 있다. 사람이 집 밖을 나가는 것은 사회관계를 이루는 것으로 마실 가기가 되는 셈이다. 마실 가기의 「마실」은 사회와 같은 의미가 된다.

모둠살이는 우리 동네, 우리 부락 등으로 마을이 하나의 사회적인 지역공동체의 의미가 숨어 있다.[4] 예컨대 아랫마을, 윗마을, 안마을, 바깥마을, 큰 마을, 작은 마을로 표현하기도 하였으며, 골의 경우에는 안골內谷, 바깥골, 샛골新谷, 유골, 아랫골, 토골土谷 등으로 위치와 형태에 따라 마을을 표현하였다. 이와 같은 표현은 집락을 이루고 있거나 자연부락의 형태를 취하고 있거나 촌락공동체를 취하고 있다는 관점에서 표현한 지리적 범위보다는 사회생활의 모둠살이가 우선적으로 강조된 생활공동체 단위의 의미를 지니고 있다. 즉, 취락형태를 취하고 있는 집들이 모여서 그 취락구조를 중심으로 삶을 영위해가는 것이 모둠살이인 셈이다. 집이 하나하나씩 모여서 문중과 이웃이 형성되고 집과 집 사이에 관계가 형성되고 그 관계가 사회와 문화를 이루어가면서 「사람, 삶과 터」의 공동체를 이루는 모둠살이가 되는 것이다.

또한 모둠살이는 건물로서의 집과 가옥으로서의 집, 즉 땅과 사람의 결합이다. 결국 집은 건물로서의 집과 가족으로서의 집의 결합체로서 이웃관계를 만들어내고 공간적인 관계를 이루어내면서 모둠살이가 형성되는 것이다. 이렇듯 모둠살이는 사회적인 관계와 공간적인 관계가 체계를 보이는 것으로 집으로부터 형성되지만 그 집들이 모여 하나의 마을로부터 나오는 것이다.

마을이 모둠살이로 해석되기도 하고, 외부로부터 은폐되고 자연 울타리인 골짜기를

---

4) 마을을 부락이라고 표현하기도 하나, 일본에서는 백정이 사는 천민집단을 부락이라고 한다.

테두리로 같은 물을 쓰며 공동체 생활의 편리한 행정적 기초단위가 마을이다. 그리고 병풍처럼 마을을 감싸고 있는 아름다운 산과 물길은 풍광이 뛰어난 자연환경을 기반으로 경제·사회·문화적 역량이 총체적으로 어우러진 쾌적한 삶의 터를 이루고 있다.

전통마을은 배산임수背山臨水하고 장풍득수長風得水하여 마을이 편안한 삶의 터가 되도록 디자인되어 있다. 그리고 마을은 마을주민들이 상호 간에 편리한 공동체성을 유지할 수 있도록 아름다운 경승지, 신앙의례처, 학문을 연마하는 서당, 서원이나 향교 같은 강학처 등을 두어 마을의 건전성을 도모하였다.

마을의 주요 기능과 구성요소

마을의 기능	내 용
경제기능	저수지, 보
정치기능	관아, 종가, 마을 마당(모정, 정자나무터)
교육기능	향교, 서원, 서당
종교기능	하늘, 조상, 마을제사

또한 살림집, 마을 길과 물길, 마을 숲, 마을 마당과 쉼터, 우물터, 빨래터와 같이 사회적 관계를 연계시키는 장치들이 있으며, 성황당, 당산나무, 장승, 벅수, 선돌, 솟대 등과 같이 물활론적 이미지를 형상화시키기도 하였다. 그리고 종가, 사당, 재실, 서당, 서원, 정자 등과 같은 혈연공동체성을 강화시키는 요소가 있다. 이와 같이 전통마을은 합리적인 토지이용과 짜임새 있는 마을길과 물길, 살림집을 포함한 마을 공동체 시설이 적절한 배치를 이루고 있다.

길은 마을 구성에 있어서 관계를 이어주는 중요한 연결망이다. 길은 물길과 관계가 있으며 지형이 갖는 원만한 위계에 따라 형성되어 있다. 길은 자연환경을 고려한 것으로 사람이 걸으면서 공간과 시간을 함께 느끼는 곳으로, 좋은 마을길은 마을 입구로부터 마을 안이 보이지 않으며 산의 맥에 따라 구부러짐과 징검돌 및 계단 등 통과요소의 변화, 길 주변에 있는 나무 등 시선 표적들에 의해 공간마디가 연속·반복되는 율동에 의해 주거지를 만드는 요소가 되기도 한다.

길은 큰길, 어귀길, 어귀, 안길, 샛길, 골목 등으로 위계적인 형태를 유지하고 있다. 큰길은 마을과 마을을 연결하는 통과교통이 지나는 길로 마을 안으로 들어오지 않는 바깥길이며, 어귀 길은 큰길에서 어귀까지 이르는 길로 큰길과 마을이 갈라짐에 따라 마을을 지나가는 외부인이 들어오지 않는 안정된 장소이다. 지형지세에 순응할 수밖에 없어서 어귀 길은 내를 건너거나 산모퉁이를 돌아들듯 굽이쳐 전개되는 길이다. 어귀는 마을 바깥과 안의 경계로서 공간의 전환점이 되는 곳이다. 어귀는 마을로 들어간다는 사실을 강조하기도 하고 한편으로는 정자나 공공공간을 설치하여 외부인을 통제하고 감시하는 공간이기도 하다. 안길은 어귀를 지나면 바로 만나는 길로 마을 사람만이 사용하는 길로서 마을생활의 중심인 동시에 가장 공공성이 큰 곳이다. 샛길은 안길에서 다시 생겨난 길로 길목이라고도 한다. 길목은 길마당이 되어, 마을 모임의 자리가 되기도 하며, 빨래터, 집회소 등의 공공생활시설이 놓여 있는 공간을 의미한다. 그리고 마지막으로 골목은 가장 작은 단위인 이웃과 연결되는 길이다.

길의 유형과 관계성

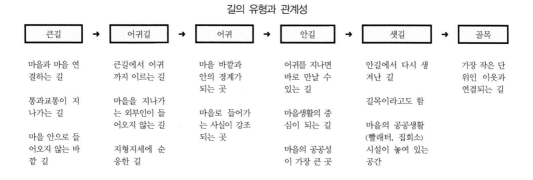

마을의 연계망

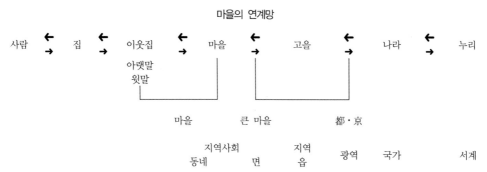

참고: 박서호(1993.2), "사회와 공간 간의 관계에 관한 연구: 조선시대 문중마을을 중심으로", 서울대학교 환경대학원 박사학위논문, p.53 재구성

이러한 공간적 장치들은 단순히 마을의 시설물이 아니라 마을 사람들이 공동체성을 유지하면서 온전하고 지속 가능한 삶을 영위할 수 있도록 디자인된 생명공간이라고 할 수 있으며, 종교와 사상 등이 마을에 직접적으로 투영된 공간이기도 하다.

마을은 하늘(川)과 땅(地)과 사람(人)의 정주환경이라고 하는 하나의 작은 소우주에서 상생相生과 상응相應이 있고 상화相和와 상생相生이 있는 통일체이며 균형적인 공간이다. 이것이 우리 전통마을이 지니고 있는 삶의 터의 특징이다(신상섭, 2007: 23).

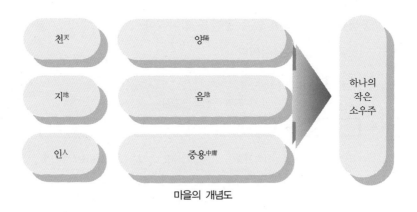
마을의 개념도

이중환의 택리지, 풍수지리, 전통마을의 가로체계 등의 전통지리학은 거시적으로 인간과 자연이 더불어 사는 복거의 개념으로부터 출발한다. 전통지리학적 관점에서의 공간의 위계는 가로체계, 즉 길과 관련하여 설명된다. 길은 큰길, 어귀길, 안길, 샛길, 골목길의 가로체계를 이루면서 마을과 마을, 그리고 이웃과 이웃이 순차적으로 연결된 공간적 체계를 지닌다.

마을의 주산인 산에서 흐르는 물은 마을에 분산되어 있는 집을 통과하면서 시냇물을 만들고 작은 줄기가 모여 큰 물줄기로 연결되어 흐른다. 이 과정에서 물은 공동체적으로 관리를 하여야 하는 중요한 대상이 된다. 길과 삶의 터의 관계를 정리하면 다음과 같다.

큰길로 시작하여 마을 입구로 이어지는 어귀 길은 안길로 이어지면서 안길 주변에 주거지가 형성된다. 안길은 주로 마을 공동체의 물적 요소인 공동시설과 같은 마을공간을 이루는 중요한 요소들을 서로 연결시키는 마을의 중심축이 된다. 안길에서 갈라져 나온 샛길은 개별적으로 분포되어 있는 주거지와 연결되고 그 안에서는 골목길이 길의 끝을 이루면서 집으로 연결되는 구조를 지닌다. 이렇듯 나와 집, 집과 길 그리고 길과 마을이 하나로 이어지는 공동체적 체계가 우리 선조의 삶의 터였다.

　이중환의 『택리지』, 풍수지리, 삼재론 등의 전통지리학의 관점에서 본 마을 또는 지역은 공동체적 요소와 생태학적 요소를 동시에 지니고 있다고 할 수 있다. 물을 마을의 중요한 자원으로 인식하고 공유하고 관리하는 과정과 자신이 살고 있는 집과 길과 연결된 삶의 동선과 산을 비롯한 주변의 자연자원에 기대어 사는 생태적 요소를 지니고 있는 것이 전통지리학의 가장 큰 특징이다.

3. 삶의 터를 다시 읽다

지역의 이념과 철학

토지 윤리와 지역

　우리는 지난 몇 백 년 동안 진행해온 문명사적 발전을 통하여 자연의 삼라만상 가운데 가장 우월적인 존재로 인식해왔다. 그러나 인간이 생각하는 위치에 대하여 우리만의 공동체가 아닌 새로운 공동체의 구상, 윤리적 범위의 확대가 새롭게 요구되고 있다. 알도 레오폴드$^{Aldo\ Leopold}$의 주장처럼 토양, 물, 식물과 동물, 곧 토지를 포함시킨 새로운 윤리관의 형성이다. 인류는 단지 토지공동체의 평범한 구성원이며 시민으로써의 역할이 필요하다. 이것은 토지를 경제학적 대상이 아닌 생태학적 대상으로 인식하는 것이며 단순히 토지는 흙이 아닌 생물상으로 인정하는 것이다.

　프랑스의 환경철학자로 일본을 비롯한 동양문화에 깊은 관심을 가지고 있는 오귀스탱 베르크$^{Augustin\ Berque}$의 『대지에서 인간으로 산다는 것』은 인간이 대지의 거처자로서 지녀야 할 윤리를 언급하였다. 그리스의 스트라본$^{Strabon\ B.C.63\sim A.D.25}$ 같은 고대 지리학자들은 사람들이 살고 있는 땅을 오이쿠메느 게$^{Oikoumene\ ge}$라고 지칭한 바 있다. 그도 역시 인간이 거쳐야 할 대지를 '에쿠멘'으로 표현하고 있다. 에쿠멘은 '주거지, 집'을 의미한다. 에쿠멘은 '지구상에서 인간이 살고 있는 부분'을 의미한다. 에쿠멘은 단순히 물리적·형태적 실제가 아니라 인간이 살고 있는 지구를 의미한다. 인간이 살고 있는 장소로서의 지구, 지구상에 살고 있는 존재로서의 인간에 큰 의미를 두고 있는바, 에쿠멘은 인간과 대지의 관계를 중요시한다. 이렇듯 인간이 대지를 대해야 할 자세를 지금 현 상태의 유지에만 노력을 기울이려고 하고, 진정 모색해야 할 지구상에서의 거주가능성의 문제를 심도 있게 논의하지 않는다면 지구에서 인간 이외의 다른 종은 생태학적으로 살 수 있을지 모르지만 인간이 살수 없는 장소가 된다고 주장한다. 에쿠멘의 생태적인 상징은 그 자체가 하나의 윤리이다. 인간이 지녀야 할 생태적 상징은 인간이 에쿠멘을 위해 고려해야 할 생태적 가치와 의미에 대한 무엇인가를 깨달아야 하는 것을 알도 레오폴드와 오귀스탱 베르크는 토지를 대해야 할 인류의 새로운 윤리적 자세를 강조하고 있다.

근본생태론과 지역

생태 위기 시대의 분명한 이슈는 기계론적 패러다임에서 생태학적 패러다임에 대한 새로운 요구이다. 표피적이고 즉자적 대응으로 일관해온 일반사회에 대한 비판은 매우 가혹하다. 근본생태론Deep Ecology은 지금의 생태 위기 상황을 물질적 성장주의에 기인하고 있는 인류중심적 세계관에 있다고 보고 이를 극복하기 위해서는 우리의 인식과 가치, 그리고 생활방식의 급진적 전환을 강조하고 있다. 이러한 급진적 전환은 인류중심적 세계관에서 생태중심적 세계관으로 전환을 모색하는 패러다임의 전환이다. 근본생태론은 "땅의 주민으로서 땅에 길들여진 삶"을 추구하면서 개발된 땅을 포기하고 야생지를 복원시켜야 하며 각각 생태적 지역을 이용하는 지침은 인간을 수용하는 수용력에 한정하여 적용하여야 한다는 주장한다. 또한 생태권에 대한 정복과 효율의 강조가 아닌 통합 유지하여야 하며, 이러한 것이 인간의 생존을 위해 생태권력에 의존하는 삶, 땅에 대한 새로운 관계의 구성이 자연스럽게 강조한다.

근본생태론은 인간이 땅을 대해야 할 거주자로서의 역할과 그 속에서 임해야 할 생명공동체의 중요성을 강조하고 있다. 이는 물질적 성장주의에 대한 단순한 반성을 넘어 공동체 의식의 새로운 확장에 대한 논의이며, 공동체 의식의 새로운 확장은 생명과 결합된 방식의 공간적 적용을 구체화시키는 단계까지 연결된다.

생명지역주의와 지역

토지에 대한 관계의 중요성은 알도 레오폴드나 아르네 네스Arne Naess 등에 의해 제시되었다. 생태공동체를 이루는 가장 중요한 강령은 땅과 우리의 삶의 터와의 관계 설정이다. 이러한 토지와의 관계를 구체적으로 실현하기 위해 생명지역에 대한 담론이 강조된다. 생명 지역은 정치·경제·사회·문화 등이 자연세계에 의해 결정되며 조화를 이룰 것을 강조한다. 여전히 여기에서도 토지의 거주자로서의 역할이 강조된다. 토지는 우리 삶의 터이다. 땅에 거슬리지 않고 함께 사는 방법, 더 나아가서 땅과 더불어 그 자연적인 삶의 터에서 그 방식과 리듬에 따라 사는 것을 깨닫는 것이 생명지역주의이다.

생태여성론과 지역

자연은 우리에게 무엇인가? 자연은 생태계의 근원이며 끝없는 생명력을 제공하는 원천이다. 우리는 생명의 원천인 자연 앞에 가부장적 질서를 적용하였고 생명을 잉태하는 어머니의 자궁 역할을 제대로 이해하지 못했다. 이러한 지적은 생태여권론에서 시작되었다. 가부장적 자본주의 시스템에 길들여진 사회시스템은 중앙권력, 거대자본, 획일적·일방적 의사소통 속에서 약자들의 희생은 당연한 일로 생각해왔다. 그 약자는 생명의 근간이 되는 여성, 아이 그리고 자연으로 이 약자에 대한 폭력문제에 주목한다. 폭력문제는 어머니가 생명을 잉태해내듯이 자연은 끝없이 생명을 잉태해낸다는 것을 깨닫는 것으로부터 해결된다고 본다. 어머니와 같은 자연 앞에 우리는 좀 더 성스러운 겸허한 자세와 더불어 사는 존재라고 인식하는 것이 생태여성론이 바라보는 공동체적 입장이다.

사회생태론과 지역

사회질서에 대한 이해는 생태사회 구축에 중요한 의미를 지닌다. 이는 우리 사회가 얼마나 공동체적인가? 남성은 여성과 아이를 지배하고, 가진 자는 가지지 못한 자를 지배하고, 주인은 노예를 지배하는 등 지배는 사회의 자연스러운 통념처럼 자리 잡아왔다. 그것뿐만이 아니라, 사회적 지배는 물질에 의한 정신적 지배, 쾌락에 의한 노동의 지배, 육체에 의한 정신의 지배 등으로 우리의 일상생활 속으로 자연스럽게 확장되어 왔다. 이상적 사회의 실현을 위해서는 생태와 사회 내에서의 위계질서의 회복이 그 어느 때보다도 필요하다. 이상적 사회의 실현을 위해서는 "지배와 위계가 평등과 자유"로 대체되어야 한다. 그리고 우리는 인간과 인간 간의 새로운 관계설정을 통하여 생태학적 관계를 새롭게 세워야 한다. 이러한 생태적 관계 형성을 위해서는 생명 지역의 필요조건을 인식하고 이에 맞는 삶이 영위되어야 한다. 앞서 이야기한 것처럼 생명 지역에 맞는 공동체의 유지는 정치·경제·사회·문화 등의 사회 제반적인 분야에서 생태학적 감수성을 회복시키고 자율적 지역자치를 가능하게 한다. 이러한 자율적 지역자치주의는 공동체의 형태로 나타나게 되면서 인간적인 규모를 갖추고 지역이 가지고 있는 제반여건에 맞출 것을 강조한다. 결과적으로 자율적 지역자치주의는 기존 일반사회가 가지고 있는 획일적 의사소통이 아니라 수평적이며 생태학적 감수성이 배어 있는 의사소통으로 분권화의 기초가 된다.

생태아나키즘과 지역

아나키즘은 한국적 근대화 과정에서는 정치적 입장만 취한 강한 무정부주의로 인식되어 왔다. 그러나 아나키즘의 본연의 목적은 자율적 지역자치주의라는 표현이 더 정확하다. 아나키즘이란 자유주의의 최종 산물인 동시에 사회주의의 최종 목표이다(김정아, 2004: 10). 그러나 가장 궁극적인 목표는 스스로 조직하는 것으로 창의적이고 실천 전망을 갖는 정치 전략을 내포하고 있다. 통치받는다는 것은 지성도 없고 미덕도 없는 것들에게서 감시당하고, 조사당하고, 점탈당하고, 규제당하고, 세뇌받고, 훈계받고, 저들의 명단에 오르고, 측정당하고, 평가받고, 검열받고, 부림받는 것으로 이해한다. 따라서 아나키즘은 비유적으로 놀이로 표현되기도 한다. 놀이란 스스로 선택하고 스스로 지휘하는 인간활동을 의미하는데 아나키즘은 여기에서 의미를 찾는다.

이렇게 스스로 지휘하는 인간활동을 확대시켜 '자영사회'를 강조한다. 그 과정에서 생산자 노동조합의 의미가 강조되고 스페인 바스크 지방의 몬드라곤을 통하여 아나키즘에 근거한 자율적 지역자치주의의 모습을 찾기도 한다. 크로포트킨[Pyotr Alekseevich Kropotkin]은 스위스 쥐라지방에 조직된 지역공동체의 모습을 통하여 아나키즘적 지역공동체에 대한 영감을 받은 바 있다. 이와 같이 생태 위기 문제에 있어서는 제1세계가 감당할 수 없을 정도의 에너지 소비에 대한 깊은 문제의식을 지니고 있으며, 제1세계가 제3세계의 자원을 값싼 원재료로 취급하고 착취 문제를 통하여 생태아나키즘을 강조한다. 생태아나키즘은 위계적이며 착취적인 노동문제 속에서 생태

위기의 문제를 보고 있다. 아나키즘이든 생태아나키즘이든 이들은 궁극적으로 인간의 존엄성과 책임감을 내세우고 있으며, 아나키즘은 정치변혁 프로그램이 아니라 사회적 자기결정 행동에 근거하고 있는 것으로 그 단위가 지역이다.

가이아^{Gaia}와 지역

가이아는 로마신화에 나오는 '대지의 어머니'이다. 가이아는 제임스 러브록$^{James\ Lovelock}$이 지구의 대기권을 연구하는 과정에서 붙은 이름이다. 그는 연구과정에서 지구는 하나의 살아 있는 생명공동체로 인식한다. 러브록은 지구는 살아 있는 초거대유기체$^{Super-organism}$로 간주하는 생물권으로 인식하면서 생명체에 대한 전일적 세계관을 추구한다. 그는 지구를 하나의 거대한 생명체로 간주하는 사고의 틀 혹은 사고의 구조의 전환을 요구한다.

가이아 관점에서 보면 인간은 무수한 생명체 중 하나이므로, 일반적인 환경보호운동이 인간의 건강성을 우선으로 한다면 가이아 이론에서는 지구 전체의 건강성을 우선한다. 그리고 "인류는 하나의 생물종에 불과하다. 인류의 장래는 가이아와 어떻게 정당한 관계를 유지할 수 있느냐에 따라 결정된다"고 본다. 가이아론은 환경오염 및 생태 위기에 대한 새로운 시각을 요구한다. 환경보호주의자들의 인간중심적 태도에 대한 비판과 동시에 다양한 전일적 사고의 접근에 대해 요구한다. 가이아론은 궁극적으로 인간이 생물권을 책임지고 보살펴야 한다는 논리를 정당화시킨 것이다. 인간은 지구의 지배자·소유자가 아니라 집을 잘 관리하는 집주인으로서의 가이아의 파트너라는 것을 인식하여야 한다.

지역의 사회·문화

주민자치·주민분권과 지역

주민자치와 지역정치의 중요성은 지방자치 실시 이후 더 중요해졌다. 지방자치 실시 이후 시의원의 지위는 봉사직에서 무급제로 그리고 유급제로 지위가 격상된 동시에 중앙정치의 강력한 귀속을 재요구하는 정당공천제의 도입 등 지역사회의 정서와는 역행하는 정치적 구조는 여전하다. 자치단체장들은 중앙정부로부터의 권력이양을 강력하게 요구하면서 본인 자신이 주민들에 대한 분권과 자치에 대해서는 대부분 단체장들은 별다른 관심을 보이지 않고 있다. 지방자치단체장이 중앙정부에 대한 권력이양을 요구하는 동시에 주민분권을 위한 노력은 극히 미약한 수준이다.

자치단체장은 지역사회의 대표적 권한을 이용하여 각종 문화예술 행사에 투자되는 예산이 과도하게 집행되고 있다는 지적이 끊이지 않고 있으며, 집행부의 시의회와의 관계에서 힘의 우위는 집행부에 있는 것이 사실이다. 그리고 집행부의 의사결정을 위해 구성된 각종 위원회는 지역사회의 풀뿌리 보수세력을 중심으로 지역사회의 대변자 역할을 하고 있는 상황이다. 이러한 지방자치 운영의 메커니즘을 보면 예를 들어, 6,500억 원 규모의 자치단체가 있다면 시장과 관련 도의원과 시의원과 각종 위원회에 참여하고 있는 위원들이 자치단체 시예산과 주요 의제를 결정하고 있다고 봐도 과언이 아니다. 구성원 수로 보면 약 선출직 의원과 위촉직 위원을 포함하여 약 100여 내외의 인사들이 지역사회의 의제를 결정하는 구조가 지금 현재의 지방자치의 모습이다. 주민자치·지역정치는 지역사회를 바탕으로 한 행정 및 정치적 행위로 '분권·자치·자율'을 도모할 수 있는 제도적 장치가 필요하며, 이러한 이해는 지역으로부터 시작한다는 것을 새롭게 인식할 필요가 있다. 중앙정부 권한 분배정도의 행정자치가 아니라 일상생활에서 주민주도적 자치가 가능한 생활정치를 의미한다.

제3섹터(민관협력)와 지역

제1섹터로 공공부문을 책임지고 있는 지방정부, 제2섹터로 민간부문을 책임지고 있는 기업, 자발적 부분으로 비영리 결사체의 성격을 취하고 있는 미국형 제3섹터, 그리고 제1섹터와 제2섹터가 만나 또 하나의 섹터를 이루고 있는 제3섹터, 제2섹터와 미국형 제3섹터가 만나 하나의 섹터를 이루고 있는 제4섹터, 제1섹터와 미국형 제3섹터가 만나는 하나의 섹터를 이룬 제5섹터로 구분한다. 이러한 각 섹터와 섹터 간의 관계는 지역이 중심이다. 제3섹터는 민관 공동협력관계에 근거한 대안적 재원조달 방식을 의미한다. 행정의 주체를 주민, 기업, 지방정부로 구분해볼 때 이들 상호 간의 역할 분담에 따라 지역에 대한 공공서비스의 기능을 달리한다. 제3섹터와 같은 민관협력은 주민이 정부나 기업에 세금이나 사용료를 지불하는 피동적 관계로 인식하는 것이 아니라 정부는 주민에 대한 공공서비스를 제공하고, 기업은 이윤추구의 반사적 급부로 정부와 같이 공공서비스를 제공하는 것으로 지역을 매개로 진행되는 상호 지원협력시스템이다.

상향식 개발과 지역

밑으로부터의 개발로 이해되고 있는 상향식 개발은 경제성장 중심의 획일적이고도 중앙집권적인 개발이론에 대한 반전을 제시한 이론이다. 개발 과정에서 개발의 혜택을 받지 못하고 소외·낙후되어 온 지역사회를 주민 스스로의 노력과 자원동원을 통하여 개발을 이루어내고자 하는 이론이 상향식 개발이다. 상향식 개발 접근방법은 생산요소의 분배에 있어서 요소투입에 대한 산출을 극대화하는 기존의 원칙으로부터 지역 내 자원의 동원을 극대화하는 방향으로 전환하고, 교역에 있어서 비교이익의 원칙에서 지역 간 이익을 형평화시키는 것을 원칙으로 한다. 공간구성에 있어서 기능적 조직보다는 영역적 조직을 강화시키고, 개발방식에 있어서 지금까지의 경제적 기준, 외부동기 및 대규모 성장 메커니즘으로부터 보다 폭넓은 사회적 목표, 협력 및 내부적 동기에 의하여 정의된 개발개념이다.

사회적 자본과 지역

사회적 자본은 특정한 집단의 구성원이 됨으로써 획득하게 되는 실체적 혹은 잠재적 자원의 종합화시킨 것을 의미한다. 특정한 행위자가 소유하고 있는 사회 자본의 양은 그가 효과적으로 동원할 수 있는 연결망의 크기와 그와 연결된 사람들이 소유하고 있는 자본의 양에 지대한 영향을 받는다. 사회적 자본이 기능적·생산적이라는 점을 감안해 볼 때, 이것은 결과적으로 개인이나 집단의 행위를 유도하거나 촉진시키는 기능도 지닌다. 즉, 사회적 자본은 다수의 행위자 사이의 관계구조에 내재하는 것으로 사람들이 공통의 목적을 위해 조직 내에서 결속하고 함께 일할 수 있는 능력을 형성하게 된다. 따라서 사회적 자본은 연결망, 규범, 신뢰와 같은 상호 이익을 위한 협력과 조정을 용이하게 하는 사회조직의 한 형태로 그 근간은 의사소통이 가능한 범주인 지역을 매개로 한다.

지역을 매개로 형성된 일차적인 사회적 결사체인 사회적 자본은 상호 신뢰 속에서 협력하고 사회적 네트워크를 통하여 개인을 사회화시킨다. 이 과정에서 사회적 자본을 형성하는 협력적 가치의 수용과 실천에 대한 사회화를 담당하는 것이 무엇보다도 중요하다. 그리고 수평적 조직구조, 자발성, 공공성 그리고 활발한 의사소통, 개인 간의 신뢰와 공동체 정신의 함양, 상호 호혜와 협력중시 등이 강조된다. 결국 사회적 자본은 지역 중심의 풀뿌리 조직을 강화시키면서 다양한 소집단의 '신뢰·협력·공동체 정신'이 궁극적으로 교류와 참여가 활성화시키는 특징을 지닌다.

거버넌스와 지역

지역사회 발전요소 가운데 중요한 것은 민간영역의 참여이다. 지역발전이 단순히 지역 산업의 국제경쟁력의 강화에만 초점을 맞추고 있는 것이 아니라 지역 자원동원의 극대화, 사회적 자본의 활동이라는 측면도 중요하다. 지역발전의 수단으로 삼고 있는 거버넌스는 지역발전에 대한 사회적 참여와 합의를 원칙으로 하는 것이며, 지역발전의 자원을 보유하고 있는 이해집단의 참여를 수용한다. 가치관과 이해가 다원화되고 사회기능과 조직이 분절화된 상태에서 지역발전은 정부, 인접지역의 정부, 지역사회 내 대학, 기업, 시민단체, 공공기관 집단 간의 참여와 합의를 전제로 하고 있다. 거버넌스가 지향하는 참여와 합의과정은 대의민주주의가 지니고 있는 사회적 한계를 극복하고 참여민주주의, 절차적 민주주의를 지향한다. 다수결의 원칙을 따르는 공리주의 체제의 사회체제에 대응한 소수의 의견의 중시, 그리고 분배에 대한 정의의 실현이라는 측면을 충분히 지니고 있기 때문에 거버넌스의 구현은 지역혁신의 과정에 가장 중요한 요소가 된다. 거버넌스는 민주주의의 공고화 과정으로 시민권을 회복시키고, 생활정치를 구현하고, 국가와 시민사회와의 새로운 관계를 형성하고, 공식적 통제기구의 보완적 기능을 수행하고, 정책투입 기능을 활성화시키는 특징을 지닌다.

거버넌스의 실현은 정책결정에 있어 정부 주도의 통제와 관리에서 벗어나 다양한 이해당사자가 주체적인 참여자가 되어야 하며 협의와 합의를 통하여 정책을 결정하고 집행해나가는 사회적 통치시스템의 구축을 의미한다. 이러한 거버넌스 사회시스템은 공공부분의 개입과 형태, 그리고 서비스의 공급을 재정의하는 최소국가의 형태를 취하는 것을 원칙으로 한다.

마을 만들기와 지역

마을 만들기는 도시에서는 주거권확보를 위한 운동과 생활문화운동 차원에서 진행된다. 그리고 농촌에서는 생산에 기반을 둔 마을 만들기가 진행되기도 한다. 결국 마을 만들기는 시민 자율적 통치에 기반을 두고 공동체의 원리에 따라 주어진 현안을 자율적으로 관리해나가는 것에 중요한 의미를 둔다. 마을 만들기는 지역사회개발의 영역 속에서 주민참여를 정부 주도적인 체제 속에 둠으로써 택지개발중심의 사업이 우선시되고 그 안에 움직일 사람의 의미는 찾을 수 없는 상황이었다. 마을 만들기는 전문가와 행정 중심적 마을 만들기가 아닌 실질적인 지방분권과 지역자치를 만들어낼 수 있는 생활권 단위의 생활공동체를 만드는 것을 의미한다. 따라서 마을 만들기 지역의 사회·문화·정치·경제를 생태적 원리에 맞추어 마을 단위 공동체적 체계를 이루어나가는 운동으로써 마을에 대한 공통적 인식 속에서 이미지 공유, 장래 목표의 설정, 상호 간의 충분한 합의에 기초하는 것을 의미한다.

생활공동체와 지역

1980년대 중반 가톨릭 농민운동 진영에서 시작된 생활공동체 운동은 국가권력에 대한 대항과 급속한 도시화 및 산업화에 따른 물신주의를 극복하고 인간다운 삶의 회복을 목적으로 시작하였다. 이 과정에 동원된 운동의 방법은 생활세계의 자구적인 개혁이었고 그것을 위해 생산자 생활협동조합 또는 소비자 협동조합형태가 출현하게 된다. 협동조합을 구성하기 위한 최소한의 단위가 요구되는데 이것을 생활공동체라고 표현한다. 즉, 생활공동체는 소비자생활협동조합을 이용하는 회원조직을 의미한다. 생활협동조합의 회원조직은 단위 생협마다 공동체의 규모는 다르지만, 3~10명 정도 혹은 아파트 동 단위로 하나의 생활공동체를 이루고 있으며 이 조직은 단순히 생활협동조합에 주문한 먹을거리를 공급받는 것이 아니라, 생명운동의 확대를 위한 가장 기초적인 공동체단위를 이루고 있다는 점이 공동체 운동에 있어서 중요한 의미를 가진다. 즉, 이들은 지역사회에서 협동이라는 이름으로 공동체적 연대를 취함으로써 개인의 생활양식과 가치관을 바꾸는 자발적이고 주체적인 주민조직이다. 이러한 주민조직은 농민, 중산층 주부, 지식인 등 다양한 사회적 계층을 기반으로 중앙집권적 정치사회 시스템에 대항하면서 일상생활 영역의 개혁을 스스로 이루어내고 있다.

생활공동체는 정치와 시장이란 중앙화된 제도에 의해 조정되는 먹을거리의 생산−유통−소비−폐기라는 일상적이고 구체적인 생활경제 과정을 생산자와 소비자의 협의 시스템을 통하여 재조정해 나가는 과정이다. 국가와 시장에 의해 조정되고 있는 주변부적 삶의 자각을 통하여 유기농업이라는 생산 조직을 이끌어내고 이것이 도시와 농촌을 잇는 생명문화운동으로서 생활공동체의 근간을 이루는 특징을 지닌다. 생활공동체는 몇몇 전문가들에 의해 구성된 운동이 아니라 일상세계에서 움직이는 운동이며 일상의 영역에서 주민들이 주체가 되어 정치·사회·문화를 총괄하는 자율적·통합적인 삶의 회복운동이며 가족·이웃·지역사회에서 협동의 원리를 살려 생산과 생활과정을 적정규모로 조직화하고 그 조직을 스스로 유지 관리하며, 지역의 건전한 사업을 영위하는 주체들이 연대하는 특징을 지닌다. 최근에 생활공동체 운동이 먹을거리 영역을 넘어 의료, 주거 등의 영역으로 확산되고 있다.

생태복지와 지역

생태복지는 생태계와 함께하는 '환경 친화적 인간복지'라고 할 수 있다. 생태계 파괴나 환경오염 등에 기초한 인간복지가 아니라, 건강한 생태계의 보전과 복구 및 이러한 건강생태계를 활용한 건강한 삶, 쾌적한 삶을 추구하는 인간복지와 생태계복지가 동시에 조화될 수 있는 복지를 의미한다. 그 과정에서 생태복지는 인간과 환경의 조화, 지속가능성, 평등성, 다양성과 사전대응성을 중시한다. 지속가능성은 세대 간의 형평성과 건강한 생태계에 기반을 둔 인간복지의 실현만이 저비용—고효율성 지속 가능한 복지를 의미하며, 평등성은 쾌적한 생태환경은 사회경제적 지위에 상관없이 환경적 불평등을 최소화하는 것을 의미한다. 다양성은 참여주체의 다양성으로 중앙정부, 광역자치단체, 지자체, 지역주민들의 참여를 강조하는 것을 의미하며, 사전대응성은 건강한 생태계 유지 및 활용으로 인간 질병, 특히 고령화 질병을 사전에 예방하는 데 역할의 초점을 둔다. 결국 생태복지는 지구상의 모든 생명을 가진 존재들의 다양성을 유지하고, 이전 세대로부터 물려받은 환경과 삶의 질을 다음 세대에 물려주는 지속가능성을 유지하며, 사회의 소득 불평등, 환경 불평등을 해소하는 것을 의미한다. 그리고 건강한 생태계는 물질제공기능, 조절기능, 비물질적 기능과 지지기능 등을 제공하며, 이를 토대로 건강, 사회적 유대관계, 물질적 토대보장과 사회안전망 등 사회복지환경이 조성될 수 있고, 궁극적으로는 인간의 고유권리인 행복한 삶과 자유와 선택을 실현하는 삶이 실현될 수 있도록 도모하는 것이 생태복지이다.

지역의 경제

로컬머니와 지역

로컬머니는 지역적인 교환 및 거래체계Local Exchange Trading System 또는 지역적인 고용 및 교환체계Local Employment and Trading System의 약자로 지역에서 통용되는 유형 또는 무형의 교환매체를 통하여 지역주민끼리 상품과 노동을 거래할 수 있도록 하는 교환제도로서 지역의 공동체를 재건하고 상호 부양의 사회적 네트워크를 발전시키며 가난한 사람과 일자리가 없는 사람을 돕고 그들에게 기회를 제공하고 새로운 전망을 갖도록 하는 운동이다. 이 제도는 국가에 의하여 창출되는 통화의 유통부족으로 경제활동이 침체되는 국가통화 중심 경제체제의 문제점을 보완할 수 있는 특징을 지니고 있는 지역사회를 매개로 한 또 다른 형태의 대안사회운동이다. 로컬머니는 일반사회에서 지향하는 체제와는 근본적으로 다른 내용을 지닌다. 우선 공동체사회를 원칙으로 운영의 방법, 목적, 교환매개 과정, 대상과의 관계가 형성된다.

이와 같은 특징을 종합해보면, 통화소는 거래의 매개 역할만 할 뿐 어느 누구도 이 네트워크를 소유하지 않으며, 거래는 상호 동의에 의해 진행되며, 서비스 이용 시 이자지불과 채무 관계가 형성되지 않으므로 로컬머니 시스템은 단순히 정보를 제공하는 역할만 하고 있다. 또한 로컬머니는 화폐가 없어도 물건이나 서비스를 얼마든지 발행할 수 있으며, 지역사회에 기반을 둔 화폐가 운영되며 그 과정에서 이용자 간의 대면성이 확보되어 궁극적으로 공동체적 관계가 형성되는 특징을 지니고 있다. 그 외에도 지역 내 순환을 통한 자급자족시스템을 마련할 수 있는 특징도 지니고 있다.

사회적 기업과 지역

사회적 기업은 공익을 위해 모험 사업가적인 전략으로 조직화되어 수익의 극대화가 아닌 경제적·사회적 목표의 실현에 조직 목적을 두고, 사회적 소외와 실업 문제에 대하여 혁신적인 해결책을 제시할 역량 있는 기업 활동을 의미한다. 또한 특정 사회적 이슈의 옹호나 공동생산에 중심을 둔 전통적인 비영리 단체가 사회적 문제를 해결하는 실질적인 사회조직인 협동조직 형태로 가는 가교역할을 하는 기업을 사회적 기업이라고 한다. 한편에서는 취약계층에게 사회 서비스 또는 일자리를 제공하여 지역 주민의 삶의 질을 높이는 등의 사회적 목적을 추구하면서 지역 주민의 삶의 질을 높이는 등의 사회적 목적을 추구하면서 재화 및 서비스의 생산·판매 등 영업 활동을 수행하는 기업이 사회적 기업으로 정의하고 있다. 따라서 사회적 기업은 협동조직·상호적 조직, 그리고 자원봉사의 형태를 띠며 다양한 주체의 참여가 가능하다. 그리고 여러 자원을 활용하며, 사회적 자본의 관계망 조성이 매우 중요하다.

커뮤니티 비즈니스(마을기업)와 지역

커뮤니티 비즈니스는 경제적 세계화로 인하여 피폐해져 가는 지역경제의 재생 과정에서 나타난 지역경제 모델로 지역주민의 고용과 지역의 발전에 초점을 두고 운영하는 사업조직이다. 지역사회의 여러 가지 현안 문제를 해결하고자 하는 공익적 관점과 영리조직의 경영수법을 활용하고 비분배 제약의 아래에서 이익창출을 달성해나가는 사업이 커뮤니티 비즈니스다. 커뮤니티 비즈니스는 이러한 과정에서 지역사회 문제해결의 주체로서 사업화된 민간 활동이 주목을 받고 더 나아가 기존의 행정 지원 방식이나 활동이 분명한 한계가 있다는 것을 인식하고 더 높은 수준의 지역경제 발전을 도모한다. 수준 높은 지역경제 발전 도모를 위해 커뮤니티 비즈니스는 가능한 범위 내에서 지역사회의 동원 가능한 자원을 활용하고, 지역 주민들에 의해 수행하는 특징을 지닌다. 그리고 지역에 투입된 자금은 지역사회에서 순환하고, 지역 내에 머물도록 하는 것이 원칙으로 한다. 따라서 커뮤니티 비즈니스는 지역의 지식·자원·기술에 기반을 두고 지역의 다양한 목표를 추구하며 지역주민의 참여를 원칙으로 하며 지역경제의 문제를 다루고 있기 때문에 수익성과 공익성을 동시에 도모한다. 결국 커뮤니티 비즈니스는 지역사회 그 자체가 자원의 중심이며 핵심인 동시에 자원 운영의 주체가 된다. 정리하면 커뮤니티 비즈니스는 적절한 이익 추구와 사회공헌, 그리고 경제발전을 모두 가능하게 하는 사업을 의미한다.

로컬푸드와 지역

로컬푸드는 지역식량체계를 구축하고 지역순환농업의 생산적 기반을 다지는 운동이다. 지역에서 농민에 의해 생산된 먹을거리를 가능한 지역에서 소비하도록 하는 것으로 생산자와 소비지 간에 먹을거리를 매개로 공동체가 형성되는 것이 로컬푸드이다. 즉 농산물, 농산물을 가공한 식품 그리고 음식 등을 포괄한 지역산 먹을거리가 곧 로컬푸드이다. 로컬푸드는 지역산 유기농 먹을거리의 생산 → 가공 → 유통 → 소비의 완결구조를 갖추는 것이 매우 중요하며 더 나아가서는 지역의 식량자급률을 높이는 일도 매우 중요하다.

장소의 마케팅과 지역

장소마케팅은 지역의 긍정적 이미지와 상징적 이미지의 연출을 통해 지역사회 그 자체를 상품화하는 지역사회경제 발전 전략이다. 단순히 지역을 홍보하는 차원을 넘어 지역사회의 미래상을 그리는 작업이다. 즉, 다양한 창조인력과 시민들이 생산과정에 참여하는 동시에 그 과정에서 나타난 자산을 삶의 터에 소비하게 함으로써 생산과 소비가 선순환하는 내발적 구조를 갖도록 하는 것이 장소의 마케팅이다. 장소의 마케팅은 지역발전을 도모하는 과정에서 활용방안과 성격에 따라 상업적 자산을 활용한 마케팅, 문화적 자산을 활용한 마케팅, 생태적 자산을 활용한 마케팅 등으로 전략을 다양화할 수 있다. 산업적 자산을 활용한 장소의 마케팅이 기업을 대상으로 한다면 문화적 자산과 생태적 자산은 사람을 중심으로 이루어지는 마케팅 전략이라고 할 수 있다. 장소마케팅은 장소를 관리하는 개인이나 조직에 의해 추구되는 일련의 경제적·사회적 활동을 포함하고 함축하는 현상으로, 공적·사적 주체들(주로 지방정부와 지방기업가)이 기업가와 관광객 심지어 그 장소의 주민들에게 매력적인 곳이 되도록 하기 위해, 지리적으로 규정된 특정한 장소의 이미지를 판매하기 위한 다양한 방식의 노력들이다. 이러한 장소 마케팅의 정의는 각 지역사회의 사회경제적 배경에 따라 약간씩 상이한 측면을 강조한다.

지역혁신과 지역

지식기반 기술발전을 명시적으로 성장모형에 적용하면서 혁신에 대한 이해를 진전시키는 신성장이론 혹은 내생적 성장모형을 이끌어낸 것을 매우 중요하게 여기게 되었다. 그 과정에서 논의된 것이 지역혁신이다. 지역혁신은 지역 내 다양한 주체들이 지역의 생산과정이나 새로운 기술과 지식의 창출, 도입, 활용, 교류, 수정, 확산 과정에서 역동적으로 상호작용함으로써 형성되는 일정 지역 내의 연결망을 도모하는 과정을 의미한다. 지역혁신은 혁신의 창출과 확산에 도움을 주는 지역의 학습과정이나 매개기관, 제도적 토착화 등 지역이 가진 고유한 특성에 관심을 두고 있으며, 물리적 혹은 사회적 하부구조의 존재 여부보다는 지역 내 혁신주체들 간의 상호작용, 학습네트워크의 질과 시너지 효과의 창출 등 효율적 운영에 주안점을 두고 있다.

내생적 발전과 지역

포드주의의 상징이었던 적극적 국가개입이 사라지고 탈규제화가 진행됨과 동시에 자본의 이동성이 증대되자, 지방정부는 새로운 과업에 직면하게 된다. 이제 각 지방정부는 국가의 거시적인 경제 및 공간정책에 의존하기보다는 스스로의 힘에 의해 해당 지역의 성장을 촉진시켜야 할 과제를 짊어지게 된다. 따라서 지역경제의 활성화를 위하여 지방정부는 지역환경의 창출을 통하여 적극적인 발전전략을 모색해야 했다. 한편, 각 지역은 서로 기업을 유치하기 위해 다른 지역보다 기업성장에 유리한 지역환경을 조성하려는 노력을 기울이게 됨에 따라 지역 간 경쟁이 가속화되었다. 그 결과, 지방정부는 중앙정부로부터 위임받은 복지와 소비 부문을 주로 담당하던 과거 포드주의와 달리, 지역의 생산경쟁력을 높이는 기업가적 역할을 담당하게 된다. 이러한 패러다임의 변화추세에 부응하여 1980년대 새롭게 출현한 지역정책이 내생적 개발이다. 타 지역으로 흘러 들어갈 투자자본을 지역 내로 유치하거나, 기존의 기업들의 경제활동을 자극하고 새로운 기업의 창업을 촉진할 수 있는 기업경제 환경을 조성하기 위한 각종 수단들이 동원하는 발전 전략이다. 그러나 새로운 기업의 창출을 위한 노력보다 더 중요한 것은 내생적 발전은 지방적이고 비공식적 부문의 강화, 내부 잠재력의 활용, 지역주의적 사고, 인적 자원의 동원과 인간개발의 추구, 사회문화적 지역적 특성에 조응하는 삶의 공간 조성 등 지역 스스로의 동력으로 지역에 잠재되어 있는 자원의 동원능력을 극대화시키는 것이다.

커뮤니티의 개발과 계획

공동주거와 지역

공동주거와 관련된 용어는 다양하다. 한국에서는 동호인주택, 혹은 협동주택으로, 일본에서는 코퍼러티브 하우징co-operative housing으로, 영어로는 코하우징cohousing으로 불린다. 코하우징을 우리말로 공동주거로 부르고 있다. 공동주거는 단순히 주택들이 모여 있는 것이 아니라 함께 모여서 공동생활을 하는 주거형태를 의미한다. 공동주거는 의도적 공동체와는 약간의 상이한 면을 지니고 있는데, 일정한 부분에서 공동생활을 영위하면서 개인의 프라이버시는 보호하는 방식으로 공동체를 유지하고 있다. 그러나 구성원들은 공동체 생활과 관련된 문제에 대해서는 주민들이 자치적인 의사결정을 도모하고 있으며 소유권은 임대나 자가 소유로 되어 있는 것이 보편적인 현상이다. 공동주거는 구성원이 서로 상호작용할 수 있는 곳이며 거주자가 활동하는 장소, 스스로 관리하는 장소로서 공동주거시설common house을 디자인하는 것은 중요하며 민주적 원칙이 생활의 기반이 된다. 공동주거는 함께 모여서 공동체와 프라이버시 간의 균형을 제공하는 소규모 근린집단(10~50가구)으로서 공동생활을 이루면서 삶의 터가 강조된 대안주거로, 구성원에 의해 개발되고 소유되고 관리되며, 공동주거시설은 활동, 노동, 놀이, 아이보호 등의 개인가정이 감당하기 어려운 일을 하고 있으며 이웃과의 공동체를 위해 디자인된 주거형태이다.

뉴어반이즘과 지역

뉴어반이즘은 지난 오랜 시간 동안 도시를 지배해왔던 모더니즘과 근린주구이론에 대한 반성과 함께 진정한 도시의 구상, 즉 지역중심의 개발이론이다. 뉴어반이즘은 신고전적 건축가 및 도시 설계자들이 제2차 세계대전 이전의 건축양식과 도시설계 양식으로의 전환을 원칙으로 모색된 도시설계방식으로, 도시의 무분별한 확산에 의해서 발생하는 환경문제, 공동체 해체 문제, 소득계층별 격리 현상 문제 등의 사회문제를 인식하고 이를 극복하기 위한 대안을 지역에서 찾고자 한 데서 비롯된 개념이다. 이 이론은 1980년대 미국과 캐나다에서 시작되었으며, 1996년 뉴어반이즘 행동강령이 제시되기도 하였다. 이 헌장은 전체 27개 조의 헌장으로 구성되어 있으며, 각 조의 사상을 배경으로 구체적인 설계기준과 원리를 제공한다.

뉴어반이즘은 ① 역사적인 양식과 건축적 형태의 증가, ② 건축형태에 대한 관리 및 규제, ③ 소규모 개발의 선호, ④ 대중교통중심 개발, ⑤ 지역사회의 공공성 중시 등을 핵심적인 의제로 다루고 있다. 이와 같이 뉴어반이즘은 과거 전통 속의 도시로의 회귀를 통하여 우리가 살고 있는 지역에 대한 재인식을 요구하고 있는 개발·계획이다. 즉, 뉴어반이즘은 교외화 현상이 시작되기 이전에 가족의 가치와 공동체의 가치를 도모하는 근린주구 중심의 지역을 지향한다. 특히 대형 할인점에 의해 위험에 처해 있는 지역의 소규모 매점들을 재생시킴으로써 직주근접, 지역경제 활성화, 다양한 공간 창출, 통행량의 저감 및 보행활동의 활성화를 도모하는 지역기반형 개발계획이다.

생태마을과 지역

생태마을은 생태적 지역공동체 측면에서 상호 협동적인 삶을 지향하는 것이 이들의 최우선의 목표로 물리적·사회적·경제적 체계에 공동체 원리를 바탕으로 마을을 구상한다. 생태마을은 자연과 인간의 공생을 실현하는 곳으로서 생명운동의 기틀을 마련할 수 있는 곳이며 특히 농촌지역에서 생명 지역의 원리에 입각한 자급자족적이며 친환경적 농법을 구현해나갈 수 있는 생태중심적인 정주체계이다. 따라서 생태마을은 생활양식, 생산양식이 주변 자연생태계와 조화되고 자원, 에너지가 절감되며 지역의 역사, 문화 등이 안정된 하나의 공동체로 형성된 공간이다.

퍼머컬처^{Permaculture}와 지역

퍼머컬처는 Permanent agriculture와 Permanent culture의 합성어다. 호주 크리스털 워터스^{Crystal waters}에 거주하고 있는 생태학자 빌 몰리슨^{Bill Mollison}이 창안한 개념이다. 퍼머컬처는 특별한 환경에서의 나무, 식물, 동물, 인간활동과 구조의 통합이 최우선적으로 보장되고 낮은 유지비와 효율적인 생산을 위해 디자인된 것으로 도시와 농촌의 여건을 최대한 생태적 관점에서 적용시킨 개념이다. 퍼머컬처는 영구적·자족적이며 지속 가능한 농업체계로 시작되었으나, 최근에는 아파트 베란다에서 농장, 거대한 도시에서부터 야생초지까지 광범위하게 응용할 수 있도록 확대되고 있다. 퍼머컬처는 음식, 에너지, 집 등 우리에게 필요한 것을 제공하는 생산적인 환경은 만들 수 있을 뿐만 아니라, 우리가 지탱하고 있는 사회, 경제적 기반을 가능하게 하기도 한다. 자연환경과 자원을 통해 우리가 합리적으로 충족시킬 방법에 대한 고민으로부터 시작되며, 더 나아가서는 미래세대와 함께하고자 하는 농업과 환경체계를 염두에 둔 철학이다. 궁극적으로 모든 다른 자연자원과 토양, 물, 에너지 보전을 위해 고안된 디자인 체계 속에서 생태학적 안정성과 다양성을 유지하고자 하는 것을 퍼머컬처의 궁극적인 목적으로 삼고 있다.

이와 같이 퍼머컬처는 단순한 농업기술에서 더 나아가 식량과 섬유와 에너지를 생산하는 자족적인 체계를 설계하기 위해 잔연의 원리를 응용하며, 자연적 '천이'를 중요시하며, 생산과 관리에 필요한 것은 생물자원으로부터의 획득, 다양성의 수용, 환경의 건강성, 사회적 책임성, 공동체의 윤리 등이 퍼머컬처를 이루는 기본요소라고 정의하고 있다. 영속적인 삶을 디자인하는 퍼머컬처의 가치관은 지구보호, 인류보호, 공동체성의 구축 등으로 그 기본적인 단위가 지역이다.

통합적 공간재생과 지역

　기존의 공간재생 사업은 전면철거방식으로 외형적인 도시성장에는 한몫을 해왔으나 서민층의 삶의 공간의 상실, 원주민의 불가피한 많은 이주 그리고 지역공동체의 해체 등 사회경제적 여건은 그렇게 신중한 고려사항이 아니었다. 그러나 최근 부동산 경기의 둔화로 인하여 기존의 재정비 사업은 활력을 잃어가는 반면, 기존 원도심의 노후주택지 정비가 사람중심·거주자중심으로의 전환이 요구되고 있는 상황이다. 한때 서울시와 경기도가 무리하게 추진한 뉴타운 개발은 뉴타운 지구가 취소되거나 지정해제를 기다리는 곳이 상당수에 이르고 있다. 이는 기존의 개발 방식의 한계를 여실히 보여주는 것이며 주민의 정주권 보장을 위한 개발방식에 대한 대안이 새롭게 요구되고 있다. 즉, 전면철거방식이 아니라 거주자의 정주권 보장을 전제로 삶의 터가 새롭게 복원하는 도시재생이 중요한 의제로 등장하고 있다. 즉, 물리적 재생뿐만 아니라, 사회적·경제적 재생을 포괄적으로 수용한 도시재생사업에 깊은 관심이 모아지고 있다. 이를 '통합적 공간재생'이라고 정의할 수 있다.

　통합적 도시재생은 일반적인 전면철거방식의 물리적 재생에 국한하지 않고 단독·다가구 그리고 다세대 밀집지역의 지역공동체를 복원하고 이를 기초로 공동체가 살아 있는 마을 만들기와 노후주택의 주거환경 및 에너지 효율화를 목적으로 하는 개발양식이다. 이러한 개발방식은 물리적·사회적·경제적 재생을 동시에 수행하여야 하는 특징을 지닌다. 따라서 기존의 주택을 관리하고 개보수하거나 필지 또는 블록별로 신축하는 물리적 재생 그리고 이러한 물리적 재생을 통하여 지역사회와 연계된 고용창출을 도모하고, 경제적으로 마을기업, 협동조합과 같은 지역사회 단위의 경제적 활동을 가능하게 하는 경제적 재생을 도모한다. 그리고 다양한 거주자들이 상호 호혜적 관계를 도모하는 마을 만들기를 통하여 사회적 재생을 모색할 수 있는 가능성이 충분히 열려 있다. 통합적 도시재생은 산업구조 변화 및 신시가지 위주의 도시확장으로 상대적으로 낙후된 기존 도시에 새로운 기능을 도입함으로써 물리적·사회적·경제적 발전을 도모하는 지역발전 전략이다. 따라서 통합적 공간재생은 전면철거방식의 개발방식이 아니라 주민참여를 전제로 한 상향식 발전 모델로 거주자의 경제적 자활능역을 활성화시키고, 지속적인 거주를 위해 점진적인 정비를 유지하면서 노후된 소규모 단독·다가구·다세대 주택 밀집지역에 적용 가능한 개발방식이라고 할 수 있다.

트랜지션 타운과 지역

　트랜지션 타운은 시민운동적 차원에서 시작된 지역사회 발전프로젝트이다. 이 프로젝트의 목적은 석유 정점과 기후변화에 대응한 지역사회 차원에서의 지속 가능한 실천방안을 모색하는 데 있다. 영국의 롭 홉킨스^{Rob Hopkins}에 의해 창안된 트랜지션 타운 운동은 2005년 아일랜드의 킨세일 교육전문대학의 대학생들에 의하여 제시된 『킨세일 2021: 에너지 행동감축계획 2005』 보고서가 제출되면서 시작된 운동이다. 이 보고서에는 음식, 에너지, 관광사업, 교육 및 건강을 포함하여 킨세일에 있는 모든 생활세계를 담고 있다. 또한 보고서에서 제시하고 있는 에너지 감축 방안은 다른 지역사회 및 도시도 적용 가능하도록 설계하였다.

　트랜지션 타운 운동은 불가피한 책임을 져야 하는 우리의 거주지 및 지역사회 차원에서 사회적 디자인을 하고자 할 때, 사회적·경제적 그리고 기술적인 요소들을 다양하게 적용한다. 여기에서 퍼머컬처는 트랜지션 타운의 이념적 토대가 된다. 이러한 트랜지션 모델을 정착시키기 위해서는 ① 비전 구상, ② 포섭, ③ 자각, ④ 복원, ⑤ 심리적으로 안정된 전망, ⑥ 신용과 소유에 대한 해결 단계가 강조된다.

삶의 터, 통합적 관점에서 이해하기

　생태적 공간으로서의 지역에 대한 이해를 돕기 위해서는 기존 지역발전정책이나 개발이론이 제시하고 있는 논의와는 다르게, 지역 혹은 커뮤니티를 바라보는 관점을 보다 더 구조적인 관점에서 이해하는 것이 필요하다. 그 이해는 공간과 사람의 관점에서 출발한다. 기존의 지역발전의 관점은 경제적 효율성에 우선한 지역발전은 효율과 경쟁적 우위 그 외에는 별다른 논의의 대상이 되지 못했던 것이 현실이다. 가령, 지역발전의 근간이 되는 토지에 대한 이해와 관점은 어떠했는가? 기존에 지역발전 과정에서 바라본 토지에 대한 이해는 경제적 이해관계에 국한한 경제적 발전의 도구와 수단, 택지개발의 대상으로만 이해할 뿐 생태학적 감수성을 기초로 한 토지에 대한 이해는 극히 소홀했다. 이러한 과정에서 우리는 토지와의 공동체적 관계를 이루는 호혜적 관계가 아닌 비호혜적 관계는 당연한 것으로 인식해왔다. 석유 정점과 기후 온난화 시대에 우리가 직면한 문제는 지구에 생태적 부담을 덜 주는 생태적 재지역화가 중요하며, 그 과정에서 토지에 대한 새로운 이해로부터 시작하여 지역단위에서 생태적으로 실행 가능한 단위를 논의하는 것이 필요하다.

우리는 토지를 이해함에 있어서 그 무엇보다도 중요한 것은 토지구성원으로서의 일원, 토지와의 생태적 관계 도모를 바탕으로 토지관을 정립하는 것이다. 그것은 인간은 토지공동체의 일원으로서 윤리관을 강조하는 토지 윤리론적 관점과 맹신적으로 과학과 기술에 의존하기보다는 지역사회에서 순응한 기술과 삶의 가치를 근본적으로 성찰할 것을 이야기하는 근본생태론, 그리고 지역단위에서 자연환경에 순응한 삶의 관계를 형성할 것을 요구하는 생명지역주의 등의 관점을 바탕으로 새로운 토지에 대한 윤리관과 철학관을 형성하는 것이 필요하다. 그리고 사회적으로는 사회구성원의 모두가 하나의 공동체적 구성원이며, 위계적 질서가 내재된 사회가 아닌 수평적 관계가 수용된 사회생태론, 그리고 남성 중심의 위계적 사회구조를 넘어 여성의 생명성을 고려하여 사회화하는 생태여권론 그리고 지역적 자율자치주의를 모색하는 생태아나키즘, 인류는 모든 생물종의 가장 우위에 있는 존재가 아닌 지구생명체의 일원으로서의 역할을 강조하는 가이아 이론 등에 대한 이해가 필요하다. 즉, 지역이나 지역발전 과정에서 주요 소재로 사용하고 있는 토지를 바라보는 시각이 경제적 관점이 아닌 토지의 생태학적 가치를 새롭게 이해하고 그 과정에서 토지에 대한 우리의 위치를 새롭게 하는 것이다.

토지 이해에 대한 생태학적 이해는 새로운 사회문화를 조성하게 되는데, 새롭게 형성된 사회문화는 지역단위에서의 의사소통, 협력네트워크, 지역사회 역량 강화, 지역문화 형성, 지역공동체 형성 등의 영역에서 확장되어 나타난다. 의사소통은 자율적 지역자치와 주민분권 실현을 목표로 한다. 특히 지방자치 실시 이후 지방자치단체는 중앙정부로부터의 분권은 요구하면서 주민에게는 주민분권을 소홀히 하고 있는 상황이다. 따라서 주민분권에 대한 논의는 지역정치의 새로운 틀을 형성하는 차원에서 이루어져야 한다. 또한 주민중심의 의사결정방식을 위해 상향식 개발이 필요하며, 지역사회의 다양한 주체를 최대한 활용할 수 있는 사회적 자본의 동원과 그 과정에서 다양한 주체들과의 협력적 관계를 도모하는 거버넌스가 필요하다. 그리고 사회적 자본의 동원과 거버넌스는 결국 제3섹터의 영역을 더욱 강화시키게 된다. 이러한 조건들이 지역에 배태화되어 지역의 문화로 나타나는 것이 주민이 스스로 기획하고 만드는 참여형 마을 만들기와 생활협동조합을 통한 생활공동체 형성이다. 그리고 사회적 약자와 시혜적 관점으로 일관하고 있는 국가복지체계와 자본력이 중심이 되는 시장복지의 사이에서 지역적 차원에서 스스로 관리 운영할 수 있는 생태복지에 대한 이해도 필요하다.

이념과 철학, 그리고 사회문화적 여건이 형성된 가운데 실행단위에서 구체적으로 구현될 수 있는 것이 지역·지역사회경제 분야이다. '생태적 공간'으로서의 지역의 관점에서 본 지역·지역사회경제는 '경제적 공간'으로서의 지역이 아니다. '생태적 공간'으로서의 관점에서 제시하고 있는 지역·지역사회경제의 가장 우선적인 관점은 순환사회의 구현이다. 순환사회는 재화와 용역이 아닌 대면성에 기초한 거래관계를 모색하는 로컬머니, 나눔과 호혜를 바탕으로 한 지역경제 방식 중 하나인 사회적 기업, 그리고 순환과 나눔의 먹을거리 체계를 만들어가는 로컬푸드이다. 결국 순환사회 시스템은 지역사회를 대표할 자원의 특화개발을 하는 것으로 자연스럽게 장소적 마케팅의 효과를 가지게 되며, 그 과정에서 운영되는 모든 관계 형성은 지역 및 자기 역량을 강화하는 내생적 발전과 지역 자원의 역량을 극대화시키는 지역혁신의 관점이 필요하다.

마지막으로 도시공동체 실현을 목표로 주거 공간의 조성과정에서 생태건축을 목표로 적정규모의 주거집단을 도모하는 공동주거, 지역의 계획이나 개발과정에서 논의되는 지역 중심의 개획과 개발이 필요한데 지역사회의 문화적 자원을 최대한 배려하여 계획하고 개발하는 뉴어반이즘, 사람중심과 거주자중심으로 개발하는 공간재생, 지역의 자원 순환을 최대한 고려하는 생태마을, 마을 계획의 생태적 디자인을 통하여 영속적인 지역문화를 형성하는 퍼머컬처에 대한 논의가 있다. 그리고 지구적 시민으로서의 역할을 강조와 함께 지역의 생태적 재지역화를 모색하는 트랜지션 타운 조성 등에 대한 논의에 주목하여야 한다(김성균, 2009: 167~199).

생태적 재지역화를 위한 공간이해 범주

구분		적용이론	내용
이념·철학	토지공동체	토지윤리론	인간은 토지공동체의 일원
	생명공동체	근본생태론	과학과 기술보다는 지역사회에 순응한 기술과 삶
	생명공동체의 실현	생명지역주의	지역사회의 자연환경에 순응한 삶
	사회공동체	생태여권론	여성에 대한 생태학적·공동체적인 새로운 이해 요구
		사회생태론	평등, 평화를 지향
		생태아나키즘	자율적 지역자치주의 모색
	지구공동체	가이아 이론	인류는 지구에 존재하는 생명체의 일원
사회·문화	의사소통	주민자치와 주민분권	자율적 지역자치와 주민분권 실현
		제3섹터	지역의 민관협력에 기초한 네트워크
		상향식 개발	지역의 주민 중심의 의사소통
	협력네트워크	사회적 자본	지역의 다양한 주체의 활용
		거버넌스론	지역의 다양한 주체의 결합
	지역문화 형성	마을 만들기	지역 차원의 관계의 문화 형성
	지역공동체 형성	생활공동체(생협)	자율과 자치, 그리고 나눔의 지역사회공동체
		지역(생태)복지	지역복지 시스템 구현
지역·지역 사회경제	순환사회	로컬머니	재화와 용역이 아닌 대면성에 기초한 거래관계
		사회적 기업	나눔과 호혜의 지역경제 지역사회의 관계망에 의한 지역기업 육성
		커뮤니티 비즈니스	지역사회의 자원을 최대한 활용한 지역기업 육성
		로컬푸드	순환과 나눔의 먹을거리 호혜주의 경제
	지역사회 이미지 제고	장소의 마케팅	지역을 대표할 자원의 특화개발
	역량강화	지역혁신론	지역자원의 역량강화 기본 조성
		내생적 개발	지역의 자원을 최대한 활용한 발전모색
계획·개발	적정규모의 주거공간 실현	공동주거	도시공동체 실현과 생태건축의 적용, 그리고 적정규모 주거 집단
	지역사회 가치 반영	뉴어바이즘	지역의 문화적 자원을 최대한 배려한 계획과 개발
	환경용량 적용	생태마을	지역의 자원순환을 최대한 고려한 계획과 개발
	지역사회 자원 순응	퍼머컬처	마을의 과학적이고 생태적인 디자인
	물리적·경제적·사회 적 공간재생	통합적 공간재생	사람과 거주자 중심의 지역개발
	지속 가능한 지역사회 구현	트랜지션 타운	석유 정점과 기후변화에 대비한 재지역화 구상

↓

공간사회학 적 관점	공간적인 것	자연과 지역에 순응한 개발과 계획
	사회적인 것	주민·시민과 밀착된 연계와 의사소통

↓

지역을 매개로 한 호혜적·생태적 사회적 관계 형성
생태적 재지역화

4. 공간에 생명을 불어넣다

공간에 생명을 불어넣다

생명지역주의Bioregionalism는 Bio＝Life(생명)＋Region(지역)al＋ism(주의)의 합성어다. 공간적인 의미를 지니고 있는 Regional에 지역의 정체성을 표현할 수 있는 ism이 합쳐서 regionalism으로 표현한다. 보통 지역주의는 지역의 정치・경제・사회・문화적 성격을 지니고 있는 공간적 특성을 의미한다. 다시 말하면, '사람, 삶, 터'의 의미를 지니고 있는 공간적 정체성이 지역주의이다. 그러나 지역주의에 생명의 의미가 더해지면서 생명성이 다른 어느 것보다 더 강조된다. 공간적 의미와 공간적 정체성이 결합되어 나타난 지역주의는 정치적・경제적 의미의 한계를 넘어 생명성이 언급된 공간의 생태적 정체성을 지니고 있는 것이 생명지역주의이다.

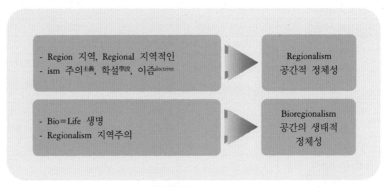

생명지역주의 개념도

생명지역주의[5]라는 용어는 1974년 캐나다인 알렌 밴 뉴크릭Allen Van Newkirk의 "생명지역주의: 인류문화의 생명 지역적 전략을 향하여Bioregionals: Towards Bioregional Strategy for Human Culture"에서 처음으로 등장했다. 그 이후 생명지역주의가 대중적으로 알려지기 시작한 것은 1974년에 인류문화와 자연 생태계 간의 관계에 대한 정보를 수집하고 그 의미를 확

---

5) 국내에서는 Bioregion을 생명지역주의 혹은 생물지역주의로 해석된다. 그러나 Bioregion에서 bio는 생명 life를 주로 의미한다. bioregionalist들은 bioregion을 "life region"으로 정의한다. 또한 bioregionalist들은 전체로서의 생태계, 강이나 하천, 서식지, 토양 등을 생명체만큼 중요하게 여긴다. 이런 점에서 생물지역이란 용어보다는 생명 지역이라는 용어가 더 타당한 듯하다.

산시키는 것을 목적으로 설립된 '플래닛 드럼 재단Planet Drum Foundation'의 피터 버그Peter Berg 와 레이몬드 다스만Raymond Dasmann에 의해서이다. 버그는 캘리포니아에서 반문화운동가로 활동하고 있었으며, 다스만은 생태학자로 '국제자연 및 천연자원 보호연맹International Union for Conversation of Nature and Natural Resources'의 주요 인사 중의 한 사람이었다. 버그와 다스만은 알렌 벤 뉴크릭이 생명 지역이라는 용어를 가지고 처음으로 사용한 "생명지역주의: 인류문화의 생명 지역적 전략을 향하여"라는 글이 국제 자연 및 천연자원 보호연맹의 기관지인 환경보전Environmental Conversation에 발표되었다가 나중에 『CoEvolution Quarterly』에 재간되었는데, 버그와 다스만은 『CoEvolution Quarterly』에서 이 용어를 인용하여 사용한 것으로 보인다(송명규, 2000: 29~31).

1975년부터 생명지역주의와 관련된 이념과 사상들이 다양한 영역에서 나타나기 시작했으나,[6] 생명지역주의가 본격적으로 알려지기 시작한 것은 키릭패트릭 세일Kirkpatrick Sale 의 『토지의 주민들: 생명지역주의의 전망Dwellers in the Land: The Bioregional Vision(1985)』이라는 저작부터이다. 그 이후 이 책은 생명지역주의의 바이블로 여겨지고 있다.

국내에서는 문순홍의 "생물지역론"에서 생명지역주의에 대한 개괄적인 담론을 정리한 바 있다(문순홍, 1994: 12). 유정길은 "생태적 지속 가능한 사회로서 계획공동체의 모색"에서 코뮌을 통하여 지속 가능한 사회의 원칙과 생명지역주의의 실현가능성을 모색한 바 있다. 그는 생태 위기 시대에 새로운 대안사회의 모형으로서의 이상적 공동체는 생명지역주의에서 찾을 것을 권하고 있다(유정길, 1993). 송명규는 "생명지역주의의 이론과 실천"에서 생명지역주의에 대하여 언급하였는데(송명규, 2000), 그는 생태철학의 아버지로 불리는 알도 레오폴드Aldo Leopold의 토지 윤리Land Ethics의 관점에서 생명지역주의가 출현하게 된 배경과 그 의미를 설명하였다.

---

6) 생명지역주의적 내용을 함의하고 있는 소설은 Ernest Callenbach의 Ecotopia(1975)로 미국연방에서 탈퇴한 캘리포니아, 오르곤, 워싱턴 일대에 자리 잡은 가상적인 생태국가를 이야기하고 있다.

의식의 확장에서 공간적 실현까지

생태·생명사상의 유파는 1990년대 후반 물질적 성장중심주의 정책이 초래하게 된 위기상황으로부터 극복할 수 있는 급진적인 사회의 전환을 모색하게 되는 과정에서 출현하게 된다. 생태·생명사상은 환경철학, 생태철학 혹은 환경윤리의 입장을 가지고 출현하게 된다. 지머만Zimmerman은 급진적 생태철학radical ecophilosophy, 보수적 생태철학으로서의 인류 중심적 개선론anthropocentric reformism, 그리고 환경윤리론environmental ethics 등의 세 가지 입장으로 구분한 바 있다. 이들의 입장은 생태 위기 상황에 대한 인식과 대처방안에 따라 철학적 사유를 달리하고 있다. 급진적 생태철학은 생태 위기의 개념적·태도적·사회적 근원에 대하여 분명한 문제의식을 지니고 있다. 그리고 이를 해결하기 위해서는 오직 혁명이나 문화적 패러다임의 대전환만이 지금의 상황을 극복할 수 있다고 보고 있다.

인류중심적 개선론은 지금의 생태 위기 상황은 인간의 무지, 탐욕 그리고 근시안적 사고에서 출발한다고 보고 있다. 이를 극복하기 위해서는 오염규제 입법의 강화, 각종 공식 제도적 장치 구축, 미래세대에 대한 현세대의 도덕적 의무 강조, 자연의 현명한 관리자로서의 정신, 천연자원의 보다 신중한 이용과 공평한 분배가 이루어져야 한다고 보고 있다. 특히 인류중심적 개선론은 자연은 의식주에서부터 아름다운 풍경을 주는 심미적 가치에 이르기까지 매우 광범위한 존재이나 오로지 인간의 욕구충족을 위한 도구로서의 가치만을 지니고 있을 뿐이라는 입장이다.

환경윤리론은 생태 위기의 극복을 위해서는 인류중심적 윤리관에서 동식물 등 비인류를 포함한 존재들도 도덕적 배려를 하는 새로운 윤리체계가 마련되어야 한다고 주장한다. 이들은 인간이 여타 사람들에 대한 도덕적·법적 책임이 있는데 이러한 책임을 확장하여 비인류적 존재들에 대한 남용과 학대행위를 하지 말 것을 주장한다는 것이다. 생명지역주의는 생태철학의 아버지로 불리는 알도 레오폴드의 토지 윤리론을 시작으로 이에 영향을 받은 근본생태론 그리고 공간에서의 획기적인 생태학적 가치의 중요성을 강조한 생명지역주의가 하나의 흐름을 지닌 생태·생명사상과 연결되어 있다. 전체론적·윤리론적 관점에서 토지 윤리의 의미를 제시한 레오폴드의 주장 가운데 '생명공동체, 생태계의 통합성, 종 다양성, 자연의 순환' 등이 매우 중요하게 강조되고 있는데, 이것은 레오폴드의 토지 윤리가 생명지역주의의 출현에 영향을 미친다.

생명지역주의는 정치·경제·사회·문화 등의 인간생활에 필요한 모든 영역이 생태학적 바탕 위에 마련되어야 할 것을 강조하고 있는데, 이는 생태학적 원리와 법칙에 따라 전체 생명공동체를 복원하고 유지하는 것을 의미한다. 여기에서 생명공동체는 레오폴드가 주장하고 있는 토지공동체와 동일한 개념이다. 이들이 목도하고 있는 공동체의 개념은 인간 외에 여타 동식물 및 산, 들, 바다, 하천 등과 같은 모든 생태적 실체가 포함된 것으로 레오폴드가 주장했던 생태중심적이고 전일주의적 토지 윤리의 영향을 강하게 받고 있는 것이 생명지역주의이다. 생명지역주의자들은 레오폴드의 토지 윤리[7]의 실천적 담론을 위한 노력을 경주하고자 토지 윤리를 바탕으로 생명지역주의의 기본철학을 분명히 하고 있다.

이들의 주장 가운데 세일은 생명 지역의 개념을 "시민이란 인간을 넘어서 사는 것", "우리는 생명공동체의 지배자가 아니라 참여자로서 이해하려고 노력하는 것", "시민들이 생태학적 의식을 발현할 수 있는 규모가 있다면 그것은 생명 지역의 규모를 벗어나지 않는다"라는 등으로 정의하고 있는데 이는 토지 윤리론과 깊은 연관을 지니고 있다. 생명지역주의는 토지 윤리론, 근본생태론과 연계되어 있다.

근본생태론Deep Ecology은 1973년 여름 국제적 철학 전문지인 『Inquiry』에 게재된 노르웨이 출신의 철학자 아르네 네스Arne Naess의 "피상적 생태운동과 근본적이고 장기적인 생태운동The Shallow and the Deep Long-Range Ecology Movement"의 논문을 공식적인 기원으로 하고 있다. 이들은 지금의 생태 위기 상황은 물질적 성장주의에 기인하고 있는 인류중심적 세계관에 있다고 보고 이를 극복하기 위해서는 우리의 인식과 가치, 그리고 생활방식의 급진적 전환을 강조하고 있다. 이러한 급진적 전환은 인류중심적 세계관에서 생태중심적 세계관으로 전환을 모색하는 패러다임의 전환을 강조하고 있다. 근본생태론 운동의 출현은 1960년대 레오폴드의 토지 윤리론적 관점을 지향하고 있던 시에라 클럽Sierra Club의 지도자인 데이비드 로즈 브로워David Ross Brower 등 각종 생태환경보전단체의 리더들의 급진적이고도 생태중심적인 보전운동에 많은 영향을 받았다. 네스에 의해 제시된 7가지의 원칙은 결국 근본생태론이 지향해야 할 광범위한 철학적 전망을 견지할 것을 요구하게 된다. 그것이 '생태지혜ecosophy'이다. 결국 근본생태론은 자연 위의 인간이 아닌, 자연 속의 인간이라는 새로운 이상향을 제시하고 있는 것이다.

---

7) 레오폴드가 바라보고 있는 토지 윤리의 범위를 토양, 물, 식물과 동물, 곧 토지를 포함하도록 확장시키는 것으로 보고 있다. 이 과정에서 토지 윤리는 인류의 역할을 강조하고 있는데, 인류는 토지 공동체의 정복자에서 토지 구성원으로서의 시민으로 변화되어야 하며 생명공동체의 구성원의 일부라는 사실을 잊어서는 안 된다고 주장하고 있다.

근본생태론의 지향점은 우주적/생태적 형이상학으로서 인간과 자연 사이의 나/너 관계와 개인/지구의 통합성을 형성하는 것을 의미한다. 관계의 통합성은 개인과 지구의 총체적인 어울림을 도모하는 자아적 철학이 요구되는데, 개인의 자아가 강조되는 것은 개인의 자아가 두드러진 사회가 공동체의 의식의 확장을 도모하는 것을 의미한다. 따라서 근본생태론은 생명공동체의 일환이 되기 위한 전제로 대자의 형성은 생물권에 대한 인간의 권력행사에 대하여 겸손과 겸양, 진화에 대한 경외심을 우선하는 것을 전제로 하고 있다. 또한 땅에 대한 의미도 새롭게 강조하고 있는데, 이는 레오폴드의 영향을 간접으로 대변되는 구분이기도 하고, 생명지역주의의 공간적 적용에 대한 부분을 예시하는 부분이기도 하다. 근본생태론은 "땅의 주민으로서 땅에 길들여진 삶"을 추구하면서 개발된 땅을 포기하고 야생지를 복원시켜야 하며 각각 생태적 지역을 이용하는 지침은 인간을 수용하는 수용력에 한정하여 적용하여야 한다고 보았다. 근본생태론은 생태권에 대한 정복과 효율의 강조가 아닌 통합 유지를 강조하고 있는 것이며, 이것은 인간의 생존을 위해 생태권력에 의존하는 삶, 땅에 대한 새로운 관계의 구성이 자연스럽게 강조되는 부분으로 생명지역주의의 원리와 그 맥락을 같이하고 있다고 볼 수 있다.

생명지역주의는 급진적 생태진영의 맥락과 같이하고 있음을 알 수 있다. 이들은 모두 인간이 땅을 대해야 할 거주자로서의 역할과 그 속에서 임해야 할 생명공동체의 중요성을 강조하고 있다. 즉, 물질적 성장주의에 대한 단순한 반성을 넘어 공동체 의식의 새로운 확장에 대한 논의이며, 공동체 의식의 새로운 확장은 생명과 결합된 방식의 공간적 적용을 구체화시키는 단계까지 연계되어 있다.

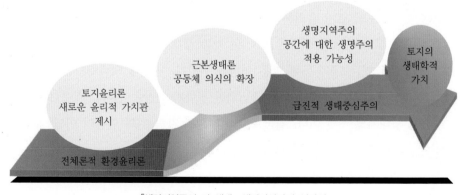

「생명지역주의」의 생태・생명사상과의 연관성

일반적 윤리론과 토지 윤리론

구분	일반적 윤리론	토지 윤리론
가치평가	상품생산기능 경제적 효율성 고려	경제 및 환경 동시 고려
토지의 기본개념	soil(흙, 땅)	biota(생물상)
인간의 위치	정복자	생명시민
과학적 관점	이성적 칼날	우주를 비추는 탐조등
토지를 바라보는 관점	종·하인	유기체

출처: Aldo Leopold, *The Sand County Almanac: And Sketches Here and There*, Oxford and New York: Oxford University Press, 1949, pp.221-223

지배적 세계관과 근본생태론의 차이

구분	일반적 세계관	근본생태론의 세계관
자연환경의 의미	인간을 위한 존재	자연의 내재적 가치 인정 생명중심적 평등 중시
경제적 의미	인간의 인구성장에 부흥한 물질적·경제적 성장	우아하게 단출한 물질적 필요
자원에 대한 인식	자원의 무제한성	자원의 유한성
적용기술	기술과정과 그 해결책	적합한 기술과 비지배적 과학
소비의 의미	소비주의	충분한 일과 재순환
통치체제의 지향	국가적·중앙집권적 공동체	최소 전통과 생태지역 공동체

출처: B. Devall & G. Sessions, *Deep Ecology*, Slat Lake City: Peregrine Smith Books, 1985, p.69

급진적 생태·생명 유파의 생태공동체적 입장

구분	토지 윤리론	근본생태론	생태지역주의
기본입장	토지를 공동체의 근원으로 봄	인간중심주의 거부 및 새로운 의식 확장	생태적 공간의 구현
생태 위기에 대한 인식	토지를 경제적 대상으로만 한정	인간중심주의 세계관 지향	거대화·집중화·계층화·획일화된 공간적 이해
생태 위기 극복방안	토지를 바탕으로 한 공동체 범위 확장	영성의 회복과 초근검절약	소형화·분권화·분업화·다양화가 공간에 생태적으로 적용
주요대상	토지	영성	자연, 공간
적용범위	흙과 물, 식물과 동물, 토지를 포함한 동료적 관계 적용	생태지혜, 생물권, 자율성이 적용된 지역자치 공간	자연에 순응한 인간정주체계와 문화에 의해 정의된 공간

공간은 생명이다

정치·경제적 영역에서 국한하여 이해되어 오던 공간의 개념에 생명이라는 개념을 새롭게 부여하면서 생명 지역·생명지역주의에 대한 이해가 새롭게 확장되고 있다.

토마스 베리Thomas Berry는 생명 지역을 크게 4가지로 구분하여 설명하고 있다(Thomas Berry, 1990: 166·169, 문순홍, 1999: 311).

첫째, 생명 지역은 상호작용하는 생명 체계들의 영역으로 확인 가능한 지리적인 영토이다.

둘째, 생물학적인 정체성을 우선한다.

셋째, 살아 있는 생명체의 공동체로 '스스로'의 기능이 모든 영역에서 나타난다. 이 기능은 공동체 구성원 모두에 의해 수행된다.

넷째, 영성이다. 자아에 대한 이해로부터 시작되며 궁극적으로는 자연을 이해하는 것이다. 이들은 지리적 영토와 의식적 영토의 상황을 통시적으로 인식하고 있다.

밀브레이스Milbraith는 "생명지역주의의 요체는 경제·정치·사회적 삶이 자연 현상에 의해 결정된 지역에 맞게 조직화되는 것"이라고 주장한 바 있다. 스나이더Synder는 "우리의 문화적·사회적·정치적 구조가 자연계의 조화를 이루도록 도와주는 것이고, 그래서 인간체제가 자연계를 알도록 하고, 스스로를 수정할 수 있도록 하는 것"이라고 주장한 바 있다. 버그와 다스만은 "토양, 하천, 유역, 기후, 토종동식물 등에서 공통적인 특징을 지닌 지리적 영역이다. …… 생명 지역은 지리적 영역인 동시에 의식의 영역terrain of consciousness이다. …… 하나의 생명 지역은 처음에는 기후학, 자연지리학, 동식물 지리학, 자연사 및 여타 기술적 자연과학을 활용하여 경계를 정할 수 있다. 그러나 최후의 그리고 최고의 경계는 그 속에서 사는 사람들의 기준으로 정해진다"라고 언급한 바 있다. 그리고 그들은 재정착에 대하여 언급하고 있는데, 그는 재정착을 과거의 남용으로 손상되고 파괴되어 온 땅을 삶의 터전으로 재인식하고 "그곳에서 살아가는 법"을 배우는 과정으로 정의하고 있다. 즉, 그들은 재정착을 "그 땅 위 혹은 주변에서 일어나는 고유한 생태적 현상 등을 깊이 인식함으로써 그 장소의 원주민이 되는 것이다. 그곳에서 일어나는 일들을 이해하고, 그곳의 생명을 더욱 풍성하게 할 뿐만 아니라 그곳의 생명부양체계를 복원하며, 그곳에서 생태적으로 또한 사회적으로 지속 가능한 삶의 양식을 실천하는 것이다. 간단히 말하면 그것은 어떤 장소에서 그 장소와 더불어 사는 법을 배우는 것이다"

라고 정의한 바 있다. 버그와 다스만은 마을에서 사는 사람들이란 원주민뿐만 아니라 그들의 전통, 문화, 삶의 방식, 정주형태 등을 의미하는 것으로 이것은 그 생명 지역의 생태적·자연지리적 요소의 산물이므로 결국 생명 지역이란 인간과 모든 동식물의 삶의 단위 터전을 강조하고 있는 것으로 산업사회의 시민이 토지공동체의 평범한 생태적 시민으로 변모하는 과정을 의미한다.

세일은 생명 지역이란 인간에 의해 임의로 구획된 것이 아니라 식물상, 동물상, 수계, 기후와 토양, 지형과 같은 자연조건, 그리고 이런 조건에 따라 자연발생적으로 형성된 인간 정주체계와 문화에 의해 정의되는 공간이라고 설명한 바 있다. 특히 그는 "인위가 배제된, 그곳의 생활양식과 풍토와 생물상으로 정의되는 지역" 혹은 "법률이 아니라 자연에 의해 통치되는 지역"이 생명 지역이라고 강조하고 있다.

세일이 언급한 생명지역주의를 구체적으로 보면 다음과 같다.

> "토지의 거주가가 되기 위하여, 가이아 법칙을 다시 배우기 위하여, 지구를 완전하고 정직하게 알기 위하여, 가장 중요하고 모든 것을 다시 포괄하는 작업은 장소, 즉 우리들이 살고 있는 독특한 장소를 이해하는 것이다. …… <중략> …… 그리고 사람들의 문화, 땅 그리고 그 땅에서 자란 사람들의 고유한 문화, 지형적인 것들에 의해 형성되고 채택된 인간들의 사회·경제적인 질서, 조직 이 모든 것은 그 진가가 다시 평가되어어만 한다(Sale, 1991: 42; 송명규, 2000: 35)."

삶의 공간의 생태적 거주를 위하여

생명지역주의는 우리의 삶의 터전과 거주의 궁극적인 실천은 생명 지역이며, 생명 지역을 통해서만 실천적인 이해와 보살핌, 그리고 사랑이 가능하다고 본다. 이는 토지 윤리의 생명공동체 혹은 토지공동체와 그 맥락을 같이한다. 특히 생명지역주의에 기반을 둔 삶의 거주 방식은 토지공동체의 평범한 구성원의 일부로서 생태학적 시민이 되어 공생과 공존의 삶을 이루어내는 것이다. 앞서 언급했듯이 세일이 언급한 가이아의 법칙을 배우고 하는 등등의 일은 장소, 즉 우리가 살고 있는 이 땅의 특성을 이해하는 것으로부터 출발한다.

따라서 생명지역주의의 실천은 땅을 삶의 터전으로 새롭게 바라보는 재정착reinhabitation이며, 또 하나는 지역 자연 체계의 복원을 이루는 것이다. 지금은 공간 혹은 장소에 대한 윤리를 새롭게 하는 것이 아주 중요한 시기이다. 생명 지역이 재정착의 의미를 과거의 남용으로 손상되고 파괴되어 온 땅을 삶의 터전으로 재인식하고 어떤 장소에서 그 장소와 더불어 사는 법을 강조한 것처럼 지금은 공간과 장소에 대한 새로운 인식이 필요하다. 그리고 지역 자연체계의 복원은 생명 지역단위에서 자연 생태계의 활성을 유지하고 그곳의 경제와 사회가 지속 가능하도록 하는 것이다.

이에 근거하여 생명지역주의의 궁극적인 지향점은 ① 생명 지역인 자연지역natural region이 있다는 믿음을 갖는 것과 ② 토지 윤리를 구현하고, ③ 지역문화 다양성의 존중과 보존이다. 지역문화의 다양성의 존중과 보전은 어떤 지역의 고유한 특성을 유지하는 것으로 지역의 정령과 영성과 깊은 관련이 있는 북미인디언의 고유문화와 같은 것을 의미한다. 이런 지역문화의 다양성의 존중과 보존은 소규모 지역 단위에서 가능하다. 여기에는 각종 참여의 장치가 자율적이며, 의사소통도 매우 친밀한 관계에서 유지된다.

따라서 이러한 지역문화는 지역경제와 자연스럽게 연계되는데, 환경을 착취하거나 조작하는 경제행위가 아니라 환경에 적응하기 위해 노력하며, 자원과 자연 전체의 보존을 추구한다. 경제는 자본이나 재화에 기인한 성장에 목적을 두고 있는 것이 아니라 지속성에 목적을 둔다. 생명지역주의는 정치·경제·사회·문화·기술 등의 관점에서 그 원리가 적용될 필요가 있다.

정치적으로는 다른 영역과 유사하게 자연의 이치를 따르는 것을 원칙으로 하고 물질적 성장주의 사회가 지향하는 거대화, 집중화·계층화·획일화가 아니라, 소형화·분권화·다양화·분산화를 원칙으로 한다. 이들은 이러한 과정 속에서 자연의 법칙과 그 지역의 자연의 특성에 부응하면서 다양한 형태로 지역의 특성을 지닌 사회질서와 가치체계를 발전시키는 특징을 보이고 있다. 데이비드 페퍼David Pepper는 산업주의적 삶의 방식에서 비산업사회로의 전환을 모색할 것을 요구하고 있는데, 비산업사회는 지방정부와 사회적 요구에 의해 소규모 생산을 지향하고 영향력이 분권화된 작은 정부의 역할을 강조하고 있다. 즉, 정치적 행위가 자연의 입장에서 인지하고 있는 것으로 인간사회에 존재하고 있는 권위주의, 지배의 관념으로부터 자유로워야 한다는 것을 의미한다.

민주주의, 형평성, 자유, 정의와 같은 정치적으로 중요한 보편적 가치가 획일적으로 적용되는 것이 아니라 자연의 법칙과 그 지역의 자연의 특성에 부응한 다양한 사회질서와 가치체계의 중요성이 강조되는 것이 생명 지역 정치이다. 진정한 자치적인 생명 지역은 각자의 방식으로 각기 다른 정치체계가 더욱 중요하므로 직접 혹은 간접 민주주의뿐만 아니라 정치적인 모든 가능성을 열어두고 있는 것으로 이것은 각기 지역이 지니고 있는 가치, 신념, 기준에 주안점을 둔 정치형태라고 할 수 있다.

경제적으로는 지역 내부의 경제적 네트워크를 활성화와 강화를 바탕으로 한 경제구조를 바탕으로 다른 생명 지역과의 교역을 진행할 것으로 요구하고 있다. 이 과정에서 경제체제는 생태공동체를 지향하는 체제로서 자원이용을 극소화하고, 보전과 재활용을 극대화하며 오염과 낭비의 축소, 자원적 특성에 우리 자신을 적용시킴으로써 철저한 자급－자족에 원칙을 둔다. 사회적으로는 개인과 공동체의 행동결과가 은폐되는 것이 아니라 오히려 강한 유대와 구체성을 강조한다. 이러한 과정은 정치적 과정이 이루어지는 과정에서 연동되어 나타나는데, 소규모 분권적 공동체 형성이 강조되는 사회상을 요구한다. 문화적으로는 원주민 문화를 재발견하고 재평가한다. 이는 생태문화적 유대라는 새로운 형태의 사회적 결속을 찾는다. 이는 생명 지역에 거주하고 있는 구성원들이 같은 장소에서 함께한다는 공동체적 의식을 갖는 것이다. 휴식과 여가의 문화는 정신적 풍요를 가져다준다는 점에서 매우 중요한 콘텐츠다. 기술적으로는 대안적 기술, 즉 중간기술, 적정기술, 연성기술 등을 선호한다. 중간기술은 해당 지역의 사회경제 여건에 맞는 기술 수준으로 전통기술보다는 생산적이며 자본 집약적 정밀기술보다는 저렴하고 유지보수가 쉬운 삶의 터에서 찾는 기술을 선호한다. 대안기술의 적용은 과학중심주의적 사고를 지양하면서 지역의 자연적 조건을 최대한 고려한 태양열과 풍력 등을 이용한 연성기술의 중요성이 강조된다. 이러한 기술의 적용은 단순히 기술의 문제로 끝나는 것이 아니라 중앙집중적인 권력구조를 바탕으로 진행되고 있는 거대기술이 갖는 사회적 관계의 획일화, 전문화, 집중화, 위계화 등의 문제를 지적하면서 다양화, 분산화, 분권화 등의 의미를 지역과의 관계를 새롭게 조명하는 특징을 지니고 있다.

생명지역주의 영역별 구성원리

구 분	주요 내용
정치적 원리	거대화, 집중화, 계층화, 획일화에서 소형화, 분권화, 다양화, 분산화로
경제적 원리	자원이용의 극소화, 보전과 재활용의 극대화, 자급자족의 대원칙
사회・문화적 원리	소규모 분권적 공동체 지향 같은 장소에서 함께하는 공동체 의식에 근거한 생태문화적 유대 지향
기술적 원리	거대기술에서 적정기술, 대안기술 지향

이상의 논의와 급진적 생태중심주의 유파로 분류되고 있는 토지윤리론·근본생태론·생태여권론·사회생태론 등이 공통적으로 생명 지역의 구현을 최후의 목표로 삼고 있다. 그리고 그 과정에서 '분권, 자치, 연대 그리고 자립'을 강조하고 있다. 결국 생명지역주의는 생명세계의 관점에서 공간을 이해하고 실천하는 것을 의미한다. 따라서 모든 생명체의 근원이 되는 땅의 의미, 즉 장소적 의미에 최우선의 가치를 둔다. 여기에서 장소적 가치는 그 속에서 살아가고 있는 생태학적·자연지리적·전통문화적·향토사학적 이해의 재발견을 통한 지속 가능한 삶의 추구를 의미한다. 생명지역주의는 새롭게 길들여진 공간을 재인식하고 그것에 맞추어 생활세계를 구축하는 공간적 영역을 의미한다. 이렇게 인식한 공간적 체계에 정치·경제·사회·문화·기술의 원리가 적용되는 것이 생명지역주의의 구성원리이다.

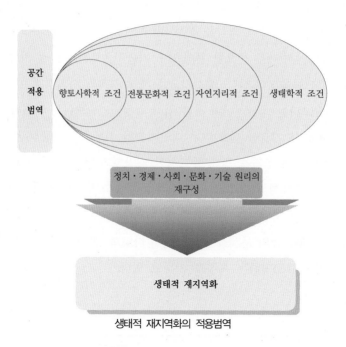

생태적 재지역화의 적용범역

생태적 재지역화의 새로운 거점, 트랜지션 타운

생태적 재지역화[ecological relocalization]는 경제적 세계화를 지향하는 지역화가 아닌 아래로부터의 세계화인 지역을 위한 지역화 또는 삶의 지역화, 지역 중심의 지역화를 의미한다. 지역 중심의 지역화는 결국 나의 삶의 터에 대한 이해이며, 그 속에서 미래세대를 충분히 배려한 생태적 관계를 수용한다. 즉, 생태적 재지역화는 생태주의 원칙에 근거한 지역화 전략으로 이를 수행하기 위한 가장 큰 원칙은 지역적 순환이다. 생태적 재지역화는 기존의 지역의 관점이나 방식이 획기적으로 전환되어야 한다는 의미에서 "현재와는 다르게 확 바뀌어야 한다"는 개념을 기초로 '트랜지션 타운Transition Town'을 주요 전략으로 적용하고 있다(Rob Hopkins, 2008: 134~145). 트랜지션 타운 운동은 생태적 재지역화의 구체적 실천 전략의 한 유형 중의 하나이다. 트랜지션 타운 운동은 석유 생산의 정점과 기후변화의 위협으로부터 지역을 보호하기 위하여 고안된 지역운동 중의 하나다. 트랜지션 타운 운동의 제안자인 롭 홉킨스Rob Hopkins는 석유 정점과 에너지 쇼크는 주거지나 지역사회가 사용할 수 있는 에너지가 매우 제약적인 상황에 직면하게 되므로 매우 치밀한 계획하에 낮은 수준의 에너지 사용을 도모하고, 그 과정에서 우리가 처해 있는 현실적인 상황을 인식하고 이에 맞는 행동을 하도록 노력하여야 하며, 이러한 노력은 우리가 살고 있는 생태학적 한계를 인식하고 삶의 방식을 개선시키는 것이 트랜지션 타운 운동의 궁극적인 목적이며 출발점으로 보고 있다(Rob Hopkins, 2008: 134~135).

생태적 재지역화를 위한 트랜지션 접근은 기존의 환경주의 방식의 접근 방식과 분명한 차이가 있다. 기존의 환경주의 방식의 접근은 이슈 중심의 논의를 하거나, 개인행동 중심의 논의를 하며, 그 과정에서 동원되는 의사진행수단은 로비, 캠페인, 항의 등의 의사전달방식을 취한다. 그리고 이들의 지향점은 현세대의 욕구를 충족하면서 미래세대의 가치를 보전하여야 하는 지속 가능한 발전을 중요한 논점으로 보고 있다. 반면, 트랜지션은 생태적 가치가 발현되는 공동체적 행동을 중요시하며, 단순한 이슈가 아닌 전체주의 관점을 지향한다. 그리고 로비, 캠페인, 항의 등의 네거티브 방식의 환경운동이 아닌 공공참여, 생태심리, 예술, 문화, 창조적 교육 등 창의적 가능성을 최우선의 과제로 삼는다. 이러한 행동이 곧 진정한 미래세대를 위한 행동이며 생태적 재지역화의 주요 전략 중 하나이다. 이는 사안 중심의 환경주의가 아닌 성찰적 전체주의적 관점을 지향하고 있다고 볼 수 있다.

이러한 트랜지션 타운 운동의 철학적 근원은 퍼머컬처이다. 크리스털워터스의 핵심멤버인 빌 모리슨이 창안한 퍼머컬처의 철학과 원리는 생태적인 지역을 새롭게 조성하는 데 있어서 중요한 지침이 된다. 퍼머컬처의 철학과 혹은 윤리관은 지구를 보살피고, 사람을 보살피고, 여분의 시간과 돈, 그리고 물질이 이 목적을 위해 사용할 것을 권고하고 있다. 여기서 지구를 보살피라는 의미는 생활에 있어서 필요한 식량, 거주지, 교육, 안정적 고용, 호혜적인 인간관계를 포함하고 있는 것으로 결국 지구를 보살피는 일이 인류를 보살피는 일이 되는 것이다. 그리고 남은 시간, 돈, 에너지를 지구와 인간을 위해 나누라는 것은 생태적 환경을 크게 훼손하지 않는 범주에서 인간이 가진 기본적인 욕구를 충족할 수 있는 정도의 에너지와 역량을 사용하는 것을 의미한다. 이러한 관점을 가지고 퍼머컬처의 설계 원리가 적용되고 생태적 디자인이 마련된다. 퍼머컬처의 구성원리는 위치, 구성요소, 주요 기능, 에너지 계획, 생물자원 사용, 에너지 재순환, 자연적인 천이, 생물종 다양성, 가장자리 효과, 소규모 집약적 시스템 등을 적용하고 있다.

퍼머컬처는 단순히 농장 단위의 생태적 디자인의 범주를 넘어 도시에 적용하면 커뮤니티의 부재, 획일화, 비인간화, 심화되는 환경문제 등의 제반적인 도시문제를 새롭게 검토하고 이를 바탕으로 생태적 공간으로 바꾸어가는 것을 의미한다. 특히 도시공간에 적용된 퍼머컬처는 도시적 건축물에 적용 가능한 에너지 순환체계를 적용하고, 식량생산과 가축의 사용 등 도시에서 가능한 경작과 에너지 재활용을 강조하고 있다. 따라서 도시에 적용된 퍼머컬처의 관점은 도시를 식량의 소비적 공간에서 생산적 공간으로 변화시키는 것이며, 에너지 사용을 최소화시키는 것이며, 주거와 주택의 친환경적 건축과 마을 공동체의 복원을 이루는 것이다. 그리고 사회적 형평성을 유지하는 것으로 바꾸어 낼 것을 요구한다. 따라서 이를 위해 도시형 퍼머컬처는 지역사회가 후원하는 농업, 협동조합, 지역공동취사 지역공동텃밭, 도시농장 등이 공간적 배치와 사회적 관계를 조성하는 것이 매우 중요하다(임경수, 2003).

퍼머컬처의 공간개념은 지구Zone와 구역Sector로 구분하고 있다. 이러한 구분은 적절한 지구와 구역의 배치를 통하여 과도한 에너지 사용을 자제하기 위해 고안된 디자인이다. 구성요소의 공간배치는 얼마나 자주 가는가 등을 고려한 작업의 빈도와 얼마나 많은 시간을 보내는가를 고려한 관리의 문제를 고려하여 공간적 배치를 결정하도록 하고 있다. 지구는 인간활동의 중심지역으로서 거주지구라고 할 수 있는 지구 0 Zone0과 주거생활과 밀접한 관련을 가지고 끊임없는 관찰, 잦은 방문, 작업이 필요한 곳인 지구 1 Zone1, 집약적인 유지가 필요한 공간인 지구 2 Zone2, 그리고 지구 3 Zone3은 농장지구로서 농업을 본업으로 하는 거주자의 일터로 구분된다. 마지막으로 지구 5 Zone5는 야생지역으로 관리하지 않거나 아주 드물게 관리하는 야생이나 혹은 공부하고 관찰하는 지역, 방문자가 휴양하는 지역으로 구분한다. 그리고 구역Sector은 지역 내의 구성요소 간의 상호관계를 설정하는 과정으로 태양, 빛, 강우, 불, 조망, 물의 흐름 등을 다룬다. 이러한 요소가 유입되는 과정과 이득이 주는 요인과 보호를 판단하며, 이러한 장점을 최대한 살려 에너지 효율적 관리를 큰 원칙으로 한다. 따라서 퍼머컬처의 도시공간 적용은 공적 영역과 사적 영역 사이에서의 사회적 장소를 새롭게 해석하고 사회적 장소는 주거 앞 영역, 중간 친교영역, 근린 주변영역 등을 분류하여 각 장소적 특성으로 고려할 필요가 있다고 보고 있다. 퍼머컬처가 갖는 철학적 의미가 공간적으로 적용될 수 있는 유형 중의 하나가 트랜지션 타운 운동이다.

'재지역화'와 '트랜지션 타운'의 가장 큰 특징은 기존의 외생적 수요와 공급에 의해 조성된 생활세계의 형성이 아닌 최대한 내생적 수요와 공급을 고려한 생활세계의 순환적·호혜적 관계가 뿌리내린 생태화이다. 이 두 가지 관점은 석유문명의 암울한 그늘인 석유 정점과 기후 온난화로부터 새로운 자율성을 얻기 위한 방안으로 지역을 생태적으로 디자인하는 일로 이는 매우 주목해야 할 일이다.

지역을 생태적으로 디자인하는 재지역화는 진정한 지역성을 모색하는 것으로, 그 과정에서 생태주의의 철저한 적용을 원칙으로 하고 있는 지역화의 진정한 생태주의 전략이다. 롭 홉킨스는 재지역화를 위해서는 집중화된 리사이클링 시스템이 아닌 지역퇴비화를 모색하여야 하며, 관상용 나무식재가 아니라 생산을 위한 나무를 식재하여야 하며, 국제적 유기농 식품의 지원이 아니라 지역 차원에서 공급되어야 하며, 녹색건축 재료의 수입이 아닌 지역자원을 활용한 건축을 모색하여야 할 것을 주장한다. 또한 에너지 효율이 낮은 빌딩의 건축물 건축이 아니라 지역 패시브 주택을 건축하여야 하며, 탄소발생을 유발시키는 행위가 아니라 지역사회 차원의 투자 메커니즘을 모색하여야 한다고 주장하고 있다. 그리고 도덕적 차원에 머무르는 수준의 투자가 아니라 지역순환을 적극적으로 고려한 투자를 강조한다. 그는 소비자 중심주의가 아닌 상호주의·호혜주의가 삶의 터에서 강조되어야 하며 이러한 일련의 과정에 체계적으로 진행되는 것이 진정한 재지역화로 보고 있다. 이와 같이 재지역화는 신자유주의적 경제적 세계화에 부응한 지역화가 아니라 생태적 합리주의, 생명지역주의 원리에 근거하여 생태적 원리를 지역에 토착화시키는 과정이다.

롭 홉킨스의 재지역화 구상

석유 정점(Peak Oil)	기후변화(Climate Change)
· 무분별한 석탄사용 · 무분별한 가스 사용 · 자원의 무한성을 보장한 유연한 규정 · 대규모 바이오 연료 · 자원 국가주의와 비축	· 기후 엔지니어 · 탄소 유발과 저장 · 나무에 근거한 탄소의 상쇄 · 국제적인 (오염)방출 무역 · 기후적응 · 개선된 수송계획: 지구적 유통 · 원자력

탄소방출 감축 우선

재지역화 계획: 지역재생 패러다임 구축

· 거래 가능한 에너지 할당
· 분권화된 에너지 인프라 구축
· 거대기술의 재구조화
· 로컬푸드
· 에너지 감소 계획
· 지역적 차원의 순환
· 지역의료 수용

출처: Rob Hopkins(2008), 『The Transition Handbook』, Green Books, p.38.

재지역화 전개 요인과 필요성

　정리하면 거시적 측면의 생태적 재지역화는 경제적 세계화에 대응한 생태적 차원의 진정한 지역성을 모색하는 것으로 그 과정에서 생태주의의 철저한 적용을 원칙으로 하고 있는 지역화의 진정한 생태주의 전략이며, 미시적으로는 노동시장의 지구적 통합과정에서 나타나는 기업의 수익 논리에 의해 작동되는 경제적 공간으로서의 지역이 아닌 호혜성·대면성·순환성에 기초한 삶의 장소로서의 공간 그리고 그 과정에서 생태주의 원리가 반영되는 생태적 공간 구현을 의미한다.

　생태적 재지역화와 유사한 개념인 "통합적 지역사회발전", "생명공동체의 구현", "재

정착" 등의 개념으로, 그 핵심은 지역을 매개로 한 "생명 지역"의 구현이 가장 큰 특징
이다. 따라서 이를 실현하는 과정에서의 지역은 생태적 공간의 구현을 전제로 거대화·
집중화·계층화·획일화된 공간에 이해로부터 소형화·분권화·분업화·다양화를 공간
에 생태적 관점에서 적용된다. 그리고 자연에 순응한 인간정주체계와 문화에 의해 정의
된 공간의 특징을 지닌다.

세일은 규모의 문제에 있어서는 지역을, 정치는 분권화·상호보완구조·다양성을, 경
제는 보전·안정·자족·협동을, 사회는 공생·진화·문화적 다양성이 강조되어야 하
며, 생명 지역을 구축하는 중요한 원리로 보고 있다. 생태적 재지역화는 정치·경제·사
회·문화·기술적 원리의 새로운 적용이 필요하며, 정치적 원리는 소형화·분권화·다
양화·분산화의 관점에서, 경제적 원리는 자원이용의 극소화와 자급자족의 관점에서, 사
회적 원리는 소규모 분권적 공동체 지향의 관점에서, 문화적 원리는 공동체 의식에 근거
한 생태문화적 유대의 조성 관점에서, 기술적 원리는 적정기술·대안기술 지향과 에너
지 자립의 관점에서 파악되어야 한다.

5. 지역을 다시 논하다

공간, 어떻게 이해할 것인가?

독일어로 공간(raum)이란 "자리를 만들어낸다, 비워 자유로운 공간을 만들다, 떠나다,
치우다" 등의 여러 가지를 의미하는 '로이멘(räumen)'에서 유래했다. räumen을 "하나의
공간, 다시 말해 경작이나 이주할 목적으로 숲 속에서 빈 터를 만들다"를 의미한다(정인
모·배정희 역, 2010: 29~30). 즉, 공간이란 '빌 공空', '사이 간間'이라는 의미로 땅 그
자체의 의미를 넘어 땅과 땅의 빈 사이를 의미한다. '비어 있는' 공간이란 가치를 채울
수 있는 가능성을 지니고 있다. 따라서 공간은 일종의 여지가 있는 것을 의미한다.

데이비드 하비David Harvey는 『사회정의와 도시』에서 공간을 절대공간, 상대공간, 관계공

간으로 구분한 바 있다. 절대공간은 지적 측량 혹은 공학적으로 이해하고 있는 공간으로 국가, 행정관할단위, 도시계획 등으로 한정된 공간적 범주를 의미한다. 그러나 절대공간은 비용, 시간 그리고 이용수단에 따라 공간적 의미가 다양하게 설명된다. 반면, 상대공간은 기존에 적용하고 있는 물리적 공간에 이해를 넘어 그 공간 속에 존재하고 있는 다양성 등을 강조한다. 관계공간은 한 지점에서 일어나는 사건 또는 사물 그 자체가 공간적 의미를 지니고 있다고 본다. 그리고 하비는 공간 이해에 있어서 절대공간, 상대공간, 관계공간 등을 그 어느 하나만 선택하여 설명할 수 없다고 보고 있다. 공간은 상황에 따라 중첩되어 나타날 수 있는 가능성이 매우 높기 때문이다.

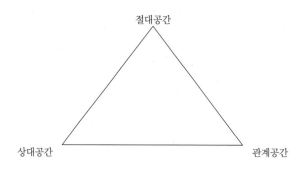

데이비드 하비의 공간에 대한 이해

하비의 논의를 떠나 지역연구 학자가 바라보는 공간적 의미는 이들 세 가지를 중첩적으로 이해해 왔다. 상황에 따라 물리적 관점에서 공간을 이해하거나 아니면 경제적 관점에서 생산과 소비, 그리고 효율이라는 관점에서 공간을 비용과 수단의 도구로 이해했다. 필자 역시 중첩된 관점에서 공간에 운영방식 또는 접근방식에 대한 이해에 초점을 두고 논의하고자 한다. 그 이유는 전문가나 관료에 의해 기획된 공간이 아니라 지역의 입장에서 공간을 바라보고 이해하는 것이 향후 모색하여야 할 공간의 방향이라고 판단하기 때문이다.

지역은 더 이상 토목과 토건을 매개로 한 개발의 대상이 아니다. 지역은 물리적 대상물인 토지가 아니라 토지를 매개로 존재하는 '사람, 삶 그리고 터'로서의 가치로 이해하는 것이 더 중요하다. 이러한 관점은 개발주의·시장주의·국가주의에 의하여 작동되는 지역이 아닌 지역주의·생태주의의 원리에 기초한 지역이어야 한다. 지역이 택지개발이나 초국적 기업의 경제적 거점지 또는 생산지적 이점만 강조된 지역으로서만 그 가치가 인정되어서는 안 된다. 특히 기후 온난화와 석유 정점이라는 지구적으로 처해 있는 현실 앞에 지역은 강화된 국가주의가 아닌 생태적인 지역주의 관점에서 지역이 이해되어야 한다.

생태적 지역주의 관점은 규모의 문제로부터 새로운 전환을 요구하며, 거대화·집중화·계층화·획일화가 아닌 소형화·분권화·분산화·다양화를 원한다. 그리고 명령, 규율 그리고 질서가 강조된 통치적 관계가 아닌 대면, 호혜, 자율 그리고 자치가 강조된 협치적 관계를 지향한다. 그 과정에서 의사전달체계는 하향식 의사전달체계가 아닌 상향식 의사전달체계가 작동되기를 원한다. 규모, 관계, 의사소통의 외형으로 나타난 문제가 발전전략이라면 그 발전전략은 요소투입형 외생적 지역발전 전략이 아닌 가치발굴형 내생적 지역발전 전략을 추구한다. 지역은 기존에 보편적으로 인식하고 있는 물리적 대상지, 경제적 대상지에서 삶의 가치와 생태적 가치의 구현이 가능하기 때문에 지역에 대한 재해석과 이해는 매우 중요하다.

'물리적 공간'으로서의 지역

물리적 공간으로서의 지역은 현재 관행적이며 제도적으로 접근하고 있는 지역에 대한 이해의 수준과 접근 방식에 대한 논의이다. 지역에 대한 개념 규정은 그리 쉬운 일이 아니다. 지역은 정책적·학문적 의도에 따라 다양한 공간적 범역과 형태를 취한다. 대부분의 지역연구 학자는 "지역을 공통적이고 보완적인 특성을 가지고 있거나 밀접한 상호작용이 흐름으로 묶여 있는 지리적으로 연속된 공간의 단위"로 정의한다. 그 외에도 "다른 사람들과 구분되는 역사적·문화적·경제적·사회적·동질성을 지닌 사람들이 사는 광범위한 지리적 영역"이나 "공간체계상 중간계층으로 복수의 기초공간단위를 포함한 광역적 공간단위"로 정의하기도 하며, "일정한 땅의 구역", "구획된 토지" 또는 "땅의 경계" 등 일정한 지리적 범역으로 접근하기도 한다.

지역의 유형은 연구자의 목적과 관심에 따라 그 내용 또한 달리한다. 기능적 연계성의 관점에서 지역을 유형화하기도 하며, 지역의 소득수준과 성장률을 기준으로 지역을 유형화하기도 한다. 전자의 입장을 제안한 보드빌레^{Boudeville}는 2개 이상의 공간단위가 공통적인 속성을 지니고 있어 하나의 통합된 공간단위로 이루지는 지역인 동질지역^{espace} homogene, 공간적 거점을 중심으로 기능적 연계가 밀접하게 형성된 지역인 결절지역 또는 극화지역^{region polarisee}, 교역과 및 소득의 극대화와 효율적인 자원 활용 등 특정한 목적을 효율적으로 달성하기 위하여 설정된 연속된 공간의 의미를 지닌 계획지역^{region plan}으로 유형화하기도 한다. 한편 후자의 입장을 제안한 클라센^{Klaassen}은 지역소득수준과 성장률을 국가 평균과 비교하여 번영지역, 성장 중인 저발전지역, 잠재적 저발전지역, 그리고 저발전지역으로 유형화한 바 있다. 이러한 논의는 경제발전을 전제로 한다. 이는 지역이 발전과 중요한 함수관계를 갖는다는 것을 의미한다. 지역발전이란 "복수의 공간단위를 포괄하는 광범위한 지리적 영역을 대상으로 산업화와 도시화에 필요한 물적 기반의 조성 및 사회경제적 제반조건의 개선을 추구하는 다양한 활동"이라고 지역연구자는 정의한다. 지역연구자들이 주장하는 것처럼 지역발전을 이루기 위해서는 제도적 지원이나 정책 마련은 필요하다. 그러나 지역발전정책은 지역개발과 발전을 촉진하기 위한 정부 개입의 방향과 수단으로 지역적 변화를 명시적으로 추구하는 공간정책이다. 공간정책을 이행하기 위해서는 분명한 미션이 제시되어야 하는데, 하나는 국가발전 목표 달성을 위한 입지선정, 사회간접자본 시설의 확충 및 지역적 규제나 촉진 등을 바탕으로 진행하는 공간정책이며, 또 다른 하나는 특정한 공간단위를 대상으로 사회경제적 제반조건 및 삶의 질 개선을 목표로 다양한 정책수단이 동원된 정책을 의미한다. 가령, 수도권 억제정책, 지역균형발전정책 등이 대표적인 예라고 할 수 있다.

「국토기본법」에서는 지역계획을 특정한 지역을 대상으로 특별한 정책목적을 달성하기 위해 수립하는 계획으로 정하고 있다. 여기서 이해하고 있는 지역은 정책목적을 달성하는 수단으로 이해하는 것이며, 그 정책목적이 물적 기반에 중심을 둔 지역발전이라는 점을 고려해볼 때 지역은 여전히 국가나 정부에 의해 질서가 강조되는 공간으로 자율과 자치, 그리고 호혜적 관계가 우선한 공간적 이해와는 거리가 멀다. 지역을 매개로 한 개발의 과정이 '지역사회개발 → 지역개발 → 도시계획 → 부동산 개발'의 수순을 거치면서 보여준 과정에서 알 수 있듯이 지역은 택지개발의 수단이며, 화폐적 가치가 극대화된 생산지의 수단 외에는 그 이상도 이하의 논의도 하지 않고 있는 것이 현실이다. 이러한 현실은 계획이나 개발이라는 제도를 통하여 이루어져 왔으며, 그 접근 방식은 물리적 대상으로 한 지역의 이해에 기초를 하고 있다는 지적을 피할 수가 없다.

기존의 학문적 패러다임으로 개발이론이나 계획이론의 관점에서 지역을 이해하기에는 분명한 한계가 있다. 왜냐하면 개발이론이나 계획이론은 지역을 경제발전의 공간적 전략지로 이해시키는 경향이 강하기 때문이다. 또한 경제발전의 공간적 전략지로 만드는 과정에서 도입된 기존의 지역발전방식은 외생적 개발 수요나 하향식 발전 모델, 요소투입형 개발 그리고 토건중심의 개발 등이 핵심을 이룬다.

> "경제발전의 위상문제를 다루는 공간정책으로 국가차원에서는 국가목표를 실현하는 수단이며, 지역적으로는 국가적인 차원에서 인식하여 국가정책에 의거하여 해결하는 수단이다."(프리드만, 1966: 김용웅 외, 2003)

'경제적 공간'으로서의 지역

'경제적 공간으로서의 지역'은 지구화 지향적인 경제적 관점에서 지역의 현실에 대한 논의이다. 신자유주의에 기반하고 있는 경제적 세계화는 globalization의 의미를 지닌 세계화와 localization의 의미를 지닌 지역화의 합성어로 glocalization으로 불리며 우리말로는 세계(방)화 또는 지구(방)화로 표현한다. 문민정부 당시 핵심 이슈로 등장한 세계화는 초일류국가·초일류지역이라는 목표 아래 "지역적인 것이 세계적인 것이며, 세계적인 것이 지역적인 것이다"라는 표현이 거침없이 사용되었다. 이 표현은 지역이 세계의 중심이 될 수 있다는 의미와 신자유주의를 기반으로 한 세계화가 지역화의 최종적인 목적이라는 것을 암시하는 내용이다.

경제적 세계화는 경제적 능력에 기반을 둔 경쟁력 강화가 지역의 최선의 과제로 삼는다. 그러나 초국적 기업과 다국적 기업이 좌우하는 세계경제 자본스톡에 노출된 지역이 세계의 중심이 된다는 것은 그리 쉬운 일이 아니며, 그 과정에서 진정한 지역성을 담보하기는 매우 어렵다. 오히려 지역에 입지한 기업이 세계적 기업으로 성장할 수 있지만, 지역발전과는 그리 큰 상관관계를 갖지 않는다. 대규모 자본을 앞세운 기업의 등장은 오히려 지역경제 활성화 및 지역 내 자본의 순환을 차단한다. 가령 대규모 자본을 앞세운 파리바게트의 등장은 동네 아저씨의 빵가게를 잠식해나가고, 홈플러스, 이마트, SSM마트 등의 거대자본이 동원된 쇼핑몰의 등장은 동네시장 및 동네마켓을 여지없이 몰아내며 그 과정에서 '경제적 공간으로서의 지역'의 중요성만 누차 강조한다. 이러한 상황에서 진정한 지역성을 찾기란 쉽지 않다. 결국 세계화를 도모하는 지역화의 근간은 소비자중심주의에 우선한 경제적 세계화가 최종목표일 뿐이다.

그러면 세계화란 무엇인가? 세계화는 "재화 및 용역과 생산요소, 즉 노동과 자본의 시장이 더욱 밀접하게 국제적으로 통합되는 과정"이며(Bordo, 2002: 20), "자본·생산·시장의 전 지구적 통합을 가속화하는 것으로 기업 수익성 논리에 추동되는 과정"이다(김공회 역, 2004: 15). 따라서 세계화는 민영화·탈규제·무역자유화의 가속화를 통한 시장자유화를 적극 권장하는데 이것이 전형적인 신자유주의의 특징 중 하나이다. 결국 신자유주의에 기반을 둔 세계화는 노동·국가·사회에 의해 초국적 기업에 부과되었던 제약을 제거하거나 약화시킨다. 또한 경제적 세계화는 긍정적이든 부정적이든 국가 간 경계와 정치·경제·문화적 영역을 약화시키면서 세계를 하나의 단위로 통합시키고 있다. 이 통합의 중심은 지역과 지역자본이 아닌 초국적 기업과 초국적 기업의 자본이다.

1990년대 이후 급격히 진행되고 있는 세계화는 신자유주의의 정치 경제 이데올로기를 도구로 초국적 자본과 기업이 지역을 지배해왔다. 결국 세계화는 지역의 노동과 자본을 시장에 더욱 밀접하게 국제적으로 통합시켜 가고 있으며, 이러한 과정에서 지역이 지니고 있는 재화 및 용역 그리고 생산요소 등은 그 어느 지역보다도 경쟁력 있는 국제적인 감각을 가지고 통합시켜 나가야 하며 그렇지 않은 경우에는 지역은 아무 의미가 없는 존재가 되었다.

신자유주의에 기반을 둔 세계화는 경제적 세계화로 국경을 넘어서는 상호작용의 형태들과 범위의 확장 및 이를 통한 경제적 상호의존성의 심화과정인 동시에(John H, 1993), 전 지구적인 불평등을 확산시키면서 세계경제를 위계화시킨다. 또한 세계화는 국제적 경제관계를 심화시키면서(구춘권, 2000: 21), 선진 자본주의 국가들에서 형성된 기술적 패러다임, 즉 노동조직, 형태, 방법, 규범들을 전 세계적으로 확산시켜 왔다. 이러한 기술적 패러다임은 다국적 기업이나 초국적 기업에 의해 주도되며, 그 과정에서 지역은 생산지적 이점으로 활용될 수 있는 전략적 도구로만 사용될 뿐 그 어떤 가치도 지니지 않는다. 세계화의 견인차 역할을 하고 있는 다국적 혹은 초국적 기업은 생산지의 확보, 값싼 원료의 지속적 공급, 값싼 노동력, 사회하부구조의 원활한 공급, 세제혜택 등의 공급이 가능한 지역만 선호할 뿐 해당 지역의 지역적 가치에는 별다른 의미를 두지 않는다.

세계화는 시장경쟁체제의 본질적인 경쟁과정을 매개로 진행되는 것으로 정부는 기업에 다양한 공급지원 정책을 통한 생산입지의 구축을 위해 노력하며, 기업은 생산지적 이점만 찾아 선택할 뿐이다. 결국 경제적 세계화는 자본 측에 유리한 경제정책을 일상화시키는 정치적 프로젝트로 포드주의적 축적체제에 대응한 또 다른 생산양식, 즉 포스트 포드주의적 양식의 자본을 활성화하려는 프로젝트에 불과하다. 국가에 의해서 통제·관리되던 포드주의 생산체제가 더 많은 경쟁력, 더 많은 생산력 증대를 위해 포스트 포드주의 생산체제로 전환되면서 시장은 국가가 아닌 기업이 장악하고 있다. 이 과정에서 세계화는 부의 양극화, 사회적 불평등을 더욱 심화시키고 있으며, 지역의 가치를 매몰시킨다(구춘권, 2000: 22~32).

세계화는 소규모 생산자보다는 대규모 생산자를, 분산된 지역적 생산보다는 세계 차원의 집중생산을 지향함으로써 규모의 효율성을 강조한다. 특히 산업경제는 지역과 국가의 수요를 만족시키기 위해 다양한 생산을 촉진하기보다는 수출을 위해서 생산을 특화하는 것이 국가에 큰 이익이 된다고 하면서 비교우위의 원칙을 주장한다(헬레나 노르베리 호지, 이민아 역, 2000: 9~11). 결국 세계화가 진행되는 과정에서의 지역은 효율과 경쟁적 우위가 강조된 지역만 존재한다.

초국적 기업이 지역의 재화, 용역, 생산요소 등을 잠식해가는 것을 우려하면서 세계화에 대응한 상대적 개념이 탈세계화이다. 탈세계화는 지역 및 국가의 자조적 재계발(rempowerment)을 도모하는 것으로 기존의 신자유주의적 입장에 근거한 세계화가 아닌 대안적 글로벌 경제체계이다(김공회 역, 2004: 208). 한편에서는 반세계화로 표현되기도 하는데, 이는 세계화를 극복할 수 있는 대안으로서의 상대적인 개념보다는 운동적 의미가 강하다. 즉, 반세계화는 하나의 운동으로 세계경제기구가 주관하는 기존의 거버넌스를 부정하고 새로운 세계 자본주의 거버넌스에 대한 전면적 재구성을 요구하는 운동이다(장시복, 2005: 212). 따라서 세계화를 단순히 '탈지역화' 또는 '탈국민화'로 이해할 것이 아니라 지역과 국민의 의미를 새롭게 규정하는 '재지역화' 혹은 '재국민화'의 관점에서 새롭게 이해할 필요가 있다(울리히 벡, 1997). 그러나 이러한 논의와 문제제기에도 불구하고 경제적 세계화 관점에서의 지역은 경제적 우위와 효율만을 강조하는 자본주의의 각축장의 한계를 넘지 못하고 있는 것이 지금의 현실이다.

"그들의 전략은 교활합니다. 그들은 지도에서 두 개의 군이 만나는 동시에 5~8곳의 마을이 차량으로 45분 이내 거리에 있는 교차점을 찾아냅니다. 시골 한가운데 있는 그런 장소는 땅값이 매우 싸지요. 그리고 그런 지역들은 어떤 행정구역에도 속하지 않아 교육 및 기타 사회복지를 위한 세금을 시정부에 낼 필요가 없습니다. 그곳에다 거대한 매장과 주차장을 짓습니다. 맥도날드처럼 최저임금을 주고 그 지역 출신 젊은이들을 수십 명 고용하지요. 대량구매를 통해 그들의 매장을 오픈하게 되면, 그동안 인근지역에서 장사하던 모든 가게(옷가게, 약국, 철물점, 문구점)는 적자로 돌아서지요. 그런데 그들은 수십 년간 그 지역에서 주민들에게 봉사했고, 지방세를 내왔습니다. 이로 인해 시 정부는 세수를 잃게 되고, 교육의 질은 떨어지고, 경험이 많은 근로자들은 일터를 잃게 됩니다. 그월마트를 고안한 샘 월튼은 로널드 레이건 대통령으로부터 일자리를 많이 만들었다는 공로로 훈장을 받았습니다. 그러나 월마트가 앗아간 그 많은 일자리들을 어떻게 설명하겠습니까?"(다다 마헤시와라난다, 2003: 39)

'삶의 공간'으로서의 지역

삶의 공간으로서의 지역은 지역적 관점에서 지역을 바라보는 논의이다. 그 관점 또한 호혜적·대면적 관계를 원칙으로 한다. 헬레나 노르베리 호지는 『허울뿐인 세계화』에서 지역화를 잠식시키는 경제적 세계화에 대하여 과감한 비판을 가한다.

대형마트에서 판매되는 식품의 대부분은 원거리 지역에서 생산된 농산물이다. 그 이유는 간단하다. 세계시장체제에 적합하게 개량된 과일과 채소는 영양가보다 단일 재배 경작 조건의 적합성과 운송과 처리의 용이성에 더 많은 관심을 갖기 때문이다. 그러나 산업체계에서 생산된 농산물은 신선한 것이라고 해도 식탁에 도달하기 며칠 또는 몇 주 전에 수확된 것이라면 영양가는 떨어질 수밖에 없다. 예를 들어, 토마토는 기계에 의한 수확과 장거리 운송을 잘 견딜 수 있도록 녹색의 단단한 상태로 수확하여, 에틸렌 가스를 가득 채운 방에서 인공적으로 익힌다. 이와 같이 산업화된 농업에서 고려되는 사항은 완벽성이다. 벌레 먹은 흔적을 남긴 농산물은 산업적 농산물보다 영양이 높다 할지라도 실제로는 수준 미달로 간주한다. 이러한 시스템은 앞서 논의한 바와 같이 공공정책의 목표와 다국적 기업이 하나의 결합된 힘을 발휘하면서 나타나는 산업주의 세계관에 기초한다. 결국 이러한 산업주의 세계관은 더 큰 규모와 세계화를 향한 종합선물세트와 같다. 공공정책은 다국적 기업 활동을 위한 제도개선을 위해 노력을 하고 있으며, 이러한 과정에서 진정한 지역적인 것, 즉 토착문화가 산업주의에 보호받지 못한 상태에서 지역화를 논의하는 이율배반적인 행동을 보이기도 한다.

진정한 지역화는 지속 가능성과 평등의 공동체를 이루고 세계적인 기업에 의존함 없이 스스로를 지탱할 수 있는 토대를 만드는 일이다. 여기서 지역은 경제적 세계화에 대응한 자치적이며 호혜적 관계가 드러난 삶의 공간으로서의 의미를 갖는다. 삶의 공간으로서의 지역은 경제적 세계화에 대응한 지역화로 지구적이며 시대적인 상황을 고려해볼 때 순환성과 호혜성에 기초한다.

지역에서 바라보는 환경적 관점은 어떠한가? 기존의 지역화는 보편적 환경주의에 입각한 원리를 지향한다. 생태적 관계와 공동체성에 기반을 둔 지역사회의 구상보다는 개인행동에 입각한 지역 구상에 지역화의 의미를 두고 있으며, 환경문제는 기존의 사회에서 다루고 있는 단일 사안 중심의 환경문제에 대한 대응의 한계를 넘지 못하고 있다. 그 과정에서 주요 의제로 선택하고 있는 개발 방식은 '지속 가능한 발전'이다(파울 에킨스, 1995: 61~62). 그러나 지속 가능한 발전의 핵심은 개발의 딜레마를 넘지 못하고 있다. 결국 삶의 공간으로서의 지역을 이해하기에는 상당 부분이 부족하다.

삶의 공간으로서의 지역은 자치공동체로(정규호, 2008: 65) 이해하기도 하며, 지역자치의 관점에서 이해하기도 한다. 지역자치는 지역주민들이 정부의 감독이 아니라 협력과 조정을 통하여 지역의 현안문제를 자기 문제로 성찰하면서 관리 운영해나가는 것을 의미한다. 곧 지역자치는 삶의 장소로서의 지역을 이해하고 만들어가는 과정이다.

따라서 삶의 공간으로서의 지역은 지역에 거주하는 주민이 자기 지역의 정치·행정의 주체가 되어 스스로 지역사회의 문제를 토의하고 협의하는 과정을 통하여 해결책을 결정하고 집행하며, 그 결과에 대해서는 권리와 책임이 동시에 요구되는 장소이다. 그리고 자율과 자치에 기초하여 지역문제를 지역사회 주민들이 스스로의 의사와 책임하에 공동으로 처리하는 한편 일국의 정치 행정을 민주화·능률화하고 정치발전을 지속시킬 수 있는 민주주의 원리가 적용되는 공간이다. 또한 국가와 시장주의의 논리에 폐해를 가장 직접적으로 경험하는 장소로 새로운 변화를 모색할 수 있는 공간이기도 하며, 생산-소비-여가-생활이 순환적 체계를 이루는 공간, 그리고 다양성이 살아 있는 창조적 대안이 창출되는 공간으로, 만남·소통·나눔의 상호 간에 호혜적 관계를 이루는 공간이다. 이러한 일련의 내용을 이해하는 것이 공간에 대한 감각을 키우는 일이며 삶의 공간으로서의 지역을 이해하는 일이다.

"공간 감각을 지니게 되면, 우리 자신과 우리 아이들이 우리 주변의 살아 있는 환경에 눈을 돌리게 될 것이다. 그러면 우리가 먹는 식량이 나오는 곳과도 다시 연결되고, 계절의 순환과 우리의 식물군과 동물군도 알아볼 수 있게 될 것이다. 결국 우리가 이야기하고 있는 것은 우리가 타인과 연결되고 자연과 연결되었을 때 오는 정신적인 깨달음에 관한 것이다. 이런 깨달음을 위해서는, 우리 안에 있는 세계를 보고, 우리 자신이 서로 복잡하게 얽혀 있는 거대한 삶의 관계망 속에 있다는 걸 좀 더 의식적으로 경험할 필요가 있다."(헬레나 노르베리 호지, 윤길순 역, 2001: 501)

'생태적 공간'으로서의 지역

　생태적 공간으로서의 지역은 생명지역주의 관점을 지역적 관점에서 재해석한 것이다. 생태적 공간은 자연과 경제, 그리고 공동체 등의 다양한 사회적 범역이 생태적 의미를 지닐 때 생태적 공간으로서의 의미를 갖는다.

　따라서 생태적 공간은 인간이 토지공동체의 한 구성원으로 공동체를 이루는 것으로부터 시작된다. 우리는 인간 외에 여타 동식물 및 산, 들, 바다, 하천 등과 같은 모든 생명 공동체의 근원이 되는 토지에 대한 생태학적 이해와 각성으로부터 출발한다. 여기에서 인간은 인류문명이 성장해온 문명사적 과정에서 당연한 것처럼 여겨온 사물의 주체적 위치에서 객체적 위치에 서야 한다.

　생태적 공간에서 인간의 위치를 새롭게 정립한 우리는 땅의 주민으로서의 삶의 다양한 방식을 연결시킨다. 생태적 공간은 자연과 공동체를 이루어내는 과정으로 자연 그리고 땅의 주민으로서 길들여진 삶과 땅에 대한 새로운 관계를 도모하거나, 문화적·사회적·정치적 구조가 자연과 조화를 이루고, 경제·정치·사회적 삶이 자연현상에 의해 결정된 지역에 맞게 조직화시킨다. 다시 말하면 생태적 공간은 자연과의 생태학적 공동체를 형성해가는 것, 즉 삶의 생태적 지역화를 도모하는 재정착 과정을 도모하는 것이다. 재정착은 인간이 손상시키고 파괴시켜 온 땅을 삶의 터로 재인식하고 그곳에 살아가는 법을 배우고 삶의 터를 이루어내는 것이 중요하다. 그 과정에서 생태적 공간을 지향하는 재정착은 땅 위에 혹은 주변에서 일어나는 고유한 생태적 현상 등을 새롭게 깊이 인식하고 그 장소의 원주민으로서의 삶을 지향한다. 장소의 원주민이 된 우리는 그곳에서 일어나는 일을 이해하고, 그곳의 생명을 풍성하게 하고, 그곳에서 일어나는 생명부양체계를 복원하고, 생태학적으로 사회적으로 지속 가능한 삶의 양식을 실천하는 것이 곧 그 장소와 더불어 살아가야 한다.

　결국 삶의 지역화를 위한 재정착 노력은 생명지역을 구현하는 일이며 생태적 공간으로서의 삶을 모색하는 일이다. 생명지역과 기본적 입장을 같이하고 있는 생태적 공간은 인간에 의해 임의로 구획된 지역이 아니라 식물상, 동물상, 수계 기후와 토양, 지형과 같은 자연조건 그리고 어떤 조건에 따라 자연발생적으로 형성된 인간 정주체계와 문화에 의해 정의된 공간 그리고 인위가 배제되고 그곳의 생활양식과 풍토와 생물상으로 정의되는 지역, 법률이 아니라 자연에 의해 통치되는 지역이며, 이것이 곧 생태적 공간으로서의 지역이다.

"우리가 디디고 있는 토양과 바위들의 종류, 우리가 마시는 물의 근원, 여러 가지 바람의
의미, 흔히 접하고 있는 곤충과 새와 짐승과 풀과 나무, 계절의 순환, 심고 거두고 베어
야 할 시기−이런 것들은 알아야 할 필요가 있는 것들이다. 자원의 한계, 땅과 물의 수용
능력, 혹사시켜서는 안 될 장소, 최대한 풍요롭게 개발될 수 있는 장소, 그곳이 간직하고
있는 보배들−이런 것들은 이해되어야만 할 것들이다. 그리고 그 땅의 원주민들과 그 땅
에서 자란 사람들의 문화, 그 땅의 지형에 따라 형성된 인간의 사회·경제적 제도……
이런 것들은 높이 평가되어야만 할 것이다."(Sale, 1991: 42, 송명규, 2000: 35)

지역에 대한 다양한 관점

구분	물리적 공간으로서의 지역	경제적 공간으로서의 지역	삶의 공간으로서의 지역	생태적 공간으로서의 지역
기본입장	개발주의	시장주의	자치주의	생태주의
접근방식	부동산 및 택지개발의 대상	효율과 경쟁적 우위 강조	생활세계와 삶의 터	생명·순환의 가치 강조
장소에 대한 이해	경제발전의 공간적 전략지	생산지적 이점이 강조된 경제거점 전략지	자율·자치·소통·나눔·호혜의 자치공동체	생태적 삶의 터
핵심주체	제도권, 관료, 전문가	기업(초국적 기업)	거주민(커뮤니티 구성원)	거주민, 자연환경
발전수단	토건 중심의 대규모 국가계획과 개발	기업이익 창출 극대화 요소투입형 외생적 발전 전략	지역자원의 가치발굴형 내생적 발전 전략	자연과 땅의 주민으로서의 발전전략

출처: (김성균, 2013: 300)

지역에 대한 이해 정도와 접근방식

물리적 공간으로서의 지역	경제적 공간으로서의 지역	삶의 공간으로서의 지역	생태적 공간으로서의 지역

←――――――――――――――――→

국가주의 및 시장주의	〈기본입장〉	지역주의 및 생태주의
거대화, 집중화, 계층화, 획일화	〈규　모〉	소형화, 분권화, 분산화, 다양화
government 통치적 관계	〈관　계〉	governance 협치적 관계
하향식 의사전달체계	〈의사소통〉	상향식 의사전달체계
요소투입형 외생적 지역발전 전략	〈지역전략〉	가치발굴형 내생적 지역발전 전략

출처: (김성균, 2013: 300)

제2부 공간, 그 이상의 상상

1. 한국의 생태적 재지역화

계획단계부터 마감단계까지 주민이 만드는 참여형 재지역화

기존의 마을단위계획 혹은 지구단위계획은 시공사가 택지를 선정하고 해당 자치단체가 허가를 내주고 입주자로 불리는 주민들은 몇 차례에 걸쳐서 중도금을 납입하고 완성된 주거지에 입주하는 방식을 취하고 있었다. 이렇게 진행되는 과정은 주민의 참여는 전무한 채 건설사가 기획한 주거 모델을 수용하여야 한다. 그 과정에서 주민들에게 공개되는 것은 모델하우스에서 보여주는 것 외에는 그 어느 것도 없다. 특히 개발과 관련된 택지개발 과정은 기본계획이 마련된 후 공청회라는 형식을 통하여 주민참여를 유도할 뿐 그 어떤 제도적 장치도 마련되어 있지 않다. 관행적으로 진행되고 있는 택지개발은 대형건설사의 기획과 해당 자치단체의 계획에 의해 진행될 뿐 그 과정에서의 어떤 프로세스도 주민들에게 공개되거나 알려지지 않는다.

2003년에 「국토 및 도시계획에 관한 법률」안을 구상하면서 도시계획 과정과 절차에 대한 논의가 있었고 일부 전문가들은 참여형 도시계획이 될 수 있는 방안을 마련하도록 의제를 제시한 바 있다. 참여정부는 '살기 좋은 지역 만들기'를 전국 단위의 마을개발 프로젝트를 진행하면서 주민이 스스로 기획하고 만들 수 있는 상향식 공모제를 도입한 바 있다. 그러나 실질적으로 지역에서는 주민이 스스로 기획할 수 있는 역량이 가장 큰 현실적인 문제였다.

충청남도 서천군 판교면 등고리 일대에 "생태 및 환경거점 마을을 미션으로 한 한국형 생태전원마을"을 약 29,742㎡에 36호 규모로 맞춤형 생태주거단지를 조성한 바 있다. 이곳의 특징은 생태하수시설, 텃밭, 복합문화관, 게스트하우스, 공동취미실, 신재생에너지 시설이 일반적으로 조성되고 있는 공간과 다르다. 이 마을은 2006년 3월에 대상지가 선정된 후 11월에는 산너울 현장설명회가 있었고, 1년 뒤인 2007년 11월에 산너울 마을건축 착공을 하게 된다. 그리고 2008년 12월에 완공을 하였다. 이 마을의 특징은 마을조성에 있어서 서천군은 행정지원 및 사업대상지를 매입하였고, (주)이장은 마을 계획 수립 입주민의 교육과 관리를 하였다. 입주자는 참여형 계획과 실행에 따른 적극적인 참여와 관심이 이 마을을 조성하는 핵심적인 특징이었다. 충남 서천 산너울 마을 조성은 단순한 택지개발이나 단지개발이 아니라, 스스로 기획하고 만들어진 마을계획으로 '자립과 자치'의 의미를 담고 있다. 특히 마을을 조성하는 계획단계부터 마감단계까지 입주민들이 머리를 맞대고 의견을 개진하고 도출된 의견을 마을에 반영하는 등의 과정 그 자체가 마을을 중심으로 한 풀뿌리 자치의 한 유형이라고 할 수 있다. 마을계획과정에서 발생하는 갈등과 충돌은 당연한 일이다.

참여형 마을계획은 2000년에 접어들면서 국내에서 등장하기 시작하였으며, 공동주거 혹은 생태마을이라는 이름으로 등장하기 시작하였다. 공동주거는 안양시 박달동에 위치한 안양아카데미테마타운이 있었으며, 가장 대표적으로 생태마을로 알려진 곳은 경상남도 산청에 있는 안솔기 마을이다. 안솔기 마을은 국내 처음으로 시도된 참여형 마을로 계획과정부터 마감단계에 이르기까지 입주민의 의사를 중심으로 진행되었으며, 원활한 마을 자치를 위해 마을규약도 마련해놓고 있다. 특히 가구마다 주거형태의 특성에 맞는 다양한 형태의 생태뒷간도 있다.

그 외에도 참여정부에 와서 마을계획을 주민에 의해 기획된 상향식 방식이 주요 정책과제로 등장하면서 마을 만들기 혹은 지역 만들기 운동이 다양하게 등장한다. 최근 활성화되고 있는 참여형 지역운동은 지역의 물리적 환경을 바꾸어나가던 모습에서 주민들의 삶과 관련된 다양한 영역에서 마을 주민들이 상호 협력하여 지역을 만들어가는 과정은 생활자치를 통한 풀뿌리 자치 운동이며 지역공동체운동이다.

생산자공동체가 중심이 된 순환형 재지역화

생활협동조합은 농촌에서는 생산자공동체의 형태로 나타나며 도시에서는 소비자공동체의 형태로 나누어진다. 그리고 그 기능과 역할은 지역공동체, 생활공동체, 그리고 경제공동체의 활동영역을 상호 중첩적으로 활동하고 있다. 이는 경제적 운영은 지역을 바탕으로 생활세계의 변화와 연대를 통하여 이루어지기 때문이다. 그중에서도 충청남도 아산지역의 생산자공동체는 한살림 연합회, 푸른솔 영농조합법인, 소비자생협 등의 형태로 분화되면서 지속적인 발전을 이루어왔으며, 그 성과를 바탕으로 지역 내 단체와 행정, 대학 등이 협력체계를 구축하여 아산지역을 자원 순환형 지역사회로 만들어가고 있다. 1975년 안산지역 음봉면 산정리의 청년 40여 명으로 시작한 유기농업이 발단이 되어 1980년부터 서울의 소비자와 직거래를 하기 시작하였으며, 1987년에 한 살림과 인연을 맺으면서 지역의 생산자 공동체 운동을 추진하기 시작하였다. 그리고 1996년에는 산정리 외에도 신봉리 등의 채소농가들이 결합하여 '한살림 아산시 생산자연합회'를 만들고 그 이후 '푸른들 영농조합법인'을 만들면서 가공품을 생산하기에 이른다. 지역은 경제활동을 통하여 얻은 수익을 지역사회로 환원하는 모델을 만들어가고 있으며, 최근에는 생산자 조직이 중심이 되어 지역시민사회단체와 결합하고, 지방자치단체는 재정과 정책을 지원하고, 농업기술센터는 기술을 지원하며, 지역농협은 수매와 자금을 지원하고, 지역대학 연구소는 기술과 경영을 자문해주는 등 민·관·산·학·연 협력체계를 통하여 순환형 자치적인 지역을 만들어가고 있다.

순환형 재지역화는 아산지역 외에도 다양한 곳에서 실험과 도전을 반복해 왔다. 괴산지역에는 눈비산마을 솔뫼공동체, 흙살림 등이 다양한 영역에서 자치적인 공동체 운동을 전개한 바 있다. 그 결과 주민의 자치에 의하여 이루어진 민간영역 활동이 어느 정도 성공을 이루면서 순환형 마을 자치의 가능성을 보여준 바 있으며, 2006년에는 친환경농업육성 조례 제정, 2007년에는 친환경농업전담부서 설치 등 친환경농업군 선포식을 통하여 자원순환형 농업 자치지역으로 자리매김하고 있다.

아산지역과 괴산지역 같은 생산자 공동체가 중심이 되어 진행되는 지역자치는 시장 중심의 경쟁사회에서 지역주민의 생계기반을 안정시키면서 일과 지역을 생태적이고 공동체적으로 만들어가는 특징을 보이고 있다. 아산과 괴산지역의 지역자치 특징은 자립이 뒷받침된 자치의 가능성을 보여주고 있으며, 협동을 통한 자치의 모습을 보여주고 있는 좋은 사례이다.

교육의 힘을 바탕으로 한 재지역화

충청남도 홍동군 홍동면 일원은 오리농 쌀 재배로 잘 알려져 있는 곳이다. 이 지역은 연간 15,000여 명이 방문할 정도로 우리나라의 대표적인 유기농 단지이기도 하다. 홍성 환경농업 마을은 1993년 농지 9,000평에 오리농법을 시행할 수 있는 자금을 지원받으면서 환경농업마을로 태어났다. 문당리가 환경마을로 거듭나기까지는 풀무농업고등학교(이후 풀무학교)의 역할이 컸다. 문당리 마을은 1994년에 19농가를 중심으로 31,900평의 단지를 조성해 오리농업 작목반을 결성했고, 2000년도에는 홍성 일대의 127농가가

33만 평에 걸쳐 농약과 제초제를 사용하지 않는 환경농업을 실시하게 되었다. 2001년도에는 173농가 43만 평 규모, 2002년에는 405농가 180만 평의 규모로 확장되었다. 이러한 오리농법의 확산은 농협과 계약재배를 하게 되는 성과가 지금 현재까지 이르고 있다.

이러한 힘은 아주 오랜 시간에 거쳐 진행해온 지역주민들의 자발적 참여와 노력의 결과이다. 그 결과의 중심은 '풀무농업고등기술학교'의 교육관이었다. '더불어 사는 평민'이라는 교육관은 지역자치를 이루는 핵심이었다. 풀무학교는 풀무신용협동조합, 풀무생산자협동조합, 홍성신문, 갓골어린이집 등 마을을 뒷받침할 수 있는 다양한 조직들이 주민이 중심이 되어 생겨나기 시작하였다. 풀무생협은 1985년 월간지『홍동소식』을 발간하였다가, 1998년에는 현재 전국의 지역신문이 지역신문의 매뉴얼로 삼고 있는『홍성신문』으로 재창간되었다. 2002년에는 홍성여성농업인센터 외에도 홍성 오리농 쌀 작목회와 부녀회 등에서도 마을자치를 위해 다양한 활동을 하고 있다. 이러한 오랜 시간 동안 축적된 마을 자치 경험은『문당리 100년 계획』을 수립하여 운영하고 있다.

문당리 100년 계획은 세계화 질서 속에서 오리농업의 도입을 통해 자생적 농업생산을 구축하고 이를 바탕으로 생명·환경산업으로의 농업, 그리고 농업을 통한 다양한 소득원 창출과 유통망 개선, 삶의 질 개선 및 환경친화적인 생활환경 개선, 국토의 환경보전에 기여하는 농촌환경 조성을 목적으로 하고 있다. 결국 문당리는 환경농업을 바탕으로 지속 가능한 생태마을을 유지할 수 있도록 마을의 생산공동체, 문화, 교육 등의 측면에서 장기적인 계획을 가지고 있다. '넉넉한 문당리', '오손도손한 문당리', '자연과 사람이 건강한 문당리'라는 의제를 중심으로 마을 주민들은 '21세기 문당리 발전 백년계획'이라는 프로젝트를 구상해 주민 중심적 지속 가능한 환경농업 마을로 실험운영 중이다.

이 프로젝트는 문당리 주민 스스로가 마을공동체 조직의 체계적인 운영과 자립기반이 조성되도록 계획하며, 주민의 적극적인 참여와 상부상조를 통한 마을발전을 통해 잊힌 '두레공동체'의 회복을 염두에 두고 있다. 두레공동체의 회복을 위해 마을공동체 조직의 체계적인 운영과 자립기반이 조성되도록 계획하며 주민의 적극적인 참여와 상부상조를 통한 마을발전이 이루어질 수 있도록 하고 있다.

또한 이 프로젝트는 마을의 행사, 농번기 인력수급, 자녀교육 및 지원, 공동시설 구축, 마을 공동재산의 운영, 환경농업의 추진, 정보인프라 개발, 주거환경의 개·보수, 유아 및 노인을 위한 대책 등 각종 마을 관련 사항에 대한 의사결정의 체계화가 이루어질 수

있도록 짜여 있다. 홍동지역 사례는 마을이 가지고 있는 홍보, 교육 그리고 실천과 인적
자원 등이 다양하게 동원되면서 이를 지역자본의 형성이 지역자치에 있어서 얼마나 중
요한가를 보여주는 사례이다.

협동운동의 가치에 기반을 둔 자립형 재지역화

원주지역의 협동조합운동은 초기 운동가들의 연로와 후진양성의 미흡, 신자유주의와
제1금융권의 팽창, 정부개입의 증가, 조합원 활동의 위축, 새로운 협동조합 정책 및 이론
생산의 미흡 등 운동과 경영 양 측면에서 어려움을 겪어 왔다. 이러한 상황은 생협의 위
기보다는 새로운 네트워크를 형성할 수 있는 계기가 된다. 원주지역 협동조합운동 협의
회와 산하 협동조직은 상호 간의 긴밀한 네트워크를 형성해간다.

고 무위당 장일순 선생과 고 지학순 주교에 의해 지역자립의 경제 기반을 만들고 주
민자치의 역량을 강화할 목적으로 원주밝음신협의 창립과 함께 시작된 원주지역의 협동
조합운동은 현재 생활세계 전역으로 확대되고 있다. 지역금융의 기반 마련, 친환경농업
의 확대 및 유통시설 확충, 소비자와 생산자와의 신뢰 구축을 위한 상호 교류, 지역주민
을 위한 보건의료시스템 구축, 빈민들을 위한 자활사업 진행, 지역 내 시민사회단체에
대한 지원, 주민 의식 변화를 위한 출판물 발행과 교육 프로그램 진행 등이 현재 활발히
이루어지고 있다. 이러한 원주지역의 풀뿌리 시민운동은 다음과 같은 몇 가지 특징을 지
니고 있다.

원주지역의 생협은 1972년 밝음신협을 시작으로 2004년에는 원주지역협동조합협의회
가 조직되어 현재에 이르고 있다. 원주지역의 협동조합운동은 지난 30여 년의 역사에서
지역 내 고리대금업으로부터 지역의 소상인들을 보호하고 그들이 자립할 수 있는 기반
을 마련하였으며, 친환경농업에 기초한 생협운동 모델을 만들어 전국적으로 확대하는
데 기여하여 왔다. 지역 내에서도 현재 원주지역에만 150여 농가가 유기농업에 참여하
고 있으며, 농지면적으로는 50만 평에 이르고 있다. 전체적으로 참여하는 회원들이 2만
여 명을 넘어섰고 이들은 각 단체의 다양한 소그룹 모임을 통하여 공동체의 네트워크를
만들어가고 있다. 또한 경제사업을 하지 않아 재정자립도가 취약한 시민사회단체를 지
원하여 자립할 수 있는 조건도 마련해주고 있다. 이러한 가운데 최근 비공식적인 논의구
조를 원주협동조합운동 협의회로 공식화하여 신자유주의에 대한 지역운동의 모델을 제

시하고 있는 셈이다. 원주생협은 사회적 필요한 영역을 협동적 공동체를 조성하고 이를 바탕으로 네트워크 관계를 유지하고 있다.

도시형 마을공동체의 가능성을 보여주는 재지역화

성미산마을은 마을 자치력을 보여주는 전형적인 사례로 국내에서 소개되고 있는 곳이다. 성미산마을은 일명 386세대들이 사회활동을 하게 되면서 공동육아에 관심을 갖는 것으로부터 시작된다. 도시 속에서 '생태', '공동체', '마을문화', '이웃', '고향', '살림'을 추구한 10여 년간의 모색과 활동의 결과, 현재 마포구 성산동 일대는 '성미산마을'이라는 이름으로 불리게 되었고, 주민들의 자발적인 노력으로 '도시 속의 마을 만들기'가 자리를 잡아가고 있다.

성미산마을은 1994~2000년의 공동육아협동조합 중심의 태동기를 거치는 그 과정에서 1998년 '도토리 방과', 2001년 '풀잎새 방과후', 2002년 '참나무어린이집', 2005년에는 '성미산어린이집'과 '또바기어린이집'이 설립되었으며, 2000~2003년은 공동육아협동조합운동이 지역화되는 과정에서 2001년 지역에 뿌리를 내리고 살자는 취지로 '마포두레생활협동조합'을 설립하였으며, 여러 협동조합이 지역 내 협동조합 간 협력을 위해 마포지역협동조합협의회를 구성하였다. 그리고 2001년 서울시의 성미산 개발정책에 대응하여 지역의 제 단체 및 주민들이 함께 성미산지키기운동을 전개한 결과, 2003년 공청회와 주민투표를 거쳐 성미산을 지키는 성과를 거두었다. 이 지역주민운동으로 협동조합들의 활동이 지역 주민들과 결합되었고, 이 지역은 '성미산마을'이라 불리게 되었다. 이 일을 계기로 마을의 자치력과 성미산 마을의 지역화 전략이 자리매김되기 시작하였다.

그 이후 2003~2006년은 새로운 사업들과 마을 만들기의 모색하는 시기로 성미산지키기운동의 성공 이후 관심사와 활동 영역에 따라 주민들이 추진하고 지역사회가 후원하는 방식으로 참여와 자치를 위한 마포연대(시민단체), 성미산학교(대안학교), 마포공동체라디오 방송국 설립, 생태마을만들기를 위한 소모임 '멋진지렁이', 유기농카페 '작은나무', 마을대동계(금융모임), 마포장애인자립자활센터 등 다양한 영역에서 새로운 자치력을 향상시키기 위한 노력들이 생겨난다. 2007년도에는 건설교통부의 '살고 싶은 도시 만들기'의 시범마을 사업에 선정되었고, 그것은 성미산마을 사업영역별 추진주체와 지역의 비전을 더욱 견고하게 하는 계기가 된다.

현재에는 마을 내의 분야별 네트워킹과 분야별 유기적 연관관계를 마련하기 위한 사업을 시작하였다. 교육, 문화, 복지, 경제, 환경, 거버넌스 등 그간에 사업을 해왔던 조직이나 단체 간에 마을을 단위로 한 사업에 관해 협의와 조정을 시작하였다. 더불어 새롭게 결성된 장애인자립자활센터와 마포장애인학부모회 등의 지역 단체와 협력하며 활동의 폭을 넓히고 있다.

1994년 공동육아를 시작으로 현재의 성미산마을이 마을 자치력을 키우는 중요한 씨앗이었다. '동네야 놀자'라는 프로그램을 만들어 아이들이 항상 놀 수 있는 터전을 만들고, 생협의 먹을거리를 통해 주민들과 성미산을 통한 지역토착민 등이 서로 이해하게 되면서 지역의 자치력을 높여가고 있다.

자치력을 높여가는 과정에서 지역사회의 힘과 자신감, 그리고 가족문화가 생겨나면서 이를 공유할 수 있는 동네 부엌과 매장, 성미산 마을극장 등이 생겨났다. 이러한 일련의 사업체들은 단위 사업체의 성격으로 국한되는 것이 아니라 주민들의 나눔의 공간의 의미가 더 크다. 성미산마을은 느슨하고 유연한 자치적인 결속력을 중심으로 지역사회 공동체 경제를 유지하면서 지역사회를 움직이는 주민의 힘을 보여주는 좋은 사례이다.

로컬머니를 중심으로 한 재지역화

로컬머니는 화폐중심의 경제체제를 지양하고 공동체중심의 경제체제를 모색하는 것으로 한국에는 1998년 1월 미내사클럽을 통해 처음 소개되었다. 로컬머니는 화폐의 가치저장기능과 금융상품의 기능을 걷어내고 순수하게 교환수단만으로 재화와 서비스를 교환하는 체계를 의미한다. 로컬머니는 상호 협력적이며 상호 간의 동의에 의해 이루어지는 체계로, 이자가 없고 빚지는 일이 없으며 언제든지 화폐를 발행할 수 있다는 장점이 있고, 거래하는 사람들 간에는 지역 내 순환, 거래의 대면성, 제공자에 대한 높은 평가, 지역의 자급자족 시스템 강화 등을 가져올 수 있다. 따라서 이러한 로컬머니 시스템은 결과적으로 에너지 낭비와 오염을 줄이고 생산·유통·소비·폐기 등에서 발생하는 오염을 쉽게 찾을 수 있으며 지역경제에 대한 재투자는 친환경 생산이나 서비스 선택을 촉진하게 된다. 그리고 지역의 자급자족을 촉진시켜 자립성을 고양하고 지역에 대한 애향심과 소속감, 그리고 문화적 부흥을 이루어낸다.

우리나라에서 로컬머니를 매개로 지역자치를 이루어가고 있는 대표적인 곳 중의 하나가 대전한밭레츠이다. 대전지역에서 로컬머니 운동을 전개하고 있는 한밭레츠는 '두루'라는 화폐를 발행하고 있다. 이곳은 2000년 2월에 결성된 로컬머니 '두루'는 '널리, 두루두루'의 뜻을 담고 있다. 이들은 화폐의 단위를 1천 두루는 1천 원으로 정하고 로컬머니를 운영하기 시작하였다. 자격은 한밭레츠의 회원이면 누구든지 이용이 가능하다. 모든 가맹점의 거래는 30% 이상 두루를 사용하도록 하고 있다. 6개월마다 발행되는 '품앗이 도우미' 안내서가 가맹점에 비치하고 있다. 품앗이 목록은 집수리, 농사일, 외국어·컴퓨터 교육, 자동차 정비 등 다양하다.

한밭레츠의 출범은 당시 '대전의제21실천협의회' 사무국 활동가의 역할이 컸다. 당시 대전의제21 사무국장이었던 박용남(꿈의 도시 꾸리찌바 저자) 씨가 로컬머니 사업을 건의하면서 로컬머니에 대한 공부모임이 대전한밭레츠를 만드는 시작점이었다. 1999년 10월부터 정식으로 로컬머니 회원을 모집하게 되었고, 그렇게 해서 모인 70여 명의 회원들이 모여 2000년 2월에 창립총회를 열면서 한밭레츠가 탄생하게 된다. 이때까지 대전 한밭레츠 등록소(은행과 같은 기능임)는 '대전의제21실천협의회' 내에 두고 있었다. 그 이듬해인 2001년 5월에 정식으로 '대전의제21실천협의회'로부터 독립하게 되고 2002년 2월 첫 총회를 개최함으로써 본격적인 활동적 기반을 만들어갔다. 대전 한밭레츠는 2002년 287건의 거래를 시작으로 2008년에는 10.569건의 거래를 이루는 비약적인 성장을 하고 있다.

로컬머니는 1998년 3월 국내에서는 처음으로 '미래를 내다보다보는 사람들의 모임'에서 '미래화폐(fm)'란 이름으로 로컬머니가 운영되기 시작한 이래 안산시 고잔동의 '고잔품앗이', 진주시 상봉서동의 '상봉레츠', 대전의 '한밭레츠', 녹색대학의 녹색화폐 '사랑', 광주의 '나누리', 서울 송파구의 '송파품앗이', 녹색연합의 '작아장터' 등이 등장하기 시작하였으며, 동사무소가 주민자치센터로 전환되면서 로컬머니에 관심이 높아지기도 하였다. 이렇듯 대전 한밭레츠는 신자유주의의 세계경제체계 앞에 지역사회가 매몰되어 가는 것으로부터 지역공동체와 유지하려는 재지역화의 생생한 현장이다.

호혜의 지역공동체를 모색하는 재지역화

　전북 남원의 산내면 일대는 실상사를 중심으로 도농공동체(인드라망 공동체)를 모색하고 있는 재지역화의 현장이다. 지리산 뱀사골로 가다 보면 전북 남원 산내면 사거리를 지나게 되는데 이 삼거리가 산내면의 중심지역이다. 실상사는 마을 한가운데 자리를 잡고 있다. 행정구역상으로는 산내면은 8개의 리로 구성되어 있다. 산내면 마을 공동체 운동과 관련되어 있는 지역사회는 남원시 인근 지역인 운동읍・인월면・아영면과 산내면과 경계를 이루고 있는 경남 함양군 마천면이다.

　산내면은 지리산 뱀사골에 유입지점에 위치하고 있어 도시로부터의 접근성이 비교적 양호하다. 산내면은 지리산 국립공원의 주 능선을 끼고 있어 조망권이 상당히 우수하여, 생태관광코스 등의 적용이 가능하며, 템플스테이・공동체 탐방 등 다양한 교육문화프로그램의 운영이 가능한 곳이다. 역사적으로는 한국전쟁 당시 좌・우익의 갈등의 현장으로 한국 근・현대사의 아픔을 지니고 있는 곳이기도 하다. 산내면 지역은 농사와 관광 관련 사업을 병행하고 있으며, 양봉 및 임야 활용을 통한 특산물 생산을 하고 있다.

　이 지역은 다른 농촌지역과 마찬가지로 급격한 고령화로 인하여 지역사회 자체가 위기를 직면하기도 하였다. 1990년대 중반까지는 실상사 지역의 인구는 60세 이상의 노인이 80%를 차지하고 있는 전형적인 산촌지역이었다. 실상사는 1990년 중반부터 도시와 농촌이 서로 공존하는 도농공동체의 복원을 목표로 지역공동체 운동을 전개하게 된다. 불교 내적으로는 도시 사찰과 농촌사찰을 연결하는 역할을 하고, 사회적으로는 농촌을 살리기 위해 도시가 참여할 수 있는 방안을 모색하게 된다. 이러한 사업 구상의 필요성을 승가모임을 통해 사회 각계각층의 구성원을 모시고 수차례 토론회를 진행하기도 하였다. 여러 가지의 준비과정을 거쳐 1998년부터 본격적인 지역공동체 구상을 위한 프로젝트를 진행하게 된다. 지역공동체 구상은 인드라망 공동체라는 이름으로 실상사를 중심으로 한 지역의 다양한 자원들이 결합하여 마을자치를 위해 꾸준히 경주하고 있다. 마을 자치는 지리산 생명연대, 귀농자 그룹, 지리산의 새로운 등산문화의 가치를 모색하는 숲길, 대안교육기관인 작은학교, 여선농업인센터 등이 서로 어우러져 마을공동체를 이루어가고 있다.

핵 폐기장을 뛰어넘어 선 에너지 자립 재지역화

　전북 부안은 세계 최대의 간척사업으로 대표적인 개발과 환경의 가치가 대립하고 있는 새만금 간척사업으로 유명한 곳이기도 하다. 현재 세계 최장인 33km의 방조제가 군산까지 이어져 있다. 지난 2006년 4월 21은 수많은 생명의 생존 터전이었던 갯벌을 덮고 간척사업이 완공되는 날이었다. 부안은 새만금 칸척사업만큼 유명한 것이 핵폐기장 반대 운동이다. 인구 7만도 안 되는 평범한 시골 주민들이 2년여 동안의 반대투쟁으로, 구속자 55명을 포함하여 300여 명이 사법 처벌을 받고 500여 명이 병원 신세를 져야 했다. 1년이 넘는 촛불집회와 등교거부 등 수많은 주민 투쟁이 있었던 곳이다. 게다가 2004년 2월 14일 전국의 변호사, 종교, 시민사회, 민중 단체 등 각계각층과 함께 전대미문의 '지역주민에 의한 독자적인 주민투표'를 했던 지역이다.

　부안투쟁이 일단락된 이후 핵폐기장 반대투쟁을 통하여 높아진 주민들의 재생가능 에너지에 대한 관심과 실천을 위하여 시민단체가 만들어졌다. 지역의 지도자들이 앞장서서 종자돈을 마련하고, 주민들이 직접 출자하여, 전국 최초로 주민에 의한 시민발전소를 세웠다.

　2005년 부안시민발전소를 중심으로 부안지역의 생태학교와 원불교 부안교당, 부안성당에 '햇빛발전소 1,2,3호기'가 설립되었다. 용량은 각각 3kW로, 연간 3,500~3,700kWh를 생산하며, 한전을 통하여 716.4원에, 향후 15년 동안 판매하고 있다. 2006년에는 변산공동체에 햇빛발전소 4호기가 설립되었다. 2008년에는 부안시민발전소, 서울의 시민발전(유), 생명평화 마중물에서 등용리에 각각 10kW씩 총 30kW의 햇빛발전소를 건설하였다. 여기에서 발전되는 태양전기는 kW당 711.25원의 고정가격으로 판매하게 된다. 이렇듯 부안은 방폐장 반대투쟁 이후에 재생가능 에너지운동을 시민적으로 전개하고 있고, 그 출발로 전국에서 최초로 주민출자에 의한 시민햇빛발전소를 세웠고, 지금까지 계속 넓혀나가고 있다.

　부안 지역 농민들은 스스로 3년째 바이오디젤용 유채를 심으면서, 이러한 실천을 근거로 정부와 지자체를 앞서서 이끌고 있다. 전북 부안군 하서면 장신리에 있는 등용마을은 약 30가구 50여 명의 주민이 살고 있는 전형적인 농촌마을이다. 변산을 향해서 5km만 더 내려가면 정부와 전라북도가 추진하고 있는 '신재생 에너지 테마파크' 단지가 나온다. 하지만 이곳 등용마을은 에너지 테마파크와는 전혀 별개로 에너지 자립마을을 추진하고 있다. 부안지역은 핵폐기장이라는 거대기술, 전문가주의, 관료주의를 넘어 지역에 맞는 기술의 선택 그리고 다자주의와 시민주의가 녹아들어간 에너지 자립과 이를 바탕으로 한 에너지 자치의 유형을 보여주고 있는 사례이다.

국가복지와 시장복지 사이에서의 재지역화

국가는 사회적 약자를 중심으로 한 복지정책을 입안해나가면서 나타나는 문제는 자활의 굴레에서 벗어날 수 없다는 점이다. 또한 국가가 공급하지 못하는 복지 영역에 시장의 논리가 개입되면서 오히려 복지혜택의 정도를 놓고 계층 간 갈등이 더욱 심화되고 있는 상황이다. 결국 사회적 약자를 대상으로 한 복지 전달 서비스의 한계와 자본을 앞세워 등장하는 시장복지의 사이에서 서 있는 개인은 좌절감에 직면할 수밖에 없는 상황이다. 그 틈새에서 자율적인 복지체계 구축을 위하여 등장한 유형 중의 하나가 의료생협 시스템이다. 의료생협 시스템은 생활협동조합의 한 유형으로 조합원이 중심이 된 지역의료를 주민 자치적으로 해결하자는 취지에서 등장한 개념이다. 그 가운데 우리나라에서 대표적인 의료생협 중의 하나가 안성의료생협이다. 안성의료생협은 1987년 안성군 고감면 가유리에서 마을 청년들과 연세대학교 기독학생회 의료진이 주민진료소 활동을 벌인 것을 계기로 근 7년여 만에 나타난 결과이다.

일상적으로 동네에서 의료기관을 찾을 경우 의사는 약을 처방하는 수준에서 환자를 대하게 된다. 게다가 서양식 의료체계에서는 환자가 주체가 아니라 의사가 주체이다. 결국 기존의 의료체계에서 환자는 문제를 가진 사람으로 여겨지고, 함께 문제를 해결해나가기 위한 주체가 되기 힘든 구조라는 점에서 의료생협은 의사가 환자와의 상호 의사소통을 전제로 한다. 진료 과정에서 환자가 살아온 이야기, 건강 이야기, 자녀들 이야기 등 의사와 환자와의 상호 소통적인 구조를 통해 보다 건강한 의료체계를 구축하는 것이다. 그리고 의원기관의 설립에서도 의사 개인이 출자해 의료기관을 설립하는 것이 아니라, 의료기관 설립을 위한 조합을 구성하고 조합원이 출자해 의료기관을 설립하며 의사는 그 조합원의 일부로서의 역할이 강조된다. 이 과정에서 의사는 높은 생산성을 높이기 위한 노력으로부터 보다 자유로울 수 있으며, 환자들도 조합원의 일부로서 의료기관에 대한 책임감과 공동체의식을 지니고 있으므로 건강한 지역사회 의료복지체계를 주체적으로 만들어가는 장점을 지니게 된다.

따라서 안성의료생협과 같은 의료생활협동조합은 의료기관 이전에 지역사회를 근거로 하는 지역공동체적 관점에서 출발하고 있다는 점에 주목할 필요가 있다. 안성의료생협은 현재 우리나라 의료의 문제점을 극복하고 주민과 지역사회가 함께할 수 있는 대안을 찾는 과정에서 지역주민과의 새로운 관계 모색이 필요하다는 생각에서 출발하게 된 것이다.

1995년 5월 태동한 안성의료생협은 안성농민의원을 설립하고 안성농민한의원을 인수하였으며, 건강의 주체는 지역주민이고 지역주민의 참여가 중요하다는 인식하에 조합원 구성을 위한 노력을 진행했다. 안성의료생협은 창립 첫해부터 가정방문보호사업을 실시했으며 재활용구도 무료로 대여하기 시작했다. 임종 직전의 어르신들을 도와드리고, 환자를 위한 관심을 기울이기 시작했다. 이들은 찾아오는 환자를 대상으로 하는 수동적인 의료기관이 아니라 찾아가는 능동적인 의료행위를 해야 한다고 생각하고, 의료는 모든 사람이 누려야 할 권리라는 신념하에 사업을 진행했다. 이 과정에서 조합원의 자원봉사 활동이 자동적으로 생겨나게 되면서 의료생협 그 자체가 지역공동체를 다시 복원시키는 중심축 역할을 하게 된다.

안성의료생협은 작은 마을 단위의 모임을 통해 공동체를 만들어가는 활동에도 많은 노력을 기울이고 있으며, 정기적으로 몇몇 조합원들이 모여서 건강과 조합, 그리고 마을을 중심으로 한 의제를 다루고 있다. 최근에 주목할 만한 사업은 2009년 1월에 사회적 회계를 시작하였으며, 7월에는 건강화폐를 발행하고 있다. 안성의료생협이 발행한 건강화폐는 건강화폐는 조합원이 각종 조합활동에 참여하면 1시간당 1,000포인트를 적립하여 의료기관 이용 시 사용하도록 함으로써 참여하는 조합활동을 장려하는 동시에 어느 정도 정착이 되면 로컬머니로 전환하려는 중장기적 계획을 가지고 추진하는 사업이다.

생활공동체 · 지역공동체 · 경제공동체를 통한 재지역화

풀뿌리 자치 운동 평가분석에 있어서 빠질 수 없는 부분이 생활협동조합운동에 대한 평가이다. 생활협동운동은 모든 인간이 생산과 소비주체로서의 사회적 역할을 올바로 인식하고 생명과 환경, 농업의 회생이라는 다양한 가치를 추구하는 생명운동인 동시에 교육과 의료, 복지, 주거 등 인간의 기본적 수요를 지역자치와 근린협동으로 해결해나가는 풀뿌리 지역운동이다. 공동체의 해체와 개별화가 심화되는 속에서 자본의 힘이 강화될수록 인간의 존엄성을 회복하고 생태계의 복원과 생명의 소중함을 추구하는 대안운동으로서의 생활협동운동의 가치는 더욱 강조되고 있다.

또한 생활협동조합운동은 몇몇 전문가들에 의해 구성된 운동이 아니라 일상세계에서 움직이는 운동이며 일상의 영역에서 주민들이 주체가 되어 정치·사회·문화·정치를 총괄하는 자율적·통합적인 삶의 회복운동이며 가족·이웃·지역사회에서 협동의 원리를 살려 생산과 생활과정을 적정규모로 조직화하고 그 조직을 스스로 유지 관리하며, 지역의 생태계의 건전한 사업을 영위하는 주체들이 연대하고 있는 지역운동이다.

생활협동조합운동은 약 20여 년 전 원주와 서울에서 생협과 한살림 시작이 그 효시라고 할 수 있다. 농산물 직거래와 유기농업의 실천이라는 면에서 1970년대의 '정농회' 농민들의 실천과 '풀무원' 운동으로 볼 수 있으며, 1980년대에는 개인의 실천을 넘어 사회적 실천의 가능성을 보여준 한살림의 출범에 그 의미를 찾을 수 있다.

먹을거리를 중심으로 진행된 생협운동은 시장주의 지배가 유통을 넘어 호혜적 관계를 유지할 수 있는 먹을거리를 통한 유통체계를 마련하는 것이며, 그 과정에서 경제공동체, 지역공동체, 생활공동체 유지를 궁극적인 목적으로 하고 있다. 특히 서로 간의 대면관계를 통하여 계획생산하고 계획소비라는 관계가 유지되는 내부자 거래방식이 주요 핵심이다. 내부자 거래에서 가장 중요한 것은 상호 간의 호혜의 관계유지이다. 호혜의 관계유지를 위하여 다양한 형태의 생산자 조합원 교류, 생산지 견학, 쌀 값 결정회의 등 대면관계의 형성을 매우 중요하게 여긴다. 즉, 교환과 호혜가 상호 간에 유지되는 방식이 내부자 거래이다. 그리고 시장주의가 지배하는 생활세계를 넘어 자기 변화와 성찰을 통하여 공동체를 유지하는 것이다.

생활협동조합운동은 단순히 먹을거리의 문제가 아니라 먹을거리 문화의 메커니즘, 유전자조작식품, 지렁이를 이용한 음식물 처리, 환경호르몬, 불소화 문제, 공정무역과 윤리적 소비, 기후 온난화와 석유 정점 워크숍 등을 통하여 생활세계 변화를 위한 다양한 프로그램을 운영하고 있다. 이러한 프로그램은 한살림뿐만 아니라 아이쿱 등에서 진행하고 있으며, 이는 생활세계의 변화를 통한 재지역화를 모색하는 일련의 과정이다.

참여민주주의 실현을 위한 재지역화

참여민주주의의 실험과 도전은 주민발의 운동 주민소환 운동 등에서 그 의미를 찾아볼 수 있다. 주민발의 운동은 보육조례제정, 학교급식조례제정운동, 주민소환 운동 등이 대표적인 사례이다. 특히 학교급식조례제정운동은 2003년 3월 서울과 경기지역에서 학생들의 집단식중독 사고를 계기로 전국적으로 학교급식문제가 대두되면서 학교급식 운동 단체조직과 조례제정운동이 진행되기 시작했으며, 나주시의회에서는 친환경급식조례제정이 이루어졌고, 전남에서도 주민발의에 의한 학교급식 조례제정 운동이 추진된 바 있다. 2003년 7월에는 인천지역의 학교급식환경개선과 조례제정을 위한 모임이 결성되었고 그 다음 해인 2004년 12월에 '학교급식지원에관한조례 시행규칙'이 제정 공포된 바 있다. 당시 인천에서는 총 4만 150명이 청원서명에 동참하였으며, 그중에 3만 8,650명의 청원명부가 제출된 바 있다. 그 이후 급식조례제정운동은 꾸준히 지역에서 진행되고 있다. 참여민주주의의 다양한 보육조례, 참여예산제도 등의 영역에서 다양하게 진행되고 있다.

참여민주주의의 도전 가운데 제주도의 주민소환 운동은 매우 주목할 만한 일로 평가하고 있다. 제주도민의 일부는 군사기지문제, 영리병원문제, 영리학교에 한라산케이블카, 내국인카지노까지 국제자유도시 건설, 해군기지 MOU 체결 등의 개발주의에 경고를 가하고자 주민소환운동을 전개하였다. 이들은 선거법 위법논쟁에서부터 논의되던 도지사 주민소환문제가 2009년 5월 6일 제주도청 앞에서 기자회견을 통하여 실질적 행동단계로 나타나게 된 것이다. 5월 14일부터 6월 30일까지 약 7만 6천 건의 제주도 도지사 주민소환청구인 서명이 있었으며, 2009년 8월 26일, 전국 최초의 광역지방자치단체장에 대한 주민소환투표는 11%라는 사상 최저·최악의 투표율을 기록한 채 마무리되었다. 주민소환법에 따라 투표율이 1/3을 넘지 않아 개표를 하지 않았고(불개표), 도지사 해임에 대한 찬반투표결과는 공개되지 않은 상황에서 마무리되었다. 개표를 하지 않은 상황에서 마무리된 제주도민의 주민소환운동은 '투표율'이라는 제도적 한계를 넘지 못한 상황이 되었다.

참여민주주의의 도전을 위한 다양한 실험은 다양하게 나타난다. 앞서 언급한 급식조례청구운동, 보육조례청구운동, 주민소환제, 참여예산제, 의정 및 시정평가, 매니페스토 평가 모니터링 등은 대의적 민주주의의 한계를 극복하고 일상적 참여와 협력이 가능한 풀뿌리 자치를 생활세계 속에서 찾고자 하는 노력 중 하나다.

통합적 공간재생을 위한 재지역화

거주의 지속가능성을 전혀 예측하지 못한 뉴타운 개발사업은 대규모 택지개발이 좌초되면서 그 몫은 거주하고 있는 주민의 몫이 되었다. 부동산 택지개발이 물리적 환경개선에 우선한 결과는 지역과 마을을 해체하는 것 외에는 사람과 집, 그리고 그들이 거주하는 삶의 공간의 문제에 대해서는 별다른 고려를 하지 않았다. 물리적 환경개선에서 사회적 환경개선과 지역경제를 활성화시키는 환경개선 방법을 모색하는 과정에서 등장한 것이 통합적 공간재생이다. 통합적 공간재생의 물꼬는 서울시 은평구와 민간회사가 합작해서 출연한 주식회사 두꺼비 하우징이 중추적 역할을 해왔다. 두꺼비 하우징은 물리적·사회적·경제적 도시재생을 목적으로 지역활동을 하는 회사이다. 아파트는 공공관리비를 수납하여 관리를 하는 것에 착안하여 이를 마을에 적용시킨 사례다. 두꺼비 하우징이 설립되면서 인근의 산새마을과 산골마을에 통합적 공간재생의 방법론이 적용되고 있으며, 현장 중심의 주거복지를 현실화시키고 있다. 최근에는 빈집을 활용한 셰어하우스 등 사람과 집, 그리고 삶을 소재로 통합적 공간재생의 구체적 실현을 하고 있다.

마으
른, 가족을 이야기하다 2009.05.28~05.31

2009년 5월 28일(목) ~ 31일(일) 저녁 7시 성미산마을극장 (문의 02_322_0345)

[영화 & 감독과의 호크한마당] 5.28 6정래밀리 / 5.29 나의 신화가족 / 5.30 가족의 탄생 / 5.31 어떤 개인 날

커페 http://cafe.naver.com/sungmisantheater

제1회 두레생협돌봄문화제
성미산 마을극장/7시~9시

추우시죠? 어서오셔요~~
따뜻한 어묵과 복분자와인이~~

성미산마을의 다양한 마을조직들

<사진설명>

충남 서천 산너울 마을 전경	충남 홍성 문당리 환경마을
대전 한밭레츠	부안 등용마을 리플렛
남원 실상사 주변 인드라망 공동체	
원주생협	

재지역화의 형태별 특성

구 분	특 성	대표적 사례지역
참여형 마을계획에 의한 재지역화	계획단계부터 마감단계까지 주민이 참여하여 스스로 기획하고 논의하는 지역자치의 현장	충남 서천의 산너울 마을
생산자 중심의 자원순환형 재지역화	자원순환형 마을로 일과 지역을 생태적으로 디자인한 지역자치의 현장	아산과 괴산지역의 한살림 생산자 공동체(푸른들 마을)
교육의 힘을 바탕으로 한 재지역화	풀무학교의 교육이념이 지역에 배태화된 지역자치의 현장	충남 홍성 문당리 환경마을
협동조합의 가치에 기반을 둔 자립형 재지역화	생협의 지역네트워크를 통한 지역자치의 현장	원주 협동조합운동 네트워크 조직
도시형 마을공동체의 가능성을 보여주는 재지역화	느슨하고 유연하며 다양한 색깔을 만들어가는 도시 지역자치의 현장	서울 마포구 성미산 마을 공동체
로컬머니를 중심으로 한 재지역화	순환경제 및 자본의 지역화를 통한 대면적 관계에 우선한 지역자치의 현장	대전 한밭레츠
호혜의 재지역화	실상사를 중심으로 한 지역주민과의 자립적 지역공동체를 만들어가는 지역자치의 현장	전남 남원시 산내면 실상사 일원의 마을과 인드라망 공동체
핵폐기장을 뛰어넘어 선 에너지 자립의 재지역화	거대화·전문화·대규모화의 패러다임을 넘어 분권화·다양화·소규모화를 모색하는 과정에서 보여주는 에너지자립의 지역자치 현장	전북 부안의 마중물 공동체와 시민발전소
국가복지와 시장복지의 사이에서의 재지역화	국가복지와 시장복지의 사이에서 새로운 지역복지의 모델을 보여주는 지역자치의 현장	안성 의료생협
생활공동체·지역공동체·경제공동체를 통한 재지역화	생활협동조합운동을 중심으로 한 지역자치의 현장	한살림 지역조직, 생협연합회의 연계된 지역
통합적 공간재생을 위한 재지역화	물리적·사회적·경제적 재생을 통합적으로 인식하여 지역에 적용시킨 현장	은평구 두꺼비 하우징, 산새마을, 산골마을

2. GEN의 생태적 재지역화

GEN, 지구를 녹색으로 채우다

1992년 리오회의에서 진행한 '지속 가능한 발전'에 대한 논의가 국제사회에 대두되기 시작했으며, 1995년에는 마을 중심의 지속 가능한 사회를 모색하는 민간그룹의 전문가와 활동가들이 스코틀랜드의 핀드혼 공동체에 모여 그들만의 지속 가능한 발전을 논의한 바 있다. 이러한 씨앗들이 하나하나 모여 도시와 농촌, 공간적 특성과 사회적 특성

등을 고려한 생태사회와 재지역화를 위한 실천전략과 방법론이 등장하시 시작하였고 그 과정에서 의도적 공동체, 생태마을, 공동주거, 퍼머컬처, 협동조합, 로컬머니, 로컬푸드, 지역사회 지원농법 등 정주형태를 고려한 재지역화 전략 또는 기능적 형태를 고려한 생태마을에 대해 꾸준히 논의되고 있다. 그 결과 약 300여 개의 마을이 대륙별 거점이 형성되면서 국제생태마을네트워크Global Ecovillage Network, 이하 GEN가 출범되었다. 초창기 GEN의 핵심 멤버는『오래된 미래』,『허울뿐인 세계화』,『모든 것은 땅으로부터』로 잘 알려진 헬레나 노르베리 호지Helena Norberg-Hodge, 그리고 GEN의 실무적 총책임을 맡았던 힐더 잭슨Hildur Jackson 그리고 영국 스코틀랜드 핀드혼Findhorn 공동체의 마티 뮬러Marti Mueller다. 이들은 1987년 산업사회에 지속 가능하고 정신적으로 풍만하며 자연과 조화를 이루기 위한 삶의 모델을 찾기 위해 가이아 트러스트를 구성하였으며 그것이 지금의 GEN이다.

GEN의 카렌 스벤슨Karen Svensson은 "지구에 존재하는 다양한 생물과 조화롭고 지속 가능한 삶을 유지하도록 하는 것이 인간이 지향해야 할 공동체의 모습이다. 생태마을은 자연환경에 영향을 적게 미치는 생활양식의 구현과 더불어 사회·문화적 환경을 조화롭게 해야 한다. 그리고 새로운 사회구조로서 생태마을은 오늘날 진행되고 있는 이분화된 도시와 농촌의 정부체계를 극복하는 것이다. 생태마을은 21세기 인간정주체계의 재구조화를 위해 폭넓게 적용되어야 한다"는 주장은 지역이나 마을에 바탕을 둔 생태사회를 위한 제언이다(Karen Svensson, 2002: 10).

생태사회의 근간은 영성·문화, 생태, 사회·경제로부터

GEN은 지속 가능한 발전의 개념에서 논의하고 있는 환경적 지속 가능성, 경제적 지속 가능성, 그리고 사회적 지속 가능성이 균형 있게 유지되어야 하는 것처럼 영성·문화적 측면, 생태적 측면, 사회·경제적 측면의 상호 균형과 유지를 강조한다.

생태적 측면은 흙, 물, 바람, 식물, 동물 등 살아 있는 지구와 사람들의 관계를 뜻한다. 생태적 측면은 에너지 절약을 위한 노력과 쓰레기를 재활용하는 행동부터, 환경에 가장 적은 영향을 주는 생활 습관을 추구하고 마을 자체의 에너지 시스템과 하수도 시설을 사용하는 것, 그리고 지구를 회복시키려는 노력이나 퍼머컬처, 영구농경, 생태건축까지 포함하고 있다.

사회·경제적 측면에서 사회적 측면은 다른 사람과 함께 시간을 보내고 개인으로서 또는 단체의 일원으로서 한 사람이 발전할 수 있는 사회적 환경을 만드는 것이다. 이 과정에서 지역은 다른 개인이 자신의 정체성을 찾도록 도우며, 다른 구성원들과 자신의 욕구를 충족시킬 수 있는 자유롭고 목적의식이 있는 사회구성원을 양성해 개인의 자유와 책임 사이의 균형을 잡아준다. 경제적 측면은 생활습관의 변화를 통해 경제적 요구를 줄이는 사회적 환경을 만드는 것이다. 지역 경제 구조는 자발적인 단순함의 원칙을 받아들이고, 일과 개인생활을 통합하며, 공동체에서 수익을 창출할 수 있는 직업을 만드는 것을 의미한다. 강력한 지역네트워크와 결합한 로컬푸드와 에너지 생산방식을 통한 부분적 자급자족은 개인이나 집단이 경제 구조를 과감히 바꿀 수 있는 전환점이 된다고 본다. 이러한 대안경제 체제는 세계화 지향적인 경제체제에서 커뮤니티의 독립성이 높아지고 공동체는 더욱 탄탄해지며 호혜성에 기반을 둔 사회적 가치가 새롭게 등장한다.

영성적 측면은 전 세계적인 전통문화의 부활과 지구를 포함한 모든 생명체와의 조화가 일상생활의 기반이 되는 삶의 방식을 만드는 것이다. 이 과정에서 지역은 자연의 주기를 관찰하고 지구와 모든 생명체를 존중하며, 이런 과정을 통해 자연 또는 우주와 인간이 하나 되는 것을 새로운 문화적 표현으로 재창조하거나 발견하려고 노력하는 경향을 보인다.

GEN은 앞에서 제시한 3가지 요소를 기반으로 마을이나 지역에서 공동체 운동을 하고 있는 곳을 네트워크화시키고 이를 그들이 정한 세 가지 구성요소별로 사례를 정리한 바 있다. GEN은 커뮤니티를 만드는 데 있어서 그 마을의 목적에 따라 그 중요성이 달라지는데, 가족이나 이웃, 조직에서 자신을 위해 지속 가능한 생활습관을 세울 때 초점을 둘 수 있는 것이 앞에서 논의한 세 가지 분야로 보고 있다.

GEN의 커뮤니티 구성요소

영성·문화적 요소	생태적 측면	사회·경제적 측면
· 창의성과 자아실현 · 정신세계 · 삶과 문화, 자연 찬미 · 전체론적 세계관 · 지역화와 생명지역주의	· 퍼머컬처 · 야생동물, 생태 다양성, 지구 되살리기 · 로컬푸드의 생산, 소비, 재순환 · 생태친화 건물, 재생가능 에너지, 지역 수도사업 · 생태 마을 내 녹색사업	· 지속 가능한 풍요, 자발적 단순함 · 지역 경제 · 복지제도의 현대화, 사회구성원 통합 · 공동체 건설 · 건강한 생활습관 · 학습과 의사소통

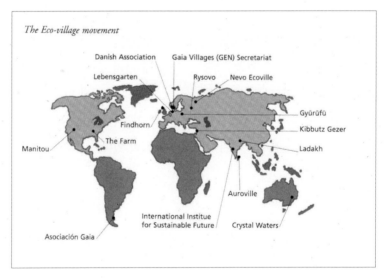

GEN의 네트워크 현황

호혜와 나눔의 경제, GEN

퍼머컬처 방식의 설계를 사회적 측면이나 영성적 측면을 고려한 도심의 공동체도 있다. 그 대표적인 사례가 덴마크의 뭉케쇠가르Monksoggard와 헤르타Hertha이다. 코하우징(공동주거)은 공동 주택이 중심이자 핵심이며 낯선 도시에서 공동체의 가치를 극대화할 수 있는 공간발전 전략이다.[8] 코하우징은 도로와 거리를 따라 만들어지거나 놀이터나 녹지대 같은 공동 공간의 주변에 만들어진다. 마을은 거기서 더 작은 집단 주택으로 나뉘어 각 집단 주택들 사이의 상호작용이 일어나고 공동체가 만들어진다. 자동차는 코하우징 입구나 외곽 주차를 원칙으로 한다.

슈타이너Rudolf Steiner의 철학에 자극받은 덴마크의 헤르타 마을은 '정상적인' 사람들이 정신 장애를 지닌 청년들의 삶에 융합된 사회적 통합을 모색하고 있다. 모든 주택은 이 청년들의 집과 공동 시설(극장 겸 회의실, 부엌, 식당) 주변에 있다. 헤르타에는 '젊은 사람들'과 교사들이 함께 일하는 생명역동농법biodynamics 농장과 빵집, 은 세공점, 슈타이너 연구소가 있다. 덴마크 생태 마을 협회인 뢰스LØS의 사무실도 이곳에 있다. 헤르타는 사회 구조가 어떻게 주민을 위해 잘 운영되는 경제적 환경에 영향을 미치는지 보여주는 좋은 사례다. 독일의 베를린 남서쪽 80km 정도 떨어진 곳에 위치한 제그Zegg는 사회적 실험으로 유명한 곳이다. 제그는 1991년 기존의 가족제도와 남녀관계, 젠더와 성에 대한 고정관념을 벗어나 '자유로운 사랑'이라는 이념 아래 약 50여 명의 남녀가 함께 모여 자신들의 이념에 대한 현실 가능성을 도전한 곳으로도 유명한 곳이다. '자유로운 사랑'은 인간관계에서 있을 수 있는 소유욕에 대한 질투와 억압에서 벗어나 개인이 자유로우면서도 타자와의 관계가 사랑과 신뢰를 바탕으로 한 관계를 의미한다. '자유로운 사랑'에 기초한 일부일처제가 지니고 있는 구속과 권력관계에 대한 거부로 이해하고 있다. 제그에 사는 여성들은 공동체의 여성성에 대하여 깊은 관심을 지니고 있다(황선애, 2005; 93). 생태마을은 공동체에서 자녀를 양육하는 문제에도 관심을 둔다. 제그의 '자매' 생태마을인 포르투갈의 타메라Tamera는 치유를 위한 인공 생물 서식지인 비오톱과 평화 과정을 만드는 데 초점을 두고 있다.

---

8) 최근 우리나라 수도권에서 심화되고 있는 뉴타운 개발 문제는 단순히 관리처분방식의 주거환경개선사업의 한계를 넘지 못하고 있다. 그 과정에서 갈등은 더욱 심화되고 있는 현실이다. 획일적인 아파트 공급문화, 택지개발 중심의 공간개발 문화를 지속 가능하게 만들 수 있는 것이 코하우징이다. 북유럽 국가인 덴마크에는 약 3,000여 개가 넘는 코하우징 조합이 있는 그 출발이 근대성에 대한 반성으로 출발했다는 점에서 덴마크의 사례로 주목할 만한 사례이다.

구 분	사 례
지속 가능한 풍요 자발적 단순함, 지역 경제	방글라데시 그라멘 은행의 소액신용금융사업 이탈리아 북부지역의 딤만허 생태마을의 딤만허 로컬머니 캐나다 서부해안의 말하는 나무 생태마을: 공유 자택기반 작업장 건설 미국 캘리포니아 데이비스의 마을집(Village Home) 생태마을: 수익은 공동체기금으로 적립
복지제도의 현대화 사회구성원 통합	독일 제그 공동체: 루돌프 스타이너의 영향을 받음. 소생활권, 평화마을, 공동체 치유, 여성성 회복, 젊은 세대와의 통합 강조 덴마크 허스킨스의 헤타: 성인과 젊은이 집단이 통합된 공동체 노르웨이 졸보르크의 캠프힐: 루돌프 스타이너의 영향을 받음. 영적인 세계의 풍경을 일상생활 에 통합. 시도지체아동과의 통합교육 포르투갈 남부의 타메라 생태마을: 독일 제그와 제휴, 자신들만의 육아 모델 발전, 아동공화국 출범이 목표, 어린이 평화선언문 채택, 치유소생활권 건설
공동체 건설	계획과 설계과정은 집단적 정체성을 위한 설계 필요 폴란드 볼미에즈 생태마을: 어린이를 위한 공간계획(놀이터) 멕시코 테포즐란의 휴휴코요틀: 갈등 해소가 가장 큰 자신으로 인식, 티베트 불교, 샤머니즘 및 요가 활동 독일의 지벤 린덴 생태마을: 사회생태학의 모델 정착촌의 관점에서 생태마을 수립
건강한 생활습관	스코틀랜드의 핀드혼 생태마을: 개인적 계발, 대안건강실습, 생태마을 설계 및 각종 강좌 개최, 자연영혼, 신비주의 및 불교, 자기계발, 보완건강보호, 자연의 복원, 다면적 영적 세계 조망, 경 험주간 운영 미국 웨스트버지니아의 좋은세상 공동체: 생태마을에서의 건강보호 통합설계 적용, 치료와 공 동체의 연결, 여성적이고 기쁜 봉사문화에 우선한 의료구조 모색 이탈리아 피아센자의 자연의학 루멘대학: 자연요법과 학과과정과 연계
학습과 의사소통	미국의 더 팜과 호주의 크리스털워터스: 생활 및 학습센터 프로젝트 운영, 문화와 지혜와 통합 된 녹색기술, 경험과 기회가 풍부한 상호작용하는 학습 공동체 지향 미국 시리어스 공동체: 학생과 교직원의 학습공동체 조성을 통한 생태마을 내부의 경험 축적 GEN 사무국: 인터넷, 메일링 리스트, 전자메일, 인쇄물, 서적, 소식지와 잡지, 전단 및 소책자, 시청각 도구, 비디오 및 음악CD, 슬라이드 및 사진, 파워포인트 시연 등 활동

새로운 상상력 그리고 영성, GEN

문화적 측면을 강조한 생태 마을은 마을 한가운데 극장이나 다른 문화 공간(공연이나
행사 등을 여는 곳)을 설치한다. 그 대표적 사례인 멕시코의 휴휴코요틀Huehuecototl은 예술
가들이 만든 생태마을이다. 전통 마을에는 마을 가운데에 나무나 우물, 마을회관 같은
모임 공간이 있는 경우가 많은데, 여기서 주민들은 연장자에게 조언을 구하거나 마을에
전해 내려오는 이야기를 들려주고 계절 축제를 한다.

영성적 측면을 고려한 생태마을이나 공동체는 누구나 쉽게 이용할 수 있는 명상실을
만든다. 인도의 오로빌Auroville이 대표적이다. 오로빌은 스리 오로빈도Sri Aurobindo, 미라 알파
시Mirra Alfassa의 사상에 입각해 서 인류공동체를 실현시켜 나갈 실험의 장인데 구체적인
현실화는 마더라 불리는 미라 알파시에 의해서 시작되었다. 마더는 1954년에 오로빌 공

동체에 대한 구상을 아주 선명하게 꿈속에서 보았고 1966년에 그 프로젝트를 폰티췌리 시내에 전시를 하게 된다. 국제적으로 목적 및 구체적인 프로젝트를 알려 함께하고자 하는 사람들이 모여 설립하기 시작했다.

오로빌의 공간계획은 개인과 집단, 그리고 정신과 물질의 조화를 강조하며 마을의 중심에는 명상센터가 위치해 있다. 그 주변에는 거주지역, 문화지역, 산업지역, 국제지역으로 공간이 나뉘어 있다. 거주지역은 약 30여 개 정도의 거주지들이 있으며, 문화지역에는 예술관·도서관·학교·실험실·연구시설이 있다. 그리고 산업지역에는 공동체 목적에 맞는 소규모 산업이 있다. 그리고 국제지역은 외국인을 위한 편의시설이 있다. "열린 만큼 자유롭고 자유로운 만큼 열려 있다"고 생각하는 오로빌에서 가장 강조되는 것인 공간적으로나 정신적으로나 '영성'이다. 오로빌 마을의 중심부에 명상실, 회의실을 갖춘 마트리만디르Matrimandir가 자리하고 있다.

스코틀랜드의 핀드혼Findhorn 공동체도 영성센터가 마을에 자리하고 있으며 영성수련의 중심지로 유명한 곳이다. 핀드혼 공동체는 최소 일주일 단위의 '익스피리언스 위크 과정' 등 다양한 영성훈련 프로그램이 있다. 그리고 핀드혼에서의 첫 만남은 '튜닝'이다. 유년 시절 한 번쯤은 해봤을 것 같은 '전기게임' 같은 것이다. 일을 시작하거나 마치거나 할 때 구성원들이 둘러 모여 서로서로 손을 잡는다. 그리고 간단한 이야기를 하고 옆 사람이 잡은 손을 살짝 누른다. 작지만 나와 연결되어 있음을 느낄 수 있는 순간이다. 그리고 일요일에 드리는 예배는 매우 독특하다. 구성원들이 둘러서서 평화와 나눔과 관련된 가스펠을 부른 후 짧은 이야기와 함께 모든 구성원이 서로서로 보고 듣고 느낄 수 있는 율동으로 예배를 진행한다. 이는 권위적이 종교의식으로부터 보다 자유로운 영감을 얻기 위한 것이라고 한다.

영국의 피터 도킨스Peter Dawkins는 공동체의 다른 기능을 배치하는 유형이자 정신적이고 자연적인 법칙에 따라 공동체를 건설하는 방법의 하나로 에너지 경로 분석(차크라 구조와 똑같은 경관 사원)을 제안하고 있다. 그리고 문화적이고 정신적인 생태 마을에는 바스투 사스트라Vastu Sastra 원칙(인도의 건축 양식)이나 풍수 또는 그 밖의 비슷한 설계 체제가 중요한 요소로 통합되어 있기도 하다. 이들은 생태적 감수성을 배양하는 데 큰 의미를 둔다.

구 분	사 례
창의성과 자아실현	이탈리아 북부의 딤만허: 세계적 수준의 영성 연구, 약 50여 개의 사업장, 로컬머니, 학교 및 신문 소유, 공동체와 인근지역과 연계
정신세계	이탈리아의 슈페리오, 멕시코의 휴휴에코요틀, 카슈미르의 라다르크, 스리랑카의 사라보라야, 세네갈의 콜루피파와 에코 요프: 지역의 문화유산과 창조적 문화 중시 여김 인도의 오로빌: 계획공동체로 출발, 국제적 규모로 정착, 영성을 제공하는 세계에서 유일한 장소로 각광, 2,000명의 오로빌리안과 90개의 정착지로 구성, 국제지구, 문화지구, 상업지구로 구분 인도 첸나이의 브라드 산드 아쉬람: 요가 시스템개발, 명상센터, 인근 마을에서의 공동체 생활, 생활협동조합 가게 운영(마을의 소통 중심지) 덴마크의 스나베가드 브라드산드 아쉬람: 명상센터 운영 스리랑카의 사라보다야: 평화를 위한 사라보다야 쉬라마다나 운동 전개, 세계 최초의 평화묵상 발의, 영적·도덕적·문화적·사회적·경제적 그리고 정치적 영역의 균형 있는 발전 모색
삶과 문화 자연 찬미	멕시코 테포즐란의 휴휴코요틀: 예술과 문화의 어우러짐을 강조하는 생태마을, 다채로운 지방문화 혼재, 작가·시인·화가·치료사·사진작가 등 다양한 멤버십으로 구성
전체론적 세계관	스코틀랜드의 핀드혼 생태마을: 지난 40여 년간의 생활을 통하여 얻은 전체론적 세계관 확립, 14개 항목으로 구성된 정관선언 미국 콜로라도의 사타니아 재단: 13가지 원칙의 영성행동주의 제시
지역화와 생명지역주의	스리랑카의 사라보다야, 카슈미르의 라다르크: 경제적 세계화에 대응한 지역자원의 최대한의 활용 등 마을에 기초한 지속 가능한 발전 모델 개발 카슈미르 라다르크: 농장 프로젝트 운영을 통하여 경제적 세계화와 지역화 경제의 소비문화 공유 세네갈의 콜루피파(생태마을네트워크): 생태마을로서는 정부지원이 최초, 사회의 모든 가치 발견 남아프리카 프리토리아의 틀호레고 생태마을: 빈곤을 줄이기 위한 생태적 개발 모형 발굴

지구적 디자인을 시작한 GEN

생태마을은 지구의 회복과 함께 환경에 미치는 영향을 최소화하는 생활 습관을 만들려는 노력에서부터 출발한다. 그 과정에서 풍경을 연구하고 미래의 마을을 설계하기 위한 퍼머컬처의 적용은 지구 곳곳으로 확장되고 있는 추세다. 퍼머컬처는 마을조성에 있어서 배치, 햇빛과 바람의 노출 정도, 강수량 측정과 빗물 사용, 물 수용 능력 그리고 사람의 움직이는 동선을 중요하게 여긴다. 주택의 입지와 건축은 이런 관찰 결과와 생태적 원칙에 따라 결정된다. 농사와 에너지 생산, 수도정화시설, 쓰레기 재활용, 녹화사업, 선출을 하기 위한 위치와 방법을 정하는 것도 마찬가지다. 이렇게 적용하고 있는 대표적인 곳이 호주의 크리스털워터스이다. 이 마을은 퍼머컬처를 기반으로 하고 생태적 영감을 받은 마을로 유명하다.

인도의 오로빌은 초창기 황폐화된 땅을 녹화하기 하기 위하여 200만 그루 나무 심기 프로젝트를 진행한 바 있다. 녹화의 목적은 댐 건설로 인한 토양유실을 방지하고, 퇴비이용을 가능하게 하기 위하여 토양의 비옥화가 급선무였다. 특히 녹화를 통하여 숲이 생겨나고 자연 스스로 재생산할 수 있는 여건 조성이 필요했다. 이는 1세대와 2세대 간의 지속 가능성을 유지하기 위한 삶의 노력의 하나다. 1세대는 황폐해진 대지를 녹화하는 과정에서 2세대에 대한 배려를 했던 것이다.

생태적 측면의 GEN

구 분	사 례
퍼머컬처	호주 퀸즐랜드 크리스털 워터스, 퍼머컬처 마을의 대표
야생 동물 생태 다양성 지구 되살리기	인도 오로빌: 지난 20년간 200만 그루 나무 심기 미국 콜로라도주 마니토 재단: 지구회복단원대 창설, 병역의무 대체수단과 청년 일자리 창출 위해 제안 남미 콜롬비아 다리엔 지역의 다리엔 재단: 자연 보전 원칙에서 자급자족 이행
로컬푸드의 생산, 소비, 재순환	독일 뒤셀도르프 통합재생가능에너지농장: CSA(커뮤니티지원농업)와 재생 가능한 에너지를 유기농과 함께 마을단계에서 통합 운영 덴마크 코펜하겐 스반홀롬: 자급자족, 공동경제, 농업공동체 인도 라나스탄 시장: 지역식품 운동
생태친화 건물 재생가능 에너지 지역 수도 사업	덴마크 스텐리레의 옥수수집(건축가 플레밍의 집)과 주변 건물 등, 매스스토브, 퇴비화장실 등 덴마크 토랩의 밀짚 꾸러미 집 노르웨이 솔보그 캠프힐의 다리건설학교(5개월 과정의 생태건물 강좌 운영) 영국 포레스 지역의 핀드혼 생태마을: 리빙머신(자체폐수처리) 덴마크 폴크 센터(수영장 실내정화시스템) 덴마크 코펜하겐의 뒤서킬레 생태마을의 물 처리시스템 호주 크리스털워터스의 미생물필터시스템 영국 웨일스 대안기술센터의 생태적 마을기반시설 지원
생태 마을 내 녹색 사업	스코틀랜드 핀드혼, 호주 크리스털워터스, 덴마크 뒤서킬레 덴마크 스반홀롬, 미국의 트윈오크, 미국의 더 팜: 생태마을관광, 식품 생산, 정신적 신체적 건강관리, 예술작품 및 공예품 등 독일의 레벤스가르텐: 사회복귀클리닉, 식량협동조합, 치유클리닉, 빵집, 자연페인트, 생태마을 총생산 개념 도입(GEP: Gross Ecovillage Product) 덴마크 대안기술센터: 우편주문사업

출처: Hildur Jackson & Karen Svensson(2002), 『Ecovillage Living』, Green Book.

<사진설명>

GEN 사무국	GEN 사무국 입간판
GEN의 힐더 잭슨	GEN의 활동게시판

3. 쿠바 아바나의 생태적 재지역화

나사못 하나 수입할 수 없었던 나라, 쿠바

남미국가의 대명사는 종속이다. 종속이란 지역의 저개발을 가져오는 과정을 설명하는 뜻을 지니고 있다. 종속이론은 남미를 중심으로 한 제3세계의 발전이론으로서 선진 자본주의국가와 후진 저개발국가 간의 지배, 종속관계를 설명하고 있다. 제3세계의 저개발의 근본원인은 종속관계에 있다고 보며 종속관계를 역사주의·경험주의·구조주의에 입각하여 정치경제학적 접근방법을 통하여 설명된다.

원래 종속이란 용어는 1950년대 이후 라틴아메리카의 경제학자에 의하여 사용되기 시작하였고 1960년대를 거쳐 70년대에는 지역발전을 설명하고 분석하는 데 주로 사용되어 왔다. 종속이론은 선진자본주의advanced capitalism와 주변자본주의peripheral capitalism를 개발과 저개발의 과정으로 설명하는 점에 있어서 재분배모델 패러다임에 속하기보다는 성장모델 패러다임의 유형에 속한다고 생각하기 쉽다. 그러나 종속관계의 설명뿐만 아니라 종속에서 벗어나기 위한 대안을 제시함으로써 대체로 상향식 개발이론의 범주 속으로 분류하고 있다. 즉, 종속관계의 단절을 위해서 반외세, 반개방, 수입통제, 수입대체산업의 육성, 국내자본의 육성 등이 그러한 제안들이다. 종속이론은 또한 지역발전 현상을 내적 식민지internal colonialism라는 개념으로 설명한다. 내적 식민지는 높은 경제성장과 도시의 빠른 발전에도 불구하고 계속 증대되는 농촌 빈곤의 구조적 현상을 의미한다. 내적 식민지 모델은 세계가 중심국가와 주변국가로 구성되어 있는 것과 마찬가지로 각 국가는 중심부 성장지역과 주변부 빈곤지역으로 나누어져 있고 지배, 종속관계의 구조를 가지고 있다. 저개발지역이 이러한 내적 식민지의 결과라는 것이다.

따라서 남미국가는 종속이론과 연관시켜 설명되곤 한다. 쿠바도 강대국으로부터의 종속에서 예외가 아니었다. 1492년 콜럼버스가 쿠바를 발견한 이래, 스페인의 식민지 팽창정책으로 1511년 쿠바가 스페인의 식민지로 전락하게 되면서, 쿠바는 강대국과의 종속적 관계에 놓인다. 그 이후 진행된 쿠바의 역사는 혁명의 역사라 해도 과언이 아니다. 스페인 지배하에 놓여 있던 쿠바가 19세기 중반부터 크레올인과 쿠바인 사이의 갈등은 쿠바혁명의 기운을 싹트게 한다. 오랜 세월의 투쟁을 통하여 쿠바는 1898년 12월 10일 파리조약에 의해 독립되었으나 또 다른 강대국인 미군정하에 놓이게 된다. 스페인은 라틴아메리카 경제를 통제하는 수단으로 쿠바의 자본과 투자를 지배하면서 경제적 이익을 유지시켰다. 미국은 19세기 말까지 쿠바의 경제문제에 대해 스페인과 대립하면서도 미국 자국의 경제적 이익을 지키기 위해 스페인의 쿠바지배를 옹호했다.

쿠바의 독립은 독립임에도 불구하고 쿠바를 실제적으로 미국의 보호국으로 만들려는 플랫트 개정안에 의하여 미국군정하에 다시 놓이게 된 것이다. 그리고 쿠바 내부에서는 풀헨시오 바티스타Fulgencio Batista의 독재가 국민적 지탄을 받으면서 미국 자본과 쿠바 내부의 과두제 세력과 대결 및 미국 자본주의에 대응한 민족주의적 혁명이 진행된다. 이것이 피델 카스트로Fidel Castro 주도로 진행된 1959년 7·26혁명이다. 7·26혁명은 인민주권 확립, 입헙제도 회복, 자유와 민주주의 재건, 국민경제 발전, 대토지 소유제 제한, 소득재분배, 1세대 1주택 공급, 교육·의료·사회복지제도의 개혁, 실업문제 해결, 부정축재 척결, 미국의 민주적 국민들과의 연대 등의 의제가 제시되었다.

1959년 이후 쿠바와 미국의 관계는 경제봉쇄정책으로부터 시작된다. 쿠바에 대한 미국의 경제봉쇄정책은 1975년부터 1979년 카터정권까지의 기간을 제외하고는 거의 미국의 모든 정권에서 경제봉쇄정책이 진행된다. 쿠바에 대한 미국의 본격적인 봉쇄정책은 1962년부터 시작된다. 클린턴 대통령 집권 당시 '쿠바 국민은 자유와 번영을 누리고, 민주주의 사회로 복귀하는 것을 원한다'는 내용 등을 주요 골자로 제정된 헬름스-버튼법은 1992년 10월 부시 집권 시절에 제정된 「쿠바 민주주의 법」에 근거를 두고 있는 법안이었다. 당시 「쿠바 민주주의 법」은 쿠바정부에 대한 적절한 압력행사와 쿠바 국민의 지지를 얻어서 쿠바를 평화적으로 민주주의로 이행시키기 위해 제정된 법이다. 이법은 피델 카스트로에 대한 법이었다. 이 법안은 쿠바와 무역을 하는 국가에 무역과 신용관계를 제한하도록 하고(제4조), 쿠바와 무역과 외교관계를 갖는 국가가 쿠바에 원조를 하는 경우, 그 원조국에 제재조치를 위하는 등의 내용을 골자로 하고 있다. 그 제재 조치의 내용은 '미국의 원조대상국에서 제외한다' 혹은 '미국의 채무삭감 대상국에서 제외시킨다' 등으로, 결국 쿠바와의 국제적 교류를 하는 국가는 불이익을 받도록 하는 경제제재 조치였던 것이다. 이와 동시에 쿠바의 지원국가였던 동유럽 사회주의국가의 몰락은 쿠바의 경제적 상황을 더욱 어렵게 만든다. 당시 쿠바가 농업생산증대를 위해 의존하였던 것이 석유를 원료로 한 화학비료였다. 결국 석유자원의 지원 중단이 쿠바를 또 따른 위기를 촉발시키게 된다.

경제봉쇄정책과 대외원조 지원이 석유 정점시대, 기후 온난화시대, 생태 위기시대에 쿠바의 선택은 많은 의미를 제공한다. 지금 쿠바는 도시생태농업의 획기적 전환을 통하여 전 지구적인 관심을 받고 있다. 쿠바의 지역자립경제, 지역사회 자원을 최대한 고려한 에너지의 활용, 사람과 사람중심의 의료교육 지원 시스템 등은 경쟁과 갈등을 끝없이 야기시키는 경쟁적 시장경제원리로는 이해할 수 없는 부분이다. 또한 자유시장 경쟁체제가 요구하는 대규모화, 집중화, 전문화, 획일화에서 지역사회 단위의 자생적 자립과 정체성을 확보해가는 소규모화·분산화·분권화·다양화가 중요하다는 것을 쿠바는 보여주고 있다. 이러한 것은 궁극적으로 세계화 질서 속에서의 진정한 자율과 자치의 의미를 보여주는 대목이다. 그러나 가장 중요한 진정한 자율과 자치를 가능하게 하는 것은 의존적인 경제체제가 아니라 스스로 자생적인 경제구조를 갖게 하는 경제적 자율성이 확보될 때 가능하다는 것이다.

이와 같이 볼 때 미국과 쿠바와의 국제적 관계는 중심부 성장국가와 주변부 빈곤국가로 해석할 수 있으며, 종속관계의 단절을 위하여 선택한 내생적 발전 전략 모색은 매우 중요한 의미를 지닌다. 기존의 종속이론이 시장경쟁원리에 입각한 경제발전 모델에 주안점을 두었다면 생태 위기, 기후 온난화, 석유 정점 등 전 지구적 위기 상황에 직면한 발전전략과 그 발전전략을 가능하게 한 요소에 대한 이해는 매우 중요하다.

쿠바의 정치적 혁명은 지속가능한 삶을 위한 삶의 혁명으로 이어지고 있다

새로운 선택, 분명한 전환

　지난 10여 년에 걸쳐 진행되어 온 쿠바의 유기농업은 무농약·무비료라는 소극적 개념의 생태주의가 아니라, 자연과 사회환경의 지속적 순환을 가능케 하는 새로운 형태의 문명을 보여주고 있다. 자원의 지역 내 순환과 생산 생활양식의 변화를 통하여 생태계의 지속성을 유지하고 농업생산의 지속성의 가능성을 보여주고 있다. 땅과 물을 오염시키는 화석연료 에너지와 화학농법을 기반으로 신품종 개발에 의한 생산력 증대를 이룬 지난 1960년대 방식의 녹색혁명이 아니라, 자연과 사람이 조화를 이루면서 선택한 지속가능한 삶의 터를 위한 다양한 방법론은 지속 가능한 사회의 측면뿐만 아니라 생태적 재지역화 관점에서도 중요한 의미를 지닌다.

　이런 의미에서 지난 10여 년에 걸쳐 국가적 차원으로 진행되어 오고 있는 쿠바의 생태적 재지역화는 생태에 기반을 둔 근본적 문명전환 중의 하나다. 생태적 재지역화는 그동안 작은 지역 공동체단위에서 머물러온 '생태운동' 차원에서 국가 차원의 모든 영역으로 전반적이고 급진적으로 실행되고 있다는 점에서 감히 '생태혁명'이라 할 만하다. 지구 차원의 생태 위기와 기후 온난화 문제가 개인, 지역 공동체 차원의 문제로는 해결될 수 없는, 국가적이고 전 지구적 차원의 문명전환을 요구하고 있다는 점에서 쿠바가 진행하고 있는 생태혁명은 미래인류가 지속할 수 있는 하나의 가능성에 대한 실험이다.

　쿠바는 7·26혁명 이후 미국의 종속적 관계를 청산하기 위한 사회주의 노선을 선언하면서 동서 냉전체제하에서 소련으로부터 경제원조를 받으면서 미국의 경제 봉쇄에 맞서 30년을 견뎌왔다. 그러나 1992년 구소련의 붕괴와 동구 사회주의국가들의 연이은 몰락, 1991년 미국의 전방위 대쿠바 경제봉쇄정책으로 연간 100만 톤 이상 지원받던 화학비료, 연간 2만 톤 이상의 화학농약 및 석유를 원료로 하는 화학합성물질이 절대적으로 부족한 상황을 맞게 된다. 그 결과로 쿠바정부는 1991년 9월 '평화 시의 국가비상상태'를 선언하면서 위기극복을 위한 국가적 차원의 새로운 농정 패러다임을 이행하게 된다.

　쿠바의 극적인 농정 패러다임의 변화내용은 피델 카스트로가 그 이듬해인 1992년에 리우환경회의에서 한 연설문에 단적으로 잘 드러나 있다.

　"인간의 삶을 좀 더 합리적으로 만들자. 정의로운 국제경제 질서를 만들자. 모든 과학지식을 환경오염이 아닌, 지속 가능한 발전을 위해 동원하자. 생태계에 진 빚은 갚되 사람들과는 싸우지 말자."

이 내용의 기저하에 쿠바의 생태적 재지역화가 진행되었다. 이 혁명은 서구 열강의 제국인 스페인과 미국제국으로부터 독립을 쟁취하기 위한 정치혁명이 아니고, 사회주의국가 선언이라는 이데올로기적 전환도 아니었다. 쿠바가 치르고 있는 생태적 재지역화는 이 두 차원을 넘어선 생태문명적 혁명이다. 이는 자본주의 또는 공산사회주의라는 전 시대의 이데올로기 혁명에서 '생태사회주의'라는 새 시대의 문명혁명이라는 국가적인 차원을 넘어선 인류 차원의 문명전환이라는 지구촌사회의 과제를 실험적으로 보여주는 사례다.

미국 경제봉쇄정책과 구소련 및 동유럽 사회국가의 지원 중단으로 쿠바가 맞은 에너지 위기는 이제 쿠바만의 위기가 아니라 언젠가는 우리 모두가 맞이해야 할 지구적 위기이다. 쿠바가 이런 국가적 위기상황에서 기계와 화석연료가 아닌 인간 노동과 자연친화적·순환적 농법에 의한 자생적이고 내생적 자립경제의 기회를 마련한 것은, 여전히 기계와 화석연료에 의존한 화학농법, 에너지 중심의 소비사회를 살고 있는 현 위기를 기회로 전환시킬 수 있는 계기가 될 수도 있다.

근대성이 가져온 성장제일주의에 대한 성찰을 바탕으로 지금과 같은 방식의 성장과 발전이 과연 얼마나 지속할 것인가에 대한 물음을 정치생태학의 관점에서 이해하려고 한다. 즉, 정치생태학은 생태 위기의 상황과 직면하여 등장한 이론으로 생태문제가 생산·소비하는 사회체제의 특성에서 기인한 것으로 보고 사회와 자연의 역동적인 관계성을 비판적으로 탐색하는 데 주안점을 두고 있다. 즉, 생태 위기의 문제해결에 있어서 사회체제의 구조와 관계적 특성들이 자연생태계에 어떤 영향을 주는가를 파악하는 것이 정치생태학의 근본적인 문제의식이다. 더 나아가서는 기존체제에서 억압된 집단들과 생존과 복지의 균형감각을 고려하여 생태적인 사회발전을 도모하고자 하는 규범적 특징도 지니고 있다.

그리고 정치생태학은 자연과의 밀접한 연관성을 유지하면서 인류의 생존을 유지하고 있지만 인류는 다른 생물종과는 달리 새로운 가치와 제도를 창출함으로써 생태적으로 건전하고 지속 가능한 사회를 만들어가려는 능력을 가지고 있다고 보는 실천적인 인간관을 바탕에 두고 있기도 하다. 또한 생태민주주의의 기획을 통해 권리와 책임을 갖춘 시민들의 참여에 의한 사회경제체제의 생태적 전략과 새로운 삶의 양식과 문화의 전환을 위한 실천을 강조하고 있다는 점에서 정치생태학에 대한 논의는 중요한 의미를 지닌다.

쿠바의 이러한 노력은 단순히 도시농업의 녹색화를 위한 전략으로 이해하는 것이 아니라, 쿠바가 보여준 석유 정점시대, 기후 온난화 및 생태 위기 시대에 전 인류가 인식해야 할 새로운 삶의 양식과 문화를 위한 다양한 노력을 전개했다는 점은 쿠바에 대한 새로운 이해와 해석을 분명히 달리하는 부분이다.

쿠바의 1952년 7·26혁명은 사회정책의 전면적 개혁 등의 목표를 중심으로 민족주의적 성격의 국가재건이 혁명의 목표였다. 오늘날에 이르러 쿠바의 사회체제를 두고 독재인가, 아니면 혁명인가라는 논쟁도 많지만 매우 긍정적인 평가는 자생적인 경제적 민주주의의 성과 도달에 따른 세계강국으로부터의 정치적 자율성을 이루어냈다는 점이다. 이러한 경제적 자율성 확보를 기반으로 한 정치적 자율성의 확보는 결국 석유 정점시대에 전 지구적으로 고민해야 할 핵심적 의제를 지금 인류에게 제시하였다.

쿠바의 이러한 노력은 경제적 위기 상황, 특히 자원고갈의 위기적 상황으로부터 얻을 수 있는 정치 생태적 가치가 무엇인가? 그 가치는 과연 향후 인류에게 닥칠 자원분쟁으로부터 어느 정도 자유롭게 할 것인가에 대한 의문을 던진다.

에너지 자립 그리고 생활혁명

쿠바는 소위 '사회주의 종속적 발전국가'의 대표적 모델이다. 구조적 종속의 근거로는 단일경작, 무역의존, 무역상대국 집중, 단일품목수출, 자본종속, 외채, 에너지 종속, 기술종속 등이다. 쿠바의 소련 종속 및 의존은 비효율적인 산업구조와 높은 유류 소비 패턴이라는 부정적 영향을 미쳤다.

1980년대 중반 이후 사회주의 국제무역체계의 붕괴로 종속적 발전국가인 쿠바경제는 쿠바에 심각한 타격을 가져왔다. 특히 소련의 붕괴로 인해 1993년 초 가동예정이던 원전 프로젝트도 중단되었다. 당시 쿠바의 전기보급률은 96%까지 이르렀지만 대부분을 수입석유에 의존했기 때문에 경제위기는 결국 전력부족사태를 가져와 쿠바정부가 누전점검, 절전형 전구교체, 가로등 제한적 사용 등 미세한 부분까지 에너지 절약을 지도했음에도 불구하고 1994년에는 연간 344일이나 매일 정전이 계속되었다.

이런 위기상황은 쿠바가 기존의 에너지 정책을 근본적으로 전환하는 계기가 되었다. 에너지 위기 속에서 쿠바가 선택한 방법은 자연과 사람 중심의 지역사회를 기반으로 하는 에너지구상community-based energy initiative이다. 즉, 수입에 의존하지 않으면서 지역에서 이용 가능한 바이오매스biomass; 재생 가능한 생물체자원, 수력, 태양열, 풍력 등 자연에너지를 개발하는 것이었다. 최대의 재생에너지원으로 주목한 것은 바이오매스로 사탕수수가 그 중심이었다. 150여 개의 제당공장을 이용한 화력발전으로 국내에너지 수요량의 30%(석유환산량 400만 톤) 정도를 공급하게 되었고 정련과정에서 발생하는 부산물을 메탄가스로 전환하는 기술을 이용하여 시설자체의 연료원으로 공급하고 있다.

수력발전은 소형수력발전소 건설 위주의 정책을 펴 220기를 넘는 소규모 수력발전소가 가동 중이고 새로 250여 기를 건설 중이다. 한편 9천 대 이상의 풍차가 양수용으로 가동 중이며 1kW 이하의 소규모 풍력발전소도 다수 있다. 자연에너지 중 가장 주목받으며 보급되는 것은 단연 태양에너지이다. 국토 전체로 보아 쿠바에서 태양에너지는 연간 200억 톤의 석유에 필적하는 에너지원이다. 태양열시스템은 진료소, 병원, 학교, 사회교류센터 등 2,400개 이상이 설치되어 있다.

쿠바의 에너지 혁명은 단지 국가 주도형 하향식 에너지 정책의 측면에서만 바라볼 것이 아니다. 주민의 참여 없이는 이 정책이 성공할 수 없었다. 따라서 주민과 지역사회가 적극적으로 참여한 형태에 주목해야 한다.

쿠바의 에너지 정책 사례는 단지 북한만이 아니라 우리나라를 비롯한 서구사회의 에너지 의존형 산업구조와 생활구조를 어떻게 전환할 것인가에 대한 방향성과 해답을 제공해주고 있다. 따라서 에너지 정책뿐만 아니라 거시적 산업정책은 물론 커뮤니티운동의 필요성을 제기해주고 있다. 석유의존형 산업구조와 에너지 구조를 가진 서구사회, 특히 우리나라에 쿠바의 에너지 정책 사례는 많은 시사점을 주고 있다.

쿠바의 경제위기는 에너지위기를 초래했고 에너지위기는 극심한 식량위기를 초래하게 되는 연쇄반응이 일어나게 되었다. 그러나 쿠바인들은 도시농업과 토지분배, 식생활과 생산방식의 변화를 꾀하면서 오히려 에너지위기 이전보다 식량의 질을 향상시키게 되었다. 그뿐만 아니라 교육과 보건, 교통과 주거 부분에서의 개혁과 재생가능에너지 이용에 대한 쿠바의 사례는, 비효율 고비용의 우리나라 에너지 시스템과 에너지 소비생활의 문제점을 지적해주고 있다.

쿠바의 사례가 현재의 에너지 위기에 대한 완벽한 해답이라고 예단하기는 어렵다. 그러나 적어도 정부의 에너지 정책은 방향성의 전환이 필요하고 특히 에너지 절약과 대체라는 차원에서 지역사회를 기반으로 하는 에너지 혁명의 필요성, 즉 자연과 사람 중심의 주민참여형 에너지 혁명의 필요성이 제기되고 있다.

재지역화의 힘, 도시농업

1959년 쿠바 공산혁명 이후 쿠바 정부는 충분한 음식 섭취를 기본적 인권으로 받아들였지만 1980년대 중반에 이르러서도 식량 자급률은 50%를 넘지 못했다. 1989년 베를린 장벽 붕괴에 따른 당시 소련의 원조 삭감, 1993년 허리케인으로 인한 사탕수수 농작물 피해, 1990년대 초 미국의 경제 봉쇄 등으로 식량위기에 처한 쿠바는 1990년대부터 도시에서의 식량 생산을 장려하기 시작했다. 시민들은 공한지를 이용해 작물을 경작하거나 가축을 기르고, 테라스나 마당에서뿐 아니라 심지어 통을 이용해 농작물을 길렀다. 1989년 이전만 하더라도 쿠바의 수도 아바나에서는 도시농업이란 존재하지 않았다. 국가에서 식량을 배급하므로 먹을 것을 시민 스스로 재배할 필요가 없었기 때문이다. 하지만 1990년대 초의 식량위기는 도시 내 모든 토지를 경작하게 했는데, 쿠바 농업부의 대지 내 공지가 텃밭으로 경작되기까지 했다.

정부의 적극적 정책의지뿐 아니라 유엔이나 옥스팜(Oxfam) 같은 국제구호기관들의 기술과 재정 지원이 쿠바 도시농업 발전에 기여하고 있다. 1993년에 대규모 국영농장들을 소규모로 나누어 노동자가 경작할 수 있게 하는 법을 제정하고, 1994년에 121개의 농민시장을 개설하여 농산물 거래를 허용하는 등의 조치를 취한 것도 쿠바의 도시농업 발전에 기여하였다. 쿠바 정부가 만든 도시농업 발전 프로그램에는, 도시농업 경작지 이용도 제고, 도시농업 기술지도, 도시농업 연구개발 투자, 영세농에 농기구 등 자재 공급, 농산물 판로 개척 등 부문별 계획이 포함되어 있다.

세계의 식량사정에 어떤 문제가 발생한다면 가정 먼저 위기에 직면하는 것은 도시다. 따라서 식량문제·고용문제·환경문제를 한 번에 해결하여 위태로운 도시 쿠바의 아바나를 지켜줄 방법은 도시농업이다.

쿠바 농업의 특징은 기계화에 의한 대규모 농장시스템이다. 혁명 이후 도시화가 급속히 이루어지면서 농촌 노동력이 부족하고, 사탕수수 농사의 성격 때문에 초기부터 대규모 기계화를 통한 영농방식이 발달한 것이다. 식량위기에 대응하기 위해 식량증산 농업개혁을 단행한다. 농업개혁은 1993년 9월 국영농장의 개편조치와 1994년 농민시장MA: Mercados Agropecuarios을 허용하면서 시작되었다.

아바나Havana는 도시농업의 세계 수도로 불리고 있다. 외부자원의 공급 중단 이후 쿠바는 빈터를 경작지로 전환하기 위한 목적으로 '도시농업과'를 신설했다. 그 결과 1998년에는 아바나에 약 8,000여 개의 '텃밭9)'이 생겨났으며, 이용 가능한 땅의 30% 정도를 포괄하는 텃밭을 3만 명 이상의 사람들이 경작하고 있다. 1999년 쿠바에서는 인구 1인 당 매일 과일과 채소를 평균 215g 생산했는데, 아바나, 시엔후에고스, 산크티 스피리투 스와 같은 도시에서는 쿠바 보건부에서 정한 목표치인 1인 1일 300g 이상을 생산하고 있다. 이 농산물들은 전국 104,087개소의 도시텃밭에서 생산되고 있는데, 도시텃밭은 파 티오(스페인식 안뜰) 텃밭, 화분, 주택과 도로 사이에 있는 시민농원 등 다양한 형태를 보이고 있다. 2003년 쿠바의 파티오 텃밭 구획 수는 30만 개가 넘는데, 앞으로 50만 개 이상의 파티오 텃밭 구획을 조성해서 주로 과일을 재배한다는 목표를 정부는 가지고 있 다. 2002년 그 면적이 1만 8,000ha가 넘는 쿠바 도시농업은 농업 노동자, 경작용 화단 조성, 벽돌공, 행상인, 허브 가공업자, 퇴비 생산업자를 포함하여 16만 명의 새로운 고용 을 창출하는 효과를 거두었다.

아바나 시 정부는 시내에서 농사를 지을 경우 화학비료나 농약을 사용하는 것을 금지 하는 조례를 제정해놓고 있다. 또 주민에게 나쁜 영향을 미치거나 수질오염 우려가 있는 곳에서는 돼지 등 가축의 사육을 금지하는 규정도 있다. 하지만 아바나 시 외곽지역에서 는 광범위하게 축산업이 행해지고 있는데, 토끼를 기르는 곳이 700군데가 넘으며, 6만 3천 두의 돼지와 17만 마리의 새가 사육되고 있기도 하다.

쿠바의 수도 아바나에서 소비되는 농산물의 90%는 도시 내 또는 도시인근에서 생산 되고 있다. 아바나는 도시농업의 세계 수도라 불리고 있다. 특히 쿠바의 도시농업은 단 순히 농업을 지향하는 것이 아니라 퍼머컬처 디자인에 근거한 도시농업을 디자인하고 있다는 점이다. 퍼머컬처는 보다 영속적인 농업을 지향하는 것으로 농업에만 국한하는 것이 아니라 지역사회 공동체 복원을 위한 생태적 디자인을 이루어낸다는 점에서 더 큰 가치가 있다.

쿠바 도시농업에 장밋빛 미래만 있는 것이 아니며, 해결해야 할 과제도 있다. 우선 생 활용수가 부족하기 때문에 수돗물을 농업용으로 사용하는 것을 제한하지 않을 수 없는 문제가 있다. 도시농업 경작지는 자갈이 많으며 토양 영양분이 부족한 경우가 많아 퇴비

---

9) 쿠바는 농장과 텃밭을 5가지로 구분하고 있다. 인민의 텃밭(아바나 전역의 작은 규모의 땅에서 도시주민들이 개인적으로 경 작하는 땅), 집약적 텃밭(높은 비율의 퇴비를 써서 토양을 강화하면서, 국가기관이나 개인들이 경작하는 땅), 노동자 텃밭(노 동자에 속한 텃밭으로, 보통 특정 작업장의 식당에 필요한 식량을 조달하기 위한 목적으로 경작하는 땅), 특별농장(도시 주위 의 그린벨트에서 일하는 소농들이 경작하는 땅), 국가소유 기업농장(국가가 소유한 기업에 속한 땅으로 점차로 분권적 운영 을 도모하고 있으며, 노동자들의 자율성과 이익공유도가 공유도를 증가시키고 있다)(휴 워릭, 2000; 147~154).

등 유기질 비료가 대량으로 필요하다는 문제도 있다. 그리고 거의 한 종류의 참외나 수박만 재배하고 있는 등 의외로 작물 품종이 다양하지 못한 것도 문제로 지적되고 있다.

쿠바의 도시농업은 원래 환경보전 목적과는 거리가 있었다. 하지만 최근 들어 도시농업의 생태적 측면이 강조되고 있다. 아바나 시청의 도시계획과와 도시농업과는 공동으로 농사짓는 데 적합한 토지를 배분하는 토지이용계획을 수립하기도 했다. 쿠바의 도시농업은 체계적인 관리를 통하여 나대지 녹화, 지하수 함양, 대기질 개선, 도시경관 개선 등의 긍정적인 환경보전 효과를 거두고 있다.

쿠바가 도시농업을 도입하면서 이룬 성과는 다음과 같이 정리할 수 있다(존랩, 2007; 73~74).

- 1999년: 18가지 중 16개 주요 농작물 산출량 증대, 감자, 양배추, 말랑가, 콩, 고추 수확량은 중앙 아메리카의 그것보다 높으며 세계 평균생산을 넘음
- 2000년: 쿠바 가용식량 1일 2,600kg, 단백질 68g 이상 수준 도달(유엔식량 및 농업기구 1일 기준 2,400kg, 단백질 72g)
- 2002년: 도심 채소밭 35,000에이커에서 3,400,000톤 식량 생산, 아바나 시의 신선한 농산물 90%는 지역농장과 텃밭에서 공급
- 2003년: 200,000명 이상의 쿠바인이 도시농업 부분에서 종사, 1989년 대비 디젤 연료 사용 50% 감소, 화학비료 10%, 합성살충제 7% 적게 사용, 220개의 천연 살충제 센터에서 해충관리에 관한 대안 제공
- 2004년: '토양개선 및 보존을 위한 국가프로그램'에 의해 475,000헥타르 면적의 땅이 비옥화

쿠바는 보다 건강한 도시농업 증진을 위하여 1994년 4월 농업부와 아바나 시정부가 제휴한 특별기구인 '아바나 도시농업그룹'을 설립하였고, 이 그룹은 토지의 확보, 유기재배기술의 개발, 시민에 대한 기술지도와 같은 과제를 지원하고 있다. 그리고 쿠바 도시농업의 정착을 위해서 호주 크리스털워터스에 있는 '퍼머컬처 전문가'들이 도시농업을 컨설팅을 한 바 있다.

의료, 근대와 전통이 만나다

의료보장 시스템은 각국의 재원조달 방식에 있어 다음과 같이 구분해볼 수 있는데, 첫

째, 큰 정부를 지향하는 사회주의국가의 무상의료, 둘째, 유럽 대륙식의 보험료에 의한 조합주의 사회보험방식, 셋째, 개인과 민간의 자율성에 맡겨진 미국식의 민간의료체계를 들 수 있다. 그러나 여기서 새로운 대안사회모델 속에서의 커뮤니티 의료란 중앙 위주의 일률적인 병의원 체계나 영리 위주의 의료, 의료조합 간의 경쟁이 아닌 지역이 기반이 된 생활 속에 밀착된 의료시설과 예방의학이 강조된 가정의의 확립이며, 이는 전문병원과의 연계 속에서 빈부 격차 없이 누구나 손쉽게 이용할 수 있는 의료시스템을 말한다.

이러한 의료체계가 수명연장, 고령화 사회의 도래와 함께 자본주의 의료 서비스가 당면하고 있는 재정 부담을 극복하기 위한 대안으로 주장하고 있는 예방의학이나 지역밀착형 의료라는 것을 앞서 실현하고 있다는 점에서 미국 등 선진국에 비해 손색이 없으며, 거대 영리 병원과 의료시장의 경쟁 없이도 지속 가능한 삶과 의료의 질을 담보해내고 있다는 것을 입증하고 있다.

성장과 자본 축적에 의한 소득향상, 소비증대, 물질적 풍요의 자본주의사회 논리는 자연 원료의 남획으로부터 오는 환경오염, 경쟁체제에 의한 과도한 육체적·정신적 스트레스, 사람 관계의 단절로부터 오는 고독, 외로움으로 인해 결코 삶의 질을 증대시키지 못한다. 복지자본주의가 임금노동에 기반을 둔 자유시장 메커니즘을 옹호하는 대신에 시장으로부터 취약계층인 여성, 아동, 노인, 장애인 등을 제도적 복지를 통해 생계보장을 하고자 하나, 이것은 인구학적 측면의 저출산·고령화 사회의 도래와 저성장에 기인하여 더 이상 가능하지 않다. 나날이 증대되는 국가의 의료재정과 부담은 결국 국가, 개인, 기업이 해결할 수 없는 사안이 되고 있다.

사회주의 붕괴와 미국의 대륙봉쇄에 따른 의료 분야의 위기상황에서 1991년부터 쿠바의 복지의료시스템의 전환은 "치료에서 예방으로 전환, 가족주치의제 내실화, 지방분권의 추진과 국가·주·시·커뮤니티 각자의 역할 분담, 주민 참여와 행정과의 동반자 관계 설정, 커뮤니티 차원에서 건강문제 해결, 근대 의료기술에 덧붙여 약초(허브)와 전통적인 의료(침·뜸)를 중시"의 다섯 가지 전략을 설정하고 실현한다.

자본주의사회의 대안의료 모델은 공동체적 자발성에 근거한 대안 의료, 즉 쿠바 사회에서 실현하고 있는 녹색의 자원 이용과 공동체 돌봄의 이상이다. 자연 속에 완전고용이 존재하며 자연 속에 병의 원인과 치유력이 있다는 사실을 다시 한 번 상기할 필요가 있다. 인위적인 인간의 근대과학이 만들어낸 부와 질병, 그에 대처하는 근대의료기술은 나날이 발전하여도 궁극적으로 인간의 근원적 질병의 원인을 증상으로 만 파악할 뿐 예방적이고 원인 치유적인 데는 한계가 있다. 그리하여 자본주의사회의 대안의료 모델은 공동체적 자발성에 근거한 대안 의료, 즉 쿠바 사회에서 실현하고 있는 녹색의 자원 이용과 공동체 돌봄의 이상이다. 자연 속에 완전고용이 존재하며 자연 속에 병의 원인과 치유력이 있다는 사실이다. 인위적인 인간의 근대과학이 만들어낸 부와 질병, 그에 대처한 근대의료기술은 나날이 발전하여도 궁극적으로 인간의 근원적 질병의 원인을 증상으로만 파악할 뿐 예방적이고 원인 치유적인 데는 한계가 있다.

근대의학과 전통의학을 통합한 녹색의학을 탄생시켰다. 쿠바는 전통적으로 40년 동안 산업의학의 유행과 공중보건 시스템의 성장에도 불구하고, 의료용 식물의 이용은 민중문화의 주요 구성요소로 지속되어 왔다. 오늘날 쿠바에는 약초에 대한 새로운 대규모의 복합연구 및 생산체계가 있다. 근대적인 약품은 없으나 전국 각지 1천여 곳 이상의 농장에서 약초를 생산하여 약품들을 대신하고 있고, 또한 도시농업을 통한 허브 약품이 활성화되어 병의 치유에 기여하고 있다. 이러한 녹색의료 체계를 갖추는 데에는 혁명군의 역할이 컸다. 전시(戰時)계획의 일부로 자급의료를 실현할 목적으로 약초 개발과 고등군사의학교에 약초의학 중앙 실험실을 개설하고 있었다. 또한 1990년에 농업부는 충분한 약초 생산을 관리하기 위하여 약초국을 신설하였다.

의료 분야의 위기 상황을 구하는 데 큰 역할을 했던 것은 도시농업이었고, 근대적인 약품은 없어도 풍부한 허브 상품을 생산할 수 있었다. 예로 천연알코올과 사탕을 첨가하여 시럽, 연고, 크림 등으로 가공하여 허브에 활성성분을 보충한다. 그리하여 90년대 말 1천 명당 유아사망률은 개발도상국 평균이 90명인 반면, 쿠바는 6.4명으로 7명인 미국보다도 밑도는 수치다. 평균수명은 76세이며, 사인은 심장병, 악성종양, 뇌졸중, 암 순으로 선진국과 큰 차이는 없다. 의료관계시설만 보더라도 종합병원 284개소, 종합진료소 442개소, 집중치료실 90개소, 치과의원 168개소, 산부인과 209개소, 혈액은행 26개소 정도이며, 장애인 전용 요양원도 27개소나 있다. 28개의 의과대학에서는 매년 4천 명의 의사가 배출되며, 1999년 현재 6만 6천 명의 의사와 8만 5천 명의 간호사가 치료에 임하고 있다. 주민 168명당 1명의 의사가 있는 것이다. 일본이 520명에 1명인 것을 보면 그 내실을 알 수 있다.

고령화 사회에서 자택에서 혼자 생활하는 노인은 없다. 노인 가정은 있지만 요양원도 설치되어 있다. 특히 노인의료의 전문성을 강화하거나 기술의 향상을 희망하는 가족주치의와 내과의사는 국내 각지에 있는 노인 가정에서 일한다. 노인 가정에서는 요양 서비스, 생리학에 근거한 운동 프로그램 등의 서비스를 받을 수 있어 독거노인과 고령자 부부가 함께 여행과 문화활동을 즐길 수 있다.

쿠바에서 의사 양성 과정은 의사가 되기 위한 6년간의 학부수업을 마친 뒤 가정의로서 3년간 인턴경험을 거쳐야 하는데, 실제 과정에 들어가면 3년이 아니라 보통 4년간 배우는 경우가 많다. 그 외 두 개의 고급전문과정이 또 있다. 물론 이 전 과정을 수강해도 경비는 무료다. 전국 169개 시에는 허브요법과 전통의료를 배우기 위한 임상교육센터가 세워져 있으며, 이곳들은 새로 도입된 교육 프로그램에 따라 운영된다. 가정의 3만 명 중 60% 이상이 이미 전통 자연요법 훈련을 받았다.

쿠바의 의사 가운데 절반가량은 가족주치의다. 큰 병원에서 근무하는 의사도 있지만 그 차이는 없으며 어디서든 거의 같은 의사교육을 받는다. 먼저 가족주치의 등으로 현장에서 의료업무에 종사한다. 그 후 자신에게 적합하다고 생각하는 사람은 그곳에 남고, 특정 부문에서 전문성을 높이기를 희망하는 사람은 큰 병원으로 근무처를 옮겨 전문의사로서 의술을 연마한다. 가족주치의와 종합진료소의 관계는 밀접한데, 하나의 진료소는 대체로 1만 명 정도의 환자를 받는데, 가족주치의와 연계함으로써 주요 환자 200명 중 60%는 이 진료소 단계에서 해결한다고 한다. 치료가 의심스러우면 병 상태에 따라 설비가 충실한 시·주·국립병원에 입원하거나 또는 통원하게 되는데, 쿠바가 고도의 복지의료수준을 견지할 수 있었던 것은 전통의료를 활용함으로써 개인의 자연치유력을 높임과 동시에 커뮤니티를 바탕으로 주민과 밀착된 예방의료를 전개하면서 전문적인 치료가 필요해지는 순서대로 지역병원·주병원·국립종합병원 등을 단계적으로 이용하도록 하는 합리적인 시스템을 구축했기 때문이다. 쿠바에서는 무료로 의학교육을 받을 수 있다. 쿠바는 전문직의 최고 임금과 일반 노동자의 최저 임금의 격차가 25%에 그치는 평등사회를 구축했고 게다가 무료 교육제도도 갖추었다.

지역이 힘이다

이른바 '평화시기의 특별한 기간Special Period in Peacetime'이라 불리는 1992년 이후 10여 년간에 걸쳐 쿠바국민 전체가 치른 생태적 재지역화는 여러 경제지표상으로 보더라도 눈부신 성공을 거두었다는 데는 별다른 이론이 없어 보인다. 그러나 겉으로 드러나는 이런 지표상의 수치 외에도 더욱 중요한 것은 생태적 재지역화는 스페인이나 미국의 제국주의로부터 정치적 독립을 위해 치렀던 쿠바의 정치투쟁혁명과는 또 다른 의미의 평화혁명을 전 지구사회에 의미 있게 보여주고 있다는 점이다. 그것은 다름 아닌, 60년대 제2차 세계대전 후 개도국 인구의 폭발적인 증가에 대처하기 위한 새품종의 개발과 이에 따른 기계 자동화와 화학농업, 화석연료와 에너지 의존적인 소품종 대량생산에 의한 식량의 획기적 증대인 '녹색혁명'과는 대립되는 개념으로서 생태혁명으로서 생태적 재지역화라는 점이다. 식품의 다양, 다종, 소영 유기농, 인간과 가축을 중심으로 하는 노동, 도시와 지역의 자립농, 순환농업 경제, 자연에너지를 이용한 대안에너지 등을 기반으로 한 자연생태농업을 근간으로 한 사회 전 분야에 걸친 쿠바식 생태혁명을 도모해왔다. 이는 전 지구적 차원의 화석연료에너지의 고갈과 지구 온난화 문제에 직면하고 있고 세계화 시대의 지구공동체 사회에 매우 의미 있는 시사점과 구체적 대안을 동시에 던져주고 있다.

쿠바가 겪은 생태적 재지역화는 외부적 요인(미국의 전면적 경제봉쇄와 구소련의 급작스러운 붕괴)과 내부적 요인(식량과 원료의 외부 의존형 경제 구조와 사탕수수를 중심으로 한 단종의 대단위 기계농경제)의 복합적 결합으로 살아남기 위한 어쩔 수 없는 선택이었다. 하지만 엄연한 현실로 생태적 재지역화를 통해 쿠바가 보여주고 있는 생존은 가까운 미래에 인류가 닥칠 위기를 앞두고 어떻게 미리 대처해야 할지를 구체적인 실례로 보여주고 있다. 쿠바는 곧 닥칠 인류 미래의 재앙을 극복하기 위해 인류를 대신해 전인미답의 실험을 지난 10여 년간 해왔던 것이다. 그 결과, 그들이 발견한 생태적 재지역화는 지난 2~3세기에 걸쳐 화석연료와 에너지를 사용해 이룩한 서구근대문명의 부작용(하늘, 땅, 물의 전반적 오염과 이 오염들의 종합인 지구온난화, 그리고 물질문명에 의한 인간성 오염)을 치유할 수 있는 일종의 백신 역할을 해왔다. 그 과정에서 쿠바가 중심을 두고 있는 것이 지역이다. 도시농업, 에너지 자립 그리고 녹색의료 체계 등은 지역사회의 자원을 최대한 활용할 수 있는 시스템을 만드는 과정에서 시작되었다. 이러한 일련의 과정은 권위적인 쿠바정부의 모습이 이제는 분권화를 향해 가는 새로운 길이 되고 있다. 이러한 새로운 길을 가는 길목에서 쿠바는 과감하게 도시계획의 관점에서 도시농업에 접근한다. 이는 기존의 도시계획 관점에서 보면 매우 고무적인 일이다. 아바나에는 역사적 건축물의 보존이나 지역공동체의 활성화, 도시의 재개발과 같은 과제에 대응하기 위해서, 도시계획가, 건축가, 거리 만들기 전문가에 의해 1988년에 창설된 '수도종합개발

그룹'이 있다. 이 그룹은 도시계획상에서 도시농업의 중요성을 강조하고 각종 포럼에서 도시농업을 논하거나, 자가 소비용의 공동체 텃밭 만들기를 추진하고 있다. 이는 결국 지역사회공동체를 건강하게 만드는 일이다.

쿠바의 선택은 불가피했지만 그들의 선택은 단호했다. 석유로부터 자유로운 사회, 풀뿌리 활동이 가능한 사회, 나, 너 그리고 우리를 믿고 미래를 그려간 사회가 쿠바였다. 개발과 발전의 힘은 외부로부터 의지하는 것이 아니라 그들 자신과 지역에 있음을 인식하고 그 힘을 기반으로 생태적 재지역화의 지구적 모델이 되고 있다.

4. 영국 토트네스의 재지역화

아일랜드 킨세일, 트랜지션 타운 운동을 피우다

킨세일은 약 7,000명 정도 인구 규모를 지닌 아일랜드에 있는 도시다. 이곳에서 석유 정점에 대응한 저소비 에너지 도시를 만들기 위한 프로젝트는 롭 홉킨스에 의해 시작되었다. 킨세일은 아름다운 어촌 마을로 코크 시내에서 30분 정도의 거리에 위치해 있다. 마을의 모든 지붕은 아름다운 색깔로 칠해져 있고, 저마다 독특한 특징과 분위기를 가진 식당들이 있는 곳으로 아일랜드에서 손꼽히는 관광지 중 하나이다.

킨세일은 아일랜드의 고급 요리 중심가로 유명한 곳이다. 그러나 음식의 90% 이상은 다른 지역으로부터 수입된 재료를 소비하고 있는 상황이었다. 재료의 수입은 시간이 지날수록 증가했다. 만약 조만간에 석유 정점이 현실화되면 식량 안보의 중요성이 커질 것으로 예측하고 있었다. 그뿐 아니다. 외부 의존형 식량 공급은 화석연료에 의해 만들어진 농약과 다른 화학물질 사용을 부추기게 되며 결국 생명의 근원인 땅의 비옥도가 떨어지게 된다. 식량은 삶의 근간이라고 볼 때 석유에 의존한 식량공급은 우리의 삶을 위태롭게 할 수 있다고 생각한다. 그래서 2012년까지 킨세일은 외부 의존적인 식량공급체계에서 자기 의존적인 방식으로 전환시키기 위한 로드맵을 구축한다. 식량 재배는 중요

<Copyright 유희정>

에너지감축행동계획을 처음 진행했던 킨세일 대학

한 삶의 일환이다. 잔디와 같은 경관은 과거의 유물로 취급하면서 대신 그 자리에 식용 가능한 식물과 과수 나무를 식수할 것을 계획했다. 마을의 주차장은 녹지대와 식량 숲을 위한 계획하였고 뒤뜰 역시 식량 정원이 되도록 구상했다. 결국 마을 사람들은 다양성을 발견하고 종자를 저장하고 교환할 수 있게 되었다. 마을 주민들은 신선한 채소를 섭취하고 정원에서 즐거운 시간을 보내면서 주민들의 건강은 좋아질 것으로 예측했다. 이러한 에너지감축행동계획은 음식(먹을거리) 분야뿐만 아니라 젊음과 공동체 분야, 교육 분야, 주거 분야, 경제와 생계(수단) 분야, 건강 분야, 관광 분야, 수송 분야, 쓰레기 분야, 에너지 분야 등에서 다양하게 진행되고 있다.

트랜지션 타운 운동은 아일랜드의 킨세일의 『에너지감축행동계획 EDAP: An Energy Descent Action Plan』을 시작으로 2005년부터 본격화되기 시작하였다. 이 계획은 롭 홉킨스가 「에너지감축행동계획」을 킨세일 Futher Education 대학에서 학생들과 함께 작업한 것을 시작으로 학생인 루이스 루니가 이것을 구체화시켰다.

롭 홉킨스는 에너지 생산, 건강, 교육, 경제, 농업 분야에서의 지속 가능성을 위한 창조적 적응형태들을 마을의 지속 가능한 미래를 지향하는 로드맵을 작성했다. 루이스 루니는 이러한 요소들을 트랜지션 타운으로 개념화시켜 킨세일 마을 의회에서 이 개념을 발표했다. 이 트랜지션 타운 계획은 의회 평의원이 결정하였고 결국 에너지 독립을 향한 일을 착수하게 되었다.

킨세일의 목적은 지역 마을 단위로 지속 가능한 삶의 인식을 높이고 지역단위의 회복력에 큰 의미를 두고 있다. 또한 에너지 사용을 줄이기 위한 방법도 구체적으로 모색하고 있다. 그러나 이러한 구체적인 운동은 마을단위에서 공동체적 관점으로 생태적으로 지역을 디자인하는 데 큰 의미를 둔다. 킨세일 마을의 예처럼 롭 홉킨스의 지도하에 Futher Education 대학 학생들이 마을의 에너지 감축 실천 계획 보고서를 직접 제작하고 마을 의회의 승인을 받은 것이 좋은 사례다.

퍼머컬처를 주요 교과과정으로 정하고 있는 킨세일교육대학은 퍼머컬처를 원리로 한 에너지 감축 계획을 착수하였고 이 프로젝트를 완성하기 위한 연차별 계획도 마련하였다. 이 보고서에는 음식, 어린이와 지역사회, 교육, 주택, 경제와 근린생활, 건강, 관광, 교통, 쓰레기, 에너지 등을 포함하여 킨세일에 있는 모든 생활세계를 담고 있다. 지속 가능한 발전의 관점에서 보면 에너지 문제를 단순히 물리적 관점에서 접근한 것이 아니라, 사회적 지속 가능성을 평가할 수 있는 사회문화적 여건을 충분히 검토하고 있는 특징을 지니고 있다.

또한 보고서에서 제시하고 있는 에너지 감축 방안은 다른 지역사회 및 도시도 적용 가능하도록 설계되어 있으며, 내용의 구성은 현실진단, 비전, 그리고 단계별 실천계획안을 마련하고 있다. 단계별 실천계획은 2005년부터 2021년까지의 계획안을 마련하고 있다.

킨세일 FEC에 참가한 학생들이 에너지 감축의 현실화를 위한 『킨세일 2021-모두를 위한 번영, 지속 가능한 미래를 향해-』를 2005년 2월 계획을 한 후 이후 브레인스토밍을 통해 의견을 모았다. 이 보고서는 학생들의 열정 어린 고민의 결과물이다. 킨세일 지역에 대한 '지속성, 지역화, 풍요'를 향한 생태적 지역화를 위한 고민 어린 로드맵이다. 이들은 "행동이 없는 비전은 꿈과 같고 비전이 없는 행동은 단지 시간에 따라 지나갈 뿐이다. 행동을 겸비한 비전은 세계를 변화시킬 수 있다"고 생각하고 있다.

이들은 국제조직이나 거대조직이 미래예측을 제공하는 거대 담론은 실질적인 상황에 맞는 적절한 대안을 제시하여야 하는데 그렇지 못하다고 비판한다. 오히려 모든 사람이 에너지에 대한 생각과 낭비를 줄이기 위한 방안을 찾을 수 있는 대중적 교육 프로그램이 필요하다고 주장한다. 또한 기업이 낭비하는 사안에 대해서는 벌금을 유용하게 적용하고 이들이 운영하는 수송체계에 대해서도 깊이 있게 관심을 갖기를 원하고 있다. 그리고 물, 조류, 태양, 바람 그리고 그 밖의 자원 등 지역에 맞는 재생 가능한 순환에너지 사용의 필요성을 강조한다. 그뿐 아니라 작은 규모의 안전장치가 설치된 가스냉각 시스템을 포함한 핵발전소에 대한 재평가가 필요하다고 보고 있다.

킨세일 '에너지감축행동계획' 보고서는 거대기술사회 그리고 석유의존사회가 갖는 문제점을 인식하고 우리가 살고 있는 지역에서 생태적 가치를 찾는 것에 큰 의미를 두고 마련된 보고서이다. 이 보고서는 우리가 지금 현재 취할 수 있는 상황을 제시해주고 후퇴보다는 가야 할 방향성을 선택할 수 있는 방안을 다양하게 다루고 있다.

킨세일은 2021년까지 연차별 계획을 마련하였다. 그리고 생활에서 실행할 수 있는 구체적인 실행계획도 담았다. 구체적인 실행계획은 명확하고 쉽게 읽을 수 있도록 구성되어 있어 누구나 쉽게 그 계획에 참여할 수 있도록 디자인되어 있다.

음식(먹을거리) 분야 에너지감축행동계획

연도	의 제
2005	· 지역음식홍보를 위한 지역식량 담당 직원 배치 · 지역식량을 고민할 수 있는 '열린공간 싱크탱크 조직(open space think tank)' · OSTT를 통하여 지역식량 파트너십 형성 · 파트너십은 지역식량 이해당사자 간의 토론과 네트워크 설계 후 식량사업에 대한 개요 작성
2006	· 지역식량 실천계획 작성 – 지역식량 책임자와 논의, 지역식량 생산자의 목소리 반영 · 지역지침 작성 – 식량 관련 조달 정책 변화 도모(지역생산물의 60% 구매, 이 중 40% 유기농이어야 함) · 지역식량 파트너십이 슬로푸드 타운의 견인차 역할 도모 · 지역 내에서 키울 수 있는 작물 재배기술 제공 · 킨세일 지역과수원의 역할도 증진
2007	· 슬로푸드의 조타수 역할은 킨세일의 식당이 좋은 질의 먹을거리를 제공 · 지역농산물과 유기농의 질 좋은 음식의 전환 · 사람들에게 지역 농산물의 유산을 전달 · 킨세일 슬로푸드 라벨을 도입 · 킨세일 마을 홀에서 슬로푸드 만찬회 개최 · 킨세일 farmer's market은 매주 금요일에 열리고 지역 농산물과 지역이 만날 수 있는 공간이고 지역문화를 습득 · 킨세일 마을 의회는 지역 농산물의 생산 비율이 높도록 함 · 킨세일 병원은 가능한 한 최대로 지역에서 생산 가능한 식품을 구입할 수 있는 정책을 도입 · 킨세일 의회는 식용 가능하고 생산성이 높은 새로운 나무–과일 수 등–를 심을 수 있는 곳에 대한 지침을 만듦 · 이 지침에는 지속 가능한 실행 과정에 참여할 수 있도록 학생들의 고용 기회를 확대시킴 · 킨세일 FEC에서 배출한 학생들은 식량 정원을 실행하고 지역 지침의 모델을 사업에서 일함

이것은 인류문명사적으로 매우 중요한 시작점이 되었다. 킨세일에서 시작된 트랜지션 타운 운동은 영국·잉글랜드·스코틀랜드·웨일스·아일랜드·뉴질랜드·호주 등지에서 확산되고 있다. 그 이후 전 세계적으로 주목받고 있는 곳이 영국 토트네스이다. 기후 온난화와 석유 정점으로부터 진정한 자유는 자기가 살고 있는 마을의 가치를 이해하고 호혜의 순환체계를 만들어야 한다는 것을 제시한 것이 영국 킨세일의 트랜지션 타운, 즉 지역의 생태전략인 재지역화이다. 이 재지역화 전략은 마을단위의 공동체에서 진행되고 있다. 이것이 트랜지션 타운 운동의 시작이다. 트랜지션 타운 운동은 아일랜드의 킨세일의 『에너지감축행동계획EDAP: An Energy Descent Action Plan』이 발표되면서 2005년부터 본격화되

기 시작하였다(Rob Hopkins, 2005).

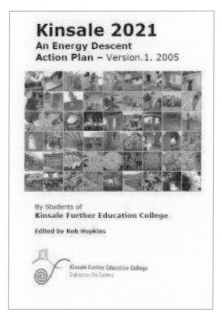

Kinsale 2021-an Energy Descent Action Plan
킨세일 2021-에너지감축행동계획

퍼머컬처를 주요 교과과정으로 정하고 있는 킨세일교육대학은 퍼머컬처를 원리로 한 에너지 감축 계획을 착수하였고 이 프로젝트를 완성하기 위한 연차별 계획도 마련하였다. 이 보고서에는 음식, 어린이와 지역사회, 교육, 주택, 경제와 근린생활, 건강, 관광, 교통, 쓰레기, 에너지 등을 포함하여 킨세일에 있는 모든 생활세계를 담고 있다. 지속 가능한 발전의 관점에서 보면 에너지 문제를 단순히 물리적 관점에서 접근한 것이 아니라, 사회적 지속 가능성을 평가할 수 있는 사회문화적 여건을 충분히 검토하고 있는 특징을 지니고 있다.

또한 보고서에서 제시하고 있는 에너지 감축 방안은 다른 지역사회 및 도시도 적용 가능하도록 설계되어 있으며, 내용의 구성은 현실진단, 비전, 그리고 단계별 실천계획안을 마련하고 있다. 단계별 실천계획은 2005년부터 2021년까지의 계획안을 마련하고 있다. 결국 이들이 작성한 「에너지감축행동계획(EDAP)」은 2005년에 '콕 환경 포럼[Cork Environmental Forum's]'에서 Roll of Honour Award를 받기도 하였으며, 2005년 말에는 킨세일

의회에서 이 보고서를 채택하였다. 이 보고서는 학생들에 의해 작성된 보고서였으며, 지역사회에 깊은 뿌리를 내릴 수 있는 중대한 프로젝트가 되었던 셈이다. 이것은 매우 중요한 시작이었다. 영국 토트네스에서도 『에너지감축행동계획 EDAP: An Energy Descent Action Plan』으로 2030년 기준 계획안을 마련하였다.

트랜지션 타운 운동의 확산

영국에서는 지역사회 차원에서 석유 정점에 대응한 프로젝트로 트랜지션 타운 운동을 진행하게 되는데, 결국 탄소발자국을 감소시키기 위한 노력의 일환으로 이 운동을 받아들여 진행하였다. 트랜지션 타운 운동을 진행하고 있는 영국·잉글랜드·스코틀랜드·웨일스·아일랜드·뉴질랜드·호주 등지에서 진행되고 있다. 2007년 11월 현재 트랜지션 타운 운동을 진행하고 있는 곳은 다음과 같다.

영국의 트랜지션 타운 운동 현황

- Ashburton, UK-population: 3,500
- Brighton & Hove, UK-population: 250,000
- Bristol, UK-population: 400,000
- Brixton, UK-population: 65,000
- Falmouth, UK-population: 20,000
- Forest of Dean, UK-population: 80,000
- Forest Row, UK-population: 5,500
- Glastonbury, UK-population: 9,000
- Ivybridge, UK-population 12,000
- Lewes, UK-population: 16,000
- Lostwithiel, UK-population: 2,700
- Market Harborough, UK-population: 20,000
- Mayfield, UK-population: 2,500
- Moretonhampstead, UK-population: 1,500
- Nottingham, UK-population: 280,000
- Ottery St. Mary, UK-population: 7,500
- Portobello, Edinburgh, UK-population: 10,000

- Stroud, UK-population: 12,000
- Totnes, UK-population: 8,500
- West Kirby, UK-population: 13,000
- Wrington, UK-population: 2,000
- Whitstable, England
- Bath, England
- Brampton, England
- Canterbury, England
- Exeter, England
- Frome, England
- Isle of Wight, England
- Isles of Scilly, England
- Leicester, England
- Liverpool South, England
- Marsden & Slaithwaite, England
- Norwich, England
- Seaton, England
- Wolverton, England
- Westcliff-on-Sea, England

- Carbon Neutral Biggar, a Transition Town, Scotland
- Dunbar, Scotland

- Bro Ddyfi, Wales
- Presteigne, Wales
- Rhayader, Wales
- Llandeilo, Wales

- Holywood, Northern Ireland
- Kinsale, Ireland-population: 2,300

- Kapiti District, New Zealand
- Waiheke Island, New Zealand
- Orewa, New Zealand

- Sunshine Coast, Australia-population: 260,000

- Penwith, (West Cornwall district)-population: 64,000
- Isle of Man

트랜지션 타운 운동을 진행하고 있는 대다수의 도시는 에너지 감축계획을 시점으로 커뮤니티 차원에서 환경용량의 한계를 고민하고, 과도할 정도로 싼 가격에 공급된 석유는 결국 불평등 사회를 만들어내기보다는 상호 간에 돕고 이해하면서 창조적이며 협력적인 네트워크를 구축하는 것이 중요하다고 보고 있다.

영국 토트네스에 뿌리내리다

영국 토트네스 지역 여건

생태적 재지역화를 위해 자연주의 마을로 디자인하기 시작한 토트네스는 석유 정점과 기후 온난화에 대비하는 능동적이며 주체적인 마을구상을 지역사회의 핵심적인 의제로 선정하게 되었고 마을디자인을 트랜지션 타운이라는 개념을 가지고 새롭게 접근하기 시작하였다. 이들은 지난 몇 년 동안 스스로의 학습과 경험을 바탕으로 진정으로 행복하고 편안한 마을을 만들어내기 시작하였다. 퍼머컬처 철학에 근거하여 생태주의 마을로 거듭난 것이 영국 토트네스이다. 토트네스 마을은 퍼머컬처 철학을 바탕으로 한 트랜지션 타운 운동Transition Town Movement의 대표적인 마을 중 하나다.

영국 토트네스는 대안대학인 슈마허 칼리지가 있는 곳으로 더 잘 알려져 있다. 이곳은 영국 런던에서 기차로 약 4시간 정도의 거리에 위치해 있다. 아주 소담스러운 간이역인 토트네스 역에 내리면 초록의 시골풍경과 잡힐 것 같은 구름이 방문객을 맞이하는 것 같은 자연주의가 느껴지는 곳이다. 토트네스는 나지막한 산과 푸른 들로 둘러싸여 있는 인구 20만 정도 규모의 소도시이다. 로마와 외적의 침입을 막기 위해 건축된 토트네스 성은 성벽의 일부만이 지난 500년의 세월을 지키고 있다. 토트네스가 명성을 얻기 시작한 것은 16세기부터이다. 일명 치유의 샘으로 불리는 '리치월 샘물'이 외부로 알려지기 시작하면서이다. 이 샘물은 중세에 나병환자를 고쳤다는 전설이 있는 곳이다. 결국 리치월 샘물은 토트네스를 치유뿐만 아니라 인간의 고민을 해결하는 치유의 도시를 만들어 낸 셈이다.

토트네스 문양

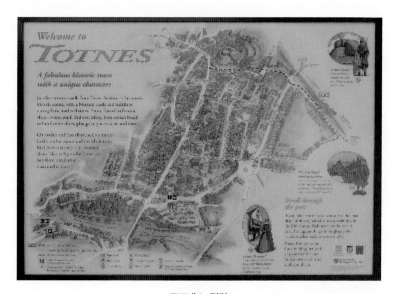

토트네스 전경

<Copyright 유희정>

토트네스 풍경

인구 20만 규모의 소도시의 토트네스는 축산과 면화의 도시였다. 산업혁명 이후 토트네스는 영국사회에서 주목받는 도시 중의 하나였다. 이곳에는 트랜지션 타운 답지 않게 모리슨 이라는 커다란 슈퍼마켓이 있다. 기후변화와 석유정점에 대응한 지역화이 표본으로 알려져 있는 토트네스에 신자유주의의 상징인 모리슨 슈퍼마켓이 있는 곳이 토트네스이다. 이 슈머마켓 앞에 「허울뿐인 세계화」의 저자 헬레나 노르베리 호지는 대형 슈퍼마켓이 가지고 오는 지역의 황폐화를 인지하고 마을상점의 중요성을 강조하면서 슈퍼마켓 부근에서 경제적 세계화와 지역화의 중요성을 알리는 전단을 배포하기도 한다. 대규모 자본을 앞세우고 들어온 슈퍼마켓과 마을상점의 관계를 통하여 마을에서 얻어야 할 평화를 이야기하고 있다.

1989년 영국사회는 광우병 폭풍이 몰아친다. 이 폭풍 앞에 '좁은 공간, 밀집 사육' 방식의 고밀도 집단 동물 사육은 축산의 도시인 토트네스도 비켜가질 않았다. 영국은 이 사건을 기점으로 동물복지에 대한 논의가 가열되기 시작했다. 영국정부는 주사바늘까지 폐기처분할 정도의 의료개혁을 국가적 수준에서 감행한다. 토트네스는 이와는 별개로 집단사육에서 전통적 방식으로 전환한 축산정책을 선택한다. 결국 토트네스는 자국민의 먹을거리를 시스템에 대한 고민을 한 것이고 이를 계기로 토트네스는 농업정책을 혁신적으로 전환한다.

광우병 사태에도 불구하고 2010년에 토랜지션 타운을 선택하게 되는 사건이 발생한다. 2010년 영국은 한국의 화물연대와 같은 파업이 발생한다. 이 화물연대 파업은 토트네스 내부에 의외의 결론을 가져온다. 토트네스에서는 외부경제에 의존한 먹을거리 공급이 매우 제한적임을 인식한다. 도시에서 농촌에 먹을거리의 공급은 단 3일에 국한되어 있다는 것을 알게 된다. 3일이라는 시간밖에 보장받지 못하는 먹을거리 공급은 슈퍼마켓의 냉장기간에 의해 결정된다는 것을 알게 된다. 결국 대규모 슈퍼마켓 중심의 물류시스템이 지역사회의 먹을거리를 좌지우지 한다는 것을 인식하게 된 것이다. 이는 곳 국가적 수준의 재난임을 인식하게 된다. 그 이듬해인 2011년 아이슬랜드 화산 중 가장 활동이 활발한 그림스톤 화산 폭발은 영국사회의 불안감은 더욱 고조되었다.

반면 2007년 기후변화에 관한 정부 간 회의 즉, IPCC의 경고처럼 석유정점 이후 석유를 추출하는 방법이 석유시추에서 모래필터를 이용한 석유추출 등 석유를 얻을 수 있는 방법은 모두 동원된다. 모래필터를 이용한 석유추출은 강물을 붉은 석양에 물든 빛처럼 붉게 물들이면서 기존 오염원에 비하여 과도한 오염원을 발생시키는 것을 목도하게 된다.

토트네스는 외생적 시스템에 의해 공급되는 먹을거리의 한계, 지구적 위기, 인류가 신화처럼 믿어 온 에너지원인 석유시추의 한계 그리고 줄지 않으려고 하는 에너지사용방식 등 세부적인 사항까지 토트네스는 고민을 하게 된다.

　그중에 토트네스의 가장 핵심적인 마을 구상 중의 하나는 생산자와 소비자의 신뢰를 바탕으로 마을 공동체를 도모하는 것이었으며 그 과정에 지역순환형 유기농산물이 중요한 매개역할을 하고 있다. 이러한 의지라도 반영되듯이 토트네스 시내 상가에는 유기농 매장들이 많다. 유기농산물이 진열된 유명 브랜드가 매장이 아니라 지역사회에서 공급된 유기농산물을 판매하는 지역사회 매장들이다. 토트네스 시내에 유기농산물을 공급하는 「말콤채소농장」은 농약을 사용하지 않고 분뇨와 퇴비를 이용한 농사를 원칙으로 하고 있다. 그리고 먹지 않은 음식부산물은 땅에 뿌려 다시 자연으로 돌아가도록 하고 있다. 기계문명과 화학비료에 의존한 과학농업에서 유기농업으로의 전환은 투입된 노동량에 비하여 수확량은 적지만 토트네스 주민들은 유기농산물의 중요성을 그 어떤 것보다도 중요하게 인식하고 있어 지역에서 생산된 유기농산물이 지역사회 수준에서 순환·소비되는 데는 별 어려움이 없는 실정이다. 이미 토트네스는 20년 전부터 유기농업이 정착되었으며, 이 변화를 주도한 곳이 「리버포드 농장」이다. 토트네스 지역에서 생산된 유기축산물과 농산물은 지역사회에서 순환된다. 결국 순환형 지역경제 사이클은 생산자와 소비자, 그리고 수요와 공급이 매우 일정한 패턴을 유지하게 된다. 이와 같은 패턴은 가격 파동, 수입 파동, 농산물 파동 등 외부경제로부터 자유로운 지역경제 운영이 가능해진다. 또한 토트네스에는 대형매장이 없다. 대형매장의 거부는 지역 내 자본의 순환 그리고 로컬푸드, 로컬머니 등과 연계된 지역사회경제를 튼튼하게 하는 일이라는 점에서 의미 있는 행동이다.

　자연을 기반으로 한 생산과 소비는 결국 자본주의 방식의 유통에도 과감한 도전을 한다. 토트네스 지역발전모임에서는 토트네스에서만 통용이 가능한 토트네스 파운드를 만든다. 화폐 단위는 영국 파운드와 같은 단위로 적용한다. 토트네스 파운드는 로컬머니의 성격을 지니고 있는 것으로 레스토랑이나 매장에서 지역생산물 구매에 사용한다. 가령 레스토랑에서도 가급적이면 토트네스 화폐를 이용하여 토트네스에서 만든 지역맥주를 마신다. 지역의 자원과 지역의 화폐를 사용함으로써 일정한 경제 단위를 유지하고 외부로 자본이 유출되지 않는 로컬머니를 활용하고 있는 것이다. 결국 토트네스 화폐는 지역경제를 후원하는 든든한 후원자인 셈이다. 토트네스 화폐는 축산물, 농산물 등의 생산자와 소비자의 관계를 더욱 견고하게 만들고 성장시키고 있다. 달러·유로화·파운드 등과 같이 외부경제나 세계경제에 직접적으로 영향을 받는 거시경제 단위 화폐가 아니라 지역경제를 돈독히 할 수 있는 로컬머니인 토트네스 화폐는 건강한 지역사회를 만드는 중요한 견인차 역할을 하고 있다. 토트네스에는 토트네스 화폐를 통용하는 매장이 100여 곳이 넘는다.

토트네스에서 빠질 수 없는 것이 슈마허 칼리지다. 슈마허 칼리지 본관으로 사용하고 있는 건물은 600년의 세월을 묻어두고 있는 건물이라 그런지 외관으로 풍기는 맛이 제법 멋스러운 곳이다. 본관 내부에는 동양적인 이미지들이 제법 가득하다. 우리나라의 사물놀이 소재로 사용되고 있는 "징"도 있다. 그리고 벽의 곳곳에는 동양의 문양들이 눈에 띈다. 건물 곳곳에 동양적인 이미지가 제법 놓여 있다. 명상을 하는 곳, 도서관 등등 시설 내부의 모습은 낯설지 않은 분위기이다.

토트네스가 트랜지션 타운운동을 지속할 수 있는 이유는 다음과 같다. 토트네스는 자연에 대한 치유의 마음이 남다르다. 로치웰이라는 작은 샘물은 치유의 샘으로 유명한 곳이다. 예전에 나병환자가 이 물을 먹으면 낫는 다는 전설이 있는 샘물이다. 이렇듯 토트네스는 영성에 대한 기운이 남다른 곳이다. 이는 자연과 분리되지 않아야 한다는 의식이 어느 정도 내면화되어 있다고 볼 수 있다.

두 번째로는 협력과 공유의 전통이 지역사회에 뿌리내리고 있다. 인도철학자 타고르Tagore의 사상을 기리고자 재단을 세우기 위해 선택한 장소가 토트네스이다. 그 이후 타고르 재단에서 진행하는 타고르 축제 등은 지역의 명소로 만들었다. 그리고 토트네스에는 1920년경에 설립된 '센츠재단'이라는 농업학교가 있다. 이곳에서는 농업교육뿐만 아니라 혁신과 실천적인 삶을 강조하는 기관으로 재원이 넉넉한 재단은 지역사회에 많은 투자를 하기도 하였다. 그 외에도 샤프 불교공동체 등은 지역사회에 재정적 지원을 아끼지 않았다. 이 재단은 마을의 성장이 곧 재단의 성장이라는 신념하에 토트네스와 끝없는 소통을 진행한다.

슈마허 컬리지 사상에 의해 설립된 슈마허 컬리지도 지역사회에 적잖은 영감을 주고 있으며, 슈퍼허 컬리지에서 발행하는 「슈마허 브리핑」은 지속가능한 생태적 삶의 기술을 다룬 이론서이자 실천서를 발간하는 등 지역사회에 적잖은 협력과 공유를 지속하고 있다.

<사진설명>

슈머허 칼리지 전경
슈마허 칼리지 스텝 식사시간
마을을 소개하는 스텝
슈머허 컬리지 퍼머컬쳐 실습장

세 번째로는 토트네스의 협력과 공유는 모든 생활에서 이루어진다. 영국 최대 규모를 자랑하는 리버포드 농장은 먹을거리가 동네의 상점이나 레스토랑에 공급되면서 레시피와 식재료는 로컬푸드 디렉토리에 담아 서로 공유를 한다. 앙코르와트에서 볼 수 있는 일명 톡톡이와 같은 기름을 재활용한 릭샤라는 오토바이를 개발하여 거동이 불편한 사람과 공유를 하면서 관계의 힘을 키운다. 6가구가 모여서 에너지 사용문제를 고민하고 그 과정에서 골목그룹을 만들고 골목그룹에서 도출된 의제를 가지고 행정의 지원여부를 판단하는 등의 과정을 통해서 협력과 나눔의 힘을 확인한다. 그 외에도 개인이 가지고 있는 기술을 공유한다든지, 공유지를 활용하여 텃밭을 만들고 그곳에서 얻은 먹을거리를 공유하기도 한다. 공유지뿐만 아니라 개인의 사유지를 지역에 할애 하면서 가든을 활용한 운동이 진행되기도 한다. 이들은 지역의 의제뿐만 아니라 지구적인 고민인 분쟁 그리고 평화에 대한 나눔도 일상의 한 연장선상에서 진행한다.

슈마허 칼리지는 지역사회의 생태주의적 디자인에 많은 의미를 두고 있으며, 분명한 교육철학을 지향하고 있다. 그 교육철학은 세상의 중심은 지역사회이며, 그 지역사회의 복원을 위한 방안으로 퍼머컬처, 유기농업 등의 생태주의적 삶의 방식에 많은 의미를 두고 있다. 슈마허의 "작은 것이 아름답다", "지구적으로 생각하고 지역적으로 행동하다"라는 이야기가 토트네스에 반영이라도 되듯이 토트네스는 지역사회를 가장 큰 가치로 두고 있다.

재지역화의 출발, 여럿이 같이 학습하기

지구적 의제에 대한 문제의식으로부터 시작된 지역적 차원의 학습은 토트네스를 재지역화시키는 데 중요한 시발점이었다. 그 과정에서 토트네스는 트랜지션 타운 운동을 재지역화의 중요한 요소로 보았다(Rob Hopkins, 2008: 176~193).

토트네스의 트랜지션 타운은 2005년 10월에 'Suburbia[10]' 영화를 상영하면서 시작되었다. 영화 상영을 하면서 지역사회에 있던 기존의 그룹들과 네트워크가 형성되기 시작하였다. 그리고 2006년 9월 첫 주 초에 '해방'이라는 광고를 토트네스에 시작했는데, 이 광고는 지구상에서 무엇을 하여야 하는지에 대해 많은 사람이 관심을 갖도록 한 광고였다. 9월 6일(수) 저녁 시민회관에서 롭 홉킨스와 존스톤 박사의 트랜지션 타운에 대한

---

10) 'THE END OF SUBURBIA: Oil Depletion and the Collapse of The American Dream'는 2004년 미국에서 Gregory Greene에 의하여 제작된 다큐멘터리다. 이 영화는 미국식 소비주의가 가져올 결과를 전하고 있는 영화다.

발제가 있었고, 그 자리에 토트네스 시장인 보스 웰도 참여했다. 그 자리에서 토트네스 시장은 "이것이 어디선가 일어날 수 있다면, 그곳은 토트네스이다"라고 청중에게 이야기하게 된다. 이 자리에서는 석유 정점과 재지역화에 대하여 이야기를 하였고 킨세일의 에너지감축행동계획^{Kinsale Energy Descent Action Plan}을 사례로 이야기하였다. 존스톤 박사는 현장에서의 에너지 감축계획 실행방법과 석유 정점과 기후변화가 우리의 삶의 변화를 요구하고 있다고 주장하였고, 그 대안으로 지역사회 내부의 내생적인 자원과 힘이 중요하다고 강조하였다. 세미나에 참석자들은 석유 정점 이후의 토트네스에 대한 전망을 서로 공유하기 시작하였고, 트랜지션 타운 토트네스^{Transition Town Totnes}를 추진시키기 위한 원동력이 되었다.

2006년 10월에는 성 존스 교회^{St. John's Church}에서 '토트네스 과거, 현재와 미래를 공급하자'라는 세미나를 진행했다. 첫 번째 발제는 메리 바틀레트가 슈마허 칼리지의 건축공간 중의 하나인 디딩턴의 매력에 대하여 설명하였고, 헬레나 노르베리 호지는 생태와 문화에 대한 세계화의 위험성과 지역사회가 세계화로부터의 자립방안에 대하여 언급하였다. 리버포드의 가이 웨스턴은 영국의 최대 유기농장 운영자로서 본인이 운영하는 유기농장의 경영방법과 석유자원에 의존하지 않는 농장경영과정에 대하여 이야기하였다.

이 세미나 이후 TTT 열린공간에서 3일 동안 먹을거리에 대한 논의가 계속되었다. 그리고 10월 17일에는 '마음과 영혼의 모임^{Heart and Soul Group}'이 구성되었다. 이 모임은 지구의 역사 속에서 살아가고 있는 인류의 역사에서 실제로 인간적인 모습과 창조적인 사회 등에 대하여 논의하는 모임이다. 11월에는 「국지적 건물: 자연적인 건축재료의 잠재력」이라는 주제로 생태건축에 대하여 논의를 하였다. 이 자리에서 가레스 월톤은 데본 지역의 지속 가능한 건축 방향에 대하여 발제하였고, 짐 카프레는 밀짚과 가마니를 이용한 집짓기 과정에 대하여 발제를 하였다. 그리고 롭 홉킨스는 자연적인 건축재료 및 기술의 범위에 대하여 발제를 하였다.

11월 8일에는 석유절감 회계컨설팅^{OVA Oil Vulnerability Auditing}을 고안해낸 리버풀 대학의 시몬 스노우덴이 토트네스에 방문하였고, 토트네스의 작업장에서는 이 방안을 제안하였다. 12월 15일에는 TTT 프로젝트의 일환으로 이 프로젝트를 지원하는 그룹이 서로 모여 미팅하면서 상호 이해하기 시작하였다.

2007년 1월에는 디자인 생산 모임^{Designing Productive Meeting}을 테마로 가이아 대학의 앤디 랭포드와 레라 애더와 함께 이벤트를 시작하였다. 1월 27일에는 존스 교회에 약

300여 명의 시민들이 모여 'Walking up in time'이라는 주제로 피터 루셀이 이야기를 하였고, 그 이야기를 통하여 의식의 전환의 필요성과 중요성에 대하여 다시 인식하는 계기가 되었다. 그 다음 날인 28일은 'Seedy Sunday'로 사람들이 가져온 씨앗과 TTT의 씨앗을 교환하는 날이다. 여기에서 서로 필요한 물건을 교환한다. 이와 같이 TTT는 트랜지션 타운 운동을 점진적으로 진행하고 있다.

"토트네스 영국의 첫 번째 '트랜지션transition' 도시이며, 퍼머컬처 지도자 롭 홉킨스는 토트네스가 석유를 사용하지 않고 유지할 수 있는지를 생각하면서 향후 장기계획을 마련하였다. 지역에 에너지 기업을 세우고 지역발전계획을 다시 작성하고, 활동에 합류시키는 일은 다른 대상들에게 매우 중요한 일이다." 롭 홉킨스는 이야기하였다.

2007년 2월에는 TTT 프로젝트를 더욱 심화시키기 위해 슈마허 칼리지에서 3주 과정의 교육과정을 개설하였으며, '마음과 영혼 공간의 날Heart & Soul Space Day'에 TTT의 모든 상황을 공유하는 자리가 마련되기도 하였다.

토트네스 파운드는 슈마허 칼리지의 경제학자 버나드 라이태르에 의해 제안되었다. 결국 2007년 3월 7일에 토트네스 파운드를 발행하여 통행하기 시작하였다. 5월 7일 시작을 목표로 로컬머니 발행 준비에 착수한 것이다. 의회에서도 토트네스 파운드의 발행을 적극 환영하였다. 그들은 "지역의 화폐로, 지역의 기술로, 지역의 힘으로"라는 슬로건으로 로컬머니 운동을 시작하였다. 로컬머니는 주민들에게 좋은 호응을 얻었다. 또한 그해 3월에 토트네스 센터에 나무 심는 그룹들이 조직되었고, 5그루의 아몬드 나무와 3그루의 호두나무를 심었다. "영국의 너트 나무 중심지, 토트네스"라는 제호 아래 우리의 기념사진을 신문에 기사화했다.

2007년 4월 5일에는 석유 정점의 문제의식을 알려주는 '자연의 재생'이라는 영화를 상영하였고, 4월 12일에는 TTT 예술그룹이 환경을 파괴하지 않는 지속 가능계획을 위한 첫 모임을 시작하였다. 4월 22일에는 처음으로 '트랜지션 이야기Transition Tales'를 시작하였다. 우리가 계획하고 있는 향후 25년을 목표로 2010년에는 석유 정점 사건이 발생하고, 2012년에는 탄소배급계획이 시작되며, 2015년에는 자동차 주차장이 농원으로 되돌아갈 것을 이야기하였다.

5월 1일에는 토트네스에서 비즈니스 교환가게를 운영하기 시작하였다. 이곳은 토트네스의 자료를 유튜브 등에 공유하면서 자금을 조달하였다. 5월 8일에는 슈마허 칼리지에서 트랜지션 이야기 프로그램의 일환으로 '퍼머컬처 변화를 위한 설계'라는 제목으로 강연이 진행되었다. 5월 15일에는 토트네스 파운드 이후의 사업에 대하여 고민하면서 '제로 에너지 주택Zero Energy Housing'을 위한 전략을 구상하였다.

2007년 7월에는 지방의회의 의원인 앤소니 스틴이 TTT에 대한 석유 정점과 재지역화 운동에 대하여 그는 "값싼 오일은 오래가지 못한다. 우리의 생활양식에 무슨 일이 일어나게 될 것인가? 기후변화는 세계적 행동 의제를 이끌어낼 것이고, 우리는 석유 정점 뒤의 생활을 고려해야 한다. 석유 정점의 결과는 영국 농업의 부흥과 비즈니스의 확장일까? 석유 정점은 앞으로의 태도를 바꿀 수 있게 도와주고 '사회수도'를 함께 재건하고, 우리를 괴롭히는 일반적인 세계의 문제점을 앞에 놓고 연합할 수 있을까?"라는 내용의 칼럼을 쓰기도 하였다.

2007년 8월에는 BBC 라디오 방송에서 TTT가 소개되어 미디어를 통한 홍보 효과를 올리게 된다. 2007년 9월에는 에너지 감축계획을 수립하기 시작하였고 토트네스 파운드를 지속적으로 사용하고 있으며, 지역개발론자들은 지역혁신에 관한 사안을 가지고 주택발전 관련 토론을 하였다. 특히 주택발전 토론은 결국 생태-캐빈Eco-Cabin이라는 이름으로 건축과 주거 분야의 새로운 프로젝트를 진행하였다. 이 건축물은 지속 가능한 재료와 에너지 효율을 최대한 고려한다. 그 이후 토트네스는 주민이 머리를 맞대고 모여 「에너지감축행동계획」을 만들었다. 그들의 생활은 오늘도 여전하다.

영국 토트네스의 재지역화 주요 전략

영국 토트네스의 주요 재지역화 전략은 약 7가지의 영역으로 구분하여 진행하고 있다. 유가상승에 대응하여 지역의 사업체가 대응해야 할 회계 컨설팅을 하고, 주민학습, 나무 심기 프로젝트를 통한 주민권력 형성하기, 로컬푸드 프로젝트를 이용한 생산의 지역적 순환체계 마련하기, 로컬머니 도입을 통한 지역자본의 순환체계 마련하기, 그리고 토트네스가 재지역화를 진행하는 데 있어서 가장 큰 사회적 자본을 형성하게 한 다양한 그룹과 그룹 간의 의사소통체계 등이 종합적으로 아우러져 지역을 변화시키고 있는 상황이다(Rob Hopkina, 2008: 194~201; http://totnes.transitionnetwork.org/Central/Groups).

석유절감 회계컨설팅(OVA: Oil Vulnerability Auditing)

OVA는 비즈니스를 위한 새로운 도구로 리버풀 대학의 사이먼 스노더Simon Snowden에 의해 개발되었다. OVA는 사업용도, 연료의 사용용도와 방법, 운송, 가공, 포장 등의 다양한 과정을 모니터링하는 방법이다. 회계사가 회계감사를 하는 과정에서 연료를 어떻게 사용하는지는 코멘트하고, 유가상승에 따른 사업적 취약성도 동시에 모니터링해준다. 회계사는 유가가 상승하게 되면 어떤 부분의 사업운영이 가장 유리한가, 불리한가를 판단한다. 그리고 생산된 상품이 운송에 의존하는 상품인가, 아니면 더 많은 대외 구매가 필요한 단계인가 등을 검토해준다.

즉, OVA는 유가상승을 고려하여 사업의 위험요소를 최소화시키는 평가도구이다. 토트네스는 OVA를 통하여 지역사회의 기업 경영 상태를 진단하는 것뿐만 아니라 의회의 입안정책과 새로운 지역발전계획의 취약성을 평가하는 데 사용할 수 있는 유용한 도구로 토트네스 지역에서 지역공동체를 형성하는 첫 번째 도구로 생각하고 있다.

주민 역량강화 프로그램 추진(Skilling up for Powerdown)

'삶의 공간'으로서의 이해를 위해서는 주민의 이해와 학습이 매우 중요한 과정이며, 재지역화를 도모하는 과정에서 필수불가결한 조건이다. 토트네스는 '토트네스 트랜지션 타운Totnes Transition Town: TTT' 조성을 위해서는 주민의 이해를 도모하는 것이 시급한 과제로 토트네스는 TTT 프로젝트 수행 과정 중에 주민학습을 진행한 바 있다. 토트네스가 주민학습을 시행한 프로그램은 10주에 걸쳐 진행하였다.

- 1주: 기후변화와 석유 정점
- 2주: 퍼머컬처의 원리: 트랜지션 접근을 위한 퍼머컬처의 원리 이해
- 3주: 음식: 석유 의존적 식량 공급 정책
- 4주: 에너지: 에너지 효율 주택 및 정주체계
- 5주: 건설: green과 natural의 차이, 지역건설 재료의 잠재적 활용방안
- 6주: 쓰레기, 물 그리고 화장실: 빗물, 오줌 수확, 물 보호 등
- 7주: 경제: 로컬머니, LETS, Timebanks, 토트네스 파운드
- 8주: 나무와 산림지대: 산림 나무, 도시 나무의 필요성, 산림공원 조성
- 9주: 변화의 심리학: 우리는 왜 변화되어야 하는가? 변화는 어디에서 오는가?
- 10주: 함께 끌어당기기: 학습과정에서의 트랜지션 타운 이행에 대한 논의

주민권력empowerment 조성하기: 견과류 나무 심기

토트네스에서 나무 심기는 주민의 힘을 결집시킬 수 있는 동력으로 활용하였다. 특히 견과류와 과실류의 나무를 심는 일이다. 토트네스의 나무 심기는 단순한 나무 심기가 아니라 주민의 참여를 통한 주민권력을 조성하는 과정이기도 하다. 사람들은 나무를 심는 지도를 받아들여 나무를 심을 수 있는 장소를 찾아다닌다. 토트네스의 나무 심기 계획은 The Council Tree Office가 지원하고 있다.

생산의 지역적 순환: 로컬푸드 디렉터리 발간 및 보급

로컬푸드는 반경 50km 이내에서 생산되는 장거리 운송을 거치지 않은 지역 농산물로 생산자와 소비자 사이의 이동거리를 줄임으로써 영양 및 신선도를 유지시키는 음식을 의미한다. 토트네스는 로컬푸드를 도입하면서 재지역화의 중요한 도구로 인식하고 있다. 가령, 말콤 농장이나 리더포드 농장 등에서 생산된 농산물은 토트네스 시내의 가게나 레스토랑 등이 수요를 담당하면서 먹을거리의 신선함뿐만 아니라 지역경제의 중요한 동력이 되기도 한다. 토트네스에서는 지역에서 생산되고 판매하는 것에 대한 자료구축 하는 일부터 시작했다. 그리고 다국적 기업의 자본이 동원된 대형마켓을 거부할 것으로 결의하였고 결국 로컬푸드 디렉터리 작성을 통하여 지역순환 경제체제를 만드는 기틀을 마련했다.

로컬머니의 발행: 토트네스 파운드

토트네스의 재지역화 과정은 지역경제를 새롭게 재편하는 일이다. 토트네스 지역의 경제적 재편을 위해 '토트네스 파운드'라는 로컬머니를 발행하는 일이다. 이미 매우 중요한 일이다. 토트네스의 로컬머니인 토트네스 파운드는 정부에서 발행하는 국가화폐가 아닌 토트네스 지역에서만 사용할 수 있는 로컬머니이다. 로컬머니는 지역 내에서의 자본을 순환하게 함으로써 석유 정점의 한계와 지역인프라 구조를 개선하고 재건하는 수단이 된다. 토트네스 파운드의 화폐 단위는 영국의 파운드와 환율이 동일하다.

<Copyright 유희정>

<사진설명>

토트네스 파운드
토트네스 상점들
토트네스 지역신문

· Exchange points (and participating businesses) · Gazebo · Totnes Museum · Totnes Pet & Garden · Harlequin Bookshop · Totnes Town Centre · Antique Dining Rooms · Arcturus Books and Crystals · C & B Stores · Creative Crafts and Needlework · The Barrel House · Breeze · Drift Record Shop and World Video · The Exchange · Fat Lemons Café · Fifth Element · Fusion Clothes · Greenfibres · Greenlife · The Green Cafe · Grey's Dining Room · Indian Connection · Luscombe Butchers · McCabes butchers · Moshulu · Out of the Blue · Paperworks · Phoenix Maya · Prismatic (note-some artists accepting) · Richard Hoyland Opticians · Rebel Clothes · Red Wizard Café · Riad · Riverford Goes to Town · Roly's Fudge Pantry · Rumour Wine Bar · Sacks Wholefoods · Salago · Stoned Jewellers · The Speaking Tree · Sweets 'n' More · Ticklemore Fish Shop · The Totnes Book Shop · The Totnes Jewellers · This and That · Totnes TV and Electrical · Totnes Wine Company · Willow Vegetarian Restaurant · Market Stalls · Crepe Cart · Local Falafel Stall · Fursdon Fine Foods · Other Totnes and Dartington Businesses · ARC Consulting · Jacki Becker · Boogie Nights Disco at the Seven Stars · Nick Burton-Taylor · Cider Press Centre · Dream Thyme · Colourworks Printers · Croft Counselling · Jo Hardy - 5 Rhythms Class · Viv Goodings - Sustainable Builder · Manna from Devon · Martha's Kitchen · Movement of Being and Live Rhythm classes · River Link · Schumacher College · The Albert Inn · Totnes Glass and Glazing · Totnes Kayaks · Transition Town Totnes Events

소통과 나눔의 정치: Transition Tales

토트네스의 트랜지션 타운 구상을 위한 회의는 '저-에너지 사회 조성'을 목표로 충분한 상상력과 이야기를 통하여 이들 목표를 실현해나간다. 이 과정에서는 어린이 그룹과 어른 그룹이 참여한다. 이들은 토트네스의 미래를 위하여 실질적으로 도움이 될 수 있는 자유로운 상상력을 제공한다. 이런 그룹은 작가·시인·예술가 등이 참여하여 미래를 위한 자유로운 생각을 공유한다. 이러한 이야기는 'Transition Tales Storytelling Day'를 통하여 이루어진다.

어린이 그룹은 어린이 워크숍 프로그램을 통하여 토트네스의 이야기를 공유한다. 어린이 워크숍은 석유 정점의 개념 등을 소개하고 어린이들에게 긍정적인 비전을 가질 수 있도록 한다.

변화의 동력: TTT Home Group

토트네스가 재지역화를 도모하는 과정에서 여러 영역으로 나누어 활동을 하고 있다. 건축물을 비롯하여 경제 등의 그룹들이 자발적으로 형성되어 있다.

Building & Housing Group은 지역발전계획을 담당하는 DPD Group, 건축을 담당하는 Eco-Construction Group, 사회적 지속 가능성을 실현하기 위한 공동주거 모델을 만드는 Cohousing Group으로 나누어 활동하고 있다.

Economic & Livehoods Group은 토트네스의 경제 회복을 도모하는 그룹으로 자본의 지역순환에 대하여 연구하는 그룹이다. 석유 정점과 기후 온난화에 대비한 탄소감축의 문제와 지역사회의 사업과 연계된 일을 담당하고 있다. 국가와 지속 가능한 경제발전을 위하여 지역사회, 지역 그리고 국가와 연계방안도 논의하고 있다. 자본의 지역적 순환을 위해 마련된 방안 중 하나가 토트네스 파운드인 로컬머니이다.

Education Group은 Transition Tales Project가 교육그룹의 주된 활동이다. 앞서 언급했듯이 다양한 성인들이 모여 이야기를 나누고, 어린이에게는 워크숍을 통하여 지역의 비전과 미래를 이야기해나간다.

Energy Group은 현재 사용하고 있는 에너지의 감축, 재생 가능한 지역 에너지를 생산하는 일을 담당하고 있다.

Food Group은 음식의 자급자족을 위해 지역 활동을 하고 있으며, 음식을 지역 내에서 최대한 순환시키기 위하여 농업과 비즈니스와 밀접하게 연결시키는 일을 하고 있다. 그 과정에서 논의되고 있는 것이 로컬푸드, Sustainable Fish Project, Nert Tree 등이다.

Health & Wellbeing Group은 토트네스 에너지 감축계획에서도 하나의 영역으로 계획안을 마련해놓고 있으며, 지역사회의 사회적 지속 가능성을 위해 Health Impact Assessment를 운영하고 있다. 그리고 자연과 평화를 공유할 수 있는 Community Health and Welling Garden을 마련해놓고 있다.

Heart & Soul Group은 에너지 감축은 새로운 영성적 전환으로부터 시작된다고 보고 이 분야의 활동을 중요하게 여기고 있다. '자아, 지역사회와 자연세계'에 대하여 이해할 수 있는 심리적 변화를 유도한다. 이 과정은 트랜지션 타운 운동의 필요성을 이해하는 모임이다. 이들은 석유 정점과 기후 온난화에 대한 이슈를 지역사회에 알리는 역할과 함께 지역사회가 새롭게 변화되어야 하는 것, 그리고 개인의 변화의 성찰에 대하여 심도 있게 이야기한다.

Creating Home Group은 닫힌 그룹이나 개인을 서로서로 이해하도록 하며, 실질적인 변화를 만들기 위해 기술과 자원, 그리고 그들의 에너지를 사용하도록 허락하기도 한다. 토트네스에는 여러 그룹이 있는 이 그룹들이 토트네스 주민들의 내부역량 강화를 하는 데 역동적인 역할을 한다.

Local Government Group은 Town Council, South Ham District Council, Devon County Council와 연계하여 활동을 하고 있다. 이들은 온라인 커뮤니티인 'World Cafe'를 통하여 지방정부와 생각을 공유하기 시작하였고, 결국 2008년에는 주택에 대하여 논의하기 시작하였다. TTT의 Building & Housing Group은 주택에 대한 논의를 South Ham District Council's Totnes와 Dartington Development Plan Document에 공식적으로 적용하였다.

Arts Group은 TTT에 대하여 격려하고 용기를 주고, 지역사회에 휴식을 주는 역할을 한다.

Traffic & Transport Group은 Bio-Power를 이용하여 교통수단을 운영하는 계획안을 가지고 있으며, Totnes Rickahaws 회사에서 이 부분에 많은 관심을 가지고 있다. 그리고 자전거 모임을 활성화시키고 있다.

Admin & Support Group은 사무국의 기능을 담당한다. TTT 프로젝트의 전반적인 일을 관리하며, 프로그램의 정책, 조정, 계획의 일을 담당하고 있다.

토트네스에서 진행하고 있는 TTT 프로젝트는 행정에 의해 주도되는 지역계획이 아니라, 토트네스의 자발적인 힘으로 이루어지고 있으며, 그 영역이 이론과 실천의 경계를 자유롭게 넘어들면서 주민에 의한 재지역화를 도모하고 있다는 점이 매우 특징적인 부분이다. 특히 지역 차원에서 마련된 학습과 이해를 통하여 주민모임을 형성하고 그 모임들이 하나의 완결된 체계를 이루면서 토트네스를 만들어가고 있다. 토트네스의 TTT 프로젝트를 지속 가능성의 원리를 적용해보면 경제적 지속 가능성, 환경적 지속 가능성, 사회적 지속 가능성이 상호 중첩적으로 적용하고 있으며, 특히 사회적 지속 가능성 분야가 경제적 지속 가능성, 환경적 지속 가능성에 비하여 많은 그룹을 형성하고 있다. 특히 주목할 것은 지역학습, 영성 및 마음 훈련, 집행부와의 거버넌스 형성, 휴가와 여가의 중요성 강조, TTT 프로젝트 기획 및 조정 및 조율 등은 지속 가능한 발전에 있어서 사회적 지속 가능성의 영역이다. 토트네스는 물리적 기반을 둔 경제적 지속 가능성보다는 사회문화적 환경의 조성에 더욱 주안점을 두고 있다. 이는 생태적 재지역화를 도모하는 과정에서 주민의 힘이 결집된 상향적 네트워크와 협력의 중요성을 보여주고 있다.

영국 토트네스 'TTT프로젝트' 모임의 특징과 성격

구 분	주요 활동	특 징
· Building & Housing Group	· 지역계획, 건축, 공동주거	생태적 기반조성
· Economic & Livehoods Group	· 순환형 지역경제, 로컬머니	자본의 순환, 순환경제
· Energy Group	· 에너지 감축 · 재생가능 지역 에너지 생산	생태적 기반조성
· Food Group	· 로컬푸드 · 도시지원농업 · Sustainable Fish Project · Nert Tree	기반조성 및 순환경제
· Traffic & Transport Group	· BIO-연료, 자전거	생태적 기반조성
· Education Group	· 지역학습	평생학습을 통한 지역사회에서의 '나'의 발견
· Health & Wellbeing Group	· 자연과 소통 등 영성 및 마음 훈련	생태적 성찰
· Heart & Soul Group	· 새로운 영성적 전환 요구	생태적 성찰
· Local Government Group	· 온라인 커뮤니티를 통한 의사 소통 · 지방정부와 연계 협력	협력적 거버넌스
· Arts Group	· 휴식과 여가의 제공	지역사회에서의 '나'의 발견
· Admin & Support Group	· TTT 프로젝트 정책기획, 조정, 계획 업무 담당	협력적 거버넌스

에너지감축행동계획 구상

롭 홉킨스는 토트네스에서 킨세일과 마찬가지로 지역 주민들과 함께 '에너지감축행동계획 2030'을 구상한다. 이 구상은 향후 20년 동안 화석연료로부터 독립을 재확인하는 자리다. 이 행동계획은 커뮤니티가 중심이 되어 행정부와 함께 2030년까지 석유로부터의 독립을 선언하는 독립 선언문 같은 것이다. 토트네스 사람들은 식량과 에너지를 스스로 생산하는 자생적인 커뮤니티를 주요 미션으로 하고 그 실행 수단을 커뮤니티 비즈니스를 통하여 실현하고자 하는 계획을 구체화시킨다. 이 계획은 가격이 치솟는 화석연료로부터 보다 자유로운 삶과 공간구성을 위해 토트네스는 생산과 소비활동에서 화석연료를 최소화하기 위한 프로젝트이다. 이 프로젝트는 화석연료에 의존했던 삶으로부터의 모든 것이 새롭게 바꾸는 행위이므로 이들은 '트랜지션transition', 우리말로는 '전환'이라는 관점에서 진행되었다. 이들은 지역의 먹을거리, 지역에너지, 지역경제 그리고 교육과 문화 등에 중점을 두고 이들이 앞으로 이행하여야 할 행동계획을 구상하게 된다.

1986년 광우병의 시련을 겪은 토트네스는 좁은 공간·집단사육방식의 근대식 축산이 아니라 유기농 농업과 전통적 축산으로 새롭게 전환하면서 토트네스의 새로운 전기를 마련한다. 유기농 농장인 리버포드는 수확된 채소를 집 앞까지 배달을 하며, 곳곳에 비치된 로컬푸드 가이드북은 커뮤니티에서 생산한 좋은 먹을거리를 공급받는 데 좋은 정보가 된다. 로컬푸드 가이드북은 주민이 만들어서 생산자와 지역에서 생산된 먹을거리로 만든 음식점을 소개하면서 지역경제에 적잖은 도움이 된다.

지역에너지는 에너지 자립을 원칙으로 지붕 위에 태양광을 설치하고 단열사업을 하면서 출발한 것이 '트랜지션 거리운동'으로 확산되어 갔다. 에너지 절약 모임을 만들고 정부의 지원을 받는 순으로 일을 진행시켜 갔다. 2030년까지 지금 사용하는 에너지의 절반 줄이기와 그 절반을 재생가능에너지로 전환을 목표로 트랜지션 타운의 면모를 갖추기 위해 많은 노력을 하고 있다.

유기농업, 그리고 전통 축산은 지역사회 공동체 경제와 연결된다. 지역산 좋은 먹을거리는 커뮤니티의 식료품, 정육점 그리고 식당에 판매되면서 대형마트와의 경쟁력을 높이는 결과를 가져오기도 했다. 커뮤니티 곳곳에서 쉽게 찾아볼 수 있는 자료는 트랜지션 타운 운동에 참여할 수 있는 기회와 문화를 제공하고 있다.

토트네스의 에너지감축행동계획은 2010년 5월에 마감되었다. 2009년부터 2030년까지는 개인, 커뮤니티 그리고 토트네스 시정부가 하여야 할 일을 시간계획을 마련하였다. 토트네스 에너지감축행동계획은 2030년까지 토트네스와 인근 지역을 위한 비전을 구상하였다. 그 비전은 역 20여 가지의 항목으로 행동을 실현하기 위한 지침이기도 하다.

<Copyright 유희정>

<사진설명>

에너지 자립 현장	
마을게시판	토트네스 트랜지션 타운 사무국

토트네스의 2030 비전

1. 리더십은 다양하고 나이, 젠더, 공동체의 문화적 구성원을 대표
2. 선출된 공동체의 리더십은 선구적이고 권력을 나누고 합의를 도출해야 함
3. 공동체 구성원들은 의미 있는 공동체의 결정을 할 수 있어야 함
4. 공동체는 자부심을 느껴야 함
5. 사람들은 공동체의 미래에 대해 낙관적이어야 함
6. 공동체에서 상호 도움과 협동 정신이 있어야 함
7. 사람들은 그들의 공동체에 애착을 느낌
8. 공동체는 자기 의존적이고 자기 자원에 의존하여야 함
9. 모든 단계에서 교육은 강한 신뢰가 있고 지원이 있음
10. 공동체의 다양성이 존재함. 공동체에서 창의적인 사업과 발전 조직, 구체적으로 에너지감축행동계획의 기능이 잘 구비되어 있음
11. 공동체에서 조직은 발전된 파트너십이 있고 공동작업의 상호 협력심이 존재함
12. 공동체에서 단일한 거대 고용주를 넘어 고용이 다양하여야 함
13. 공동체에서 주요한 사업은 지역 그 자체에 기반함
14. 공동체는 지역의 독립적인 자기기반성을 증가할 수 있는 전략을 가지고 있음
15. 생동감 있고 경제적으로 활동성을 증진시키는 대안적 방법이 열려져 있음
16. 공동체는 공동체의 바깥에서 자원을 그 스스로 찾고 확인된 약한 지역에 기반을 둔 안전한 자원(기술, 전문 지식, 금융)을 찾음
17. 공동체는 확대된 경제에서 경쟁적 지위를 지양함
18. 시민은 공동체의 비전과 목표의 이행을 전개하고 에너지 감축 행동의 발전을 인도할 에너지감축행동계획을 가지고 있음
19. 에너지감축행동계획에서 현재 진행 중인 행동은 성취해야 할 목표를 향함
20. 공동체의 전략적 목표를 향한 진취적인 정규 평가가 있음

■ 전략목표
○ 지역화된 음식 소비
○ 농부와 재배자
○ 기술 발전과 자원
○ 역량이 서로 연결된 시스템
○ 토지이용의 발전

■ 2009년
○ 지역 – 공동체
  - 정원에 식용식물을 심도록 권장함
  - 초등학생에게 지역에서 생산되는 과일과 야채에 대한 교육함

- 슈마허 칼리지를 활용하여 지역주민을 대상으로 먹을거리 교육 진행
- 땅의 활용방안 검토
- 학생 등 지역주민이 시간을 할애해 지역 마을에 있는 과수원과 정원을 돌봄.
○ 생산자
- 재생 가능한 원료 사용
- 유기농산물을 공급할 수 있도록 제반 여건 마련
○ 정책입안자 및 서비스 제공자
- 지역에 심을 수 있는 과실수의 종류를 알아보고 지역주민에게 정보 제공
- 지역 식품 웹 프로젝트를 구성하여 지역 내의 수요 – 공급 조사 실시

■ 2010년
○ 지역 – 공동체
- 지역주민과 함께하는, 지역주민이 계획하에 지역 먹을거리 축제 개최
- 생산성이 높은 과실수를 심도록 권장
- 성인들 대상으로 과실수와 땅콩나무 등의 관리법과 요리법 등을 교육
- 공공장소 등의 자투리 공간을 지역주민들이 함께 관리할 수 있는 정원 조성
○ 생산자
- 친환경 수송 수단을 가지고 재배한 농산물을 시장으로 운반
- 토트네스 음식점들은 지역식재료 사용
- 지역의 어민은 지속 가능한 공동 어업 사용
- 잡초의 생산량이 증가되어 가축의 먹이로 사용
○ 정책입안자 및 서비스 제공자
- 토양 연합체의 생명을 위한 음식은 토트네스의 병원서비스와 연결
- 지역 농산물의 증가는 지역주민의 건강과도 밀접하게 연결
- 지역의 방치된 땅을 먹을거리 심는 공간으로 활용

■ 2011년
○ 지역 – 공동체
- 지역의 먹을거리 공급과 소비의 연결망 구축
- 지역 어류를 이용하여 지역의 음식업을 육성
- 종자, 기술, 경험 등을 함께 지역에서 공유
- 많은 학생들이 지역 농업에 관심
○ 생산자
- 땅을 적극적으로 활용해 최대한의 생산량을 낼 수 있도록 함
- 더 많은 정원의 대중화
○ 정책입안자 및 서비스 제공자
- 지역의 농업 생산에 투자할 수 있는 여건 조성
- 더 많은 공공장소의 남는 공간을 정원화할 수 있도록 함

▌2012년

○ 개인

- '당신의 거리에 과수원을 만들자'라는 프로젝트에 동참

○ 지역 – 공동체

- 정원에 먹을 수 있는 채소의 종류를 늘림
- 자동차 주차 공간도 정원으로 전환할 수 있도록 함
- 다양한 요리법을 배울 수 있는 대중적인 요리 강습 기관 조성

○ 생산자

- 가축의 방목이 늘어나면서 건강한 가축이 생산
- 화약제품이 투입되지 않아도 토양의 지력 향상

○ 정책입안자 및 서비스 제공자

- 공공 영역에서 지역적인 음식 생산 활성화

▌2013~15년

○ 개인

- 새로운 사람을 만날 수 있는 중요한 방법 중의 하나로 정원 가꾸기 인기 도모

○ 지역 공동체

- 지역의 먹을거리 회복력 증가
- 아이들의 음식에 대한 관심이 높아짐
- 더 많은 공간에 과실수 심음

○ 생산자

- 순환제도를 이용하여 작물의 재배 증진
- 풀을 먹이는 농가 증가

▌2016~20년

○ 개인

- 자동차는 개인소유가 아닌 공동으로 이용

○ 공동체

- 국제적인 지속 가능한 농업 썸머 학교 개최

○ 생산자

- 토트네스는 이제 인근 지역으로 수출할 수 있는 음식의 여유분 생김
- 땅의 비옥도 증가
- 전통기술 접목

○ 정책입안자 및 서비스 제공자

- 농업 생산을 위한 새로운 토지 개혁 법 제정
- 지역 자원을 통한 물품 생산을 지방자치단체가 증진시킴

▌ 2021~25년

○ 개인
  - 지역 과실수에 대한 기초적인 지식을 대다수가 습득
  - 잔디 깎는 기계 사용하지 않음
○ 공동체
  - 고기 소비를 줄이고 땅콩 등 지역에서 생산된 탄수화물 섭취
  - 지역에서의 질소산화물을 재활용할 수 있도록 함
○ 정책입안자 및 서비스 제공자
  - 지역의 젊은이들이 지역 농업에 참여할 수 있는 기회 확대

▌ 2026~30년

○ 공동체
  - 지역 정원에서 생산된 과실수를 이용해 지역 축제 개최
  - 지역의 먹을거리의 40% 이상은 개별 정원과 공동 정원 등에서 할당
  - 농민은 더 인기 있는 직업이 됨
○ 생산자
  - 농업의 다양성이 활성화되고 더 많은 사람들이 농업에 종사
  - 계절별로 다양한 작물과 함께 다양한 농업 형태가 실현
○ 정책입안자 및 서비스 제공자
  - 농민과 토지주 및 정부 간의 더욱 협력적인 일처리 진행

(4) 에너지 안보

▌ 전략목표
○ 재생 가능한 전기 발전
○ 에너지 효율성 측정

▌ 2009년
○ 개인
  - 저에너지 사용으로 전환
  - 농부는 나무 연료 사용
  - 태양 패널로 교체
  - 스마트 미터를 사용해 에너지의 공급량과 사용량을 관리
○ 공동체
  - 재생 가능한 에너지로 전환할 수 있는 제반 환경 조성
○ 정책입안자 및 서비스 제공자
  - 저탄소 산업에 투자할 있는 환경 조성
  - 재생 가능한 에너지에 지원하는 발전차용 비율 증가

■ 2010년
○ 개인
  - 탄소발자국 측정을 통해 줄일 수 있는 방법 간구
  - 에너지 교육 프로그램 참가
○ 공동체
  - 태양열 지붕으로 교차하고 학교는 새로운 에너지 체계 도입
  - 에너지 절감 건축으로 전환
○ 정책입안자 및 서비스 제공자
  - 바람과 태양으로 에너지원 전환
  - 형광등 교체 사업 실시

■ 2012년
○ 개인
  - 페이스북에 탄소 측정기 만듦
  - 개인별 탄소발자국 측정
○ 공동체
  - 지역사회에서 배출되는 음식쓰레기를 자연적 분해 – 분해 박테리아를 이용해 처리
  - 지역의 자원을 활용하는 방안 모색
○ 정책입안자 및 서비스 제공자
  - 재생 가능한 에너지로 전환할 수 있는 자금 지원

■ 2013~15년
○ 개인
  - 카풀제도의 도입
  - 건물의 에너지 감축 시행
○ 공동체
  - 생분해 활성화
  - 자연환경 조성 등을 통해 이산화탄소 감소
○ 정책입안자 및 서비스 제공자
  - 재생 가능한 에너지로 운행하는 대중교통 확충
  - 정부로 하여금 재생 가능한 에너지 투자

■ 2021~25년
○ 개인
  - 농민은 더 많은 잡초, 풀을 활용
  - 나무를 땔감으로 사용
  - 풍력과 태양력을 이용한 가정용 전기 사용으로 전환

○ 공동체
- 제로 탄소 공동체를 만듦
- 2009년 탄소의 50%를 감축
- 지역에너지원을 더욱 발전시켜 80% 이상 재생 가능한 에너지원 사용
○ 정책입안자 및 서비스 제공자
- 토트네스를 영국에서 처음으로 탄소 중립 마을 선언

토트네스와 인근 지역의 포스트-석유 정점에 대비한 일자리 창출

구분		주요 내용
일자리 영역	산업 형태	경제 발전을 위한 기회
먹을거리 산업 · 토지 이용	유기농	농업 노동자, 연구관과 조사관, 가치 부가와 가공처리, 소매, 농업 개시를 도와주는 공동체
	섬유산업	농업화, 가공처리, 제조업
	유기농 먹을거리 산업	훈련, 수경재배, 먹을거리와 약용으로 유기농 고급 버섯 생산, 집약적인 원예 시장, 먹을거리 보존
	임업	건설과 다양한 목적에 맞는 목재, 버섯 재배를 위한 톱밥, 숯, 나무를 활용한 가스화, 저림 산업, 수액, 타닌, 나무껍질, 교육, 훈련, 먹을거리 산업, 섬유
	도시 농업	코디네이션, 토지 접근 공급, 식용 재배 자문, 재배자와 소비자를 연결하는 온라인, 상업 생산을 위한 거대한 잠재력, 식물육종장과 선전
	이삭 줍기	사과 수확, 울타리, 교육
	혼농임업	설계 자문, 계획과 진행 경영, 생산 범위 확대, 장기간의 목재 가치 향상, 출판, 연구
	교육	식용 재배, 가르침, 지속 가능한 발전을 위한 교육, 먹을거리 재배 훈련, 견습기간, 맞춤 전환 교육 프로그램
제조업과 가공 처리	재사용	고철재를 활용한 건축자재, 재료(벽돌, 목재 등) 재이용, 폐용지 절연 처리, 유리 용기 절연 처리
	지속 가능한 산업	재사용 가능한 에너지 기술의 제조업화, 기술 시스템
	수리	기계의 사용량 증가, 내구성 강화 건물
	직물	지역 생산의 직물, 삼, 아마 처리, 재사용과 재수리가 가능한 옷 생산
	청소(scavenging)	재료 재사용과 재단장, 저소득층을 위한 재판매
서비스	의료서비스	전체론적 의료서비스, 효율적인 약물 치료 조사. 지역적 약물 재배, 의사 훈련, 약제사, 간호 지원
	에너지	집 단열재 처리 지원, 에너지 모니터링, 에너지 효율 지원, 투자의 코디네이션, 에너지 시스템 저감축과 에너지 관리, 나무에 의한 값싼 보일러 생산, 비즈니스를 위한 에너지 감축 분석
	퇴비 경영	채집하기, 관리하기, 교육하기, 분배하기, 교육하기, 도시 먹을거리 생산과 연결되는 잠재성
	정보 통신	에너지 경영의 효율적인 소프트웨어 시스템 만들기, 탄소 발자국 만들기
	호스피스 서비스 장례	호스피스 서비스, 집에서 환자 보호하기, 녹색 장례식
	금융 투자	신용카드 조합, 지역 통화, 그들 지역에서 신용을 통해 형성되어 사람들이 사용할 수 있는 기계 장치, 그린 기금, 대중 펀드

정부	지역의회	지역, 행정구역의 조직화 작업의 기회
	조사관	많은 프로젝트와 진행 중인 대규모 사업으로부터 정보를 얻을 수 있는 기회
교육과 설계	교육자	"위대한 새 기술화"를 지원할 수 있는 다양한 기회, 전문화 과정 교육
	지속 가능한 설계자	식용 가능한 지역 풍경화, 제로 탄소 빌딩에 관한 특별한 지역적 건축화
	예술	전환에 관한 다큐 프로젝트, 전시회, 대중을 위한 예술 워크숍, 지역의 레코디오 스튜디오, 스토리텔링
	전환 컨설턴트	에너지 감사, 회복력 계획, 미래의 비전에 대한 작업
개인/ 집단 지원	자문	개인적인 '전환 컨설턴트', 단체 지원, 공동체 과정
	시민 자문	빚 자문, 주택 자문, 금융 관리 기술, 빚 스케줄
	재취업 주선·정리해고 지원	지원, 재취업, 진행 중인 사업 지원, 교육
언론	인쇄 매체	지역 신문, 전환의 다른 양상을 보여준 작은 책 인쇄
	인터넷	지역 시장을 위한 온라인 재훈련 프로그램
	필림 매체	전환 행동과 같은 경각심을 심어줄 수 있는 온라인 TV다큐 제작
건설	새 기술 배우기	지역 재료와 녹색 건축 기법을 사용하는 건축자 훈련하기, 건축에 에너지 효율 높이기, 지역 건축 기업 창업하기, 빗물 모으기 시스템, 설계
	재료	지역에서 자연적인 건축 자재 만들기, 점토 접착제, 목재, 석회, 벼, 삼모 등 재배, 가공처리, 분배, 재사용 등, 지역에서 만든 벽종이
	건축물	특별한 패시스 집 건설, 지역 재료, 개선할 수 있는 충고
수송	저에너지 자동차	마케팅, 임대, 기사
	자전거	판매, 서비스, 교육의 지속성, 임대
	인력거	수출, 서비스화, 택시 서비스, 결혼 등
	바이오 디젤	저장, 가공, 판매, 교육과 충고
	바이오메탄/전기로 탈 것	판매, 임대, 자동차 클럽

토트네스 트랜지션 타운 운동의 지속성

물리적 요건	심리적 요건
센츠재단 슈마허컬리지 슈타이너 대안학교 리버포드 농장	에너지 전환 모임(골목그룹)와 각종 그룹모임 담벼락 공지와 기술공유 공유지 및 개인가든 활용 지구적 정의에 대한 나눔 활동

삶의 기술 공유 지역상점 이용 씨앗은행, 숲 가꾸기	먹을거리의 체계화, 로컬푸드 자본의 지역순환과 공유, 로컬머니 영성적 가치 공유를 통한 내적 전환

<비전의 공유>

생태적 재지역화 전환 공동체의 회복과 지속가능한 삶의 터 구현

<Copyright 유희정>

<사진설명>

로컬머니 가맹점	마을축제
마을회의	
마을장터	

그들의 미션: 생태적 재지역화

영국 토트네스의 재지역화 모형은 지역에 위협요인으로 다가오고 있는 석유 정점과 기후 온난화의 문제로부터 지역적 자립을 위한 생태적 재지역화를 모색하고 있는 특징을 보이고 있다. 토트네스가 이처럼 생태적 재지역화가 가능한 요인은 내부적으로 슈마허 칼리지(대학원 과정임)라고 하는 지역대학이 지난 수년 동안 퍼머컬처 및 생태철학 등에 대한 논의를 꾸준하게 진행시켜 왔으며, 철학과 실천의 가능성의 관점에서 『슈마허 브리핑』이라는 단행본을 꾸준히 발행하는 등의 생태사회를 위한 노력을 경주해왔기 때문이다. 슈마허 칼리지에서 발행하는 『슈마허 브리핑』은 순환의 지역경제, 창조적인 지속 가능한 도시, 건강의 생태학, 돈의 경제학―로컬머니, 지속 가능한 교육, 생명 지역적 자원, 가이아적 민주주의, 생태마을, 젊은 세대들에 의한 발전 등으로 생태사회를 논의하는 도서들을 꾸준히 발행하고 있다. 그뿐 아니라 유기농축산의 생산과 지역적 소비 등의 지역의 생태적·순환적 조건을 꾸준하게 만들어왔다.

토트네스 주민들은 지역적 가치에 대한 새로운 인식 등이 지역이 내생적 조건과 결합하였고 기후 온난화와 석유 정점이라는 지구적인 외생적 조건이 등장하면서 영국의 토트네스는 지역의 새로운 재편을 요구할 수밖에 없다는 인식을 하게 된다. 그 과정에서 도입된 미션은 '경제적 공간'으로서의 지역이 아닌 '삶의 공간'으로서의 지역·'생태적 공간'으로서의 지역을 위한 생태적 재지역화였다. 생태적 재지역화를 위한 방법은 롭 홉킨스의 논의를 바탕으로 한 트랜지션 타운 조성이며, 이는 지역자립·에너지자립의 지역체계를 모색하는 것이 목표이다. 토트네스도 이와 같은 목표를 설정하고 있는 것이다. 이러한 목적을 수행하는 과정에서 지역의 기업에 대해서는 상승하는 유가에 대응한 회계 컨설팅을 지원해주고, 주민역량 강화프로그램을 마련하고, 주민권력을 도모하기 위한 방안을 모색하고 있다. 그리고 먹을거리의 지역적 순환을 위한 로컬푸드 디렉터리 제작, 로컬머니인 토트네스 파운드 발행과 지역의 다양한 논의 및 토론 그룹을 조성함으로써 내생적 역량을 극대화시킨 다양한 논의 그룹을 운영하고 있는 특징을 보이고 있다.

분명한 생각, 명확한 실천

퍼머컬처는 서구사회에서 생태마을이나 생태공동체를 조성하는 마을 단위에서 가장 흔하게 접할 수 있는 단어이다. 특히 지구적 생태마을 네트워크를 조성하고 있는 Global Ecovillage Network는 전 세계에 대륙별로 생태마을 연계망을 조성하고 있는데, 대다수의 마을들이 퍼머컬처, 생명 지역^{Bioregion}이라는 단어를 사용하고 있으며, 이 단어는 마을 조성에 중요한 철학적 지침이 되기도 한다.

최근 들어 한국에서도 생태도시를 위한 프로젝트가 수행 중에 있는 곳이 몇 군데 있다. 생태도시 프로젝트가 단순히 개발계획에 생태적 포장을 한 프로젝트가 아니길 바라며, 근본적 입장에서의 생태적 재지역화를 검토할 필요가 있다. 이러한 검토를 위해서는 생태철학에서 논의하고 있는 철학적 지향점에 대한 검토를 바탕으로 지역이 선택해야 할 방안을 검토할 필요가 있다. 가령 전체주의적 관점인가, 개체주의적 관점인가? 인간 중심의 논의를 할 것인가, 생명 중심의 논의를 할 것인가?라는 것을 분명한 지향점으로 선택할 필요가 있다. 어떤 지향점을 선택하느냐에 따라 토지이용의 방법론과 사회적 관계를 형성하는 방법, 그리고 행정부의 위치 등이 달리하기 때문이다. 토트네스와 같은 유형은 지역적 순환을 원칙으로 에너지자립·경제적인 지역적 자립을 목표로 하고 있는 그 과정에서 지역의 자원을 최대한 활용하고 있는 특징을 보면 다분히 생명 지역의 관점에 가깝다. 그리고 사회적 관계망을 조성하는 것은 위계적 관계가 아닌 수평적 관계를 중시하고 있어 사회생태적 관점이 강하다고 볼 수 있다. 따라서 제도나 법에 우선한 환경관리주의나 맹신적인 과학과 기술을 신봉하는 과학기술 중심의 관점에서 지역의 문제를 바라보는 것이 아니라 급진적 생태중심주의와 급진적 인간중심주의의 관점에 기초하고 있다고 볼 수 있다. 그러나 생태중심주의이든 인간중심주의이든 급진적이라는 표현은 인간중심주의적 개선론으로 일컫는 환경관리주의와 과학중심주의의 관점에서 바라보았을 때의 문제이지 실질적으로 생태중심주의의 관점에서 그다지 급진적이지도 진보적이지도 않은 당연한 과제로 인식하고 있다는 점이다. 다시 말하면 지역의 문제는 스스로 기획하고 관리하고 문제를 진단하는 것이 급진적이라는 표현은 지역을 기획하고 관리하는 주체로 인식하고 있는 집행부가 지역을 바라보는 관점이며 시각으로 지역을 수혜적 대상·관리의 대상·객체로 바라보고 있는 피동적 관점에 불과한 것이다.

그러나 토트네스는 생명 지역의 관점에서 과학적 관리와 합리성이 최대한 고려한 생태적 디자인을 퍼머컬처의 원칙과 원리를 지역에 적용하고 있다는 점은 토트네스의 철학적 지향점을 분명히 하고 있다. 토트네스는 철학적 관점뿐만 아니라 공간적용에 있어서도 퍼머컬처의 원리를 적용한다.

토트네스에 위치하고 있는 슈마허 칼리지는 교육이념과 실천교육은 생태주의이다. 따라서 슈마허 칼리지는 여타 생태마을이나 생태공동체가 철학적 이념을 선택하고 있는 생명 지역, 퍼머컬처 등에 기초한 교육철학을 중시하고 있다. 따라서 생활교육 속에서의 교육을 통하여 생태사회를 위한 구체적인 방안들을 다양하게 모색한다(한광용·국중광 역, 2007: 137~166). 슈마허 칼리지의 교육 프로그램은 생태적 관계형성을 위한 의식변화에 초점을 맞추고 있다. 이와 같이 슈마허 칼리지가 기존의 교육이념과 다른 가치를 하는 것은 '삶의 공간'과 '생태적 공간'에 대한 가치를 우선하기 때문이다. 이러한 가치 기준은 결국 지역을 바꾸게 되며 바뀐 지역은 새로운 생태주의 가능성을 열게 되며 더 나아가서는 외부적 자원에 의존한 체계로부터 자율성을 얻을 수 있다고 보기 때문이다. 이렇듯 슈마허 칼리지는 생명지역주의의 입장에 입각한 생태주의를 모색하는 과정에서 생활 속에서의 교육체계를 이루며 그 과정 중에 적용되는 교육관이 퍼머컬처이다. 이렇듯 분명한 교육철학은 토트네스 지역에 적용되면서 생태적 재지역화를 위한 다양한 기반을 조성하고 있는 상황이다.

영국 토트네스 지역에 있는 슈마허 칼리지 일부 교육 프로그램

기 간	프로그램 제목
Sep. 10~22	ART IN PLACE: LINKING ART TO ECOLOGY
Oct. 15~20	IMAGINATION AND INTUITION: SHAMANIC INFLUENCES IN WESTERN CULTURE
Oct. 22~Nov. 3	ACTIVISM IN LATER LIFE: SHARING THE WISDOM, SERVING THE EARTH
Nov. 5~10	THE ROLE OF EDUCATION IN THE 21ST CENTURY
Nov. 12~24	LIFE AFTER OIL: BREAKING THE HABIT
Jan. 7~26	SCIENCE AND SPIRITUALITY: CREATING A NEW BALANCE
Feb. 4~23	CLIMATE CHANGE: SEEING THE WHOLE PICTURE
Feb. 25~Mar. 2	EDUCATION AS A SPRINGBOARD FOR TRANSFORMATION
Mar. 4~23	INDIGENOUS PEOPLES AND THE NATURAL WORLD: IS ANCIENT WISDOM RELEVANT TO THE MODERN WORLD?
Mar. 25~30	ILLNESS TO WELLNESS: INTEGRATIVE HEALTHCARE IN THE COMMUNITY
Apr. 15~20	CREATIVE PARTNERSHIPS: UNLEASHING COLLABORATIVE POWER IN THE WORKPLACE
May 6~25	DESIGNING WITH NATURE: FORMS OF WHOLENESS
Jun. 3~22, 2007	THE NEW ECONOMICS: FROM GROWTH TO WELLBEING
Jul. 1~20, 2007	EARTH AND THE SACRED: THE PERSONAL AND THE PLANETARY

출처: 한광용(2007), "생태공동체의 생활교육", 국중광 역, 『한국생태공동체의 실상과 전망』, 월인

"ART IN PLACE: LINKING ART TO ECOLOGY"

미학적 감수성과 생태적 감수성은 동전의 양면과 같아서 예술이 인간과 생태계의 관계를 탐구하는 매개체로 활용하는 것이다. 즉, 예술과 생태의 접목에 대한 내용이다.

"IMAGINATION AND INTUITION: SHAMANIC INFLUENCES IN WESTERN CULTURE"

이성주의와 물질주의에 의해 좀定되어 버린 유럽 전통의 샤머니즘에 대한 교육 내용으로, 샤머니즘이 단순한 비과학적 미신이라는 평가 외에 자연을 이해하고 자연의 일부로 자연의 변화에 순응하며 살아가는 유럽인의 전통적인 정신문화라는 관점으로 접근하고 있다.

"ACTIVISM IN LATER LIFE: SHARING THE WISDOM, SERVING THE EARTH"

중년 이후의 삶에 새로운 조명을 집중하는 이유는, 연장자의 경험과 지혜가 지속 가능한 미래를 위해 활용될 수 있다는 내용이다.

"THE ROLE OF EDUCATION IN THE 21ST CENTURY"

21세기 새로운 교육 패러다임을 배우고 가르치는 교육방법에 대해 탐구하는 내용을 담고 있다.

"LIFE AFTER OIL: BREAKING THE HABIT"

원유고갈이 目前인 현시점에서 '석유'에 중독된 삶에서 미래를 대비하기 위한 새로운 삶의 형태로 전환하기 위해 대체에너지를 비롯하여 어떻게 再디자인하여야 하는가에 대한 과정이다.

이외에도 환경변화에 의한 현상들을 통합적인 본질

"SCIENCE AND SPIRITUALITY: CREATING A NEW BALANCE"

상대적인 개념으로 인식되는 과학과 영성의 균형적인 관점이 필요하여 두 개념이 서로 보완적인 새로운 접점을 찾아보는 과정이다.

"CLIMATE CHANGE: SEEING THE WHOLE PICTURE"

지구 각 처에서 발생하는 이상 기후의 원인과 결과를 단순한 지역적 현상이 아니라 지구 전체의 통합적인 문제로 접근해야 한다는 내용이다.

"EDUCATION AS A SPRINGBOARD FOR TRANSFORMATION"

현재 이루어지고 있는 교육과정이 미래를 책임질 수 있는 올바른 가치관과 지식을 전달할 수 있는 이상적인 교육인가라는 질문에 대한 답변으로 새로운 교육모델을 구성해 보는 과정이다.

"INDIGENOUS PEOPLES AND THE NATURAL WORLD:
  IS ANCIENT WISDOM RELEVANT TO THE MODERN WORLD?"

전 세계 지역 토착민들의 오래된 삶의 지혜와 자연환경이 현대사회가 갖고 있는 문제들과의 관계성을 토론을 통해 이해하는 과정으로 세계화의 영향을 알아본다.

"ILLNESS TO WELLNESS:
INTEGRATIVE HEALTHCARE IN THE COMMUNITY"

의료기술이 발달됐다고 하나 서방국가 인구의 70%가 만성병에 시달리고 있다. 이 과정은 천여 년 동안 전해 내려오는 조상들에 의해 발전된 의학을 접목시켜 현재의 의료기술을 발전시킬 수 있는가를 토론하기 위한 것이다.

"CREATIVE PARTNERSHIPS:
 UNLEASHING COLLABORATIVE POWER IN THE WORKPLACE"

단체나 조직들은 그들이 속해 있는 사회가 지속될 수 있는 기본적인 운영체계를 개발하기 위해 성격이 다른 모든 단체나 조직들이 협동적이어야 한다는 내용이다.

"DESIGNING WITH NATURE: FORMS OF WHOLENESS"

디자인은 모든 분야에 적용되며 인간 삶의 총체적인 모습이고 따라서 디자인은 복잡다단한 문제들의 근본적인 원인인 동시에 그런 복잡한 문제를 해결할 수 있는 좋은 방법이라는 관점에서 토론을 통해 함께 생각을 공유해보는 내용의 과정이다.

"THE NEW ECONOMICS: FROM GROWTH TO WELLBEING"

경제성장은 자원고갈과 지역붕괴를 초래하여 근본적인 삶의 질을 저하하였다. 경제개발과 삶의 질을 함께 누릴 수 있는 방안에 대해 모색해보는 내용이다.

"EARTH AND THE SACRED: THE PERSONAL AND THE PLANETARY"

현재 환경을 바라보는 관점은 대기오염도, 토양오염현황, 수질기준 등 인간중심적인 환경과학의 분석적 방법이다. 이 과정에서는 종교적이고 영성적인 관점, 즉 지구환경 관점에서 환경을 바라보고 보전 가능성을 모색해보자는 내용이다.

지역중심의 순환경제 구현

앞서 논의한 바와 같이 지역이 경제적 공간으로 전락한 이후 지역은 경제적 순환이 거의 이루어지지 않고 있다. 따라서 지역자본이 아닌 초국적기업이나 다국적기업의 자본이 지역자본을 잠식해가고 있다. 지역의 생산-유통-소비의 과정이 화폐를 매개로 한 교환중심의 경제체제를 이루면서 생산과 소비는 공간적 의미를 배제한 채 단기적 이윤을 중심으로 한 토지 소유 및 이용방식이 물질순환의 과정을 깨드리면서 자연자원을 고갈시키는 과정을 꾸준히 반복하여 지역의 자립적 순환경제체제를 어렵게 만든다(정규호, 2008: 67).

일반사회에서 적용하고 있는 경제는 시장경제로 시장경제$^{market\ economy}$는 한마디로 시장에 따라 통제되고 운영되는 경제 시스템으로서, 모든 재화의 생산과 분배의 질서가 시장의 자기조정 기능에 의존하는 것을 의미한다. 시장경제를 구성하는 전제는, 인간은 모두 최대한의 자기 이익을 추구하는 경제 주체이고, 시장을 통해 수요와 공급의 균형, 즉 가격이 형성되며, 이렇게 형성된 가격이 모든 경제 주체의 소득을 구성하고, 생산된 재화는 그 소득에 따라 분배되는데, 이런 시장을 통한 재화의 생산과 분배의 총화로서 가장 많은 이익을 가장 적절하게 분배한다. 다시 말해 시장경제란 모든 생산이 시장에서 판매되기 위해 행해지고 모든 소득이 이런 시장에서 판매되는 것에서 생기는 것을 의미한다. 더욱이 재화와 서비스 이외에 생산의 본원적 요소인 노동·토지·화폐도 시장의 상품으로 거래하며, 각각에 대해 임금·지대·이자로 가격을 평가하는 시스템이다(김기섭, 2009: 33). 따라서 일반사회에서 적용하고 있는 경제는 지역자본의 순환과 호혜적 관계에 가치를 두기보다는 모든 거래관계를 재화와 용역에 기초하여 적용한다.

기존의 일반시장경제와는 다르게 토트네스의 순환경제체계는 두 가지 특성을 지니고 있다. 하나는 로컬푸드 시스템을 통한 순환경제체제를 마련하고 또 하나는 로컬머니 발행을 통한 호혜적 지역경제를 구축하고 있다. 로컬푸드는 지역중심의 식품체계사업이다. 지역의 생산자가 중심이 되어 지역의 소비자를 모집하고 그 소비자들이 농산물 구매를 위해 운영비를 사전에 지원하며 농장에 직접 와서 받아가는 특징을 지니고 있다. 즉, 지역사회가 후원하는 농업이 되는 것이다. 이는 다국적 기업이 주도하는 식탁으로부터 지역적 자율성을 확보하는 일로 식량수송과정에서 발생하는 대량의 이산화탄소를 배출해 기후 온난화로부터의 문제를 일정 부분 해결하려는 노력이라고 볼 수 있다. 영국 토트네스의 로컬푸드는 지역에서 생산된 유기농·축산물을 반경 20km 내의 유통을 통하여 식량수송에서 발생하는 이산화탄소의 문제를 해결하는 동시에 다국적 기업이 제공하는 식탁의 문제를 자립적으로 해결하고 있다. 또한 대형매장 등의 도입은 자연스럽게 유통기간을 연장하게 함으로써 지역농산물의 경쟁을 약화시키고 결국에는 지역자본의 순환을 막는 부정적 효과를 가져오게 하는데 영국 토트네스는 로컬푸드 시스템을 이용하여 생태적 재지역화 전략을 체계적으로 이행하고 있다. 또한 보다 원활한 지역자본의 순환을 위하여 '토트네스 파운드'라는 로컬머니의 발행을 통하여 지역자본의 순환을 더욱 강화시키고 있다.

토트네스가 보여주고 있는 순환경제체제는 생산-유통-소비를 시장중심의 지역경제체제에서 지역주민의 생계를 안정시키는 일과 지역을 생태적으로 재지역화시키는 과정을 분리시킬 수 없다는 것을 보여주고 있다. 특히 지역적 차원에서 협동을 통한 자립은 매우 중요하다는 것을 보여주는 좋은 사례이다.

더불어 사는 터, 공동주거의 실현

토트네스의 가장 큰 특징 중의 하나는 도시형 공동체의 가능성과 이를 주거공간과 연결시키는 전략을 마련했다는 점이다. 사실 기존의 공동체에 대한 인식은 다분히 폐쇄적인 관점이 강했다. 그러나 사적 생활의 보장과 공동의 이익을 충족시킬 수 있는 방안 중의 하나로 제시된 것이 공동주거Co-housing이다. 토트네스 건축 및 주거 그룹은 지역발전계획을 진행하는 과정에서 공동주거 방식을 채택하고 있으며 이미 지방정부에서 이 계획안을 수렴한 상황이다.

전략을 공유하다

생태적 재지역화는 지역적인 문제만은 아니다. 상위기관과의 연계와 국제적인 인식의 공유가 그 무엇보다도 중요하다. 토트네스도 지역단위에서 다양한 그룹들의 학습과 탐구과정에서 생태건축과 같은 지역적으로 수용 가능한 계획들은 상위기관의 계획에 수용·적용된 바 있다. 이는 행정부와의 유연하고 협력적인 거버넌스의 역할이 중요하다는 것을 의미한다. 생태적 재지역화를 위한 전략수행에 있어서 지역 단위와 국가 단위, 그리고 국제적 단위에서의 역할을 체계를 이루고 진행되어야 할 필요가 있다. 토트네스 역시 마찬가지이다.

국제적 수준에서는 강력한 기후변화 의정서의 채택이 필요하다. 이는 교통의정서를 중심으로 현재 진행 중에 있다. 그리고 화석연료의 주범인 디젤 생산을 중지하고, 석유 고갈의정서를 하루빨리 채택하여야 하며, 경제성장에 대한 인식의 대전환이 필요하다. 국가적 수준에서는 강력한 수준의 기후변화 입법화를 추진하고, 국가적 차원의 먹을거리 안전 전략을 마련하고, 지역공동체에 대한 권한을 이전하여야 한다. 즉, 주민이 스스로 기획하고 관리할 수 있는 정도의 분권을 이루어야 하는 것이다.

지역적 차원에서는 토트네스와 같이 기존의 지역발전 모델을 획기적으로 전환하여야 하며, 그 과정에서 트랜지션의 의미를 새롭게 인식하고 적용할 수 있는 방안을 적극적으로 검토하여야 한다. 토트네스는 지역주민들의 강화된 역량과 학습 과정으로 인하여 결국 토트네스 정부는 석유 정점과 기후 온난화에 대비한 생태적 지역적 자립을 모색하는 트랜지션 타운을 선언한 바 있다. 선언 이후 에너지 감축계획을 추진하고 그 과정에서 단순한 에너지의 문제가 아니라 사회구성원이 모두 참여하고 협력할 수 있는 범주에서의 에너지감축행동계획이 마련되어야 한다. 즉, 음식, 어린이와 지역사회, 교육, 주택, 경제와 근린생활, 건강, 관광, 교통, 쓰레기, 에너지 등의 영역이 종합적으로 검토되어야 한다. 그리고 에너지감축행동계획과 같은 일련의 계획은 기후-친화적 지역사회 구상을 전제로 마련되어야 한다. 또한 지역사회에 의해 지원되는 농업생산체계를 구축하고 이를 지역 내에서 안정적 기반이 마련될 수 있는 순환경제 체제의 마련이 필요하다. 그 외에도 토지신탁과 신용기금 등을 마련하여야 한다. 그러나 이러한 일련의 각종 장치보다도 중요한 것인 자신이 머물고 살고 있는 지역에 대한 새로운 인식이 그 무엇보다도 필요하다.

생태적 재지역화를 위한 영역별 역할과 내용

구 분	내 용
국 제	강력한 국제적 기후변화 의정서 수렴과 집중 바이오 디젤 생산의 중단 석유고갈의정서 경제성장에 대한 재인식 종 다양성 보호
국 가	강력한 기후변화 입법 추진 무역 에너지 할당 국가적 차원의 음식 안전 전략 지역공동체에 대한 권한 이전
지 역	트랜지션 발의 에너지 감축계획 추진 기후-친화적 지역사회 구상 지역사회에 기반을 둔 농업 추진 토지 신탁 운영 신용기금 운영 에너지자립회사 운영 지역주의 함양

출처: Rob Hopkins(2008), 『The Transition Handbook』, Green Books, p.75

　　석유 정점과 기후 온난화 시대에 준비해야 할 지역의 모습을 영국의 토트네스 사례는 분명하게 설명하고 있다. 토트네스 이야기는 지역에 대한 입장과 지금 처해 있는 지역의 위치가 어떠한가로부터 연구의 문제의식은 시작된다. 지역에 대한 보편적인 인식은 물리적 대상을 한 지역의 이해의 한계를 넘지 못하고 있는 것이 현실이다. 따라서 지역을 매개로 한 개발과 계획과정은 인문사회적 이해에 기초하기보다는 부동산의 관점에 우선하고 있다. 그 과정에서 경제적 세계화와 신자유주의 등장은 지역을 자본 잠식의 대상으로 취급할 뿐 지역이 지니고 있는 "더불어 사는 삶과 그 터전", 즉 지역을 매개로 형성하고 있으며 중요한 소재인 "사람, 삶, 터"에 대한 고민은 없다. 결과적으로 일상의 문제와 인식이 공유되고 사람 사는 맛이 나는 공간으로서의 장소, 즉 '삶의 공간'으로서의 지역, '생태적 공간'으로서의 지역이 아닌 '경제적 공간'으로서의 지역으로만 이해되고 취급되어 왔다.

　　그러나 석유 정점과 기후 온난화는 지역을 더욱 해체시킬 것인가, 아니면 지역적 자립을 모색할 것인가 하는 문제에 직면하게 했다. 이러한 문제인식은 장기적으로는 인류사회의 생존의 문제와도 관련되어 있기 때문이다. 인구 20만 규모의 영국의 토트네스는 석유 정점과 기후 온난화의 문제를 인식하고 지역적으로 자립할 수 있는 방안을 검토하고 있다. 필자는 이를 생태적 재지역화로 표현하였다. 영국 토트네스가 추진하고 있는 생태적 재지역화 전략은 기존에 추진되어 온 세계화 혹은 지역화의 관점이 아닌 생태적 가치가 지역에 녹아 들어간 지역화 전략이다.

영국 토트네스는 외부적으로 석유 정점과 기후 온난화의 문제를 인식하고 내부적으로 가지고 있는 역사·문화·사회적 요건을 동원하여 이를 지역전략으로 추진하는 과정에서 생태적 재지역화의 중요한 모델 중의 하나로 등장하고 있다. 롭 홉킨스는 재지역화 전략이 구축되는 과정에서 기존의 지역에 대한 관점이나 발전 양식의 획기적인 전환이 필요하다고 보고 그는 이를 트랜지션 타운의 개념으로 설명하였다. 롭 홉킨스가 제기한 트랜지션 타운은 삶의 터의 재구성에 대한 논의로 그 과정은 생명지역주의와 같은 생태적 원리를 실현 가능하게 만들 것을 요구하고 있다.

이와 같이 이 연구에서 살펴본 영국 토트네스의 사례를 통하여 생태적 재지역화를 위한 시사점은 다음과 같이 정리할 수 있다.

첫째, 지역에 대한 성찰적 비판의식 제고와 기회제공

트랜지션 타운 운동의 선진적 사례를 보여주고 있는 영국의 토트네스는 '문제의식 → 참여 → 협력 → 확산'의 과정을 통한 재지역화 과정의 의미를 시사하고 있다. 특히, 재지역화 과정은 물리적 조건의 수반이 아니라 생태문화적 인식을 사회화시키는 과정이 중요하다는 것을 보여주고 있다. 생태문화적 인식과정은 지역과 관련된 다양한 학습과 모임 과정을 통하여 형성되었다.

둘째, 지구적 관점에서 지역문제를 인식하고, 이와 함께 형성된 철학적 기반 형성

1992년 리우회의에서 등장한 지속 가능한 발전이 미래세대와 현세대의 욕구를 적절하게 보완할 수 있는 생태이념으로 등장해왔지만, 환경에 대한 배려보다는 환경을 매개로 한 개발욕구가 더욱 증대된 것이 사실이다. 반면, 토트네스는 지역발전 모델을 외부적 요인과 지역이 가지고 있는 내부적 요건을 충분히 검토하는 과정에서 지역적 자립과 순환을 목표로 생태적 재지역화를 모색하고 있다. 토트네스의 생태적 재지역화는 생명지역의 관점을 지닌 퍼머컬처의 원리를 지역에 적용의 원리로 삼고 있다. 토트네스와 같이 이념적 지향성을 분명히 하는 것은 지역의 장기적 비전을 설정하고 그 과정에서 지역의 각 구성원이 거의 평생학습에 가까운 방식으로 상호 학습을 가능하게 함으로써 지

역적 거버넌스와 참여형 마을 구상에 기초가 된다.

셋째, 자립순환경제체제 구축

생태적 재지역화 과정에서 그 어느 것보다도 중요한 것은 자립순환경제체제를 구축하는 일이다. 토트네스는 지역이 가지고 있는 유기농·축산물과 지역매장, 그리고 레스토랑과의 순환적 체계를 마련했다. 결국 이러한 순환적 연결고리는 지역사회가 지원하는 농업 시스템 체계를 가능하게 만들었고 이것을 좀 더 체계적으로 관리하기 위하여 로컬푸드 디렉터리를 제작하기도 하였다. 일차적으로 지역생산품을 지역 내 소비시키는 순환체계를 마련한 후 자본의 순환을 위한 지역 내 교환시스템이라고 불리는 로컬머니를 발행하였다. 결국 토트네스는 생산−유통−소비의 순환적 체계와 그 과정에서 통용되는 화폐를 지역화시킴으로써 완결에 가까운 자립순환경제체제를 만들었다. 이는 시장에 따라 통제되고 관리되는 지역경제 시스템이 아니라, 대면성과 호혜성을 기초로 일과 생산, 그리고 순환의 원리가 작동되는 지역경제시스템이라고 할 수 있다.

넷째, 공동주거 조성을 통한 마을 구성원 간의 호혜적 관계 도모

공동주거는 사적 관심영역과 공적 관심영역을 보완하는 동시에 구성원 간의 호혜적 관계를 더욱 증가시키는 도시형 생태건축이다. 토트네스는 개발계획과정에서 이미 공동주거에 대한 연구그룹이 있으며, 이 연구그룹을 통하여 지역발전계획에 의견이 수렴된 바 있다. 공동주거를 바탕으로 한 주거양식의 전환은 지역을 대면관계에 우선한 지역사회를 만들고, 그 과정 하나에 생태적 기법을 적용한 건축방식을 도입함으로써 지속 가능한 생태건축의 방식을 도시적 관점에서 해석하고 적용할 수 있다는 가능성을 보여주고 있다.

지금의 사회가 화석자원에 기반을 둔 자원경제사회라고 한다면 영국의 토트네스의 재지역화 과정은 '삶의 공간으로서의 지역'을 만들어가는 생태적 사회의 한 단면이다. 토트네스의 재지역화 과정은 토지에 대한 새로운 철학적 이해로부터 이를 적용하는 실천의 문제를 다루는 것이기도 하다. 그리고 기후 온난화·석유 정점 앞에서의 '나'를 찾아가는 과정이기도 하며, 지역사회에서의 '나', 지역공동체 구성으로서의 '나'를 찾는 과정이다. 결국 시민·지구시민으로서의 성찰을 통하여 외생적 한계에 직면한 보물찾기를

지역이 가지고 있는 모든 자원을 동원하여 내생적 자원 찾기와 동시에 녹색거버넌스 실현을 위한 협력과 참여를 수행하는 과정에서 새로운 지역을 바꾸어가고 있다. 이 과정에서 주목해야 할 것은 "어떤 것을 만들어가는가?", "물리적 프로젝트를 넘어 사회적 프로젝트를 어떻게 하고 있는가?"에 관심을 기울여야 한다.

영국의 토트네스 사례는 석유 정점과 기후 온난화에 대비한 지역화를 전력은 지역적 자립과 순환의 원칙을 두고 진행되는 자립적 지역프로젝트이다. 이미 국내에서도 다양한 유형으로 지역자치의 유형들이 다양하게 등장하고 있다. 이러한 지역자치나 재지역화를 위한 노력은 지역 주민 스스로 지역의 문제를 진단하고, 주민 스스로 문제를 해결하려는 경향이 매우 높다는 특징을 지니고 있으며, 향후 지역계획이나 국토계획에 있어서도 반드시 고려해야 할 부분이라고 생각된다. 지속 가능한 발전의 관점에서 보더라도 토트네스의 사례가 보여주는 것처럼 경제적 지속 가능성에 많은 비중을 두기보다는 환경적 지속 가능성과 경제적 지속 가능성을 유지한다는 것은 사회적 지속 가능성이 구축 방법과 정도에 따라 승패가 좌우된다고 볼 수 있다.

제3부 분명한 전환 그리고
생태적 재지역화

1. 정치: 분권과 나눔의 정치학

지역정치, 신념과 가치의 반영

생태적 재지역화를 위한 정치적 원리는 물질적 성장주의 사회가 지향하는 거대화·집중화·계층화·획일화에 대한 반성으로부터 출발한다. 물질 성장주의 사회는 유대-기독교 사상의 목가주의를 기점으로 어떤 문제에 직면하더라도 그것을 극복할 수 있는 인간과 그 인간에게 잠재된 과학기술의 힘에 대한 무한한 확신을 가지고 있는 정치적 원리를 고려하지 않을 수 없다. 결국 이러한 사고는 전문가 중심의 행정적 합리주의, 대중에게 무책임하게 던져진 민주적 실용주의, 그리고 시장이 해결할 수밖에 없다는 논리를 내세우는 경제적 합리주의에 의해 환경문제를 해결하려는 경향이 강하게 나타난다. 그리고 그 갈등의 선상에서 미래세대의 충족도 어느 정도 배려를 하여야 한다고 주장하는 규범으로서의 지속 가능성 발전은 환경적으로 바람직한 성장으로 회자되고 있다. 그리고 지속 가능한 발전의 보완된 설명이론이며, 근대화 이론의 재구성으로 등장한 생태적 근대화론은 자본주의 정치경제를 환경적으로 좀 더 건전한 수준으로 재구성하자는 취지이다. 그러나 문제는 생태적 근대화는 자연이 물질적 이용을 넘어서는 내재적 가치를 지니고 있으며, 지구 위에서 단순하게 살고자 하는 녹색 욕구를 가지고 있다는 생각을 선뜻 받아들이지 않는다. 그리고 지구상에서의 삶은 언제나 복잡한 문제이므로 생태주의자가 지향하는 단순하고 소박한 삶의 추구를 받아들이지 않는다(존 S. 드라이제크, 정승진 역, 2005: 267).

이렇듯 생태적 재지역화를 이행하는 과정에서 적용되는 정치적 원리는 물질성장주의의 상징이라고 할 수 있는 거대화·집중화·계층화·획일화에 대응한 소형화·분권화·다양화·분산화의 원리를 원칙으로 한다. 정치적 원리가 이행되는 과정은 자연의 법칙과 그 지역의 자연이 가지고 있는 특성에 부응하면서 다양한 형태의 특성을 지닌 지역적 차원의 사회질서와 가치체계를 모색한다. 그 과정에서 분권화된 작은 정부의 역할이 중요한 정치적 원리이며 의제가 된다. 즉, 생태적 재지역화를 이루는 과정에서의 정치적 원리는 인간사회에 존재하고 있는 권위주의, 지배의 관념으로부터 자유로운 입장을 견지하면서 자연의 법칙을 최대한 배려하도록 노력하는 행위가 반영하는 것이다.

일반적으로 사회에서 통용되고 있는 정치적 의제인 '민주주의·평등·자유·정의'와 같은 정치적인 보편적 가치를 획일적으로 적용하는 것이 아니라 자연의 법칙과 그 지역의 자연의 특성에 부응한 다양한 사회질서와 가치체계의 중요성을 강조하는 것이다. 그리고 진정한 자치 지향적 정치적 원리는 각기 다른 정치적 원리를 적용하고 이해할 수 있는 범위를 확장시킨다. 정의의 관점에서 보면 공리주의적 입장에 근거한 대의민주주의 방식의 정치적 원리의 적용이 아니라, 직접민주주의·참여민주주의·심의민주주의 원리의 가능성도 유연하게 열어두고, 심지어는 연방제·귀족정치·과두제·신정·공국 등과 같은 가능성마저 열어두고 이러한 열린 가능성이 각기 지역이 지니고 있는 가치·신념·기준을 적절하게 수용할 수 있어야 한다. 이는 과거에 집권적인 체계로 평가받는 것을 옹호하는 것이 아니다. 정치적 원리의 적용에 있어서 그것이 지역의 가치, 신념, 기준에 맞는다면 그 가능성은 늘 열려 있어야 한다.

정치적 원리의 현실

집중화되어 있는 정치적 원리를 재지역화 과정에서 분권에 대한 논의는 매우 중요하다. 그러나 지금은 분권을 논의하기에는 적잖은 현실적 한계가 있다. 그 내용을 살펴보면 다음과 같다.

첫째, 중앙정부로부터 여전히 자유롭지 못한 지방정치의 구조

1952년 처음 실시된 지방자체제도는 박정희 정권의 5·16 군사 쿠데타 이후 중단되었다가 1987년 대통령 선거 이후 지방자치제에 대한 논의가 서서히 부활되기 시작했다. 당시 1987년의 한국사회는 여러 측면에서 커다란 전환점을 맞는 시기였다. 그중에 커다란 변화는 몇몇 엘리트 자본과 권력이 보여준 산업화와 근대화 프로젝트는 노동운동과 민주화운동이 등장했다. 그 과정에서 자치와 분권에 대한 논의도 구체화되었다. 중앙정부가 지방자치단체를 관리·통제하면서 중앙집권적인 통치시스템으로 묶어두기 위한 방편으로 지방자치단체장을 임명하는 것이 아니라 주민의 손에 의해 직접 선출하는 직접민주주의에 대한 논의였다. 이러한 논의는 정치적으로도 상당한 난항을 겪었다.

1998년 대선은 군사정권을 연장시켜 준 꼴이 되었다. 그 이듬해 진행된 1988년 총선

은 여소야대의 정국을 맞이하였고 그 과정에서 지방자치제에 대한 물꼬가 트기 시작했다. 여·야 간의 치열한 논의는 결국 지방자치제를 실현할 수 있는 기반을 마련하였다. 그러나 1991년 기초자치단체의 지방의회와 광역자치단체의 광역의회만을 선출하는 반쪽짜리 지방자치로 시작한다. 집행부의 견제역할을 하는 의회만 주민이 선출하고 집행부 운영은 여전히 정부에 의하여 관리 통제되는 단체장에 대한 임명제는 여전히 유지되는 것이었다. 당시 1988년 3월 8일 국회를 통과한 '지방자치법'에는 1989년 4월 30일까지 시·군·구 의회를 구성하고 1991년 4월 30일까지 시·도 의회 구성에 대한 것만 언급되었을 뿐 지방자치단체 선출 방식에 대한 언급이 없었다.

그 이후 1989년 12월에 여야는 1990년 6월 30일까지 시·도 및 시·군·구 의회를 구성하고 1991년 6월 30일까지 지방자치단체장 선거를 실시하기로 합의했다. 그러나 당시 집권 여당이었던 민주자유당이 이 합의를 폐기하면서 주민에 의해 선출하는 지방자치단체장 선출은 다시 표류하게 된다. 여·야는 수차례 합의 과정에서 1991년 6월 30일까지 기초 및 광역지방의회를 구성하고 1992년 6월 30일까지 기초 및 광역지방자치단체장 선거를 실시하는 개정안을 마련했다. 이 합의안에 기초하여 지방의회와 집행부의 단체장을 주민의 손에 의해 선출하는 지방자치제를 실시하게 된다.

우리나라의 지방자치의 실시는 사회적으로 그리고 정치적으로 적잖은 질곡의 역사를 지니고 있다. 사회적으로는 1987년 노동운동과 민주화운동 이후 분화된 다양한 사회운동의 한 측면으로 자치와 분권에 대한 요구가 구체화되기 시작하였고, 이를 수용하는 정치적 과정은 번번이 당시 집권 여당에 의해 발목이 잡히는 꼴이 되었다. 그럼에도 불구하고 지방자치는 정치적으로 현실이 되었고 이제 우리는 2014년 지방자치를 앞두고 새로운 정치적 선택을 하여야 할 시기가 되었다. 1952년 지방자치 실시 이후 군사권력에 의해 좌초되고 다시 부활한 지방자치는 반쪽짜리로 출발한 셈이다.

결과적으로 보면 중앙정치권력은 지역에서 무소불위의 권력임을 알 수 있다. 지역의 생활정치를 담당해야 할 지방의원은 중앙정치권력의 영향력으로부터 자유롭지 못한 것은 여전하다. 특히 지난 민선4기가 출범하면서 유능한 인재발굴이라는 명목으로 도입된 정당공천제는 지방의원 공천권이 절대적 우위를 점하고 있는 현직 국회의원이나 지구당 위원장의 권력의 영역으로부터 자유롭지 못하다. 이러한 일련의 과정은 몇몇 지방의회 후반기 의장단 선출과정에서 정당 내부의 서열화 문제, 그리고 전문성 등의 문제가 서로 갈등양상으로 나타났고 결국 지역구 국회의원의 개입으로 지역정치의 가치가 와해되는 일이 발생하기도 하였다. 이는 중앙정치권력이 지방정치권력에 미치는 영향력이 얼마나 절대적인가를 보여주는 사례이다. 이 사례는 지역구 국회의원이 지방의회의 의장단 선출 과정에서 나타나는 지역정치 세력의 집중화로 지역정치의 현실이 중앙정치권력으로부터 자유롭지 못하다는 것을 보여주고 있는 사례이다.

이러한 논란 속에서 2014년 6·4 지방선거에서는 지방자치단체가 중앙정치의 예속을 막기 위한 하나의 방편으로 정당공천제가 뜨겁게 논의 중이다. 이러한 논의는 거대한 정치적 담론이 지방자치에도 직접적 영향을 주며 그리고 지방자치의 동원형 정치 집단으로 인식하고 있음을 여실히 보여주는 대목이다.

둘째, 중앙정부에는 분권을, 주민에게는 통치를

분권은 권력을 나누는 것으로, 누구와 나눌 것이며, 어떻게 나눌 것이며, 권력을 나누는 과정에서의 주체는 누구인가가 매우 중요하다. 그러나 지금의 정치적 원리가 적용되는 현실은 어떠한가? 가령 집중화되어 있는 정치적 원리가 누구에게 집중되어 있는가? 국민 혹은 주민에게 집중되어 있는가, 아니면 정부에 집중되어 있는가 등에 대한 논의는 매우 필요하다. 그러나 정치적 원리에 기반을 둔 분권 혹은 분산의 의미는 지방정부가 중앙정부에 대한 사무배분과 지방재정 자립권에 대하여 집중하고 있는 반면에, 지방정부가 주민분권에 대한 논의나 정책운영은 매우 소극적인 편이다. 따라서 지금의 정치적 상황은 생활정치 수준의 주민들의 일상의 생활세계를 충분히 고려한 정치적 행위가 필요하다. 특히 생태적 재지역화에 있어서 정치적 원리는 중앙정부에 대한 분권의 문제보다는 주민 스스로 자율적 자치와 운영 가능한 주민분권을 통하여 정치적 원리의 이해와 적용이 중요하다.

1988년 3월 8일 지방자치 실시 이후 진정한 자치와 분권에 대한 논란은 여전히 계속되고 있다. 중앙정부는 지방자치 실시 이후 행정권한의 지방이양이라는 명목으로 끝없이 중앙정부의 사무를 지방정부로 배분해왔다. 전문용어로 사무배분이다. 논리적으로 보면 중앙정부의 사무배분이 곧 지방자치의 실현이라는 논리다.

2000년부터 2008년까지는 지방이양추진위원회는 행정업무의 이양 확정 여부를 판단한 후 지방정부에 사무를 넘겨주었다. 당시 2000년부터 2008년까지 본격적으로 추진된 사무배분 가운데 이양 확정된 사무건수가 2,864개, 이양 완료된 사무건수는 1,678건, 추진 중이었던 사무건수는 1,186건이었다. 그리고 2009년 이후에는 지방이양추진위원회가 지방분권촉진위원회로 명칭을 변경하면서 사무배분 업무는 더욱 속도를 높이기 시작한다. 2009년부터 2011년까지 3년간 지방정부로 이양 확정된 사무건수는 무려 지난 9년간 이양 확정했던 건수와 거의 유사한 1,296건에 이른다. 추진 중인 사무건수도 지난 9년간의 성과와 유사한 1,117건이었다. 당시 참여정부는 국가균형발전과 지방분권을 핵심적인 국정과제로 선정하면서 공간적 분권뿐만 아니라 행정적 분권에도 많은 노력을 했다고 볼 수 있다. 그만큼 지방분권에 대한 속도를 높였던 것이다.

그러나 과연 지방이양추진위원회 그리고 지방분권촉진위원회에 의하여 배분된 사무배분이 진정한 지방자치의 실현인가 하는 것에 대해서는 논란의 여지가 많다. 일각에서는 중앙정부로부터 위임받은 사무배분은 행정분권에 불과한 요식행위라고 지적한다. 중앙정부가 추진한 사무배분 형식의 자방지치의 실현은 결과적으로는 지방정부의 자율성을 증대하거나 진정한 아래로부터의 분권의 기초를 마련한 것에 대한 평가는 그리 높은 점수를 줄 수 없는 상황이다.

"이양 확정 연도" 기준 추진현황

구 분	총 계	지방이양추진위원회										지방분권촉진위원회			
		소계	'00	'01	'02	'03	'04	'05	'06	'07	'08	소계	'09	'10	'11
이양확정	2,864	1,568	185	176	251	478	53	203	80	88	54	1,296	697	481	118
이양완료	1,678	1,499	185	175	250	466	52	184	68	76	43	179	146	33	-
추진 중	1,186	69	-	1	1	12	1	19	12	12	11	1,117	551	448	118

중앙정부의 지방자치는 행정자치 또는 사무배분의 성격에 가깝다. 지방자치단체장이 중앙정부를 상대로 분권을 줄기차게 강조하고 있지만 정작 실질적인 시민참여행정은 매우 요원한 일이다. 시민참여행정이 몇 가지 제도로 구축되는 것이 아니라 실질적으로 분권의 의미가 반영된 시민참여행정이 이행되어야 함에도 불구하고 현재 대부분의 지방자치단체장이 보여주고 있는 시민참여행정의 한계는 분명하다. 시민참여행정이 곧 주민분권의 기초이며 거버넌스의 시작이라는 점을 감안할 때 주민분권은 곧 시민참여행정이다.

참여는 시민이 행정부가 제시한 정책선택과정에 자신의 목소리를 반영할 수 있는 기대로부터 출발한다. 그 참여의 방식은 지역사회 단위의 만남에서부터 각종 위원회의 구성 및 운영 등 다양한 형태를 취하기도 한다. 따라서 이러한 형태의 참여는 행정부의 기획에 의하여 정책을 결정하는 방식으로 직접민주주의와는 상당한 입장 차이가 있다. 그러나 행정에 대한 신뢰가 하락하고 시민사회의 영역이 다양화·전문화되면서, 행정에 대한 서비스의 개선 및 새로운 기대감이 증가하면서 참여의 정당성이 더욱 부각되고 있는 상황이다.

따라서 참여는 시민들의 선호에 대한 정부기구의 반응성을 높이는 계기가 되기도 하며 시민에게는 민주주의의 유지에 필요한 자질과 태도를 증진시키기도 하는 장점을 지니기도 한다. 반면, 참여가 기존 대의민주주의의 한계를 보완하거나 대체할 수 있는지에 대해서는 우려의 목소리가 있기도 하다. 이렇게 보면 참여는 이해당사자 간에 동원된 자원을 중심으로 이니셔티브와 상호 통제력을 공유하는 과정으로 설명할 수 있다. 결국 참여는 조사, 관찰, 고충처리, 자문, 포커스집단, 공청회, 집담회, 타운미팅 등 다양한 방식으로 피드백을 받기도 한다.

이와 같이 볼 때, 시민참여는 정부의 정책과정에 영향력을 행사하기 위해 의도적인 활동을 하는 것으로 이해할 수 있다. 이러한 이해는 정치학적 이해이다. 그러나 시민사회 입장에서는 정부활동에 국한한 자유주의적 관점을 지양하고 개인의 일상의 문제를 포함하여 다양한 주제를 확대 생산하는 관점에서 시민참여를 이해한다. 즉, 매우 제한적인 엘리트 집단에 의해 진행되는 대의민주주의의 한계에 대한 대응, 공동체적 삶의 복원 그리고 개인의 자기계발과 자아실현을 목적으로 사민참여를 지향한다(박상필, 2005: 428). 다양한 의미를 지니고 있는 시민참여는 사회구성원이 공동체의 일에 참여하여 공공선을 증진하려는 직접·간접적인 행동으로 정부의 정책과정에 영향력을 행사하려는 행동과 그 외에 공동체의 공익을 위한 활동을 의미한다고 볼 수 있다. 즉, 시민 자신이 정치체제에 영향을 미칠 수 있다는 마음과 참여하는 시민이 공동체 의식을 갖는 것이 시민참여라고 할 수 있다. 이러한 과정에서 행정이 지역사회의 다양한 이해관계와 문제를 해결하고 조정하는 정치적 장으로서의 기능을 하게 된다. 마을단위의 작은 규모의 지역은 참여가 더욱 활발하게 진행될 수 있으며, 시민이 처한 조건, 이들의 선호도, 그리고 실행하고 있는 정책에 대한 응답과 시행하고자 하는 정책 대안 등에 대한 적절한 정보제공과 시민과의 조율을 통하여 높은 행정서비스 증진 및 정책을 생산적으로 유도할 수 있는 특징을 지니기도 한다. 결국 시민참여는 누구나 참여하고 이야기하고 논의를 할 수 있는 공공의 장이 된다.

셋째, 재정분권 없는 허울뿐인 분권

지방자치단체의 지방재정은 중앙정부 교부금과 매우 제약적인 지방세 수입이 전부이다. 그러나 지방재정 확충의 가장 큰 문제는 외생적 개발에 전적으로 의존한 재정수입구조에 있다. 지방정부의 재정확충은 인구 증가와 밀접한 상관관계를 지니고 있어 지방정부는 인구 증가를 위한 정책이 주요 정책기조로 삼을 수밖에 없다. 이러한 정책기조는 토목과 토건에 기반을 둔 택지개발 사업을 매우 집중화시킨다. 2009년 5월 제3회 전국 기초자치단체장 매니페스토 경진대회에서 보고된 47개 기초자치단체장의 공약평가 분석 자료에 의하면 전체 공약 수 1,970개 가운데 41.17%가 산업·경제 분야로 파악된 바 있다. 이 수치는 현행과 같이 택지개발을 통하여 재원을 확보할 수밖에 없는 지방재정 구조를 보여주고 있는 것이며, 지방자치단체장은 재정 확충을 위해서는 요소투입형 지역개발이나 정치적 행위를 할 수밖에 없다는 것을 의미한다.

지방자치단체의 재정 확충은 부동산 거래로 인한 재원확보, 자동차세 등의 인구 증가와 부동산 활성화를 매개로 재원이 확보되는 상황이므로 지방자치단체장은 해당 지역의 인구 증가에 대하여 매우 민감한 반응을 보일 수밖에 없다. 그러나 과도한 인구 증가는 재원 확보라는 긍정적 측면은 있으나, 무분별한 택지개발에 따른 난개발, 경관이 전혀 고려되지 않고 수익성만 고려한 토건정책의 한계를 넘지 못하고 있다.

지방세 현황

특별시세·광역시세		자치구세
보통세	목적세	
취득세 레저세 담배소비세 지방소비세 주민세	지역자원시설세 지방교육세	등록면허세 재산세 주민세(재산분) 지방소득세(종업원분)
도세		시·군세
보통세	목적세	
취득세 등록면허세 레저세 지방소비세	지역자원시설세 지방교육세	담배소비세 주민세 지방소득세 재산세 자동차세

중앙정부로부터 위임받은 사무는 지방정부의 재정적 압박 요인이 되고 있다. 중앙정부의 시책사업, 특히 시혜적 특징을 지닌 복지 관련 사업은 중앙정부가 수행하여야 할 사업임에도 불구하고 지방정부가 대신 사업을 수행하면서 관련 운영예산은 매칭사업 형식으로 운영되고 있다. 결국 지방정부는 국가 수준의 정책사업을 집행하면서 재정적 압박이 가중되는 '매칭펀드 사업의 딜레마'에 빠지게 된다. 당초에 지방정부는 계획에 없었던 사업을 이행하여야 하는 과정에서 부득이하게 예산을 지출할 수밖에 없는 상황이 발생하게 된다. 즉, 재정분권이 이루어지지 않은 상황에서 가중되는 행정위임사무는 지방정부의 재정압박의 요인 중의 하나가 되었다.

특히 중앙정부와 지방정부의 '8 : 2' 비율의 재정구조는 자주재원으로 하는 지방세를 확보하기 어려운 관리형 도시는 재정운영에 매우 난감한 상황에 더욱 직면하게 된다. 지방정부의 자주재원은 택지개발에 의하여 인구가 모이고 그 과정에서 부동산이 거래되고, 삶의 질을 높이기 위해 자동차를 소유하고, 담배 한 개비로 삶의 여유를 느끼게 하는 이러한 일련의 과정이 자주재원 확보하는 주요 수입원이 된다. 그 외에 재원은 전부 중앙정부가 가져간다. 결국 지방자치단체는 부족한 재원확보를 위해 경쟁하듯이 택지개발을 하는 이유가 여기에 있는 것이다. 즉, 인구의 유입 그리고 그로 인하여 파생적으로 발생하는 사회적 부가 요인이 재원확보의 유일한 길이기 때문이다.

넷째, 시·도 당의 지역비전 부재와 비민주적 정치적 구조

지역을 기반으로 한 시·도 당이나 지역위원회는 지역에 대한 비전과 정책 운영 프로세스가 전무하다. 당원 중심의 지역정당이 되어야 할 시·도 당은 지역위원장 중심으로 운영되고 있으며, 선거조직 정도의 수준을 넘지 못하고 있다. 중앙정치 종속으로부터 자율성을 확보하지 못한 지구당 조직은 지역에 대한 비전과 고민보다는 정치적 이슈에 민감한 반응을 보이는 정도이다. 지역위원장 중심의 사조직화된 기존의 지역조직 체제에서는 후보 선출을 위한 선거관리위원회 구성 및 선출권을 가진 대의원 선거 경선과정 전반이 지역위원장의 의사가 반영되는 경향이 아직도 강하게 나타나고 있다. 결국 비민주적인 정당 내 의사소통구조는 후보선출을 위한 선한 경선이 곧 참한 후보가 선출되는 것과는 무관한 상황이다. 결국 이러한 정치적 구조는 중앙정치로부터 자유롭지 못한 경선구조는 해당 지역구의 국회의원이나 지역위원장에게 줄서기를 할 수밖에 없는 정치적 구조의 한계를 넘지 못하는 것이 현실이다.

다섯째, 정치적 공로의 보상, 엽관주의 지향

왜곡된 지역정치구조는 결국 단체장 선출 이후 공무원을 임용하는 과정에서 보상의 문제와 이어져 나타난다. 공직사회의 임용이 당파성과 개인적 충성심에 의해 결정되는 엽관주의의 한계를 넘지 못하게 되는 상황이 연출된다. 엽관주의Spoils system 또는 정실주의Patronage의 관행은 당연한 것으로 여기는 경향이 강하다. 공직자의 선출이 능력, 자격 또는 업적에 의한 전문성을 평가하기보다는 선거에 기여한 인사중심의 집단주의 성격을 강하게 띠고 있다.

여섯째, 통보와 계몽의 대상인 주민

주민과 시민은 개념적으로 분명한 차이가 있다. 주민은 개체, 시민의 주체의 관점을 지닌다. 그러나 대부분의 지방자치단체장은 시민보다는 주민의 관점에서 이해하고 접근하려는 경향이 강하다. 주민을 대상으로 한 의사집행은 통보 혹은 계몽의 수준에서 진행하는 것이 대부분이며, 주민과의 의사소통 방식과 참여 방식은 전문가 주의에 많은 비중을 둔다. 주민은 지방자치단체 입구에 설치되어 있는 게시판에 게시된 '공고·공람'을 통하여 시정 전반에 대한 내용을 숙지하여야 하는 상황이다. 또한 각종 위원회의 구성과 의사결정 과정, 그리고 의결정족 기준과 의사결정 기준은 대의민주주의 한계를 극복하고 참여민주주의와 심의민주주의를 확대하는 매우 주요한 지표임에도 불구하고 일개의 행정영역으로 취급되고 있다. 주민이 시정에 참여하는 일은 민원인 수준의 민원을 접수하고 해결하는 정도이지 실질적인 참여는 전무하며 행정부 입장에서는 주민은 여전히 통보와 계몽의 대상 정도로 인식하고 있는 것이 현실이다.

일곱째, 풀뿌리 보수주의의 절대 권력화

1979년 10월 26일 박정희 대통령 서거 이후 1980년 5월 31일 국가보위비상대책위원회가 구성되었고, 그 국보위는 전국 단위의 사회정화운동을 진행한 바 있다. 1980년 8월 9일 수원에서 지역정화운동추진 경기도민 결의대회를 시작으로 시·도, 시·군·구, 읍·면 및 직장 단위별로 자발적(?) 결의대회가 개최되기 시작하였다. 당시 사회정화운동은 도시에서 시작하여 농촌으로 확산시킨 운동이며, 기존의 조직체를 활성화시켜 지역조직운동으로 발전·정착시키고자 했던 운동이기도 했다. 이 조직은 사회정화위원회로 활동을 하게 된다.

그 이후 사회정화위원회는 1989년 4월에 '바르게살기운동협의회(일명, 바살협)'로 재출범하게 된다. 당시 사회정화위원회 후신인 바살협은 '민족정신과 문화적 전통을 발전시켜 다가올 21세기에 맞는 사회규범체제 및 새로운 문화의 재창조, 건전한 국민성을 확립하기 위한 올바른 의식과 가치관을 기르자는 정신운동'을 표방하면서 1991년 11월 국회의원 선거와 대통령 선거를 앞둔 시점에 바르게살기운동조직육성법이 제정·통과되어 오늘에 이르고 있다. 그뿐인가? 관변주민 조직의 대표로 취급되는 새마을운동 조직도 있다. 이 조직은 1970년 4월 22일 전국지방장관회의에서 처음으로 당시 박정희 대통령에 의해 제시되었던 새마을운동으로 정부의 적극적 개입이 시작된 하향식 지역사회주민운동조직의 표본이며 풀뿌리 보수주의의 시작점이다.

풀뿌리 보수주의는 토착성이 강한 지방 유력자들로 지방정치와 밀접하게 연결되어 있으며, 지방정치와 연결되어 있는 만큼 정치에 대한 관심이 높으며, 스스로 지방정치에 참여하려고 노력하며, 이익단체 등을 통해 지방정치에 관한 정보를 교환하고 압력을 행사하는 집단을 의미한다(하승수, 2007: 44). 이 집단은 지역사회 지배구조의 절대적 우위를 지니고 있다. 흔히들 우리는 '토호세력'으로 표현하나, 지배집단이라는 표현이 정확하다. 지역의 지배집단은 군사정권 시절부터 내려온 보수단체들과 지역 유지들과의 영향력을 유지하면서 지방자치의 부활과 함께 그들의 영향력이 제도권으로 확대되어 왔다. 그 과정이 좀 더 심화되면서 지역에서의 보수 독점 현상은 더욱 강해졌고 결국 민주주의의 후퇴와 위기를 파생시키는 원인이 되고 있다.

매우 제약적인 규모의 지배집단은—지역사회 0.02%(예: 60만 인구의 도시에 30여 명의 지역정치인과 100여 명 정도의 지역사회권력)— 지역의 핵심적인 의사결정 그룹이다. 이 집단은 사회단체라는 미명하에 사회단체 보조금을 지원받으면서 지역사회를 위해 봉사하고 있는 반면에, 토건세력은 지역의 개발 사업에 앞장서고 있다.

생태적 재지역화를 위한 정치적 원리의 가능성

아래로부터의 민주주의 실현

생태적 재지역화를 도모하는 과정에서 적용되어야 하는 정치적 원리는 앞서 논의한 바와 같이 소형화·분권화·다양화·분산화에 원칙을 두어야 한다. 우선적으로는 지방자치단체는 주민에 대한 분권에 대한 논의를 전개시켜야 하며, 지방정치는 중앙정치로부터의 자율성을 도모하여야 하며, 풀뿌리 보수주의는 풀뿌리 민주주의로 이행되어야 하며, 지방의 자율적 정치가 가능한 재정분권이 진행되어야 하며, 지역정당의 비전 마련과 계몽과 통보의 대상이 아닌 주민 시민으로의 이해가 선행되어야 한다.

생태적 재지역화의 정치적 원리는 민주주의 원리를 시민의 입장에서 이해하는 작업이다. 투입과 산출에 근거한 경제적 입장에서 민주주의를 이해해보면 "시민의 참여와 요구"는 곧 투입으로, 반면에 "민주제의 효율성과 성과의 중시"는 곧 산출로 이해할 수 있다.

대의민주주의는 산출민주주의로, 참여민주주의는 투입민주주의가 되는 셈이다. 대의민주주의 상징인 산술적 민주주의는 "동등한 권리와 의미를 가진 시민들이 경쟁에 의해 구속력 있는 집단적 의사결정에 직접적으로 또는 간접적으로 참여하여 다수표 또는 과반수의 표를 획득한 대안이 선택되는 과정"에 중심을 둔다. 따라서 산술적 민주주의는 유권자의 투표독려, 투표장소의 확대, 개표와 검표과정의 개선, 이에 대한 정당과 의회의 제도개선의 의미 등 주로 기술적인 문제에 중심을 둔다. 생태적 관점에서 보면 대의민주주의의 결속력이 강해질수록 단기적이고 직접적인 이해관계에 직면한다. 결국 정치인들은 사후적 반응에 집중하게 되며, 생태문제에 관련한 많은 의사결정과 관리가 현실에서는 경쟁적 관리기구에 의해 파편화하게 된다. 이는 결국 생태문제에 있어서 대의민주주의가 분명한 한계가 있다는 것을 의미한다.

반면, 심의적 민주주의는 "시민들이 정직한 거짓과 솔직함, 상호 신뢰 및 동등한 권력의 조건에서 기존에 전제되는 선호를 수정하고 공유된 해결방안을 찾아 합의에 의한 구속력 있는 의사결정에 이르기 위해 서로의 이해와 감정에 대해 정보를 교환하는 과정"이다. 따라서 심의적 민주주의는 공개적 토론의 장에서 시민들의 자유로운 토의와 의사결정을 중시한다. 이러한 민주주의의 유형을 통하여 과연 어떤 민주주의 유형이 결손을 가져오는 민주주의인가를 생각해볼 필요가 있다. 심의민주주의를 생태적 관점에서 보면 참여를 통하여 생태학적 의식을 새롭게 배양하고 그 과정에서 생태적 가치에 대한 담론들이 등장하게 된다. 담론이 형성되는 과정은 민주적 합의를 통하여 공공선을 모색하는 결과로 이어지며, 시민들의 능동적 역량이 강화된다. 즉, 임파워먼트와 인게이지먼트의 확산이 이루어진다. 이 과정은 담론 중심의 논의로 자유와 평등에 입각한 대화 수준의 논의의 한계를 넘지 못하더라도 공공적인 전체적 이익을 위해 노력한다는 점이 그 무엇보다도 중요한 가치를 지닌다고 본다. 따라서 생태적 재지역화를 위한 정치적 원리의 가능성을 위해서는 일련의 선거과정에 대한 전체적인 일정에 대한 참여와 권리행사가 중요하다(정규호, 2006; 185).

시민참여행정, 사람이 제도다

시민참여는 제도로 논의할 수 있을까? 그보다 먼저 고려하여야 할 사항은 제도와 정책을 만드는 과정에서 시민과의 소통을 전개하는 방법에 대한 고민을 모색하는 일이다. 일반적으로 시민참여는 직접민주주의·심의민주주의·추첨민주주의로 설명된다. 그러나 직접민주주의 제도는 2000년 이후 우리나라에서는 참여예산제·주민발의제·주민투표제·주민소환제·주민소송제 등이 있다. 그러나 현재 제도화되어 있는 직접민주주의 제도의 운영이 얼마나 현실적인가에 대해서는 논란의 여지가 많다. 특히 주민투표제·주민소송제·주민소환제·주민발의제 등은 거의 현실적 요건을 충족하기에는 적잖은 어려움이 많은 법안들이다.

따라서 시민참여가 행정과 결합하여 그 결과를 도출하고자 할 경우에는 사업발의를 하는 과정에서 민관협력 방식이 도입을 검토하는 합의형성에 대한 논의와 그리고 얼마만큼의 수평적 구조가 형성되어 있는가 하는 정책결정과정이 보장되어야 한다. 시민의 요구에 입각하여 정책이 입안되는지 여부와 정책결정과정의 공개 여부가 면밀하게 논의되어야 한다. 그리고 법과 제도 규칙에 맞게 입안이 되었는지, 약자의 의견을 반영할 수 있는 시스템이 구축되었는지, 상향식 사업발의 인지, 시민의 대표성이 어느 정도 확보되었는지, 계획이 집행으로 이어지는지, 결정과정이 예측 가능한지, 그리고 결정이 반복되거나 왜곡되지는 않는지 등에 대한 종합적인 체계에 의한 시민참여행정이 구축되고 그 과정에서 시민이 참여할 때 진정한 아래로부터의 시민참여가 가능하다고 본다. 결국 이러한 논의는 의제를 생산되는 과정에서 시민과 호흡하는 사회화 과정, 의회 그리고 이해관계집단과 시민사회집단과 정치적으로 논의하는 정치화 과정을 지나 이를 근거로 제도와 실행을 위한 정책을 구현하는 '사회화 → 정치화 → 제도화 → 정책화' 과정에서 시민참여의 본질적 가치를 찾는 것이 진정한 시민참여다.

매니페스토 공개, 시민참여는 당연

소형화·분권화·다양화·분산화에 기반을 둔 정치적 원리를 위해서는 현실적으로 매니페스토 정책공약개발의 활성화가 선행되어야 한다. 선거 출마후보자는 공약을 제시한다. 공약은 시민과의 공적인 약속이다. 선거 시 후보자나 정당이 유권자에게 호소하는 선거공약을 매니페스토로 표현하기도 한다. 매니페스토^{Manifesto}는 라틴어로 마니페스투스^{manafestus}로 '증거' 또는 '증거물'이란 의미를 지닌 이 단어는 '과거의 행정을 설명하고, 미래 행동의 동기를 밝히는 공적인 선언'이라는 의미에서 매니페스토로 사용하게 되었다. 즉, 선거 이후 당선자가 실현하고자 하는 정책을 구체적으로 나타내는 '공약'으로서 진행하고자 하는 구체적인 '공약'으로서의 성격을 갖는다. 영국은 매니페스토로, 미국은 플랫폼^{Platform}, 독일은 선거강령^{Wahlprogramm} 또는 약속^{Pledge}, 계약^{Contract} 등으로 그리고 일본은 매니페스토를 정권공약으로 사용하고 있다(김영래, 2007; 유문종·이창언·김성균, 2011: 15~16).

따라서 매니페스토는 "선거공약에 기간, 목표, 공정, 재원뿐만 아니라 구체적인 계약"을 시민과의 약속을 체계적으로 이행하기 위해서 작성하는 운영계획이라고 할 수 있다. 매니페스토 작성을 통하여 선거출마 후보자의 정책의지를 파악할 수 있으며, 유권자에 대한 정책홍보 기능도 가지고 있으며, 후보자 간의 정책의 각축장을 만들어내기도 하고, 더 나아가서는 선거출마 후보자와 시민이 함께 지역의 비전을 공감하고 공유하는 상호호혜의 거버넌스의 시작점이라고 할 수 있다. 당선 이후 당선자는 향후 시정운영과정에서 성실한 공약이행 로드맵을 제시하고, 공약이행과정에서 다양한 주민참여 장치 마련을 통하여 공약이행 및 시정운영의 투명성을 제고할 필요가 있다.

후보자가 제시한 공약이 당선 이후 시정을 운영하고자 할 때 지역 발전의 기틀이 되고 지역의 미션과 목표를 제공하고 이를 바탕으로 구체적인 실행계획을 마련하고 있다는 점에서 후보자의 공약이 갖는 의미는 매우 크다고 할 수 있다. 결국 매니페스토는 약속과 소통의 협력을 위한 참여민주주의 학습장이다.

최근에는 시민참여에 의한 매니페스토 평가는 일정한 과정을 거치면서 평가방식이 다양화되고 있다. 제한된 정보를 가지고 진행된 수동형 참여·동원형 참여에서 사회적 책임성에 기반을 둔 공감적 참여로 그 활동방식이 다양하게 나타나고 있다. 매니페스토에 의한 시민참여는 동원형 참여에서 공감적 참여로 전환하고 있으며, 그 공감적 참여도 소수의 참여에서 보다 많은 다수의 시민이 참여할 수 있는 정책적 방안이 모색되고 있다. 이러한 공감적 참여는 참여민주주의를 넘어 추첨민주주의의 한 유형을 설명하고 있는 것이라고 할 수 있다.

공약이행평가 과정의 변화과정

구분	동원형 참여	공감적 참여	
행정의 역할	위원회 중심의 평가단 구성	주민배심원제 공약이행평가	주민총회형 공약이행평가
특성	제한된 정보 수동적 참여 무비판 수용	자율성 강화 자본감 강화 열린 공동체 참여민주주의 증진	추첨민주주의 확장

생활정치 세력의 대중화

1987년 민주화의 봄 이후 스스로 기획하고 가치를 발굴하는 '내생적 가치발굴형 생활정치' 조직이 급속도로 등장하고 있다. 이것은 분명한 사회적 변화이다. 그 대표적인 조직들이 앞서 언급한 사회적 경제, 마을 만들기, 생활협동조합 운동 등이다. 이 주민조직들은 군사정권 시절에 태동한 주민조직과 공통적으로 지역사회 또는 마을을 중심으로 활동하는 공통점을 지닌다. 두 조직이 공간적으로 활동하는 영역은 동일하다 하더라도 그 방식과 정치적 지향점은 분명한 차이를 지닌다.

풀뿌리 보수세력은 정부나 권력층에 의해 기획되거나 주도되는 정치적 행위에 무게중심을 두는 반면, 생활정치 세력은 자신들의 문제를 스스로 해결하고 협동과 호혜의 원리에 중점을 둔다. 둘째로는 필요에 의해서 동원된 민주주의가 아니라 자신의 삶의 터에서 스스로 민주주의의 원리를 터득해가는 생활정치를 구체화시킨다. 가령 생활정치 세력은 조직을 운영하기 위해 자발적으로 회비를 내고 그만큼의 권리를 행사한다. 그리고 삼삼오오가 모여 생활공동체를 구성하고 그렇게 만들어진 생활공동체는 서로서로 연결되면서 하나의 지역공동체를 만들고 자신의 삶의 터를 기획하는 생활정치를 꽃피운다.

따라서 지금 지역사회운동의 중심축으로 자리 잡고 있는 사회적 경제, 마을 만들기, 생활협동조합은 각 단위의 운동이 아니라 크게는 지역 또는 마을을 바꾸는 새로운 운동인 동시에 더 나아가서는 기존의 풀뿌리 보수세력의 새로운 대안으로 등장한 생활정치의 영역이다. 이러한 생활정치를 보다 아름답게 꽃피우기 위해서는 정당정치와의 관계를 분명히 할 필요가 있다.

정치인들은 항상 이렇게 이야기한다. "우리는 선거에 의해 선출된 주민의 대표기구이다." 지역사회의 의사결정이 주민에게 무게가 기우는 것 같으면 매번 들고 나오는 멘트 중의 하나다. 주민참여예산제도를 도입할 때도 그랬고 마을 만들기 의제가 등장할 때도 그랬다. 여전히 과거처럼 동원하고 싶은 풀뿌리 보수세력 정도로 인식하고 있는 듯하다.

따라서 진정한 생활정치의 정치세력화를 위해서 민주주의의 학교라고 하는 사회적 경제, 마을 만들기, 생활협동조합 등이 지니고 있는 정치적 원리가 지역사회에 반영될 때 생태적 재지역화를 정치적 기획이 이루어질 것이다.

로컬파티(Local party)의 세력화

한국은 중앙정치 구조가 지역정치 구조를 장악하고 있다. 앞서 논의한 바와 같이 이러한 중앙정치로부터 자유롭지 못한 지역정치는 생활정치의 자율성과는 거리가 먼 지역정당으로서의 위상과 역할을 못하고 있다. 중앙정치 지향적 정치구조는 전국 규모의 지지 여부와 관련이 있다. 그러나 진정한 아래로부터의 지역자치는 중앙정치의 정치적 지지와는 별개로 움직여야 한다. 그러나 진정한 지역사회의 정치적 기획을 만들어낼 수 있는 정당적 구조를 가지고 사당화된 개인의 정치적 권력이 아니라 공동체적 사회적 권력을 지향하고 있다는 점에서 지역정당의 역할은 매우 큰 의미를 지닌다. 생활정치의 영역의 정치적 세력화와 연계되면 보다 자율적인 정치적 기획을 도출할 수 있는 가능성이 매우 크다.

정치적 상황 여건

구 분	기존의 지방자치	풀뿌리 자치
권력성향	중앙정부 중심적	주민 중심적
통치접근	Government	Governance
의사결정	하향식	상향식
분권성향	업무분장 성격의 행정자치 자치업무, 위임업무	주민과의 소통에 우선한 주민분권
행정에서 바라본 주민에 대한 인식	민원인	주민
자치의 성격	지방자치 행정자치	주민자치 풀뿌리자치
정치지향	중앙정치 구조 예속	로컬파티를 통한 자율성 확보

2. 경제: 순환과 호혜의 경제

극소, 자급자족에서 순환과 호혜의 경제로

생태적 재지역화를 위한 경제적 원리는 자원이용의 극소화와 자급자족의 문제로부터 시작하여 자연적으로 형성된 '생명 지역'의 경계 안에서 자립경제를 모색하는 것이다. 따라서 경제적 세계화 패러다임에 휘둘리는 지역이 아닌 공동체적 문화와 경제에 의해 끊임없이 보호받는 지리적 장소로서 중요한 의미를 지닌다.

그러나 우리가 적용하고 있는 지역경제의 의미는 어떠한가? 지역경제는 지원배분의 문제, 입지의 문제, 경제활동의 지리적 유형의 문제, 도시 및 지역성장의 문제 등을 중심으로 다룬다. 궁극적으로 종합 과학적 접근 방법을 선호하고 있는 지역경제는 자원이용의 효율성의 극대화를 주요 목표로 삼고 있다. 결국 자원이용의 효율화를 위해 동원된 지역경제는 GNP, 자본스톡 등의 성장에 목표를 맞춘다. 이러한 목표를 추구하기 위한 단위지역의 특화된 공간 전략은 입지분석을 위해 우선적인 과제로 선택하게 되는데, 이는 이윤극대화와 수송비의 극소화에 근거를 둔 최적입지유형을 선택하기 위함이다. 결국 지역경제는 대규모 시설이나 단지조성 중심의 요소투입형 외생적 개발이 주류를 이루며 그 과정에서 최종의 선택은 기업에 의해 결정된다는 점이다. 그뿐인가?

일반적인 지역경제체제는 지역 외 교환을 전제로 하며 그 교환대상도 재화에 바탕을 둔 거시경제에 주안점을 두고 있다. 지역경제는 화폐를 중심으로 거래가 이루어짐으로써 화폐 이외에는 그 어느 것도 관심의 대상이 아니다. 오로지 지역경제의 평가 기준은 화폐이다. 이러한 화폐를 중심으로 한 경제체계는 지역 간 경쟁력이 가장 큰 논의의 중심이 된다. 그리고 지역의 투입과 산출을 입지상 분석, 변화할당 분석, 지역성장 시차분석 등에 기초하여 지역을 분석함으로써 궁극적으로 물리적 발전과 개발의 논리가 우선할 수밖에 없는 시스템을 지니게 된다. 이러한 지역경제의 가장 큰 문제는 자본의 순환성이다. 결국 화폐를 기준으로 한 지역경제는 기업에 의해 모든 메커니즘이 결정되는 상황에서 자본은 지역에 머무르는 시간이 최단시간일 뿐이다. 따라서 생태적 재지역화 관점에서의 경제적 원리는 화폐와 자본보다는 대면성과 호혜성에 기초한 거래관계로 최대한 자본을 지역에 머물게 하는 방식을 의미한다. 따라서 생태적 재지역화는 지역중심의 순환과 호혜의 경제에 관심을 갖는다.

경제적 원리의 현실

일반 사회에서의 경제적 원리는 역시 앞서 논의한 바와 같이 거대화·대규모화가 주류를 이룬다. 지방자치단체에서는 지역경제 활성화를 목표로 거의 동시다발적으로 두 가지 정책을 취하고 있다. 하나는 산업단지 조성과 같은 대규모 택지개발이며 또 하나는 재래시장 활성화이다. 생태적 재지역화를 위한 경제적 원리는 단편적이고 단기적인 방안보다는 심층적인 접근이 필요한 상황이다. 그러나 생태적 재지역화를 위한 한계는 분명하다. 그 내용은 다음과 같다.

첫째, 경제활동에 중심을 둔 소비

소비란 가계 부문의 경제주체들이 사과·우유·의류 등과 같은 소모품 그리고 자동차·냉장고 등과 같은 내구소비재 및 미용·영화와 같은 여러 가지 서비스 등이 제공하는 효용을 누리는 것을 의미한다. 즉, 소비는 사람의 욕망과 필요를 충족시켜 스스로 재생산하는 가장 기본적인 경제활동이다. 이러한 소비형태는 국민총생산과 관련이 있다. 국민경제의 60% 이상을 차지할 만큼 국민총생산 중 가장 큰 비중을 차지하고 있는 소비는 자신의 재생산과 직결되는 경제활동이기도 하다. 가계소득 및 부의 스톡, 경기에 대한 전망, 정부정책 그리고 개인적 기호 등에 의해 소비지출하게 된다. 경제학에서는 이를 가처분소득이라고 한다. 즉, 가처분소득은 국민소득의 함수이므로 결국 소비지출은 국민소득의 함수라는 가설[소비지출(C)=f{국민소득(Y)}]을 설정할 수 있으며 이것이 곧 소비함수이다. 소비함수는 각 소득수준에서 사람들이 의도하는 소비수준을 나타낸다.

둘째, 이기성과 합리성에 기반을 둔 소비행위

또한 주류경제학에서는 소비를 재화와 용역을 소모하는 행위로 정의한다. 재화와 가격은 수요와 공급이 균형을 이룰 때 가능하며, 여기서 수요는 소비자가 재화와 용역을 구매하려는 욕구이다. 그러나 욕구는 한정된 소득의 범위 내에서 시장을 통하여 소비자가 재화에 대한 욕망을 반영하는 행위이다. 그 과정에서 소비를 야기시키는 공급은 생산자가 재화와 용역을 판매하고자 하는 의도적 행위이다. 생산자들은 최소의 비용으로 최대의 이익을 얻고자 하는 경제적 행위를 도모하는 반면, 최소의 비용으로 자원을 최대한 개발하려는 자원의 한정성이 반영되어 있다.

그리고 시장 가격은 재화의 가격 여부에 따라 수요와 공급이 조절되는 수요와 공급의 법칙이 내재되어 있다. 따라서 소비자는 수요의 주체가 된다. 수요의 주체인 소비자(가계)와 공급자의 주체인 기업이 완전경쟁시장체제를 유지하게 되는 것이 주류경제학의 기본적 원리다.

완전경제시장을 위해서는(이정전, 1993: 78)
1) 정의로운 시장: 시장에는 수많은 공급자와 수요자가 존재하여야 하며, 그 어느 누구도 이 시장에서 형성된 가격을 마음대로 조작할 수 없어야 한다.
2) 동질적인 재화: 시장에서 거래되는 재화는 동질적인 것이어서 사는 사람은 어떤 판매자로부터의 구입 여부에 상관이 없어야 한다.
3) 정확한 정보: 구매자나 판매자 모두 자신이 거래하려고 하는 재화에 대하여 정확한 정보, 특히 가격에 대한 정확한 정보를 가지고 있어야 한다.
4) 신축적 조절: 시장에서 팔리는 재화의 판매 여부에 따라 재화를 생산하는 기업의 수가 신축성 있게 조절되어야 한다.
5) 자유로운 이동: 노동, 재화 등 모든 생산요소의 자유로운 이동 등의 조건이 수반되어야 한다.

주류경제학은 앞의 5가지 요인에 의하여 완전경쟁시장이 형성된다. 그러나 완전경쟁시장이 작동하는 과정에서 개별경제주체의 행동에 대한 입장을 주목할 필요가 있다. 따라서 주류경제학은 이에 주목하여 '이기성과 합리성'이 완전경쟁시장에 작동한다고 가정하고 있다. 이기성은 개별경제 주체가 남의 이익이 아니라 자기 자신의 이익을 위해 행동을 행위로 소비자가 얻는 자기 자신의 이익은 재화를 소비하기 위해 얻는 자기 자신의 '만족감과 즐거움'을 의미한다. 반면, 생산자가 얻는 자기 자신의 이익은 '이윤'이다. 이러한 자기 자신을 위해 얻는 이기심은 생산자나 소비자 모두 양자가 경제적 이익을 얻기 위한 합리적 행동의 결과이다. 따라서 주류경제학 개별주체의 경제행위는 합리성을 갖는다고 보고 있다. 이들이 주장하는 합리성은 도구적 합리성으로 각 개인에게 여러 가지 선택이 주어질 경우 각 개인은 그중에서 가장 자기 자신이 추구하고자 하는 이익에 최대한 도움이 되는 것을 선택한다는 것이다(이정전, 1993: 80).

즉, 주류경제학의 수요와 공급의 곡선은 공급자와 소비자가 이기적으로 선택된 합리적 행동의 결과이다. 소비자는 완전경쟁시장에서 구매하고자 하는 재화의 가격 여부에 따라 반응 정도가 다르게 나타나며, 생산자는 공급하고자 하는 재화의 가격 변화 정도에 따라 반응 정도가 다르게 나타난다.

우리 사회가 지향하는 소비는 사람들의 의도가 깊이 내재되어 있는 행위로 이러한 총체적인 결과를 국민총생산과 연결하여 표시하고 있는데, 주류경제학에서는 재화와 용역을 소모하는 행위를 소비로 정의하고 있다. 한정된 소득으로 시장을 통하여 얻은 재화는 소비자의 욕망을 반영하게 된다. 그리고 이러한 행위는 소비를 하는 과정에서 이기성과 합리성을 수반한다.

셋째, 시장주의에 의한 자원배분

즉, 파레토 최적은 자원배분이 가장 효율적으로 이루어진 상황을 의미한다. 이러한 자원배분의 가장 최적의 생산과 효율을 위해서는 어떠한 재화의 생산량을 증가시키기 위해서는 다른 재화의 생산량의 감소가 필요하며, 그리고 교환이 효율에 있어서는 한 소비자의 효율을 증가시키려면 다른 소비자의 효용을 감소시켜야 하는 조건이 충족되어야 하는 두 가지 조건이 동시에 충족될 때 파레토 최적 상태가 된다. 즉, 파레토 최적은 자원의 합리적인 배분으로 유한한 자원이 최적으로 배분된 상태를 의미한다. 한정된 자원을 가지고 필요에 따라 생산과 소비의 감소 등의 적절한 조율과 배분상태가 유지되는 것을 의미한다. 따라서 파레토 최적상태가 공유되는 상황에서 손해 보는 사람 없이 이익을 보는 사람만 있는 경우가 곧 사회적 개선이며 파레토 개선 상황이 된다. 그러나 파레토 최적은 소득재분배의 효과는 인정하지 않는 단점이 있다. 그리고 사회적 불평등에 대한 이해의 정도, 최적의 경제효율 상태에 도달 방법론을 고민하는데 이 역시 시장적 접근론의 한계를 그대로 노정시키고 있는 상황이다. 이렇듯 자원을 최적의 상태를 배분하는 상황 역시 시장주의적 접근방식을 넘어서지 못하는 한계를 지닌다.

넷째, 성장과 소비의 총합, 국민총생산의 개념적 한계

소비수준의 상승은 국민총생산의 상승이며 곧 부의 상징으로 평가되어 온 것이 현실이다. 국민총생산GNP: Gross National Product은 1년 동안 국민들에 의해서 생산된 최종생산물의 시장가치 총액으로 한나라의 경제적 생산력을 나타내는 지표다. 즉, 그 나라의 소비수준과 경제개발 수준을 보여주는 지표로 일정 기간에 여러 재화와 용역을 생산하는 것을 의미한다. 일정 기간에 국민에 의하여 생산되고 소비된 최종생산물의 시장가치의 총액이 곧 국민총생산이다(조순, 1995; 369).

국민총생산의 증가가 곧 소비의 증가이며 생활수준의 향상과는 비례적으로 증가했다고는 볼 수는 없다. 왜냐하면 경제개발로 인하여 수질오염의 심화, 대기오염의 악화, 주택비의 상승, 의료비의 상승 등 생활의 질과 관련된 문제들이 순국민경제 성장이라고 볼 수 없기 때문이다. 이와 같이 볼 때, 국민총생산은 환경문제나 생활의 질에 관한 문제를 다루기 위한 지표가 아니라 경제활동의 결과를 나타내기 위해 만들어진 지표로 설명할 수 있으며, 경제적 발전과정에서 나타난 성장 중심의 지표이다. 특히 국민 1인당 국민총생산은 경제의 성공 여부, 경제성장과 소비를 나타내는 지표인 것이다.

존 힉스John R. Hicks는 이러한 국민총생산이 갖는 한계를 지적하면서 친환경 소득 개념을 제시한 바 있다. 힉스는 국민총생산은 소득은 현재 소비할 수 있는 최대의 금액으로서 미래의 복지수준을 향상시켜야 한다고 주장하면서 자연자원환경과 관련하여 설명하고 있다. 그는 국민총생산에 대한 지표는 '국내순생산[11] − 방어적 지출[12] − 자연자원고갈의 손실[13]'이 반영되어야 한다고 주장한다.

국민총생산은 한 나라의 경제적 성장을 나타내는 척도로 사용되는 반면에 생활의 질의 악화, 환경오염문제의 유발 등으로 인한 특정 부문의 복지 수준이 감소하는 문제에 대해서 측정에 곤란한 문제가 있다. 국민총생산은 오염된 환경, 붕괴된 공동체, 깨어진 가정생활, 잠식당한 인간관계라는 사회적 비용이 가치 있는 생산물처럼 취급되는 경향이 있으며 이는 곧 국민총생산 계정이 된다. 국민총생산은 산업의 생산구조를 형성하는 것으로서 화폐적 영역과 비화폐적 영역을 포함하고 있다. 따라서 국민총생산 산정에 있어서 화폐적 영역으로 취급되는 부분만이 국민총생산으로 산정되는 것이 아니라, 비화폐적인 부분까지 국민총생산이 산정된다. 비화폐적인 부분은 오염된 환경, 붕괴된 공동체, 깨어진 가정생활, 잠식당한 인간관계에 사용되는 비용 등으로 국민총생산에 계정되

---

11) 국내순생산(NNP: Net National Product)이란 국민총생산에서 감가상각비를 뺀 것을 의미하며, 일정기간에 생산된 순국민생산의 총액이므로 국민총생산보다 더 면밀한 실질 국민소득개념이다.

12) 방어적 지출은 치안이나 방재 등과 같은 유감스럽지만 어쩔 수 없이 지불되는 비용을 의미한다. 예를 들면, 범죄가 증가하면 경찰이 늘어나고 경찰이 늘어나면 정부의 치안유지비가 증가하게 되는데, 이 모든 과정이 국민총생산에 계정된다. 이때의 국민총생산의 증가는 사실상 범죄의 증가를 의미하는 것이지 사회복지의 증가를 의미하는 것이 아니다.

13) 자연자원 고갈의 손실지표는 자연자원고갈을 위해 투자해야 할 투자액에서 자연자원 고갈로 인한 사회적 손실을 뺀 것을 의미하는 것이다.

지 말아야 할 부분까지도 계정되고 있는 것이 현실이다.

이와 같이 국민총생산은 가사노동에 대한 가치의 몰이해, 물물교환에 대한 몰인정, 같은 제품에 주변환경에 따른 다른 가격과 복지와의 무관성, 무료로 사용한 자연자원에 대해서는 적용되지 않는 계정, 상쇄되고 있는 인적 자원의 가치를 적용하지 않는 계정, 재생산의 가치인 휴식이 적용되지 않는 계정 등이 적용되지 않는 것이 현재 국민총생산을 집계하는 현실적 수준이다. 국민총생산 집계에 대한 문제점이 논의되면서 소비에 대한 관점을 새롭게 이해하기 시작하였고 그 과정에서 도입된 개념 중의 하나가 흔히 그린 GNP 또는 녹색계정이라고 하는 '환경요인 조정순생산EDP: Environmental adjusted net Domestic Product'이다. 이 개념은 자연자원환경의 가치를 평가하여 후생부분에 반영된 국민총생산 개념으로 경제활동으로 인하여 발생하는 소비가 경제발전의 순기능의 관점에서만 이해한 것이 아니라 역기능에 대한 이해도 한 개념이라고 할 수 있다. 특히 이 개념은 환경위기, 생태위기의 상황이 전 지구적 차원에서 진행되면서 소비에 대한 근본적 문제제기라고 할 수 있다.

산업구조의 생산구조

화폐적 생산부분 화폐로 평가되는 GNP부분 위의 두 층은 화폐단위화되고 공적으로 계산되는 GNP로서 전부 경제통계에 들어간다(15%는 지하경제부분−불법, 탈세).	공인되고 있는 시장경제	GNP의 사적 부분 ↓ 의존 ↓ GNP의 공적 부분
	사적 부문의 생산, 교육, 소비, 투자, 저축	
	국가와 방위, 지방행정, 공적 부문의 생산기반구조(도로, 보전 정화수, 교량, 지하철, 학교, 市行政)	
	화폐에 의한 지하경제, 탈세	
비화폐적 생산부분 아래의 두 층은 화폐로는 나타낼 수 없는 이타적 경제부분, <대항경제>는 위의 두 층의 GNP부분을 무상의 노동, 자연에 흡수하든지 또는 계산될 수 없는 환경비용으로 보강하고 있다(손실분은 다음 세대로 이어진다).	분수에 맞는 공평, 물물교환, 사회, 가족, 지역의 구조, 무상의 가사, 돌봄, 봉사활동, 서로 도움, 상호 부조, 노인이나 병자의 간호, 가정 내 생산·가공, 자급농업	↓ 의존 ↓ 사회적 협동대항경제 (이타적 경제 부분) ↓ 의존 ↓ 자 연 계
	자연보호−공해·오염방지 비용을 흡수. 허용량을 넘지 않으면 폐기물은 순환 재이용 GNP의 숨겨진 외부효과(유독폐기물 외)	

출처: 폴 에킨스(1993, 6), "생명의 경제(3)", 『녹색평론』, 녹색평론사, pp.61-69

다섯째, 성장의 한계와 OIL GAP

인류는 지난 200년간 화석연료를 기반으로 한 경제성장을 이루어왔다. 그 경제성장은 산업혁명, 전후부흥기 그리고 정보화 혁명이 핵심기반이었다. 그러나 앞으로 다가올 200년도 그러할까? 이미 2007년을 기준으로 인류가 소비해온 석유는 이미 정점을 넘어섰고, 기후 온난화에 관한 정부간회의, 즉 IPCC는 이미 2007년에 화석연료에 기반을 둔 인류 문명에 대한 경종을 한 바 있다.

문제는 인류가 무차별하게 사용해온 화석연료는 성장에 대한 감수성으로 자리 잡았다. 성장에 대한 감수성은 이미 인류문명에 깊게 뿌리 내리면서 정점에 이른 화석연료의 공급은 무한적일 것이라는 환상에 여전히 젖어 있다. 화석연료의 공급은 단지 화석연료의 공급이 아니라 인류의 소비욕망이다. 화석연료의 제한적 공급은 화석연료 공급 제한이 아니라 인류의 욕망을 제한하는 것이다. 즉, 화석연료의 공급과 소비의 간극은 오일 갭으로 나타나면서 그 갭이 심화되면 될수록 인류의 소비의 욕망은 매우 제약적일 수밖에 없는 것이 현실이다. 이미 이러한 사례는 1970년대 세계에서 가장 부유한 나라, 그러나 지금 세계에서 가장 가난한 나라 중의 하나가 된 나우루 등에서 찾아볼 수 있다. 인광석의 풍요는 사라져도 풍요의 습관은 남아 있는 나우루의 사례는 인간의 욕망과 향후 모색하여야 할 방향을 보여주는 사례다.

여섯째, 요소투입형 외생적 개발을 지향하는 경제개발

산업단지와 같은 대규모 택지개발은 전형적인 요소투입형 외생적 개발이다. 외생적 발전은 내부적 자극이나 잠재력보다는 외부적 자극과 잠재력에 의존하는 발전전략으로 발전의 동력을 외부에서 동원하여 지역경제규모의 확대를 추구한다. 결국 외생적 발전은 양적 성장이며, 목표는 효율성을 바탕으로 한 경제성장이다. 대부분 외생적 지역발전은 초기단계에서 실시되는데 지역 내부 자원이 한정되어 있어, 산업경쟁력이 낮기 때문에 외부자원이나 기업의 유치가 불가피하다는 특징을 지닌다. 그러나 외생적 지역발전에 의해 구축된 지역경제는 지역 내 생산 이익이 외부자본가에게 유출되고, 지역경제가 외부시장과 자본에 의하여 통제되는 의존성 경제가 되며 결국 지역자율성을 약화시킨다. 그 무엇보다도 가장 큰 문제는 지역경제 활성화를 위해 요소투입형 외생적 개발을 주장하지만 해당 지역주민의 소득증대에는 별다른 영향을 주지 않는다. 또한 지역의 노동력이나 토지 등 자원을 단순히 생산수단화함으로써 지역 잠재자원과 발전역량을 위축시키는 역할을 한다. 환경적으로는 지역자원과 환경의 남용과 오용을 가져오기도 한다(김용웅 외, 1999: 219~220).

일곱째, "넓은 도로, 꽉 찬 자동차, 높은 빌딩" 구조 속의 지역경제 정책의 왜곡
지방자치단체가 지역경제를 논의하면서 왜곡된 재래시장 활성화 정책을 추진하고 있다. 재래시장 활성화는 단순히 재래시장의 이용에 관한 문제가 아니다. 재래시장이 활성화되지 않는 이유는 근대적 도시의 모형 때문이다. 근대적 도시 모형의 상징은 "넓은 도로, 꽉 찬 자동차, 높은 빌딩"이다. 한국에서 대표적인 근대도시의 상징이 수도권에 있는 분당, 일산, 평촌, 중동, 산본 등과 같은 신도시이다. 뻥뻥 뚫린 도로와 그 위에 질주하는 자동차는 일상생활의 편리성과 소비구조를 왜곡시키게 되는데 이러한 욕구를 수용하는 곳이 곳곳에 놓여 있는 대형마트이다. 결국 도시 곳곳에 포진하고 있는 대형마트는 소비지향적 도시공간구조 속에서 막강한 힘을 발휘하고 있는 상황이다. 그 과정에서 호혜와 나눔, 그리고 지역문화의 근간인 재래식 시장은 설 자리를 잃게 되고, 그뿐만 아니라 최근에는 SSM 마트의 등장으로 동네가게마저 잠식당한다. 결국 소비지향적 공간구조는 자동차를 매개로 더욱 대형화된 소비구조를 가속화시키고 있으며, 원거리에 공급된 농산물과 공산품에 의지한 생활세계를 유지하고 있다. 이렇듯 대형화된 소비구조는 환경적으로 매우 심각하다. 대기업에 의한 생산되고 유통되는 먹을거리는 유통기간의 확보와 음식의 신선도를 유지하기 위하여 각종 인공화합물이 첨가되며 정책과 제도의 지원하에 유통기간을 최장기간 보장된 먹을거리가 공급된다. 그리고 아주 먼 원거리에서 생산된 다국적 먹을거리들이 우리의 식탁을 공략하는 형국이다. 이는 환경적 관점에서 보면 매우 생태적이지 못하다. 문제는 한국의 수도권과 같이 도시국가화되고 있는 지역에서는 이러한 문제는 별로 느끼지 못하며 오히려 근대적 도시의 공간구조 속에서 왜곡된 소비행태를 점점 더 부채질할 뿐이다.

생태적 재지역화의 경제적 원리의 가능성

생태적 가치에 우선한 나눔과 호혜의 순환경제
우리가 보편적으로 생각하고 있는 소비는 무한적으로 자원을 공급받아 사용할 수 있는 시장주의적 관점에 기반을 둔 경제적 원리에 기초해 왔다고 할 수 있다. 주류경제학

의 저렴한 가격, 많은 소비의 원칙, 수요의 주체인 소비자, 공급의 주체인 기업, 소비과정에서 등장하는 이기성과 합리성, 그리고 소비가 미덕임을 강요하는 국민총생산 패러다임 등이 소비를 형성하는 주요 요인이라고 할 수 있다. 이러한 시장중심 체제에 근거한 패러다임은 생산의 물화 더 나아가서는 인간소외의 물화를 양산하는 결과를 초래할뿐만 아니라 자연자원의 무한성에 대한 깊은 신념 등이 자본주의 시장경제체제 중심의 소비의 한계를 그대로 노정시키고 있다.

이와 관련하여 2000년에 접어들면서 Global Ecovillage Network는 지구에서 생태적으로 살아가는 원칙을 영성문화적 요소, 생태적 요소, 사회경제적 요소로 구분하여 그 의미를 설명한 바 있다. 여기서 제시된 경제적 개념은 생활습관의 변화를 통해 기존의 경제적 요구를 줄이는 방법을 강조하고 있으며, 특히 대안적 경제체제는 세계화된 경제체제로부터 마을의 독립성과 공동체를 더욱 강하게 한다고 보고 있다. GEN에서 제시하고 있는 대안경제의 유형은 지역통화, 대안은행, 자발적 가난, 커뮤니티를 기반으로 한 경제활동, 공동식사나 호혜적 서비스와 같은 비공식 경제활동 등을 중요한 대안경제의 수단으로 보고 있다. 이것은 갈등과 경쟁의 경제를 나눔과 호혜의 경제로 전환, 즉 사회적 경제의 활성화를 의미하는 것으로 그 과정에서 논의될 수 있는 것이 윤리적 소비이다.

다시 주목받아야 할 윤리적 소비

2007년 7월 세계적 경영컨설턴트 맥킨지의 『경쟁의 새 규칙 형성』이라는 보고서는 '윤리적 소비자'에 대한 성장을 전망한 바 있다. 이 보고서는 윤리적 소비자는 기업의 사회적 평판을 몇 번 이상 따져보고 구매를 결정하는 소비자로 정의한 바 있다. 그뿐 아니라 국제적 의제를 다루는 교토의제21과 같은 지구정상회의에서도 윤리적 소비에 대한 의미를 강조하고 있다. 가령 지속 가능한 생산과 소비에 기반을 둔 경영철학은 동물복지, 환경보호, 노동착취, 기아와 빈곤 등이 핵심의제로 등장하면서 윤리적 소비의 의미를 부각시키고 있다.

윤리적 소비는 친환경적 소비주의의 모든 원리의 통합이 곧 윤리적 소비로 정의되기도 하며, 상품의 선택과 구매 시 환경적 또는 윤리적 소비를 고려한 소비가 윤리적 소비로 정의되기도 한다. 반면 특정소비를 할 때 개인적이며 도덕적인 신념에 따라 의식적이고 신중한 선택을 하는 것을 의미하기도 한다. 영국의 Cooperative Bank(2007)는 식품, 주거, 교통, 의복, 금융, 자선단체 기부 등의 소비와 투자뿐만 아니라 인권, 사회정의, 환경과 동물복지가 상품 선택에 반영되는 것을 윤리적 소비로 보았다. 그리고 Ethical Consumer(2003)에서는 인간, 동물, 환경에 해가 되거나 착취하는 것을 거부하는 구매행동을 통해 그들의 복지를 향상시키는 행동지침을 갖는 그 자체를 윤리적 소비로 규정한 바 있다(박미혜・강이주, 2009: 6). 또한 경제 주체의 소비자로서 기본적으로 갖추어야 하는 윤리 차원으로 신뢰, 공정, 신용 등과 같은 기초적 윤리 차원과 동시대 인류와 사회를 고려한 세대 내의 소득배분의 차원, 환경과 다음 세대를 위한 자원배분을 고려한 세대 간 분배 차원 등으로 구분하여 윤리적 소비를 논의하고 있다(홍연금・송인숙, 2010: 3). 반면, 윤리경영, 자본의 책임, 상생의 번영, 사회공헌, 공생발전, 지속 가능한 경영 등을 의제로 신자유주의의 사회적 책임론을 묻는 기업의 사회적 책임과 도덕적 경제화에 대한 요구와 소비자의 혁신적인 생활세계의 전환에 따른 개인의 윤리적 소비행위를 다루기도 한다. 따라서 윤리적 소비는 거시적으로는 대기업의 기업행태에 대한 윤리적 감수성을 발현하는 것이며 미시적으로 개인의 생활세계에서 실현 가능한 사회・경제・환경적 실현을 실천하는 행위라고 할 수 있다.

경제적 세계화의 출현, 생태위기 및 지구온난화의 심화, 시장경제 중심의 생활세계 등은 기업의 책임론부터 전 지구적 세계시민으로서의 일상생활의 변혁까지 윤리적 소비에 대한 이해의 정도는 매우 광범위한 상황이다. 여기서 가장 핵심적인 요인 중의 하나는 경제적이다. 이와 관련하여 아마르티아 센Amartya Kumar Sen은 『윤리학과 경제학』, 『불평등의 재검토』에서 경제학의 위기는 윤리학과의 결별에서부터 시작된다고 문제제기한 바 있다. 그는 근대경제학의 위기론을 제기하면서 경제학이 인간을 이기적이고 합리적인 존재로 가정한 데부터 문제가 있다고 본다. 이는 앞서 논의한 경제학의 핵심적 논의이기도 하다. 경제학은 우애나 자유 등 인간의 행동 뒤에 있는 다른 동기를 다루어야 했음에도 불구하고 이를 배제한 상황에 대하여 경고를 한 것이다. 특히 이론의 정밀성 그리고 수학적 관점에 크게 의존하고 있는 경제학에 경종을 가한다.

아마르티아 센Amartya Sen은 '인간에 대해 보다 폭넓은 가정'이 필요하다고 주장한 바 있다. 센은 이를 위한 '사람을 위한 복지', '사람을 아는 복지'의 개념을 강조한다. 가령 사람은 굶지 않을 선택권을 가졌음에도 불구하고 굶는 행위에 대하여 문제를 제기하면서 '복지성취', '복지자유', '행위능력 성취', '행위능력 자유'의 요소에 근거하여 경제학적 관점을 이해하여야 한다고 보았다. 결국 센은 윤리학에 기반을 둔 경제학에 대한 논의로 생존을 위한 도구는 돈이 아니라는 것을 이야기하는 것이다.

이반 일리치$^{Ivan\ Illich}$는 『절제의 사회』에서 "대량생산이 더욱더 가속화하여 환경과 적대하게 되고, 사회 구성원들이 자연스러운 능력을 자유롭게 사용하지 못하게 하며, 인간을 서로 소외시키고 인공적 껍질 안에 가두어버리면 결국 사회는 파괴될 수 없다"고 대량생산과 대량소비가 갖는 주류 사회의 흐름에 대하여 경고를 한 바 있다(이반 일리치, 1973: 12).

1972년 처음으로 출간된 『성장의 한계』 그리고 20년 후 개정판으로 출간된 『성장의 한계, 그 이후』 그리도 다시 출간된 『성장의 한계』는 지난 40년간 인구와 경제의 한계를 주목하면서 생태적 발자국에 방향을 지적하고 있는 저작이다. 이 책에서는 "인구와 경제가 지구의 물질적 한계를 초과하고 나면 남는 것은 두 가지밖에 없다. 자원부족과 위기가 증폭되면서 어쩔 수 없이 붕괴의 길로 갈 것이냐, 아니면 인간 사회의 신중한 선택에 따라 생태발자국을 강제로 추구하는 방향으로 갈 것이냐의 갈림길이다"라고 인류가 선택하여야 할 방향에 대하여 이야기하고 있다(도넬라 H, 김병순 역, 2012).

그리고 국내에서는 『오래된 미래』, 『허울뿐인 세계화』, 『모든 것을 땅으로부터』로 잘 알려진 헬레나 노르베리 호지는 경쟁과 양극화를 넘어선 더불어 사는 사회의 방향에 대하여 끝없이 담론을 제시하고 있다. 세계화에 대한 문제제기와 함께 지역화의 가치를 이야기하고 있는 『행복의 경제학』에서는 성장 일변도의 케인즈안적 입장의 경제에 대한 이해보다는 자연과 사람들의 진정한 욕구에 부합하는 대안경제가 등장할 것으로 예측하고 있다. 이러한 대안경제학자들은 경제성장주의의 신화적인 지표와 같은 국민총생산에 집착하는 것보다 지속 가능한 세계와 더 잘 어울리는 경제학 이론과 효율성의 척도, 그리고 우리의 세계사회나 그 일부의 지속 가능한 정도를 평가하는 지표가 개발될 것으로 예측하고 있다. 그는 유엔개발지수, 캐나다의 웰빙지수, 부탄의 국민총행복지수, 칼버트-핸더슨의 삶의 질 지표 등을 그 예로 설명하고 있다(헬레나 노르베리 호지, 김영옥 역, 2012).

칼 폴라니$^{Karl\ Polanyi}$는 『거대한 전환』에서 시장경제는 인간을 노동으로 자연을 토지로 환원시켜버렸다고 비판하면서 시장경제가 가져다준 인간과 사회, 그리고 자연에 대한 파멸적 결과에 대하여 강하게 비판했다. 그는 이웃과 자연을 바로 보고 바로 끌어안을 수 있는 사회를 복원하여야 한다고 강조했다. 이러한 가능성은 우리 사회의 실체를 바로 볼 때 가능하다고 보았다. 따라서 우리 사회의 실체는 로버트 오웬$^{Robert\ Owen}$의 사상적 · 실천적 방법론이 적용 가능한 사회체제가 모색되어야 하며 사회는 이러한 기능을 수행하기 위한 재도로 활용되어야 한다. 만약 사회를 시장에 묻어버린다면 인간의 자유와 이성을 근본적으로 파괴해버리는 비극을 초래할 수밖에 없다고 보았다(칼 폴라니, 2009: 633).

앞서 논의한 아마르티아 센, 이반 일리치, 헬레나 노르베리 호지, 칼 폴라니 등의 논의는 밀브래스Milbrath의 『지속 가능한 사회』에서 그 의미를 찾아볼 수 있는데, 그는 "보다 숙고하고, 덜 광란적인, 더욱 침착하고 스릴을 덜 주는, 협력에 가치를 두고 더욱 사랑하며 경쟁을 가치롭게 여기지만 이기는 것에 가치를 덜 주는, 인간적인 측면을 더욱 지니고 덜 방관적인, 자연과 보다 조화되고 기계와의 별로 조화되지 않는 삶의 방식"이 곧 '물질적 탐닉 없이 즐기는 삶'이라고 강조한 바 있다(밀브래스, 이태건 역, 2001: 390).

생태적 선순환 구조의 윤리적 소비

윤리적 소비는 기업 차원의 논의에서부터 개인 차원의 논의까지 그 영역이 매우 다양하다. 거시적 관점에서는 경제적 세계화와 신자유주의에 기반을 둔 윤리적 소비의 이해 정도와 생태위기와 지구온난화 등의 생태·환경문제에 기인한 윤리적 소비의 이해 정도로 이해할 수 있다. 미시적으로는 생활세계의 변혁, 성찰적 자아실현의 차원에서의 생활세계 운동과 연결하여 윤리적 소비의 가치가 논의되고 있다. 윤리적 소비는 크게 초국적 자본에 대응한 윤리적 행동지침을 구축하거나 커뮤니티·공동체·마을을 기반으로 한 소비체계의 구축에 초점을 두고 있다.

한 축에서는 폭주하는 열차와 같은 신자유주의에 대한 경종으로 현명한 지속 가능한 소비자의 선택을 요구한다. 그리고 한편에서는 실질적으로 지속 가능한 생활세계가 가능한 단위로서의 커뮤니티, 공동체, 지역사회, 마을 등 표현은 다양하지만 우리식으로 표현하면 동네 정도의 공간사회 구조 속에서 그 지역의 특성에 맞는 사회적 관계망을 형성하는 것이다. 그 사회적 관계망은 생활협동조합, 로컬머니, 로컬푸드, 지역사회지원농업, 도시농업 등이 구체적인 실행수단으로 등장한다. 특히 미시적 차원에서 등장하는 윤리적 소비의 근본적 배경은 생명을 끝없이 순환시키는 '땅'을 기반으로 사회적 관계망이 형성되고 있는 것이 매우 큰 특징이다.

두 가지 차원의 윤리적 소비

거시적 차원	구분	미시적 차원
경제적 세계화·신자유주의 생태위기와 지구온난화	영역	생활세계의 변혁 성찰적 자아실현
사회적 책임·윤리경영·지속 가능한 경영 불매운동, 공정무역, 동물복지(해방), GMO 거부 등	실행수단	생활협동조합운동, 로컬머니, 로컬푸드, 지역사회지원 농업, 도시농업
초국적 자본에 대응한 윤리적 행동 지침 구축	특징	커뮤니티, 공동체, 마을을 기반으로 한 윤리적 소비체 계 구축

윤리적 소비는 단순히 생산과 노동의 관계만 이야기하는 것이 아니다. 노동과 인간, 그리고 자연을 물적 대상으로만 이해하고 재화와 용역의 대상으로만 인식하는 지극히 인간중심주의적 세계관이 아니다. 기존의 경제학은 생존을 위한 도구를 자본으로 한정 시켜 왔다면 윤리적 소비는 대안경제의 한 축으로 소통과 나눔, 그리고 호혜의 경제를 이야기하는 것이다. 그래서 성장지표도 국민총생산지표와 같은 경제지표를 적용하지 않 는다.

과거에는 끝없이 폭주하는 욕망의 열차처럼 채우려고만 하고 욕심의 양을 줄이지 않 는 이 사회의 소비문화가 크게는 전 지구적 차원에서 고민이며 작게는 진정한 지역화와 동네경제의 건강한 안정을 위하여 노력하는 철학적 행동이 윤리적 소비이다. 윤리적 소 비는 재화와 용역, 소비수단으로서의 사회적 관계망의 형성 그리고 시장주의에 기반을 둔 자원의 배분이 아니라 자연, 생태, 환경 그리고 인류가 상호 공존하여야 할 삶의 철 학의 한 단면을 실행하는 생활세계이다. 지금 논의되고 있는 윤리적 소비는 선언적 의미 의 윤리적 소비가 아니라, 우리의 일상생활에게 실행 가능한 삶의 철학으로 새롭게 적응 되어야 한다.

생태적 재지역화 과정에서의 경제적 원리는 지역중심의 자본의 순환과 호혜적 관계의 조성이다. 자본의 순환에 있어서 영리적 목적에 기인하는 것이 아니라 비영리적 교환망 을 통하여 자본의 순환을 원활하게 하는 것이다. 그 기반은 윤리적 소비와 사회적 경제 에서 출발한다.

사회적 경제는 영리 목적의 사적인 이익을 추구하는 시장경제가 아닌 그보다는 사회 적 가치와 공익성을 추구하는 공익경제이다. 따라서 개인의 이익보다는 지역사회 공동 체의 공익과 연대와 통합을 최우선의 가치로 하는 공동체 자본주의 또는 나눔과 호혜의 경제라고 할 수 있다(이윤재, 2010: 79). 경제활동은 재화와 용역을 매개로 상품이나 서비스의 사용은 시장에서 거래되는 교환가치에 의해 성립되는 반면(가토 토시하루, 2006: 44), 사회적 경제는 자본주의 사회에서 비용 극소화와 매출 극대화를 추구하는 과정에서 외부 요인에 의해 영향을 받아 지역의 자본이나 부가 외부로 유출되는 것을 방지하는 것으로 경제력이 지역에서 순환하는 경제민주화를 의미한다(이기옥·고철기, 2001: 132~133). 즉, 사회적 경제는 시민, 생산자, 소비자와 같은 다양한 수요에 대해 다양한 시민적 방법으로 대응하여 새로운 시장을 개척할 수 있는 시민공동체적 경제를 구축하는 것으로, 마을 단위의 지역사회가 결사체적 공동체적 관점을 가진 성숙한 시민에 의해 형성되는 것을 의미한다(양준호, 2011: 34). 이렇듯 커뮤니티중심의 결사체적 공동체적 관점은 제3섹터 영역 같은 민간영역의 성숙으로부터 시작된다. 그 이유는 경제적 이익이 아닌 자발성 그리고 자본이 아닌 인간과 그 노동에 우선하는 이익분배의 특징을 지니고 있기 때문이다. 이러한 관계 도모를 위해 사회적 경제는 협동조합, 상호 부조 조직, 결사체적 관계에 중점을 둔다. 따라서 사회적 경제는 시장과 정부 연대에 기초한 독자적 경제영역을 구축하는 일반경제와는 달리 가계와 지역사회에 의한 호혜의 경제의 특징을 지닌다. 지역에서 순환하는 경제민주화를 위해 진행되는 사회적 경제는 '개혁하는 경제(reformatory economies)'인 동시에 '시민적 연대의 경제(civil and solidarity economy)'라고 할 수 있다(김기섭, 2012: 272~274).

생태적 지역을 위한 출발점

사회적 경제는 대안적 경제체제의 일환으로 생태적이면서 지역적인 것을 바탕으로 지역경제의 구축을 중심적 축으로 하고 있다. 따라서 지역의 의미가 보다 더 배태되는 과정에서 사회적 경제의 이념적 측면이 고려되어야 한다. 이러한 이념적 정초가 구현되는 과정에는 경제공동체의 구상이라 하더라도 생명지역의 논리, 자원순환의 논리, 상생과 협력 그리고 자치의 논리에 근거하여 생협의 지평이 확대되기 때문이다.

실례로 사회적 경제의 운동적 영역을 살펴보면 안전한 식품, 생활재 개발과 이용, 주민 주체의 의료, 교육의 조직화, 각종 주체적 모임을 통한 생활공동체 형성, 자원재생순환 이용 등을 통하여 생활세계의 자치와 협동을 이루어내고 있으며, 지역조사, 모니터, 지역환경운동 참여, 지역축제 및 문화운동, 지역정치운동, 수돗물불소화반대운동 등을 통하여 지역사회를 중심으로 한 공동체 운동을 전개하고 있다. 또한 농촌농업살리기, 학교급식 문제 대응, GMO 반대, 환경호르몬 유해성 문제 대응 등을 통하여 사회전반에 대한 비평적 대응을 하고 있다. 그리고 대안경제 시스템 자체를 구체적으로 논의하거나 생태적 인간형을 구상하기 위한 자주적인 노력을 통한 대안적 사회시스템을 실험하고 있기도 하다. 이와 같은 사회적 경제는 단순히 지역공동체 운동이 아니라 대안적 경제관계의 모색을 통하여 지역을 바꾸고 사회체제를 바꾸어내는 사회적·지역적 재구조화 운동이 생명중심주의적 관점에서 진행되고 있는 것이라고 할 수 있다. 사회적 경제의 다양한 영역은 마을의 장소감을 찾는 일이 중요하다. 장소감을 찾는 일은 삶의 속도를 늦추고 땅속 깊이 자신의 뿌리를 내리는 일로 자신이 살고 있는 마을에 대해 새롭게 인식하는 것으로 공간에 대한 감각을 키우는 일련의 과정이라고 할 수 있다(헬레나 노르베리 호지, 2001: 501). 이러한 일련의 행위는 공간에 대한 감각을 키우고 삶의 공간으로서의 지역을 이해하는 일이라고 할 수 있다.

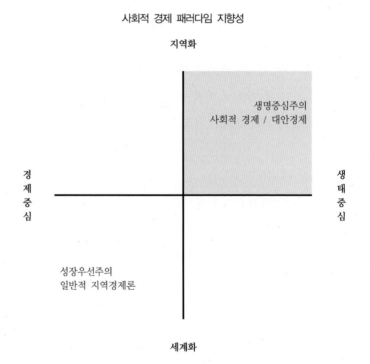

사회적 경제 패러다임 지향성

경제공동체로서의 사회적 경제의 확장

　지역 중심의 순환과 호혜의 경제는 일반사회에서 지향하는 체제와는 다른 의미를 지니고 있다. 우선 공동체사회를 원칙으로 운영의 방법, 목적, 교환매개 과정, 대상과의 관계의 형성을 원칙으로 하고 있다. 궁극적으로 지역중심의 순환과 호혜의 경제는 이용자 간의 대면성을 바탕으로 공동체적 관계의 형성, 지역 내 자본의 순환, 지역사회의 자급자족시스템의 구축을 의미한다.

　이와 같은 특징을 지닌 지역중심의 순환과 호혜의 경제는 첫째, 지역 내 장기간의 거래를 통하여 에너지 낭비적인 요소를 줄이게 되며, 둘째, 지역 내 자본의 순환은 우리의 일상생활의 모든 영역과 밀접한 관계가 있으므로 생산-유통-소비-폐기의 전 과정에 문제의식을 갖게 되고 궁극적으로 일상의 환경문제를 심각하게 스스로 통제하는 체계에 돌입하게 된다. 셋째, 사회적 경제로 인한 지역 내 자본의 순환은 화폐의 흐름을 파악할 수 있으므로 지역의 생산, 서비스를 비롯하여 지역의 산업, 공동체성의 회복, 자연에 대한 배려 등 생물지역의 원리에 근거한 마을 만들기를 쉽게 운영할 수 있는 체제를 가지고 있다. 넷째, 배타적인 도시에서 생활공간의 소속감과 정체성을 느끼게 함으로써 지역공동체의 중요성을 재인식하게 되는 특징을 지니고 있다.

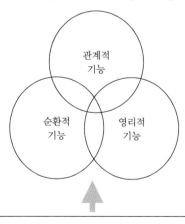

경제공동체로서의 사회적 경제의 기능

관계적
기능

순환적
기능

영리적
기능

경제공동체로서의
지역중심의 순환과 호혜의 경제 구축

지역중심의 순환과 호혜의 경제는 ① '공동으로 소유하고 민주적으로 운영하는 사업체'의 의미를 지니면서 공동체로서의 소유·운영 그리고 사업체에 대한 정의와 규정을 두고 있다. 그리고 ② '공통의 경제적·사회적·문화적 필요와 욕구를 충족시키고자 하는 조직'에 의미를 두고 있으며, ③ '자발적으로 결성한 자율적인 조직'의 의미를 지닌 경제공동체로서의 기능이 강하다. 경제공동체로서 기능은 관계적·순환적·영리적 기능으로 구분할 수 있다. 관계적 기능은 소통의 범위를 의미하는데 인간관계, 사회관계, 자연과의 관계로까지 확장된 공동체적 관점을 가지고 이해하는 것을 의미한다. 순환적 기능은 생태적 지역화를 바탕으로 이루어지는 과정을 의미한다. 따라서 적정규모에 대한 논의와 함께 자본의 지역 내 순환이 주요 기능으로 작동하게 된다. 영리적 기능은 사회적 경제 영역이 궁극적으로는 운동의 지속성과 살림의 지속성을 유지하기 위해서는 매우 중요한 기능이다. 영리적 기능을 바탕으로 한 사회적 경제는 내부적으로는 경영에 필요한 지침이 마련하여야 하는 상황이다.

지역중심의 자본순환

지역 내 자본은 경제공동체의 구상에 있어서 중요한 의미를 지닌다. 가령 누출경제의 구조는 프랜차이즈, 대형유통업체, 패스트 푸드점으로부터 시작되며 지역경제 구조를 건강하게 만들지 못한다. 즉, 지역 내에서 일반사회가 지향하는 경제적 관점과 지역경제 시스템을 답습하는 결과를 초래하기 때문이다. 그러나 로컬머니나 생협과 같은 경제구조는 지역 내 자본에 초점을 두게 된다. 가령 이웃집 아저씨의 빵가게에서 빵 구입이 그 자녀의 학업을 지속화시키고 다시 그 학원의 원장은 동네 아저씨 세탁소에 의류를 세탁하고 다시 세탁소 주인아저씨는 이웃집 아저씨 빵가게에 가서 빵을 구매하게 된다. 이 일련의 과정은 자본의 지역 내에서 외부로 유출되지 않고 가급적 순환하도록 만들어가는 시스템을 의미한다. 그러나 이웃집 아저씨의 빵의 구입 대신에 대기업의 점포의 음식을 구매하는 순간 초국적 기업에 자본을 증여하는 꼴이 되어 지역 내 자본의 순환이 아닌 누출경제가 시작되고 결과적으로 외부경제에 의존적인 지역경제구조를 지닐 수밖에 없는 형국이 된다. 경제공동체의 구상을 위해서는 누출경제 시스템이 아닌 순환경제 시스템의 도입이 요구된다. 사회적 경제는 경제공동체의 일환으로 이러한 점에서 순환경제시스템을 지닐 수 있는 제반적인 조건을 지니고 있다.

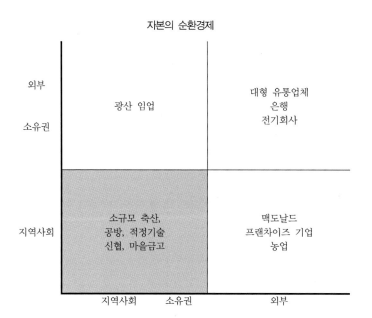

자본의 순환경제

	외부	광산 임업	대형 유통업체 은행 전기회사
소유권			
지역사회		소규모 축산, 공방, 적정기술 신협, 마을금고	맥도날드 프랜차이즈 기업 농업
		지역사회　소유권	외부

적정 규모와 관계의 유지

　사회적 경제는 먹을거리를 유통시키는 단체가 아니라 조합원이 생활과 사회의 변화를 도모하는 운동체이다. 따라서 일반사회가 갖고 있는 생산, 유통, 소비의 시스템이 아닌 규모의 적절성과 관계의 적절성이 담보된 활동이 여전히 지속되어야 한다. 그 자체가 운동체로서 큰 의미를 지닌다고 본다.

　규모와 관계의 적절성은 이미 사회적 경제의 운동영역을 통하여 다양한 경로를 통하여 보여주어 왔다. 먹을거리의 문제가 아니라 다양한 관계를 바탕으로 한 생활세계의 문제를 논의하면서 이웃 간의 공동체성을 도모하고 주민들의 자치능력을 배양시키고 개인의 자율성과 주체성을 형성해나가고 있다. 이러한 양상은 사회적 경제 각 영역 구성원 내부의 각종 모임을 통하여 가능하지만 그 가능성은 새로운 사회적 관계를 형성시켜 나간다는 점에서 중요한 의의를 지니고 있다고 볼 수 있으며, 이러한 양상은 새로운 권력의 의미, 주체성, 소통, 분권과 다중심, 생활과 지역에 대한 새로운 이해, 리더십의 원칙이 발휘되어 나타나게 된다.

　또한 사회적 경제는 공간적 규모의 적절성이 갖는 의미도 중요하다고 본다. 그것은 사회적 여제 구성원 간의 상호 간의 대면적 관계가 가능한 범위, 즉 지역사회의 범위를 벗어날 수가 없다는 것을 의미하며, 이러한 관계의 몰락은 궁극적으로 생태적 지역화가 어렵다는 것을 의미한다. 다양한 영역에서 진행되고 있는 사회적 경제의 실험과 도전이 규모와 관계의 적절성을 이야기하는 좋은 예라고 본다. 그리고 새로운 대안적 사회를 도모하는 협력과 자치를 바탕으로 이루어지는 생태적 지역화의 실험이라는 점에서 경제공동체의 구상에 중요한 시사점을 주고 있다고 본다.

지역순환형 로컬머니 운영체계의 구축

생태적 재지역화의 경제적 원리를 위한 수단은 로컬머니와 같은 순환형 화폐운영체계를 만드는 것이다. 이는 지역에서 통용되는 유형 또는 무형의 교환매개체를 통하여 지역주민끼리 상품과 노동을 거래할 수 있도록 하는 교환제도로 지역의 공동체를 재건하고 상호 부양의 사회적 네트워크를 발전시키며 가난한 사람과 일자리가 없는 사람을 돕고 그들에게 기회를 제공하고 새로운 전망을 갖도록 하는 특징을 지닌다. 또한 국가에 의하여 창출되는 통화의 유통부족으로 경제활동이 침체되는 국가통화 중심 경제체제의 문제점을 보완할 수 있는 특징을 지니기도 한다. 결국 로컬머니와 같은 경제적 구조의 구축은 국가나 은행이 발행한 돈을 사용하지 않고 지역사회의 주민들끼리 물품과 서비스를 주고받는 연대에 기초한 협동적 자립적 경제활동 방식으로, 지역주민들로 하여금 자존력을 높이고 지역공동체를 세우며 잉여자원과 기술을 지역 주민을 위해 쓰는 경제적 행위이다. 특히 경제적 세계화의 압력 속에서 끝없이 위협받는 지역공동체가 자기방어와 희생을 위해 주목할 만한 수단이 되는 것이 로컬머니이다.

생태적 재지역화 과정에서의 로컬머니에 의해 작동되는 경제적 원리는 지역 내 장기간의 거래와 순환을 통하여 에너지 낭비를 최소화시키고, 대면성에 기초한 자본의 순환을 통하여 일상생활의 모든 영역과 밀접하게 관계되어 있는 생산-유통-소비-폐기 등의 전 과정에 대한 문제의식을 갖는 것이다. 로컬머니 시스템에 의해 작용하는 지역경제는 지역 내 자본순환의 과정을 통하여 화폐의 흐름을 파악할 수 있으며 지역의 생산, 서비스를 비롯하여 지역의 산업, 공동체성의 회복, 자연에 대한 배려 등을 도모할 수 있는 특징을 지닌다. 생태적 재지역화를 위한 경제적 원리의 가능성을 위해서는 로컬머니 운영시스템을 구축하고 구축된 시스템은 로컬푸드, 지역사회 지원 농업, 사회적 기업의 역할, 커뮤니티 비즈니스 등을 통하여 순환적 경제구조 체계와 연결시키는 것이 중요하다.

3. 사회 · 문화: 닮음과 다름의 상생의 사회 · 문화

닮음과 다름, 그 사이에 대한 새로운 이해

생태적 재지역화의 사회 · 문화적 원리는 그 땅에서 살고 있는 것 그 자체를 이해하는 것으로부터 출발하여야 한다. 사람, 그리고 원주민들, 이 땅과 함께 성장한 사람들의 문화, 도시에서나 농촌에서나 이 땅의 지형학적 이해, 그리고 그 조건에 맞추어 형성된 인간의 관습과 사회, 그리고 문화 등은 높이 평가되어야 하며, 이것 자체가 공동체적 가치를 지니고 있기 때문이다. 동네를 걸어 다니면서 그곳에 살고 있는 것으로 보며, 새소리에도 귀를 기울이고, 물과 동물 똥도 눈여겨보고, 실개천과 하천도 살펴보기도 하며, 각종 야채는 어떤 토양에서 어떻게 자라는지를 배워야 한다. 이러한 모든 행위는 우리가 살고 있는 "땅에 대한 이해를 도모하는 것"이며 지역의 사회문화적 여건을 학습하고 이해하는 일이다. 이것은 그 지역의 인간과 자연의 가능성이 어떻게 형성되었는지를 기록하는 것으로 이것 자체가 새로운 공부거리이며 지역의 중요한 의제다.

생태적 재지역화의 사회적 원리는 개인과 공동체의 행동결과가 은폐되는 것이 아니라 오히려 강한 유대를 유지하는 것이며, 이러한 과정은 정치적 과정과 연동된 소규모 분권적 공동체 형성을 강화시키는 것이다. 문화적으로는 오랜 시간 동안 형성되어 온 지역의 전통적 문화를 재발견하고 재평가되어야 한다. 전통 문화의 재발견과 재평가는 배타적인 민족주의, 부족주의, 지방주의의 복귀를 의미하는 것이 아니라, 공간적 의미와 삶의 터전에 바탕을 두고 지역에 거주하고 있는 주민들이 같은 장소에서 산다는 것에 대한 인식이다. 결국 이들은 생태적 유대라는 새로운 사회 · 문화적 원리를 재발견하는 것이다. 이는 지역에서 거주하고 있는 구성원들이 같은 장소에서 함께한다는 공동체적 의식을 갖는 것으로부터 출발한다. 생태적 재지역화의 사회 · 문화적 원리는 전통과 지혜와 지식을 현대에 되살리고 현대적 지식과 기술을 활용하여 생명 지역의 자연과 생태계와 문화를 복구하고 보존하는 일이다(송명규, 2000: 38). 그 일은 '너'와 '나' 그 '사이의 관계'를 회복하는 일로부터 시작되어야 한다.

사회·문화적 원리의 현실

사회·문화적 원리를 재지역화 과정에서 검토되어야 하는 것은 지역이라는 공간구조 속에서 지역의 가치가 재평가되는 것이다. 현재의 사회·문화적 현실은 다음과 같다.

첫째, 역사적·지역적 자산과 가치를 매몰시키는 대기업 위주의 택지개발

현실에 있어서 사회·문화적 원리의 제공은 누구인가? 대규모 자본력이 동원된 기업가에 의해 사회문화적 원리가 제공받고 운영된다. 최근 택지개발 과정에서 아파트 브랜드는 그 지역이나 마을을 대표하는 상징으로 자리 잡아가는 상황을 보면서 지역 정체성, 즉 지역에 전통적으로 존재해왔던 사회·문화적 가치를 한순간 몰가치한 존재로 취급되고 있는 것이 현실이다. 그 동네에 살고 싶은지 하는 트렌드는 사람과 사람이 만나 어우러진 공동체적 삶을 통하여 형성되는 것이 아니라, ○○지역이라는 공간적 특수성과 ○○○아파트라는 브랜드가 대신하고 있다. 지역의 정체성과 역사적 의미, 그리고 도시적 기능을 어떻게 수용하고 만들어가야 하는 것은 여전히 단편적이고 기계적인 차원에서 고려될 뿐이다. 결국 대규모 자본력이 동원된 택지개발은 아파트 브랜드가 지역의 역사와 문화를 몰가치한 것으로 이해시키고 있는 상황에서 지역의 역사·문화적 가치는 매몰되고 있는 것이 지금의 현실이다.

둘째, 갈등과 경쟁의 사회문화적 환경

과도한 국가주의가 동원된 우리나라의 압축적 근대화는 평화와 협력의 사회적 가치에 우선한 사회문화적 환경보다는 이익을 최우선으로 한 경쟁과 갈등의 사회를 만들어왔다. 경쟁과 갈등의 선상을 넘지 못한 사람들은 사회의 그늘에 가려지면서 그들을 호혜적으로 안아주고 감싸주는 문화는 어느덧 등한시되었다. 사회적 그늘에 갇힌 우리의 이웃은 앎의 공동체가 형성되는 것이 아니라 경계의 대상으로 자리 잡고 있는 것이 우리 사회의 자화상이다. 그뿐만 아니라, 정규학교교육은 경쟁과 일등주의가 성공의 모델로 제시되면서 함박웃음을 피워야 할 학생들은 아침부터 저녁까지 영어단어와 입시경쟁에 내몰리는 경쟁사회 진입을 위한 연습을 하고 있는 셈이다.

셋째, 중앙정부에 의해 통제되는 지역문화

마을공동체 운동이 확산되면서 정부의 핵심의제로 부각된 지역기반형 공동체 지원사업은 정부부처별로 경쟁하듯이 쏟아내고 있다. 문화체육관광부의 지역문화진흥법, 농림수산식품부의 농어업인 삶의 질 향상 및 농어촌지역 개발촉진에 관한 특별법, 고용노동부의 사업적 기업 육성법, 기획재정부의 협동조합기본법, 국토교통부의 도시재생활성화 및 지원에 관한 특별법을 비롯하여 안전행정부의 지역공동체활성화지원법 등은 지역을 기반으로 한 해당 정부부처의 지원법안이다. 정부부처는 지역문화마을만들기를 비롯하여 농어촌공동체회사 지원, 사회적 기업·생활협동조합 및 사회적 협동조합의 활성화를 도모하거나 물리적 환경개선 중심의 뉴타운 개발에서 거주자 중심의 주거 및 도시재생 등에 깊은 관심을 보이고 있다.

지역기반형 지원사업 관련 법안

구분	지역문화진흥법	농어업인 삶의 질 향상 및 농어촌지역 개발촉진에 관한 특별법	사회적기업 육성법	협동조합 기본법	지역공동체활성화지원법(안)	도시재생활성화 및 지원에 관한 특별법
담당 부처	문화체육관광부 규제개혁법무 담당관	농림축산식품부 농촌정책과 해양수산부 소득복지과	고용노동부 사회적 기업과	기획재정부 협동조합정책과	안정행정부 지역공동체과	국토교통부 도시재생과
중간 지원	문화원	농어촌공사 농어촌공동체회사	한국사회적기업 진흥원	협동조합연합회 사회적 협동조합연합회	지역공동체중앙 지원센터	도시재생지원기구

최근에 마을을 중심으로 진행되고 있는 풀뿌리 활동이나 운동은 보다 인간다운 생활과 공동의 장을 모색하기 위해 조성된 마을공동체 현장은 일상생활에 나타나는 문제를 해결하고 개선해나가는 등 거주자 중심으로 서로 상호 호혜적 참여활동을 하는 지역자치 운동의 성향이 강하다. 이들은 하향식 발전방식이 아니라 아래로부터의 발전양식을 도모하는 지역자치운동이다. 풀뿌리 조직에 의한 지역자치활동은 주민에 의해서 의제가 결정되는 합의 및 의사소통 구조로 과정 중심의 관계에 큰 의미를 두고 있다. 반면, 중앙정부 부처에서 진행하고 있는 지역을 기반으로 한 관련 제도는 부처가 경쟁주의 곧 결과 지향적 성과주의에 매몰될 가능성이 매우 높다. 결국 주민자치, 생활정치, 풀뿌리 지역사회조직에 대한 깊이 있는 이해 없이 조직이나 기관에 대표성을 둔 행정적 접근으

로 일관하면서 제도적으로 주민자치에 대한 이해에 혼선을 가져오고 있는 상황이다.

동네 구성원의 활동 여부에 따라 지역공동체의 영역이 결정된다고 볼 수 있다. 행정동 중심의 관점이 아니라 주민의 생활권에 의한 동네규모가 결정되는 것이다. 현실적으로는 읍면동이라는 행정구역 개념으로 지리적·인구적 규모로 지역사회의 활동단위를 규정함으로써 실질적으로 활동하고 있는 동네 단위의 자치와는 모순된 상황이 전개되고 있다. 현재 추진되고 있는 정부부처의 지역기반형 지역공동체 관련 지원제도는 여전히 과거의 관행을 넘지 못하고 보조금 지원 및 평가를 통한 관리의 한계를 넘지 못하고 있다. 가령, 도시재생관련법 및 지역공동체활성화지원법(안)은 평가지표를 도입하고 있다. 평가지표는 진단지표이든 쇠퇴지표이든 지역사회의 인문사회적 특성을 반영하기에는 분명한 한계가 나타나며 획일한 지표를 적용할 경우 자율성이 강조되어야 할 지역사회의 서열화는 자명한 일이다. 지역사회 정치권력을 주체로 등장한 국민운동육성 단체의 보조금 지원은 지역사회권력의 핵심으로 등장하기도 하였고 진정한 풀뿌리 지역사회 활동을 지향하기보다는 관변의 이익을 대변하는 입장을 취해왔다는 평가가 지배적이다. 보조금 지원은 관리와 통제의 수단이 될 수 있다. 주민중심의 풀뿌리 지역사회 권력을 형성하기 위해서는 민관협력의 중간지대인 중간지원기구의 역할이 매우 중요하다. 중간지원기구는 지역사회의 현장과의 만남을 통하여 지역자치, 주민자치, 생활자치를 형성할 수 있는 촉매 역할에 집중하여야 함에도 불구하고 현장성이 결여된 중간지원기구의 한계에 직면할 가능성이 매우 높은 상황이다.

넷째, 지방자치단체에 의해 기획되는 지역문화

지방자치가 민선체제에 접어들면서 지방자치단체장은 정치적 행위는 문화행사를 통하여 뚜렷하게 나타난다. 축제 혹은 각종 문화행사는 주민 중심이 아닌 단체장 혹은 지방정부 중심의 행사로 운영되는 경우가 허다하다. 결국 이러한 행사는 이벤트 중심의 행사와 인기 연예인이 주민의 문화대행자로서 역할을 한다. 결국 문화기획과 행사는 지방자치단체가 공급하는 콘텐츠를 주민들은 받아서 수용하는 정도에 머무르고 있는 것이 지금 지역문화의 수준이다.

생태적 재지역화의 사회·문화적 원리의 가능성

마을은 사회·문화의 근간

생태적 재지역화 과정에서 적용되어야 하는 사회·문화적 원리는 호혜적 관계에 기초한 생태문화적 유대감의 조성이며 소규모 분권을 도모하는 일이다. 전통적인 지역문화는 공동체적 유대관계를 통하여 상호 협력적 사회관계를 이루어왔다. 현실적으로 파편화되어 있는 사회·문화적 관계 속에서 생태적 재지역화를 도모하는 것은 지역문화의 재발견을 구축하는 일로부터 가능하다. 지역문화의 재발견은 지역에 대한 학습과 이해, 그리고 협력 의사소통을 통하여 사회문화적 원리를 도모할 수 있다. 그중에 가장 우선해야 할 점은 '마을이란 무엇인가'를 학습하는 일이다. 그리고 마을을 이해하는 과정에서 내가 지금 서 있는 위치에서 역사문화적 자산을 배우는 일이다. 이러한 지역학습 체계를 통하여 문화적 공감대를 형성하고 내생적 역량을 배양한다. 내생적 역량은 지역의 약량을 주어진 조건하에 발전의 동기부여나 발전에 필요한 자원을 내부에서 찾는 것이다. 폐쇄형 관계가 아닌 상호 호혜적 관계를 원칙으로 하고 있으며, 단순한 경제성장이 아닌 환경의 질과 삶의 질의 제고를 우선한다는 점에서 내생적 역량의 강화는 중요한 의미를 지닌다. 내생적 역량을 도모할 수 있는 사회·문화적 수단으로서 마을공동체와 같은 방식의 논의와 이해는 매우 중요하다. 마을공동체는 몇몇 전문가들에 의해 구성된 운동이 아니라 일상세계에서 움직이는 운동이며 일상의 영역에서 주민들이 주체가 되어 정치·사회·문화를 총괄하는 자율적·통합적인 삶의 회복운동이며 가족·이웃·지역사회에서 협동의 원리를 살려 생산과 생활과정을 적정규모로 조직화하고 그 조직을 스스로 유지 관리하며, 지역의 생태계의 건전한 사업을 영위하는 주체들이 연대하고 있는 특징을 지닌다는 점에서 시사하는 바가 크기 때문이다.

삶의 관계망 만들기

삶의 터인 마을이나 동네는 생태계의 연결망처럼 복잡한 관계망으로 형성되어 있다. 복잡한 관계망을 결합방식에 따라 그 결과는 상이하게 나타난다. 촘촘히 짜인 삶의 관계망은 마을의 장소성을 만들어낸다. 그 장소성은 행정구역이 정하는 제도적 장소성이 아니라 삶의 터의 관계망을 통해서 형성되는 장소성이다. 단순한 물리적 환경에 의한 공간적 의미가 아니라 마을의 구성원이 결합하고 연결되고 관계를 나누면서 형성되는 무형의 생활공간으로서의 장소성이 더 큰 의미를 지니게 된다. 생활공간으로서의 장소성은 풀뿌리 마을활동을 통하여 유·무형의 관계망이 형성되는 것이다. 결국 삶의 관계망은 지역의 문화적 기반이 되기도 하며 그 자체가 지역이 문화적 자산인 동시에 사회문화적 동향을 보여줄 수 있는 멋진 행동지표라고 할 수 있다. 마을기업, 협동조합, 대안교육시설, 로컬푸드 등이 다양한 삶의 관계망에 기초하여 사람과 사람, 사람과 공간, 그리고 공간과 삶을 연결하는 매개역할 충분히 할 수 있다는 것을 간과해서는 안 된다. 경쟁과 갈등의 사회를 심화시킬 것인가, 아니면 대안교육, 생태적이며 공동체적인 가치를 실현시키는 시키는 과정에서 상품, 화폐 그리고 자본에 의해 결정되는 사회적 관계가 아닌 삶의 공간·생태적 공간으로서의 자기 주체성을 가진 나눔과 호혜의 관계망을 시화시킬 것인가 하는 것은 우리가 모색하여야 할 삶의 관계망을 위치 지우기에 따라 그 상황이 달라질 수 있다고 본다. 성미산마을처럼 다양한 관계 속에서 사람들 사이에서의 관계가 새로운 사업을 만들고, 일을 만들고, 놀이와 문화를 만들어온 것은 삶의 관계망 만들기뿐만 아니라 생태적 재지역화를 위한 사회문화적 가능성을 보여주는 좋은 예라고 할 수 있다.

'너'와 '나'가 아닌 '사이'에서 찾는 사회문화

생태적 재지역화를 위한 사회문화적 요건은 소규모 분권적 가치의 실현으로부터 시작된다. 소규모 분권적 가치는 일과 놀이, 그리고 그 속에서 형성되는 관계망에 의해 형성된다. 그 분권적 가치를 형성하는 구성원은 나의 것, 너의 것에 구분 없이 너와 나 사이에서 형성되는 공통분모를 찾아 활동하고 실천하는 행위가 우선되어야 한다. 너와 나 사이에 형성된 '우리'라는 가치, '너'와 '나'의 간극에 있는 형성되는 그 '사이'를 이해하고 협력하고 나누는 일이다. 이러한 '사이의 공동체'에서 형성된 정서는 너와 나라는 공감대를 자연스럽게 치유하고 나누는 공감대가 형성되는 과정으로 이어진다. 가령 놀고 마시는 관계 속에서 형성된 성미산마을의 '작은나무카페', 출근길 아침 먹을거리를 고민하다 만들어진 '성미산 밥상' 등은 너와 나의 사이에서 생긴 공동체의 사회문화적 자산이다. 이러한 '사이'의 관계망을 통하여 서로의 능동적인 힘을 끌어내고 그 과정에서 나눔의 분권을 실현하는 장소가 된다.

분권적 관계망의 힘, 집단지성을 키우자

성미산마을의 공동육아와 대안교육은 공동체에서 돌봄의 가치의 중요성을 인식하게 했으며 그 돌봄의 가치는 모심과 보살핌의 가치로 연결되면서 「마포희망나눔」과 같은 어르신의 교감으로 연결되어 나타날 수 있다. 이러한 사회문화적 자산은 마을문화운동으로 연결된다. 이러한 마을의 문화운동은 삶의 터를 소재로 다양한 문화적 자산을 만들고 공유하면서 자기들의 문화적 활동을 진행한다. 성미산마을에서는 「성미산마을극장」이 그 문화적 동력을 이끌어가는 힘이 되고 있다. 그 외에도 세계적인 우드스탁축제로 널리 알려진 곳 중의 하나인 덴마크의 크리스차니아의 대표적인 사례다. 제2차 세계대전 이후 히피 중심의 무단점거 운동으로 소개된 이곳은 자율과 자치, 그리고 소통을 매개로 아나키즘 정신이 구현된 자유마을이라는 표현이 더 정확하다. 이곳에서 매년 진행되는 우드스탁은 자신들이 축제를 기획하고 홍보하고 서로 공유하면서 스스로 마을공동체 문화를 만들어가고 있다. 영국의 핀드혼 공동체도 치유와 힐링 과정에서 자신의 음악을 만들고 레코딩하고 자신만의 문화를 공유하면서 공동체의 집단지성의 힘의 위대함을 보여주고 있다.

집단지성의 힘, 차분히 키우자

커뮤니티는 신뢰를 기반으로 한 우리의식, 사회적 규범에 의한 공유의식, 네트워크 조성에 의한 역할의식 등의 삼박자를 이루면서 커뮤니티의 힘을 성장시킨다. 때로는 그 과정이 길기도 하고 지루하기도 하다. 반면 미션과 목표에 우선한 관계는 결과에 집착하게 되면서 공동체가 형성되는 과정은 중요하지 않게 생각하는 경향이 강하게 나타 날 수 있다. 『공동체란 무엇인가』의 저자 로바벳 컨터$^{Rosabeth\ Moss\ Kanter}$는 완전가능성에 대한 믿음, 질서, 형제애, 정신과 육체의 조화, 실험정신, 그리고 응집성에 의해 공동체가 형성된다고 이야기 한 바 있다. 공동체는 커뮤니티가 원론적으로 지니고 있는 우리의식, 공유의식, 역할의식에 기초한 집단의 힘을 키우는 것을 의미한다.

이러한 과정은 이미 지구적으로 트랜지션 타운운동을 하고 있는 사례를 통해서 그 의미를 알 수 있다. 이들은 친목단계, 신뢰구축단계, 외부연계단계, 전략적 지역화단계 등 단계별 과정을 강조한다.

제1단계는 초기단계로 이 단계는 서로 친해지는 것을 목적으로 한 단계이다. 거시적인 미션과 목표를 시행하기 에 앞서 상호이해와 협력의 가능성을 모색하는 단계이다. 방법론은 다양하다. 서로 알아가면서 친해지기 위해 전단 배포, 포스터 부착, 영화관람, 다른 조직과 네트워킹 하기, 집담회, 마을장터, 마을회의 등 서로 소통할 수 있는 방법론은 모두 동원하는 과정이다.

제2단계는 심화단계이다. 서로 친해지면서 쌓인 신뢰를 구축하는 단계이다. 그 과정은 함께 할 수 있는 일거리를 찾아 가면서 집단에 대한 리더십을 공유하고 이해하는 단계이다.

제3단계인 연계단계는 모아진 힘 즉 임파워먼트(주민권력)를 지역사회로 확장시키는 단계이다. 이 단계에서는 활동을 진행하는 과정에서 접촉하지 않았던 그룹과 관계하는 단계로 지방의회와 지방자치단체 그리고 지역기업과 지역관계자와 연계시킨다. 이 단계는 지역사회에서 트랜지션 타운 운동을 보다 더 깊게 뿌리내리는 단계이다.

제4단계는 1단계부터 3단계까지 진행된 사항을 구축하는 단계이자 전략적 사고를 시작하는 단계이다. 그 전략적 단계는 진정한 아래로부터 형성된 풀뿌리 조직이 운동으로 연결되는 단계이다. 그 과정에서 에너지 자립을 지원하는 지역에너지회사, 순환과 호혜의 경제를 도모하는 마을기업, 로컬푸드, 로컬머니 등의 전략을 선택하게 된다.

지역이 추구하여야 할 거시적인 목표에 앞서 소극적 참여 수준정도의 주민참여가 아니라 적극적 참여 수준의 주민참여를 기반으로 거시적 미션을 수행하는 단계를 지닌다. 그 단계를 위와 같이 그룹을 형성하고 친밀도를 높이는 초보단계 그리고 높아진 친밀도에 기초하여 함께 할 수 있는 일거리를 찾는 심화단계를 거친 후 심화단계를 이루게 된다. 심화단계는 주민 이외의 다양한 자원과 연계를 이루고 난 후 최종적으로 4단계에서는 1단계에서 3단계를 기반으로 전략적 사고를 지역에 뿌리내리는 지역화 단계를 모색하는 것이라고 할 수 있다. 이러한 일련의 단계를 통해 트랜지션 타운을 형성하게 된다. 트랜지션 타운 운동은 기후변화 석유정점에 대응한 지역화 전략이 최종목적이라 하더라도 이를 이해하는 일련의 과정이 더 중요하게 여긴다. 즉 상호이해를 위한 주민소통 환경을 만드는 일로부터 시작하는 것이 중요하다는 것이다.

트랜지션 타운 단계별 과정

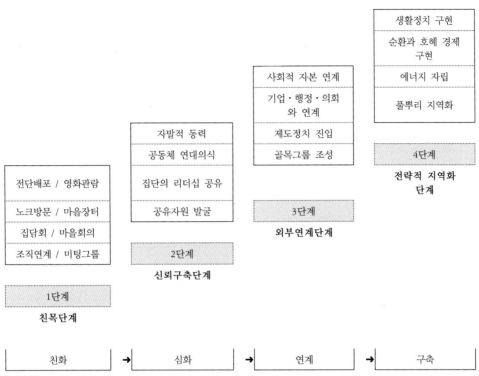

	생활정치 구현
	순환과 호혜 경제 구현
	에너지 자립
	풀뿌리 지역화

4단계
전략적 지역화 단계

	사회적 자본 연계
	기업·행정·의회 와 연계
	제도정치 진입
	골목그룹 조성

3단계
외부연계단계

	자발적 동력
	공동체 연대의식
	집단의 리더십 공유
	공유자원 발굴

2단계
신뢰구축단계

	전단배포 / 영화관람
	노크방문 / 마을장터
	집담회 / 마을회의
	조직연계 / 미팅그룹

1단계
친목단계

친화 → 심화 → 연계 → 구축

트랜지션 타운(전환마을) 발전단계별 사례

구분		사례지역	특징	접근방식
1단계	친화단계	미국 매사츄세츠 주 웨일랜드(Wayland)	친해지기 단계 전환마을 추진그룹 찾아나서기	영화관람 포스터 붙이기 행사 공동기획하기
		영국 만체스터의 모스사이드(Moss Side)	높은 인구밀도의 다문화지역	노크 방문 : 설득력 증진
		포르투갈 알렌테주의 아모레이라스 (Amoreiras)	지구공동체의 구성원으로서의 위치와 역할 마을의 역동성 증진 도모	마을내 거래 활성화 마을청소 지역주민 장터 마을회의 아이들 시설 개선 마을의료 마을비전 도모
		영국 데번주	내적전환 사례 마을공동체 번영의 가치에 대응한 개인의 내적 갈등 소통	워크숍 : "인간은 어떻게 느끼고 행동하는가"를 고민

단계		사례	특징	내용
2단계	심화단계	미국 피츠버그시 인근 위트니(Whitney Avenue)가 도시농장	자동차 산업 쇠퇴지역 버려진 땅 활용하기	빈집 체크하기 도시농장의 식량자급과 공유 푸드뱅크 기부 공동텃밭 활용 로컬푸드 프로젝트와 연계
		영국 런던의 켄살~킬번(Kensal to Kilburn)	지하철 플랫홈 활용	지하철 플랫홈 활용하여 과일과 채소 재배 지하철역 미화사업
		영국 랭커스터(Lancaster)	희망찬 비전 공유와 모든 동참 견해차와 갈등 심화로 비전 실현 부재 내적 전환의 중요성	거시적 비전보다 상대방 존중하는 것이 중요하다고 판단 영화관람, 집담회, 마을장터, 음식나누기와 먹기, 축제 등의 활동이후 자발적 동력 증진
		영국 런던의 핀스버리 파크(Finsbury Park)	리더십 지원체계 구축	모든 참여자의 다른 수준이 리더십 상호지원 및 네트워킹 함께한다는 연대감이 곧 든든한 후원부대
3단계	연계단계	이탈리아 볼로냐의 몬테비글리오(Monteveglio)	주민의회와 협력 제도정치의 진입	끝없는 성장에 대한 고민 에너지 감축계획 수립 에네스콤(Enescom) 프로젝트 추진 - 지역에너지 감축위한 자발적 행동
		영국 데본주 토트네스(Totnes)	트랜지션 타운 운동 발상지 골목별 주민참여 활성화	TTT 프로젝트 진행 골목별 참여 그룹 조성(6~10명 규모, 7번의 회합) 골목회합(10~12개 실천강령) 골목그룹 단위의 실천계획 수립 개인별 2~3개 정도의 실천과제 전환마을운동사무국의 지원 골목과 이웃의 관계형성 56개의 골목그룹(468가구 참여, 1,100명 참여)
4단계	구축단계	영국 웨스트요크셔주의 마스던-슬레이스웨이트 (Marsden and Slaithwaite)	마을차원의 자본의 선순환 구조	경영악화 가게의 마을차원의 인수 마을 차원의 마을기업 운영 채소가게(소비자생협) 제빵(노동자생협)
		영국 웨스트요크셔의 협동조합 수제베이커리	소규모 비즈니스 구현과 투자 수익률 제공	소비자와 지역주민에게 돈 빌리기 : 제빵채권 발행 이자율 6.25% 돈 또는 빵으로 상환가능
		영국 이스트 서섹스주의 전환마을 루이스(Lewes)	에너지 자립을 통한 지역공동체 구축	영국 최초 지역공동체가 설립한 태양광 발전소 마을회사 창립과 지역맥주공장 지붕 활용 지역언론 활용 지역공동체 기금 마련 발전차액지원제도(FIT)을 통한 수익 창출

4단계	구축단계	영국 런던의 브릭스톤(Brixton)	외부경제에 대응한 로컬머니 구축	다양한 문화보유 지역 영국 최초 디지털 로컬머니 운영 브릭스톤 파운드 운영 : 200여 개 상공인 활용
		일본 관동지방의 후지노(Fujino)	자연에너지 활용	지역사회 민간발전소 : 후지노 전력회사 자연에너지 : 태양광, 소수력 빛의 축제 : 지진 발생지역 동북지역 축제 지원 재난지역 전력 공급
		뉴질랜드 크리스트처치 지역의 '리틀턴(Lyttelton) 프로젝트'	지역공동체의 회복력 증진	지진 재난지역 리틀턴(Lyttelton) 프로젝트 : 시간은행(Time Bank) 프로젝트 시간은행은 보완적 로컬머니 : 재능교환 및 이웃 관계 증진

출처 : 전대욱 외 1인(역), 『Transition 2.0』 https://www.youtube.com/watch?v=FFQFBmq7X84 재구성

이렇듯 지역에서 작은 문화적 자산과 활동들이 하나둘씩 모여 공동체가 함께할 수 있는 여건이 형성된다. 너와 나, 그리고 그 사이에서 형성된 관계망은 분권의 힘으로 작동하게 되면서 집단지성으로 성장하게 된다. 지역의 구성원이 서로 모여 생각과 창작물을 공감대를 형성하는 과정에서 집단지성의 힘은 더욱 큰 힘을 발휘한다. 집단지성은 위계의 사회문화적 질서가 아니라 수평적·공동체적 가치에 기반을 둔 관계망 구축을 의미한다. 공동육아와 대안교육은 공동체적 질서가 형성되면서 돌봄, 모심, 보살핌, 섬김, 그리고 살림의 가치를 공유하게 된다. 이것은 집단의 힘으로 재생산하게 되며 이것이 생태적 재지역화가 사회문화적으로 공유하여야 할 가치라고 본다.

4. 기술: 지속 가능한 적정기술

지역자립과 순환의 기술사회

생태적 재지역화를 이해하는 데 있어서 기술적 원리가 갖는 의미는 매우 의미심장하

다. 기술의 문제를 단순히 실증적이거나 실용적 수준에서 기술의 원리를 단편적으로 이해할 수 없기 때문이다. 미시적으로는 생태적 재지역화 구축을 위해 대안기술, 중간기술, 적정기술, 연성기술 등으로 지역에 맞는 기술의 문제를 거론한다. 지역에 맞는 기술의 적용은 해당 지역의 사회경제 여건에 맞는 기술수준으로 전통기술보다는 생산적이며 자본 집약적 정밀기술보다는 저렴하고 유지보수가 쉬운 기술을 의미한다. 이렇듯 대안기술 또는 적정기술로 대표되는 기술은 지역자립과 순환의 기술사회를 지향하며 그 과정에서 재생에너지를 중요한 에너지 수단으로 취급한다. 이 역시 과학중심주의적 사고에 기인한다. 그러나 중앙집중형 기술이 아니라 지역의 자연적 조건을 최대한 고려한 태양열과 풍력 등을 이용한 기술의 강조이다. 이렇듯 대안기술 또는 적정기술은 물질 지향적 과학주의가가 아니라 인간의 얼굴을 한 따뜻하고 착한 기술이다.

착한 기술은 첨단기술과 토속기술의 중간적 형태를 취하고 있는 기술적 방법으로 거주가 중심에서 직접적인 필요를 채우는 기술, 지역에서 생산되는 재료를 기반으로 한 적정 가격의 기술 그리고 누구나 쉽게 사용하고 활용할 수 있는 기술을 지향한다. 기존의 기술체계가 생태계를 파괴하고 자원을 낭비하는 대량생산 대신 대중에 의한 생산을 강조하면서 지역에서 생산되는 자원을 최대한 활용할 수 있어야 하며, 누구나 쉽게 사용할 수 있는 기술의 필요성을 강조한다. 결국 지역자립과 순환 기술은 대량생산 체제 지향적 거대기술에 대응한 기술로서의 대안기술, 지역과 사람중심의 기술인 중간기술은 저렴한 가격, 희소자원 낭비의 최소화, 분산형 에너지의 사용, 간단한 기술과 현지재료의 사용 등을 최대한 고려하여 활용하는 특징을 지닌다.

생태적 재지역화를 실현하는 데 있어서 기술의 문제는 기술과 기술의 운영에 한정되는 것이 아니라 사회적 관계와 일맥상통하고 있으며, 한편으로는 지역 차원에서는 지역의 에너지 자립과 깊게 연관되어 있다.

기술적 원리의 현실

기술적 원리는 단순히 기술만의 문제가 아니다. 기술적 원리의 운영과정은 의사소통의 문제와 주민의 정치적 참여 등 다양한 사회문화적 활동과 연계되어 있으므로 기술적 원리의 현실 진단은 또 다른 중요성을 갖는다. 기술적 원리의 현실은 다음과 같이 정리할 수 있다.

첫째, 기술만능주의 만연

종교와 정부의 통제로부터 자유로워진 기술이 가치중립적인가라는 것에 대해서는 쉽게 동의할 수 없는 부분이다. 상호 의존적 관계를 지니고 있는 과학과 기술은 기술의 목표가 무엇인가에 따라 사회적 발전 양상은 매우 다르게 나타난다. 그 가치와 목표는 어제, 오늘 그리고 내일도 인간에게 맞추어져 있다.

문명이라는 미명하에 인간에 의해 조절되는 기술과 과학은 모든 문제를 해결할 수 있는 해결사이다. 기술과 과학의 발달은 사회와 경제 변화에 크게 영향을 주기도 하지만 인간에 의해 조절이 가능한 상황이다. 인간에 의해 조절되는 기술이 현재 기술보다 더 큰 기술로 진보할 경우 우리는 이것을 발달이라고 한다. 그리고 기술을 이해하는 과정은 문제가 놓여 있는 구성 요소 각각의 것을 이해함으로써 전체적인 문제를 해결한다. 또한 이러한 과정을 통해 문제의 원리를 이해하고 통제하는 과정에서 자연을 이해하려는 경향이 강하게 나타난다.

그러나 우리는 환경문제 해결을 위한 다른 방법을 찾으려 하지 않고 있으며, 우리가 사용하는 기술이 진정 인간을 위한 기술의 주인인지 아니면 하인인지도 구분도 하지 못하고 있으며, 대안에너지 또는 지속 가능한 기술이 가지고 있는 지역화의 의미도 간과하고 있는 것이 현실이다. 결국 자연환경이나 지구의 생태계 질서를 우선 고려하기보다는 인간의 경제적 요구를 우선해온 것이 우리가 취한 자세이다. 현재의 상황으로는 어제도 오늘도 그리고 내일도 더 하면 더했지 덜하지는 않을 것이다. 인간의 경제적 충족만을 위한 '단기적인 이익만 추구하는 단기적인 계획'을 우선하는 기술만능주의는 여전할 것이다.

둘째, 무한 공급·무한 소비의 사회

환경적으로 보면 증가하고 있는 사회적 욕구와 소비의 욕망의 소비구조에 대한 공급을 언제까지 할 수 있을까? 그 방식이 개인의 성찰 없이 값싼 가격에 지불되는 것만으로 해결할 수 있을까 하는 현실적인 고민과 함께 대형발전소 건설과정에서 야기되는 환경 파괴의 문제 그리고 원자력 건설로 인하여 야기되는 수자원 환경의 교란의 문제와 수력 발전소 증설은 한계 등이 당면한 가장 현실적인 문제라고 할 수 있다. 가령 한참 논란이 되었던 동강댐은 수도권 일대의 폭주하고 있는 소비욕망을 해결하기 위해 동원된 정책으로 동강 주변 지역사회 주민의 삶과는 상관이 없는 정책이었다. 자연계와 공유되지 않는 소비욕망은 결국 이를 충족시키기 위해 거대기술의 동원이 불가피한 셈이다.

일반적으로 통용되고 있는 기술의 문제는 관료적 사회체제의 현실을 집약이라고 할 수 있다. 따라서 현재 기술의 운영방식은 획일화 과정을 통하여 소비를 하는 구조의 한계를 넘지 못하고 있다. 그 대표적인 사례가 전기를 둘러싼 기술운영원리이다.

한국의 전력사용은 매년 기록을 새롭게 경신하고 있으며, 에너지 수용을 충족시키기 위하여 끝없이 제기되는 기술이 핵에 기반을 둔 원자력에너지이다. 이러한 에너지 체계는 거대 자본과 기술을 바탕으로 화석연료와 원자력을 이용한 공급 위주의 대규모 중앙집중식 에너지 보급에 기초한 기술적 원리를 제공하고 있는 것이 현실이다. 생태적 재지역화의 기술에 대한 논의가 대안기술 또는 중간기술, 즉 지역자립과 순환사회를 위한 기술은 핵과 같은 최첨단 거대기술에 대하여 매우 상대적인 개념을 지닌다. 최첨단 거대기술은 거대한 시스템의 구축과 자원이 동원된다. 중앙집권적이고 기술집약적인 기술은 그것을 이용하는 사람은 의존도가 높아 질 수밖에 없다. 그 의존성은 기술에 대한 의존성을 높이면서 사람의 인간소외 현상으로 연결된다. 거대기술의 문제는 단순히 기술의 문제로 끝나는 것이 아니라 사회적 관계 구조와 그 맥을 같이하고 있다. 거대기술은 기술자, 행정관료, 전문가 등의 몇몇 기득권 계층에 한정되고 그 체계는 대규모화, 거대화, 집중화의 특성을 보이고 있는 반면, 의사소통 정도와 수준은 공청회 정도가 전부인 실정이다. 즉, 중앙집중적인 권력구조를 바탕으로 진행되고 있는 거대기술이 갖는 사회적 관계는 획일화·전문화·집중화·위계화 과정을 거치면서 환경문제와 지역의 관점은 전혀 고려되지 않는다. 대표적으로 경남 밀양 송전탑 건설을 둘러싼 사안이 대표적인 사례다. 밀양의 765kV 송전탑 건설은 세계 최대 규모의 76만 5천V를 수용할 수 있는 송전탑이다. 밀양의 송전탑을 지나는 전기는 울산 신고리 원전에서 시작하여 서울 수도권에 전기를 공급하기 위해 세워지는 송전탑이다. 전국 인구의 50%가 거주하고 있는 대규모로 과밀화된 도시를 위해 밀양의 삶의 터가 해체되고 있는 상황이다.

셋째, 과학기술의 완결판, 원자력 기술사회와 숨겨진 욕망

과학과 기술, 그리고 산업은 자연의 지배를 통하여 인간에게 더 많은 새로운 재화를 소유해왔다. 새로운 재화의 소유는 많은 상품을 생산하고 원자력 같은 대규모 기술이 투입된 설비까지 동원하고 있는 상황이다. 싼값으로 공급된 에너지원은 산업

에너지를 공급하고 결국 더 많은 생산을 위해 기술은 끝없이 엔진을 돌리고 있다. 결국 기술과 경제가 성장의 한 축이 되어 경제성장은 곧 삶의 질 향상이라는 함수로 현혹하고 있는 것이 현실이다. 이러한 동력의 근원은 거대기술의 완결판이라고 할 수 있는 원자력기술과 그 기술에 의해 공급되는 원자력에너지이다.

원자력 공급을 위한 정부 당국의 논리는 간단하다. 정부 당국은 전력이 부족하다는 논리로 우리의 삶의 터가 지속되지 못할 상황을 예견한다. 그러나 연중 전력사용 최정점 시간은 8,760시간 중 단 500시간에 불과하다. 그리고 매일매일 최대 40%의 전력이 버려지고 있는 사실은 간과하고 있다. 또한 전력사용이 최정점에 도달하면 대 정전사태, 즉 블랙아웃이 발생한다고 주장한다. 이러한 주장은 전력관리를 언급하지 않는 상태에서 우리의 소비패턴만 놓고 주장하고 있는 것이다. 그 외에도 정부 당국은 전력공급의 효율을 높이기 위해 대규모 발전설비는 반드시 필요하다고 주장한다. 그러나 우리나라 전력 수급방식은 중앙집중형 단일망 방식의 전력공급시스템이어서 일부지역이 전력이 부족할 경우 전체 전력용량을 늘려야 하는 상황이다. 즉, 에너지가 독점화되어 있는 전력망, 국내 전력 수요의 40%를 차지하고 있는 수도권, 소비의 욕망이 점점 커지고 있는 욕망 등은 결국 지금보다 더 큰 규모의 에너지원이 필요하며 그 에너지원이 원자력으로 출발하고 있다는 사실이다.

생태적 재지역화의 기술적 원리의 가능성

생태적 재지역화 과정에서 논의되는 기술의 문제는 소형화·분권화·다양화·분산화의 관점에서 이해되어야 한다. 이를 위해서는 공급자 중심의 기술의 원리는 수요자 중심의 관점으로 전환되어야 한다. 이는 지역에 맞는 기술운영방식을 이해하는 것으로부터 시작된다. 지역에 맞는 기술은 지역에서 개발하고 이용할 수 있는 에너지, 즉 태양열, 풍력, 수력, 지열 그 외에도 축산폐기물과 같은 재생 가능한 에너지원을 찾아 발굴하는 것이다.

지역자립과 순환기술의 운영은 지역의 특성이 절대적으로 고려되어야 한다. 그 이유는 지역의 물리적 조건과 사회문화적 여건에 대하여 검토가 우선되어야 하기 때문이다. 지역에너지를 수립하는 일은 결과적으로 지역 스스로 에너지 정책을 수립하고 그 과정에서 기술적 원리를 검토하고 에너지 자립을 높이는 생태정치적 행위이기 때문이다. 즉,

에너지 자립은 에너지 주권을 이루는 정치적 행위이다. 왜냐하면 에너지 자립이 지역 주민의 삶과 밀접한 관계를 이루고 있기 때문이다(이유진, 2007: 42). 생태적 재지역화 과정에서 논의될 수 있는 지역자립과 순환기술은 에너지 자립, 적정규모의 주거지 계획에서 도입할 수 있는 생태건축, 패시브 건축, 공동주거, 생태적 기술과 원리가 적용된 폐기물 처리 방식 등이 실행수단이 될 수 있다.

에너지 정치의 실현

독일은 일본의 후쿠시마 원전사고 이후 원전폐기를 선언했다. 그 대안은 기술을 통한 새로운 사회의 구축이다. 태양광과 풍력을 활용한 대체에너지로 원전 18기 분량의 전력을 생산하고 있다. 이러한 사례는 북유럽 국가를 중심으로 다양하게 나타나고 있다. 오스트리아 무레크 마을은 유채 씨를 활용한 바이오에너지를 통해 에너지를 얻고 있으며, 태양도시로 유명한 독일의 프라이부르크는 태양광을 이용한 에너지뿐만 아니라 태양광을 개발하는 과정에서 얻는 다양한 기술이 지역발전의 새로운 동력이 되고 있다.

정부주도형 중앙집중 방식의 에너지 공급은 시민을 에너지맹으로 전락시키면서 국가와 기업이 에너지 독점을 더욱 가속화되는 것을 지역과 시민의 입장에서 에너지 정책을 이행하는 것을 의미한다. 지역에너지는 에너지 절약, 에너지 향상 그리고 지속 가능한 미래세대를 배려한 에너지 정책을 만들어가면서 지역 차원에서 자립과 순환의 에너지를 구축해가는 에너지 정치를 실현하는 행위이다. 이러한 에너지 정치는 생산, 소비 그리고 유통 과정에서 주민이 참여하면서 에너지 생산에 대한 책임과 편익을 동시에 누리게 된다.

지역에 맞는 적정기술과 새로운 자립

국가와 산업은 후기산업사회에서 가장 큰 비판 대상이다. 국가와 산업은 대규모 기술을 지향하며 산업적 시장을 창출한다. 시장이 창출되는 과정은 기술적·과학적·관료적 지식층에 의해 시작된다. 결국 중앙집중화·획일화·전문화·관료화는 지역과 시민을 사회문화뿐만 아니라 기술적 의존도를 심화시킬 뿐이다. 그뿐 아니다. 산업사회의 수단인 고도성장은 산업을 이끌어가는 기업은 성장에 비하여 노동의 현실은 그리 낙관적이지 않다. 반면, 거대기술에 대응한 지역에 맞는 적정기술의 운영은 지역의 생태문화적 감각을 최대한 극대화시키는 일은 전혀 고려하지 않는다. 지역에서 기술을 적용하여야 하는 감각을 키우는 일은 중앙집중화·획일화·전문화·관료화되어 있는 기술사회의 가치를 분권화·다양화·분산화·소형화시키면서 지역에 맞는 적정기술을 운용하는 일이기 때문에 중요하다.

따라서 생태적 재지역화 측면에서 고려하여야 할 기술적 원리는 거대기술에 대응한 지역 수준에 맞는 적정기술 또는 대안기술로부터 시작되어야 한다. 화석연료에 의존한 기술의 원리가 국가에 기반을 둔 대규모 기술의 동원이었다면, 생명 지역의 관점에서는 지역 차원의 에너지 자립에 기초한 기술적 원리가 지역화되어야 하는 것이다. 이렇듯 핵과 같은 거대기술이 비자립적인 에너지로 재생 불가능한 에너지라는 특징 외에도 보다 지역자립과 순환의 기술사회를 모색하는 근본적인 이유는 편협한 기술중심주의적 세계관, 너무나도 이기적인 인간중심주의적 세계관과 보수적 인간중심주의의 한계를 넘어서는 일이므로 지역에 기반을 둔 기술의 운영은 매우 중요한 의미를 지닌다.

생태적 재지역화가 추구하는 지역자립과 순환의 기술은 최첨단 고도의 전문화보다는 지속 가능한 시스템을 원칙으로 노동력이 풍부한 곳에서는 노동력을, 재생 가능한 에너지 활용도가 높은 곳에서는 이를 활용하는 방법 등 새로운 자립의 길을 모색하는 것이다(김정태·홍성욱, 2011: 23).

규모의 계획, 적정개발

지역자립과 순환기술 체계에 의하여 마련된 생태적 재지역화의 기술적 원리를 운영하는 데 있어서 현실적으로 고려하여야 할 사항 중의 규모의 계획과 적정개발의 개발이 선행되어야 하며 그 원칙은 에너지 중독사회를 에너지 자립사회로 전환을 위한 계획에 기초하여야 한다.

현재 운영하고 있는 법정계획은 도시기본계획 또는 장기발전계획으로 지역의 백년대계를 그리는 청사진이다. 이 계획은 계획의 기조를 시작으로 공간계획을 위한 구상 그리고 토지이용, 교통물류, 정보통신, 도심 및 주거환경, 환경보전, 경관 및 미관, 공원 및 녹지, 경제 및 산업, 사회문화, 방재 및 안전 등에 대한 부문별 계획을 수립하도록 되어 있다. 장기적 계획을 지속 가능한 관점에서 담아야 할 계획이 물리적 성장 중심의 계획을 기초로 하고 있다. 그뿐 아니다. 계획의 기조, 계획의 미션과 목표는 지역이 향후 모색하여야 할 방향에 기초하여 구축되기보다는 지방자치단체장이 선거 출마 당시 제시된 공약의 핵심사항이 시정방침으로 운영되면서 법정계획이 기조와 미션, 그리고 목표에 적용되고 있는 것이 지금 처한 현실이라고 할 수 있다.

이러한 법정계획과는 달리 마을 차원에서 마련된 계획안도 있다. 우리나라에서는 최초로 지역주민이 출연한 연구비로 수립된 충남 홍성의 「문당리 마을 100년 계획」이 대표적인 사례다. 충남 홍성의 문당리는 환경농업마을로도 유명한 곳이다. 그 배후지는 지난 반세기를 풀무학교의 교육이념이라고 할 수 있다. '더불어 사는 평민'이라는 교육관은 '생각하는 농민, 준비하는 마을'이라는 슬로건으로 「21세기 문당리 발전백년계획」을 수립하고 시행하고 있다. 계획의 기조는 농업과 농촌의 새로운 인식의 전환을 시작으로 퍼머컬처 원리에 기초한 오염되지 않은 바른 먹을거리의 생산과 생태적으로 지속 가능한 생태마을의 공간적 구현을 최종의 미션과 목표로 계획을 수립한 곳이다. 이 계획은 생태계 보전 및 관리, 생태계 네트워크, 물질순환체계 확립, 환경친화적 생산물 특화, 생산성 향상, 농외소득 기반 구축, 마을 경제순환, 생태적 주거환경, 두레공동체 계획, 녹색관광 등을 주요 내용으로 마을 계획을 수립한 바 있다. 이 계획은 지속 가능한 생태마을 유지를 원칙으로 하며 마을의 생산공동체, 문화, 교육 등의 측면에서 중장기적인 계획을 수립하고 있다. 이러한 계획을 이행하는 목표는 환경적 지속 가능성, 사회적 지속 가능성, 경제적 지속 가능성에 의한 지속 가능한 농촌사회를 구현하는 것으로 그 과정에서 안정성, 자립성, 다양성, 순환성을 주요 지표로 적용하고 있다. 문당리의 마을계획은 결국 지역자립과 순환을 원칙으로 기술뿐만 아니라 사회문화 및 환경 등을 지역의 눈높이로 맞춘 사례이다. 이는 기존에 도시기본계획과 같은 행정이 법정계획을 수립하는 과정에서 국가의 어젠다이다. 상위 기관의 계획과 정책과 연동하여 계획을 수립하여야 하는 것이 아니라 지역의 눈높이에서 지역의 지속 가능성을 최종 목표로 계획을 하는 것은 생태적 자립을 위한 다양한 방안이 도출하고 있는 특징을 지니고 있다. 앞으로도 생태적 건축원리와 더불어 사는 공동체의 가치를 적용한 생태건축과 코하우징, 이를 마을 단위로 확장시킨 생태마을, 마을 단위로 확장된 가치 위에 에너지 자립과 순환의 사회를 구체화시킨 트랜지션 타운 등이 생태적 재지역화의 관점에서 고려하고 있는 지역자립과 순환의 기술적 원리는 에너지 중독사회가 아니라 에너지 자립을 위한 기초를 마련하는 일이기 때문에 적정규모의 계획과 개발은 매우 중요하다.

생태적 재지역화를 위한 영역별 특성

구분	정치적 원리	경제적 원리	사회·문화적 원리	기술적 원리
기본입장	분권과 나눔의 정치	순환과 호혜 경제구축	닮음과 다름의 상생의 사회·문화	지속 가능한 적정기술
지향점	분권화된 작은 정부 자연의 특성에 부응한 다양한 사회질서와 가치체계 강조	지역 내 장기간의 거래와 순환 경제 체계 구축	지역문화의 재발견 및 재평가 삶의 장소로서의 지역문화 이해	지역자립과 순환의 기술사회
현실	중앙정치권력의 지역지배 주민분권 없는 지방자치 재정분권 없는 분권 시·도당의 지역비전 부재 통보와 계몽의 대상인 주민 풀뿌리 보수주의의 절대 권력화	경제활동 중심의 소비 이기성·합리성에 기반을 둔 소비행위 시장주의에 의한 자원배분 성장과 소비의 관점에서의 국민총생산 이해 오일 갭의 사회지향 요소투입형 외생적 개발 "넓은 도로, 꽉 찬 자동차, 높은 빌딩"구조의 지역경제	대기업 위주의 택지개발과 해체되는 지역문화 갈등과 경쟁의 사회문화적 환경 중앙정부에 의해 통제되는 지역문화 지방자치단체에 의하여 기획되는 지역문화	만연한 기술주의 무한 공급·무한 소비 사회 거대자본, 기술과 관료체제의 기술운영 자연계와 공유되지 않는 소비욕망
가능성	아래로부터의 민주주의 실현 시민참여 행정의 지향 매니페스토의 정착 생활정치 세력의 대중화 로컬파티의 세력화	생태적 가치에 기반을 둔 나눔과 호혜의 순환경제 윤리적 소비의 재인식 지역중심의 자본순환	삶의 관계망 구축 '사이'의 사회문화 토대 마련 집단지성 육성	에너지 정치의 실현 에너지 자립 사회 적정규모의 주거지 계획 및 개발(생태건축 등 환경친화적 건축, 도시공동체형 공동주거)

에필로그: 지역, 국가 넘어서기

우리 선조들은 자신이 거주하고 있는 집을 기점으로 산이 품어주는 온화함 그리고 산의 골과 골 사이로 흐르는 물길을 생명줄로 여기면서 마을살이를 했다. 바람과 물과 땅의 이치를 삶의 터에 적용시켰던 풍수지리, 자연적인 조건 외에도 경제적 원리 그리고 충분히 쉴 수 있는 휴식의 원리가 참 좋은 터라고 이야기하는 이중환의 택리지, 그리고 하늘과 땅과 사람의 조화를 이야기하고 있는 삼재론 등이 지역의 눈높이에서 살아가야 할 삶의 터를 이야기하고 있는 전통지리학적 관점이다. 전통지리학 그 자체는 생태적 요소와 인문사회적 요소를 물리적 환경에 적용시킨 마을살이를 전제로 하고 있다.

성장 지향적이며 개발 위주 속도전 중심의 한국적 근대화는 택지개발이라는 양적 확장에만 매몰되면서 지역의 가치도 같이 매몰되었다. 한국적 근대화의 결과물인 '넓은 도로, 꽉 찬 자동차, 높은 빌딩' 방식의 공간구조는 물리적 개발의 핵심 콘텐츠가 되었고 그 물리적 기반 위에 대형자본을 앞세운 초국적 기업이 지역을 장악한 지 이미 오래된 일이 되어버렸다. 화석연료를 에너지원으로 한 성장동력은 국경을 초월하여 넘나드는 이산화탄소 등으로 환원되어 지구온난화 주범의 역할을 제대로 하면서 이미 한국을 2050년의 기후시대로 만들어버렸다. 물리적 성장 중심의 사회, 그 결과물로 환원된 지구온난화 앞에 우리는 지속 가능성을 두고 미래세대와 설전을 하여야 하는 상황에 놓여 있다. 과연 이러한 상황에서 우리는 무엇을 선택할 것인가라는 것을 보다 근본적으로 고민하여야 할 시기이다. 이러한 위기의 시대에 우리 자신의 삶의 터는 자신이 최소한 책임질 수 있는 사회적 모습이 요구된다. 그 방법론의 하나가 '생태적 재지역화'이다.

생태적 재지역화가 갖는 의미는 간단하다. 내가 살고 있는 삶의 터, 내가 거주하고 있는 지역의 입장에서 우리의 모습을 성찰하자는 것이다. 물리적 환경에 기반을 둔 성장 중심의 사회, 2050년대의 기후시대에 살고 있는 우리의 삶의 터를 우리 스스로의 새로운 전환을 통하여 미래세대의 지속 가능성을 보장할 수 있는 사회적 시스템을 만드는 것이다. 정치·경제·사회·문화·개발과 계획 등 모든 분야가 중앙집권화되어 있는 국가중심에서 지역중심으로 전환하는 것이다. 중앙집권화를 지향하는 한국사회가 집권에서 분권으로, 대규모에서 소규모로, 획일에서 다양과 분산으로의 전환에 대한 요구이다.

생태적 재지역화가 갖는 의미를 헌법의 민주공화정의 의미와 연관하여 생각해 볼 필요가 있다. 대한민국 헌법 제1조는 "대한민국은 민주공화국이다", "대한민국 주권은 국민에게 있고, 모든 권력은 국민으로부터 나온다"로 정하고 있다. 우리 사회가 현재 유지하고 있는 국가의 의미는 민주공화정에 기반을 둔 하나의 체제이다. 민주공화정은 과두정, 참주정과 같은 정체 유형 중의 하나로 다양한 정치체제, 즉 정체 중의 그 어떤 하나일 뿐이다. 그 어떤 것의 하나를 국민은 국가를 운영하기 위해 선택한 도구일 뿐이다. 민주공화정은 흔히 민주주의로 번역한다. 보다 정확한 번역은 '시민통치'이다. 국민의 의미를 지닌 demos와 통치의 뜻을 지닌 ceacy의 합성어인 데모크라시^{democracy}는 국민에 의한 통치, 시민에 의한 통치를 의미한다. 국민의 지배, 시민통치의 뜻을 지니고 있는 데모크라시를 가장 잘 반영하고 있는 것이 대한민국 헌법 제1조의 내용이다. 이 헌법에 의하면 우리는 시민사회와 시민통치는 저항적 민주화 운동으로 구현하는 것이 아니라 헌법이 보장한 자연발생적인 보편적으로 구현되는 것이 당연한 권리로 되어 있다. 그러나 현실은 그렇지 못하다. 특히 중앙정부와 지역의 관계, 개발의 욕망으로 성장해온 한국사회에서 진정한 지역 찾기란 그리 쉬운 일이 아니다. 우리는 이러한 헌법적 가치를 실현하기 위해 진정한 아래로부터의 지역적 관점과 미래세대의 삶의 터를 보장해주어야 할 지속 가능성의 관점에서 국가 넘어서기를 하여야 한다. 그 시작이 '생태적 재지역화'이다.

생태적 재지역화는 집중·획일·전문·대규모화 체제에서 분산과 분권, 다양과 소규모화를 전제로 새로운 전환을 모색하여야 하며 그 시작이 지역이라는 것은 재차 강조되어야 한다. 아래로부터 생산된 생활정치의 민주성이 정치적 원리가 되어야 하며, 경제적으로 순환과 자립의 경제가 그리고 사회문화적으로 나눔과 호혜의 사회적 관계가 그리고 기술과 과학은 지역자립과 순환의 기술사회의 관점에서 지역의 새로운 전환이 모색되어야 한다.

토토네스 에너지감축행동계획
킨세일 에너지행동감축계획

토토네스 에너지감축행동계획

먹을거리 생산과 농업 분야

연도	의 제
2009	· 맨체스터 시티 카운슬은 멘체스터의 모든 공원에 과실수, 너트나무, 허브와 채소를 심는 계획을 세우고 200,000파운드의 예산 마련 · 토트네스는 국가 '지역 먹을거리 웹 프로젝트'의 6개 시범사업지 중 하나에 선정됨 – 이를 통해 지역 먹을거리 구매 확산을 위한 판매자·공급자·소비자 연결망 구축 · 지역 먹을거리에 대한 보고서 완성
2010	· 지역 병원들은 Soil Association에서 하는 '생명을 위한 먹을거리' 프로그램에 동참 · 병원에서 제공하는 급식의 30%는 지역에서 구매한 먹을거리이고, 40%는 유기농으로 함 – 이를 통해 지역 먹을거리 생산자를 지원 · TTT(Transition Town Totnes)의 '텃밭나누기' 운동 50개로 확대 · South Hams District Council(SHDC)은 재배할 수 있는 농지를 확산하는 데 있어 '텃밭나누기'를 정책으로 채택해서 예산을 지원 – 이를 통해 도시의 자투리땅에서 신선한 샐러드와 야채를 재배해 공급
2011	· SHDC는 식품가공 사업을 발전시키기 위한 프로젝트 실시 · 지역에서 생산한 농산물에 가치를 더하는 사업을 지원 · 데본과 콘웰 지역의 경찰서에서는 범죄예방 사업의 일환으로 TTT의 '텃밭나누기' 사업에 동참 · 서로 텃밭을 가꾸고 돌보며 지역사회에 관심을 가지다 보면 범죄를 예방하는 효과까지 거둘 수 있을 것으로 기대
2012	· TTT는 SHDC와 협력해 Follaton House 수목원과 그 일대 땅을 이용해 도시 농업과 나무를 심는 일을 확산 · 다양한 농산물을 생산하고, 지역 공동체가 함께 일하고 함께 수확 · 공공부문에서 공급하는 식품의 10%를 지역산 농산물로 대체
2013 ~ 2015	· 정부는 'Home Growing Act'를 발효 · 이것은 시민들이 일주일에 2일은 집에서 머물면서 식품을 재배하도록 하는 것으로 'Working Tax Credit' 시스템과 연동 – 이 프로그램을 시작한 지 한 달 안에 토트네스에서는 300가구가 동참 · 데본 카운티 카운슬에서는 토지주들이 임시적으로 '5s' 토지임대 사업을 하도록 제안 – 이것은 5명의 사람이 한 그룹을 이뤄 5마일 내의 토지에서 5년 동안 토지를 경작할 수 있도록 지원하는 프로그램 · 건강과 안전 관련 규제를 완화해 보다 많은 사람들이 농장에 방문할 수 있도록 허용
2016 ~ 2020	· 새로운 토지개혁을 통해 농업 생산을 위한 토지 취득이 보다 용이하도록 만듦 · 수백 명의 젊은이들과 퍼머컬처 농업인들이 새로운 혁신적인 농장을 만듦 · 지방정부들은 지역 먹을거리를 생산하고 지원하는 사업을 육성하고, 운영 · 공공부문에서 공급하는 식품의 60%를 지역에서 생산하도록 함 · SHDC는 공공부문의 정원용 가든을 유기농, 먹을 수 있는 정원으로 탈바꿈시킴 · 2017년 4월부터 공공부문 정원에서 수확이 시작되면 반발하던 사람들도 설득할 수 있게 될 것 · 공동체에서 음식물 쓰레기 퇴비화 사업을 통해 쓰레기통으로 버려지는 음식물이 없어짐
2021 ~ 2025	· SHDC 지역의 매력으로 먹을거리가 지역에서 생산되고, 먹을거리 가격이 상대적으로 저렴하다는 것이 인정받게 됨 – 이런 정책은 영국 전역으로 퍼져서 정원에 먹을 것을 심는 '먹을거리 가든'이 확산 · 지역정부는 'New Land Army'를 창설해 보다 많은 젊은이들이 도시에서 농촌으로 이주해 농업에 동참해서 자기 농장을 일굴 수 있도록 지원
2026 ~ 2030	· DEFRA는 지역화와 기후변화를 연결시켜 농민들과 생산자들에게 보다 많은 정보와 지원을 함 · 농민과 토지소유주와 정부의 협력관계를 보다 강화 · 지역에서 생산한 농업생산물을 도시로 보내는 데 철도가 큰 역할을 함 · 깨끗하면서도 통기가 잘되는 저장용기를 만들어서 서비스를 개선

---

* 이 글은 트랜지션 타운으로 알려진 킨세일과 토트네스 지역이 주민들이 힘을 모아 구상한 발전계획을 요약 정리한 것이다(경기도의회 도시환경포럼, 2011).

연도	의 제
2009	• 4월, Chancellor는 에너지 효율과 재생가능 에너지, 그리고 탄소포집저장 분야의 산업을 육성시키는 데 14억 파운드의 예산을 추가로 편성할 것을 발표 • 정부 정책의 포괄적인 시책으로 저탄소 사회를 위한 비전을 제시 • 7월, 정부는 새로운 발전차액지원제도로 42p/kWh제도를 실시한다고 밝힘 • 토트네스 하이 스트리트에 태양광 셀로 운영하는 새로운 주차미터 시스템을 설치 • SHDC는 SSB에 225kW 터빈을 설치하도록 허가-여기서 생산하는 전력은 South Brent 전력 수요의 10%를 차지 • DPNA는 Lydia에 직경 12m짜리 수차를 설치하는 데 투자하기로 결정
2010	• 에너지기후변화부는 새로운 발전차액지원제도를 제시해 가정에서 재생가능 에너지로 전력을 생산하면 보다 값비싸게 판매할 수 있도록 허용-이를 통해 토트네스 지역 주민들이 돈을 연기금에 투자하기보다는 태양광을 설치하는 것이 더욱 매력적이도록 만듦 • 발전차액지원제도가 도입되고 9개월 후 토트네스에는 적어도 50개의 태양광발전시스템 설치 • 지역 태양광발전소와 소규모 풍력발전산업이 확산되면서 이 분야에서 일자리가 창출 • 지방정부 차원에서도 인력을 공급하기 위한 교육프로그램을 시작 • 데본주가 이 분야 산업 선도 • SHDC는 도시 가로등의 수를 30% 정도 줄이고, 남아 있는 가로등 중 25%는 태양광으로 교체
2011	• SHDC는 'Great Retrofit(거대한 개선)' 정책을 실시 • 카운슬에서 주택소유주나 토지주를 대상으로 에너지 효율개선, 단열, 3중창 교체, 태양광 또는 에너지 효율 보일러 교체와 같은 4가지 분야에 대한 자금 제공 • SHDC에서 25년 동안 장기 저리로 자금을 대출-최대 대출한도는 10,000파운드 • SHDC는 이 일을 효율적으로 할 수 있도록 전문적인 인력 양성 • 토트네스 병원은 외부 전등을 태양광으로 교체하고, 소각으로 인한 다이옥신 발생량을 최소화하는 방향으로 병원쓰레기를 혐기소화해서 열과 전력을 생산하는 방법에 대한 가능성을 타진하기 시작(사전 조사 작업) • 새로운 정부는 해상에너지 개발에 대한 계획 시작 • 지방정부는 지역 파트너들과 협력해서 조력, 파력, 풍력에너지의 개발 가능성을 계획 • 열에너지의 재생가능 에너지활용(Renewable Obligation Certificates for heat energy: HotROCs) 사업에 대한 프로그램을 시작 • 브리티시 가스는 스마트미터링 사업을 시작
2012	• 토트네스 타운 카운슬은 전환운동을 관광프로그램과 연계해 수익을 창출하는 모델을 고민하기 시작 • 버스정류장 지붕 위에 태양광을 올리고 도시 가로등을 태양광으로 설치하며, 자전거 도로를 확대해나가기로 함 • SWW는 새로운 바이오가스 플랜트를 Moreleigh와 Bouth Brent에 설치해 가축분뇨로 전력을 생산할 것을 발표 • 열병합발전을 통해 각 플랜트 근처의 가구가 에너지를 공급받음 • 정부는 스마트미터링 사업에 대한 인센티브를 확대 보급
2013 ~ 2015	• SHDC의 '거대한 개선' 프로그램에 참여하는 지역가구 수가 15%로 확대 • 2013년 에너지 가격이 상승하면서 이 사업에 대한 관심도는 점점 더 높아짐 • Devon PCT에서는 새로운 공공 운송 서비스가 시작 • 지역에서 생산한 재생가능 에너지로 메탄과 전력을 사용한 하이브리드차가 사용되기 시작 • 중앙정부는 화석연료 수입에 따른 공급 감소에 대비해 지역에너지 정책을 더욱 확대 • 국가가 파력과 해상풍력 확대정책을 실시하는 데 있어서 반대 목소리가 점점 약해짐 • 토트네스 에너지회사는 지역의 소수력발전에 대한 조사를 실시하고, 소규모 수력발전 개발에 대한 인센티브를 제시-또한 해조류를 이용한 바이오디젤 사업의 타당성에 대한 조사 실시
2016 ~ 2020	• SHDC의 사무실이 태양광으로 덮이기 시작하고, 토트네스 인근에 작은 전기자동차가 늘어나기 시작 • Follaton House의 에너지를 공급하기 위해 소형 풍력발전기 3대를 설치 • SHDC의 '거대한 개선' 프로그램에 참여하는 지역가구 수가 50%로 확대

연도	의제
2021 ~ 2025	· 우드칩 보일러를 이용한 열과 전력 생산이 확대 · Follaton 수목원의 간벌목을 우드칩으로 활용 · SWW는 산림지대의 간벌목을 산림연료로 활용하기 시작 · 해상의 파력을 이용해 지역전력망에 공급 · 분산형 에너지 저장을 위해 전기자동차가 공급되고 공동체는 카풀을 활용 · 토트네스 지역은 영국에서 첫 번째로 탄소중립지역으로 선정
2026 ~ 2030	· SHCD는 Devon Country 카운슬과의 계약을 통해 국가에너지 쿼타의 잉여분을 판매하기로 함 - 이를 통해 카운슬의 세금이 삭감 · 토트네스 기차역은 Atmos 프로젝트와 연계해서 새 단장 · 대기실, 카페, 보행자전용다리가 예술적이고 에너지를 고려한 디자인을 갖춤

수송 분야

연도	의 제
2009	· Climate Change Bill에 따라서 도로의 속도가 10mph 줄어듦 · 중앙정부는 전지자동차 확대를 위한 투자에 들어갔고, 2014년까지 철도 분야에 2억 파운드를 투자할 계획 · 정부는 교통 분야에 대한 캠페인을 통해 대중교통수단을 활용하는 것이 탄소 감축에 얼마나 큰 효과가 있는지를 교육할 계획 · 에너지기후변화부는 2006-2011 계획을 통해 대중교통 시스템을 통해 기후변화를 막고 에너지 소비를 줄일 수 있는 대책을 제시 - 더불어 개인 승용차 이용자들을 제한하기 위한 제도를 도입 · 자전거와 걷기를 활성화할 수 있는 네트워크를 구축 · 자전거와 보행자들을 위한 안전한 교통 시스템을 마련하기 위해 노력 · 에너지 효율이 낮은 오래된 자동차를 새 차로 바꾸는 것에 대한 현금 인센티브제도를 검토 · DCC는 직원들이 대중교통을 이용하도록 장려하고 교통 분야의 예산을 25% 줄이는 방안을 검토 · 직원 중에 자전거를 이용하면 예산을 지원
2010	· Berry Pomeroy에 보행자전용구간을 설치하고 마을 내 주차장을 줄여나감 · 토트네스 타운 카운슬과 협의해 DCC는 보행자안전수단을 강구 · 도심 자동차 속도를 제한해 보행자들에게 우선권을 줌 · 횡단보도를 확대 설치 · 지역버스에 자전거를 싣고 탈 수 있도록 하고, 해변으로 가는 버스에도 서핑보드를 장착할 수 있는 시설을 만듦 · DCC는 지자체와 협력해 지역의 교통시스템을 저탄소 방식으로 전환할 수 있는 방안을 모색하는 연구를 시작 · 연구결과는 개인승용차량을 줄임으로써 획기적인 온실가스 저감효과를 얻을 수 있다는 것임 - 따라서 카풀과 카 셰어링 시스템을 설치하고, 지역 교통포럼을 결성해 변화를 준비 · 지역에 공공 버스 서비스를 강화하기 위해 국가 교통혁신 펀드를 활용 · DCC는 지역의 교통 허브를 어디에 설치하는 것이 개인과 대중교통을 가장 효과적으로 운영할 수 있는지에 대해 검토 · 자전거도로에 대한 정보를 확대하고 보행자도로를 정비하고 확충 · 어떻게 하면 지역에서 생산한 풍력, 수력, 조력에너지를 전선망과 연결해 철도 분야에 공급할 수 있는지에 대한 연구를 시작
2011	· 중앙정부는 지역의 교통전환 계획을 지원할 수 있도록 교통 프레임워크를 발표 · 탄소 배출에 따른 Road Tax가 도입 · 카풀에 대한 인센티브가 강화되었고, 대중교통이 보다 편리해지고, 접근 가능하도록 제도가 정비 · 국가 철도망을 지역 교통망과 연계해 보다 편리하게 사용할 수 있도록 만듦 · 단거리 비행보다는 철도를 더 활용할 수 있도록 지원하고, 특히 철도 수송비용을 낮출 수 있도록 보완 · 여행을 할 때에도 철도를 이용할 수 있도록, 일요일과 공휴일의 서비스를 강화

2011	· 토트네스 전철역을 보다 밝고 에너지 친화적인 건물로 재보수 · DCC는 직원들이 출장을 갈 때 자가용을 가지고 다니지 않고, 출퇴근용으로 자전거를 활용할 수 있도록 하였고, 그러한 정책은 성공을 거둠 · 출퇴근자를 위해 인센티브를 제공하고, 샤워실과 라커룸을 설치 - 이를 통해 자동차 주차장이 자전거 주차 공간으로 전환되기 시작 · 토트네스 Health에 있는 자동차 주차장에서 50여 대의 차를 주차할 수 있는 공간이 먹을거리를 재배할 수 있는 텃밭으로 전환 · 토트네스와 인근을 오갈 수 있는 심야버스 노선이 개설 · DCC는 토트네스 인근에 새로운 자전거 전용도로를 개설
2012	· 지역에 8개의 교통허브를 구축해 도시외곽과 시내를 연계 · 자전거와 대중교통을 조화롭게 이용할 수 있는 시스템을 만듦 · 대기실를 보다 편안한 공간으로 조성 · Civic Hall의 자동차 주차장을 줄여 상점을 만듦 · Civic 광장은 보행자 전용으로 전환하고, 자동차의 진입을 막음 · 자전거 주차장을 만들어 25대가 추가로 주차할 수 있도록 만듦 · SHDC는 지역 버스 컨소시엄을 구성 · 모든 지역주민들에게 새 버스를 이용할 때 무료 지역버스 이용권을 제공 · DCC는 학교 인근 지역에 대한 속도제한 프로그램을 실시 · 토트네스는 인근지역과 자전거 도로망을 확충 연계
2013 ~ 2015	· DCC와 the Dart Harbour Authority는 보트 서비스망을 신설하고 확충하기 위한 방안을 마련하기 시작 · 수상교통을 확충하는 것을 통해 사람과 짐을 실어 나를 수 있는 방안을 모색 · 수상교통망을 버스 서비스와 연계할 수 있는 방안도 함께 모색 · SHDC는 Health 주차장에서 50여 대 차를 주차할 수 있는 공간을 추가로 없애고, 혐기소화를 포함한 원예 시설지로 전환 · 지역상공인들은 자가용을 덜 타는 노동자와 카풀을 이용하는 노동자에 대한 세금 인센티브를 요청하기 시작 · DCC는 보행자 우선 정책을 실시하기로 함 · 자가용 이용을 줄이고, 대중교통을 확충하는 데 더 많은 정책을 펼쳐나감 · 연료소비를 줄이기 위해 자동차 속도제한을 보다 엄격하게 실시하고, 열차 운송을 보다 편리하도록 정책을 펼쳐나감
2016 ~ 2020	· 차량감소 정책의 효과를 통해 SHDC는 Old Market Car Park를 폐쇄하고, Health 주차장의 차량 50대 주차 공간을 다시 지역공동체의 과수원으로 전환 · 토트네스 리버보트가 서비스에 들어가 물건을 수송하고, 학생들의 통학수단으로 활용되기 시작 · 오래된 버스 정류장 시설을 개선해 보다 안락하게 만듦 · 지역정부기관은 오래된 공공운송차량을 교체 · 주로 메탄/전기를 활용하는 하이브리드카를 사용 · 정부는 개인이 소유하는 차량에 대해 세금을 부과 - 장애인차량에 대해서는 제외 · 2016년 토트네스에서 Stoke Gabriel로 연계되는 자전거 도로가 해안가까지 확대 설치 · 해안가 사이클링 코스를 통해 관광수익을 추가로 얻게 됨
2021 ~ 2025	· SHDC는 Health 주차장의 남은 공간차량 50대 주차 공간을 다시 지역공동체의 먹을거리 재배 공간과 지역 주민들을 위한 소형 주거 공간으로 전환 · 영국의 자동차도로의 50%가 축소되고, 추가적인 철도망으로 전환 · 철도 서비스의 동력은 태양광발전으로 얻은 전력으로 움직임 · 토트네스 일대의 교통전환 모델은 데본 주 전역으로 확산
2026 ~ 2030	· DCC는 자전거 중심 도로의 하나로 'Class A' 라인을 만들어 출퇴근자가 보다 빠른 속도로 이동할 수 있도록 만듦 · 자전거 전용도로는 보다 확산되고 안전해짐 · 원거리 이동을 위해 국가 철도망 네트워크가 보다 확충

연도	의 제
2009	· EdD의 요청으로 토트네스 개발의 청사진을 논의하기 시작 · EDAP, 지역사회의 DPD, TOTSOC이 모두 모여 DPD의 수정에 대해 논의-특히 ATMOS 지역 개발을 토트네스 전환의 새로운 모델로 만들기 위한 과정으로 삼자는 데 모두 동의 · SHDC는 국가의 Affordable Housing Program과 연계해 새로운 주거와 커뮤니티 예산을 위한 가능성들을 타진 · 정부는 지역의 반대로 인해 규모를 줄인 10 eco-town 계획에 대해 발표
2010	· SHDC는 지역의 건축자재를 활용한 건축방식이 지역경제를 활성화시킨다는 연구를 진행 · 6개월간에 걸친 연구를 통해 카운슬은 지역에서 새로운 건축을 할 때 적어도 50% 이상을 지역 건축자재를 사용할 것을 요구-이것은 지역경제에 3,600만 파운드에 달하는 효과를 가져다줄 것으로 전망되고, 더불어 지역사회에 새로운 산업과, 연구와, 생산을 유발하게 될 것으로 보임 · SHDC는 건축자재를 재사용·재활용하는 것을 권장하며 모든 건축 자재의 재활용을 권장하기 위해 재활용센터를 강화하기로 결정 · SHDC는 TTT와 협력을 통해 'Homes For Totnes'라는 프로그램을 진행하면서 두 채 이상의 집을 소유한 주인이 토트네스를 위해 중요한 일을 하고 있는 사람들에게 임대할 수 있도록 제안 · 임대비용은 약간 낮지만 안전하고, 보장이 된다는 장점이 있고, 또 집주인들에게 '자긍심' 효과를 줄 수 있음 · 첫해에 40채가량의 집을 확보할 수 있음(토트네스는 주거지를 새로 마련하기가 쉽지 않음) · ATMOS 프로젝트의 1단계 계획이 시작됨 · 중앙정부는 지역 자연자원을 활용한 건축물에 관해서는 제로에 가까운 VAT를 부과할 것을 선언 · SHDC는 정책을 바꿔 경사가 있는 지붕에 대해서도 지붕단열 지원을 하기로 함
2011	· SHDC는 만장일치로 새로운 'Zero Carbon Homes Code' 전환 정책을 승인-이것은 SHDC의 '전환'을 브랜드화하기 위한 정책의 일환이며, 이 코드는 2014년부터 강제적으로 실시됨 · SHDC는 랜트매터스의 계획에 허가를 통해 교외에서 환경에 영향을 미치지 않는 주거방식에 대해 정책적인 설계를 시작 · SHDC는 새로운 빌딩코드에 대한 리플릿과 정보를 제작해 건축가들과 집주인들에게 제공하기 시작 · 정부는 건축자재와 서비스의 혁신에 대한 VAT 면제 제도를 실시
2012	· SHDC는 ATMOS 개발 계획에 있어 2단계로 상업공간과 조명산업 구획에 대한 승인 · SHDC는 3월 1일부터 야간에는 빌딩의 불필요한 전원을 끄도록 지시 · 에너지 절감을 위해 짚과 목재를 이용한 12채의 주거공간을 건축해 토트네스에서 멀리 떨어진 곳에 사는 직원들을 위한 야간 숙소로 제공-이를 통해 먼 거리 통근에 들어가는 비용과 에너지를 절감 · SHDC는 'South Hams의 저영향 개발' 지침서를 발간-앞으로 SH의 모든 개발사업은 이 지침을 따르게 됨 · 앞으로 석유가격 상승에 따라 지역 농부들이 계속적으로 농사를 짓기 위해서는 혁신적인 수단이 강구되어야 함을 강조 · 카운슬은 에너지 효율적인 주택을 건설해야 하며, 지역 건축자재, 재활용 건축자재를 권장 · SHDC는 개발계획의 변화 방향으로 향후 10년의 비전에 대한 논의를 진행한 결과 새로운 개발을 최소화하는 것이 바람직하다는 놀라운 결론에 도달 · 현재 지역 내의 건축물과 시설을 가장 효율적으로 활용하는 방안, 그리고 에너지 효율과 변화된 환경에 의해 보다 작은 거주공간을 선호하며, 먹을거리를 재배할 수 있는 공간을 보다 많이 확보하는 것이 중요하다는 결론에 도달 · 새로운 녹지를 덜 파괴하기 위해서는 건물은 높게 짓는 방안, 현존하는 건물을 보다 폭넓게 활용하는 방안을 강구하기로 함 · 코하우징과 거주인의 연령대를 다양하게 믹스할 수 있는 방안을 모색
2013 ~ 2015	· SHDC는 정부가 제시한 '거대한 개선' 프로젝트에 적극 참여-따라서 2025년까지 지역의 모든 가구가 주택개선사업을 할 수 있도록 지원할 예정 · 지원의 근거는 'Climate Bill'에 따름 · SHDC의 새로운 지역개발계획이 확정-그 계획의 놀라움은 새로운 주택을 최소로 짓는다는 데 있음 · 대신 현존하는 건물을 재개발하는 방식으로 추진(Transition Zero Carbon Homes Code) · 빌딩의 층고를 높이고, 보다 덥고 보다 습기가 많은 기후대에 적합하도록 건축 · 기존 건축자재를 재사용 · 개발은 시장이 주도하기보다는 SHDC의 개입하에 적합한 주거공간을 제공할 수 있도록 토지와 건축물을 의무적으로 구입

연도	의 제
2013 ~ 2015	• 개발계획을 세울 때 지역주민들이 반드시 참여할 수 있도록 연계 • Transition Zero Carbon Homes Code 정책은 모든 새로운 개발에 있어서 법적 근거를 갖게 됨 • DCC의 아동서비스부는 학교가 '다팅턴의 제로 에너지 기준에 적합하도록' 학교를 개선하는 신청서를 제출하도록 함 • 정부는 지방정부가 적합한 주거 정책을 펼칠 수 있도록 그 역할과 권한을 강화하는 방향으로 정책을 전환
2016 ~ 2020	• Morrisons 슈퍼마켓 부지를 작업장과 전등 산업 생산부지로 활용 • 주차장의 3분의 2를 가든 시장으로 전환 • 매주 월요일마다 과일과 채소시장이 열림 • 토트네스 응급서비스가 토트네스 경찰서에 위치 • 오래된 소방서를 재개발해 노인들을 위한 새로운 주거공간으로 조성
2021 ~ 2025	• 토트네스 병원을 새롭게 재단장 • 건물에너지 생산시스템으로 지붕 전체를 태양광패널로 덮음. • 데본 PCT는 모든 커뮤니티 공간에 태양열 온수 시스템을 설치할 수 있도록 지원하고 그곳에서는 가족에 대한 서비스와 치과 서비스를 제공 • Follaton House는 새로운 가정 건축 모델을 제시 • 모델 건축을 통해 지역자원을 활용하고 재사용한 건축 자재를 통해 어떻게 하면 생태 친화적인 건축물을 지을 수 있는지를 보여주고 조언 • SHDC는 주거지 확보를 위해 ATMOS 토지 일부를 구입
2026 ~ 2030	• SHDC는 빌딩과 지역 개발에 관한 가장 최신의 가이드라인을 출판 • 공동 주거공간을 조성하고, 기존 주택을 보다 에너지 효율적으로 리모델링하며, 새로 전입한 사람들을 위한 주거공간을 제공하고, 코하우징 방식의 개발 제시 • 2014년부터 발생되기 시작한 South Hams의 녹색채권은 토트네스 지역의 건축과 개선에 있어 많은 기여

경제와 커뮤니티 분야

연도	의 제
2009	• 지역과 유럽전역 선거에서 지역정부에 대한 재정지원과 투자를 강조하는 새로운 정치인들이 등장 • 지역의 높은 실업에 대한 대안으로 지역공동체 사업을 지원하고 녹색일자리를 창출하자는 움직임 발생 • SHDC는 지역형 프로젝트를 지원하기 위해 예산을 마련하고 새로운 수단들을 강구 • DCC와 SHDC는 지역의 투자를 활성화하고 지역 프로그램에 자금을 지원하기 위해 녹색채권을 발행
2010	• South Hams DC와 데본 카운티 카운슬은 민간투자자들을 대상으로 250k파운드에 달하는 첫 번째 녹색채권을 발행 • 기금은 지역사회가 에너지 소비를 줄이고 재생가능 에너지 생산을 확충하는 프로젝트에 투자한다는 것을 보증 • 선거에서 정치인들은 폭넓은 경제 정책을 제시하면서 시민들에게 웰빙을 가져다주기 위해 어떻게 고용과 높은 수준의 공공서비스를 달성할 수 있는지에 대한 정책 제시 • 정부가 제시한 녹색 뉴딜 정책의 일환으로 탄소군대와 같은 직업을 통해 저기술 노동자들이 영국의 경제를 활성화하면서 국가가 저탄소경제로 나아가는 데 공헌하게 된다. 모든 공공구매에서 녹색구매정책 시작 • 세계경제는 IMF가 목표로 했던 2% 성장을 달성하지 못함 • IMF는 세계경제 불안에 대한 대비로 2011년 각국이 추가로 자금을 부담할 것을 제안 • 오바마 대통령은 "미국 경제의 현 상황을 되돌아볼 필요가 있다. 우리는 경제성장의 끝 지점에 서 있다. 이제는 지역경제 활성화를 통해 투자 순환구조를 만들고 시장을 활성화할 필요가 있다"고 발언 • G20 정상회의에서는 지역경제와 거래를 지원하기 위한 수단을 마련하자는 데 합의
2011	• SHDC에 새로운 탁아소 생김 • 노동자들이 근로시간을 줄이고 일자리를 나누는 방식이 가능해짐. • SHDC는 토트네스와 토트네스 인근에서 새로운 사업을 시작하려는 사람들을 위한 지원금제도를 발표 • 지원 조건은 까다롭지만, 새로운 사업에 대한 열정만 있다면 TTT가 운영하는 '전환 사회적기업 교육' 프로그램을 통해 도움을 받을 수 있음 • 토트네스 재활용센터 확장 • 재사용센터의 시설을 개선해서 보다 많은 고용이 재활용과 재사용에서 창출되도록 만듦—바로 5명의 고용인원이 증가 • SHDC는 정부의 '녹색뉴딜(Green New Deal)'의 일환으로 지역자원의 개발을 지원하기 위해 환경 분야 서비스에 대한 폭넓은 투자를 제안

2011	• 재활용, 나무 심기, 생울타리 조성, 주택단열, 재생가능에너지 공급 분야에서 일자리 창출 • 국가정책에 부응해서 지자체의 녹색상품구매 정책이 본격 실시 • 유휴지의 활용을 촉진하기 위해 토지이용세를 포함한 자원세가 유휴토지와 별장지에 부과됨 • 재활용과 재사용을 촉진하기 위해 폐기물처리 세금 활용 • 천연광물에 대한 사용을 줄이기 위해 채석세를 활용 - 이러한 세금을 통해 확보한 자금은 지자체가 녹색일자리를 창출하는 데 사용 • 군대를 해외의 대규모 군사훈련에 파견하는 것을 줄이고 기후긴급사태에 대비할 수 있도록 국가긴급사태 준비에 투자 • 중앙정부는 납세자들이 각 가정에서 재생가능에너지에 더 투자할 수 있도록 북돋우기 위해 소득세에서 에너지환급제도를 실시하기로 함 - 이 분야에 대한 투자는 숙련된 사람들이 주택단열개선사업을 하는 것과도 연결되어 있으며, 토트네스 지역에 적어도 20개의 새로운 일자리를 창출할 것으로 기대됨.
2012	• 새로 확장한 토트네스 우체국은 보다 많은 사람을 고용하고 있으며, 지역의 상점과 사업체에 대한 다양한 서비스를 제공 • 소규모 사업체와 개인을 지원하기 위해서 텔레커뮤니케이션을 할 수 있는 공간을 만들고, 인터넷, 가상회의 공간, 공용 책상을 구비 • 가난한 사람들이 낮은 가격의 전기, 연료, 주요 식품을 공급 받을 수 있도록 배분하는 제도를 도입 • 에너지 한도량이 다양해졌고, 사람들이 적정한 가격에 필요한 양을 사용할 수 있도록 함 • 정부는 모든 화석연료에 대한 보조금을 재생가능에너지 공급 분야로 전환 • UK 우체국 서비스는 E-Bay와 협력해 상품을 지역 우체국으로 보내는데 가격을 보다 낮추기로 함 • 택배회사는 불만이었지만 소비자들은 반김 • DCC & SHDC는 지역 일자리를 창출하고 화석연료 소비를 줄이는 것을 지원하기 위해 예산을 조정한다고 발표 • 재활용과 쓰레기 처리 분야에서 고용을 창출하기 위해 투자를 늘리고, 도로건설부문에 대한 예산을 삭감하며, 대중교통 분야를 지원하기 위한 예산에 더 많은 배정 • 중앙정부는 소득세 전반의 점검을 통해 공공부문에서 지역 공동체를 지원하는 방향으로 예산이 쓰일 수 있도록 지원 • 예산을 간소화하고, 지자체가 보다 많은 예산의 권한을 갖는 방향으로 전환 • 소득세에 국가의료보험 부분이 포함되도록 하고, VAT는 자원세와 연동하도록 함 • 신용조합은 지역 회원과 투자를 대폭 확대할 것을 발표
2013 ~ 2015	• SHDC에 의한 공동체 일자리가 생겨나기 시작 • Parish 카운슬은 '공동체 일자리 제도(Community Employment Scheme)'에 따라 새로운 일자리를 창출하고, 지역의 전환활동을 지원하는 방안 마련 • Parish 카운슬은 '지속 가능한 공동체 법(Sustainable Communities Act)'과 에너지 절감 프로그램을 지역에서 지원하기 위해 주민 100명당 1명의 파트타임 직원을 고용할 수 있도록 함 - 이 과정에서 공동체에 대한 연구와 지역사회 장기 계획에 대한 활동 진행 • 중앙정부는 지역화를 권장하고, 공동체가 주도하는 여러 가지 활동을 지원하기 위한 제도 마련 • 이를 실행하기 위해 징수한 소득세의 50%, 사업세의 50%를 지자체가 집행할 수 있도록 함
2016 ~ 2020	• 소득세 구조를 재구성해서 지방정부가 소득세의 70%를 직접 징수해서 사용할 수 있도록 권한을 부여하고, 나머지 30%를 중앙정부 세입으로 사용하기로 함 • UN하에서 무역과 관세에 관한 국제협약(GATT: the Global Agreement on Trade and Tariffs)이 지속 가능한 무역에 관한 국제협약(GAST: the Global Agreement on Sustainable Trade)으로 전환 • 이 협약에 따라 무역에 관해서는 민주적인 규제가 강화되고, 지역공동체에 이득이 되는 산업과 서비스가 활발해지고, 지역경제가 다시 다양성을 갖게 됨
2021 ~ 2025	• DCC와 HSDC는 협동조합방식으로 지역공동체에 기반을 둔 상업 벤처들을 지원하기 위한 제안을 제시 - 이런 활동을 통해 지역의 생산품이 보다 다양해지고, 토트네스에서 주력하는 조명산업이 활성화될 것으로 보이며, 보다 주요한 목적은 지역에 필요한 상품을 공급하면서 지역에 활기가 넘치게 하는 데 있음 • 쐐기풀로 옷을 만드는 것은 이런 지원을 통해 이미 성공 • T&D는 폐식용유를 바이오디젤로 만드는 휴대용 기기를 영국 전역에 보급하는 성과를 얻고 있음
2026 ~ 2030	• 소득세에 대한 재조정이 다시 한 번 시작되는데, 지자체가 소득세의 80%를 직접 징수해 사용할 수 있도록 했고, 나머지 20%를 중앙정부에서 사용하도록 함 • 사업세의 60%가 지역에서 사용되고, 40%가 중앙정부의 세입으로 들어감 - 이렇게 Town과 Parish 카운슬에서 재정이 든든하게 뒷받침되면서 지자체의 책임이 더욱 강조됨 • 공공 공간을 만들고, 공동체 홀을 만들고, 여가를 위한 시설을 조성하는 다양한 활동을 벌이고 있음 • '녹색은행법(Green Bank Bill)'이 통과되면서 중앙정부는 지역은행들이 영국 내에서 펀드와 지역화폐를 서로 교환하는 것을 허가함

교육, 인식확산, 전환기술 분야

연도	의 제
2009	• KEVICCS의 보다 많은 학생들이 '전환 이야기 학교' 프로젝트에 참여 • 8명의 새로운 자원봉사자들이 이를 진행 • KEVICCS는 새롭게 'Buddy Scheme'을 세우고, 7학년에서 12학년 사이의 학생들에게 전환에 대한 아이디어를 나누고 학생들과의 교류를 활성화시킴 • 학교 부모들은 '함께 전환하는 그룹(Transition Together group)'을 형성 • Mansion House 과정에 'Powerdown(절약)' 프로그램을 도입 • DCC & RE4D(Renewable Energy 4 Devon)는 재생가능 에너지 설치에 관한 조언과 정보를 제공하기 시작 • 도서관은 후원자 그룹들과 함께, 특히 청년들을 대상으로, 경제적으로 어려움을 겪고 있는 이들을 지원하고, 공동체를 보다 폭넓게 지원할 수 있는 방안을 마련하기 시작 • DCC는 데본에서 'Localeyes web'프로그램을 진행하는 것을 지원-이것은 지자체의 주요 인사가 지역 젊은 이들의 웰빙에 대해 고민하고, 교육담당관은 어린이들과 청년들이 미래를 설계하는 데 관심을 갖고 지원하도록 하는 프로그램 • SHDC는 직원들로 하여금 에너지 소비와 쓰레기 발생량을 저감하도록 하는 교육을 실시 • 모든 가구와 상점을 대상으로 관련 전단지를 배포하고, 관련교육을 강화해나감-사람들의 반응이 좋았음
2010	• 코펜하겐 회의의 결과로 정부는 학교 교육 전반에 '지속 가능한 발전'을 강조하는 방향으로 교육 과정 전반을 개편하기로 함 • 영국 지속가능발전위원회가 이에 대한 실행 방안을 마련하는 것을 돕기로 함 • DCC는 이런 계획을 실행하기 위해서는 먼저 선생님들에 대한 교육이 중요하다고 생각하고, TTT에 지원을 요청 • 학교 선생님들에 대한 교육은 학교에서 어떻게 지속 가능한 발전을 실천에 옮길 것인가와 기후변화에 대한 교육으로 구성-이러한 주제는 다른 모든 학교에도 의무적으로 적용 • 수많은 교직원 집단들이 SATS 시험제도를 폐지하자는 데 목소리를 높임 • 교사들은 학교에서 아이들이 자기 계발, 관계형성, 창의력 개발에 보다 많은 시간을 보내야 한다고 주장 • DCC의 공동실행팀에서는 DCSF(Department of Children, Schools and Families)에 학교 교육 관련 예산의 증액을 제안 • 현재 Devon주의 경우 필요한 예산의 70%밖에 확보하지 못해 청년들에 대한 예산이 많이 부족한 상황 • 학교 교육의 질을 강화하기 위해서는 학급 학생 수를 줄여나가야 하고, 더 많은 선생님들을 고용하기 위한 예산이 확충되어야 함 • NICEIC와 CORGI는 무역부의 지원을 받아 전기공과 배관공들이 재생가능 에너지 시스템 설치를 할 수 있도록 재교육하는 프로그램을 진행
2011	• Mansion House에서 어떻게 가정과 사무공간을 개선할 수 있는지에 대한 교육과정을 개설 • 교육부는 모든 카운티에 학교의 지속가능성을 향상시키기 위한 전담 담당관에 대한 예산을 지원 • Devon Learning and Development Partnership은 에너지 사용을 줄이며, 녹색구매를 장려하는 등의 '학교 지속가능발전 실천' 정책 제시 • 정부는 작은 학급 모델을 시작하고, 모든 학교에 선생님을 확충하는 데 예산을 지원 • 학생 100명당 2명의 추가 파트타임 교사를 고용 • DCC는 모든 학교에 대한 자전거 타기 교육 지원 • 학교별로 1주간 5명의 강사가 파견되어 학생들과 교사, 학부모, 학교 직원을 대상으로 교육을 하고, 반응이 매우 좋음
2012	• Devon CC, SHDC를 포함한 지역 지자체들이 전환교육을 비롯한 전환활동에 예산을 지원하기로 결정 • 먼저 TTT는 지자체 공무원들과 의회 의원들을 대상으로 전환에 대한 교육 실시 • 토트네스 도서관에서는 새로운 공간을 마련해 어린이들을 위한 책읽기 프로그램과 어른들을 위한 글쓰기 교실 운영 • 토트네스 타운 카운슬에서는 KEVICCS의 학생들을 의회로 초청해 지자체의 예산을 어떻게 사용하면 좋을지에 대한 어젠다를 설정하는 회의 개최 • South Devon 칼리지는 '건축의 전환'을 포함하는 새로운 생태건축 교과 과정을 개설해 건축가들을 교육-더불어 배관공과 전기공을 대상으로 재생가능 에너지 디자인과 설치에 대한 교육 진행 • 수많은 학교에서 항의의 의미로 텅 빈 답안지를 제출함으로써 결국 14세 이하 학생들에 대한 SATS 시험이 폐지

2013 ~ 2015	· DCC는 학급 학생 수를 줄여가는 것과 동시에 교사들에 대한 교육도 강화 · 교사들이 학생들과 정원 가꾸기, 목공, 음식 만들기 등을 할 수 있도록 지원 · 학생들이 보다 다양한 경험을 할 수 있도록 탐방과 야외 교육 프로그램을 강화 · 지역의 공무원들에 대한 국가 교육도 강화 · SHDC는 지역주민들을 위한 홍수관리 교육을 포함한 만일에 사태에 대비한 재해 대비 교육을 실시−이러한 교육에 대한 사람들의 관심이 높았으며, 교육을 통해 주민들은 안전관리와 재난 시에 취약한 이웃들을 어떻게 돌봐야 하는지에 대해서도 알게 됨 · 계획은 어른인구의 25%가 재난 대비 교육을 받도록 하는 것임 · 긴급재난에 대해 어떻게 대비할 것인가에 대한 정보를 담은 전단지를 각 가정과 지역 상점에 배포 · Mansion House에서는 '공동체' 교육 프로그램을 실시했는데, 이 프로그램은 지역사회에 기반을 둔 그룹들이 어떻게 소통하고, 다른 사람의 말을 경청하며, 갈등을 해결하고, 자존감을 가지며, 다른 사람들과 함께 일할 것인가에 대해 교육 · 교육은 누구에게나 열려 있으며, 1년간의 파일럿 프로젝트 형식으로 진행
2016 ~ 2020	· 교육부는 '지역 공동체의 날'이 정착된 지역에 한해 학생들에 대한 주4일 등교를 허락−이것은 학생들이 지역 사회에서 먹을거리를 재배하고, 다양한 지역사회 활동에 참여함으로써 교실 밖 수업을 강화하기 위한 정책의 일환 · 유치원부터 6학년 과정 전까지는 국가가 제시한 커리큘럼에 제약을 받지 않고, 보다 자유롭게 교육을 진행할 수 있도록 함 · 교사들은 단체나 네트워크를 이용해 아이디어를 교환하고, '놀이와 대화를 통한 교육' 프로그램과 같은 다양한 교육을 받을 수 있음 · 지역 공동체, 사업체, 학계에서 강의나 조사를 할 수 있는 인적 자원의 다양한 참여를 통해 시민들을 대상으로 하는 교육 내용이 보다 다양하게 됨 · Mansion House에서 진행해온 '공동체' 교육이 공동체에 매우 도움이 된다는 결론을 얻음
2021 ~ 2025	· Defra가 제안한 생물다양성 조사와 관리 교육이 평균온도 상승과 홍수로 인해서 위험에 처한 종을 알리고, 보호하는 데 도움을 주고 있음 · 아이들은 자연에 대한 폭넓은 이해를 갖게 되었고, 자연과 인간이 연결된 존재라는 인식을 갖게 됨 · DCC는 지역사회 내에서 이해의 폭을 넓히고 상호 협력적인 관계를 형성하기 위해 새로운 이주자, 이민자, 지역주민들을 대상으로 '우리 모두의 경험과 지식나누기' 프로그램을 시작
2026 ~ 2030	· DCC의 어린이, 청년, 교육 지원팀을 하나로 통합해 학교와 교육에 대한 다양한 요구를 즉각 수용할 수 있도록 함 · 지역의 학교의 요청에 부응하기 위해서 교사들을 위한 다양한 창의적인 교육프로그램과 활력증진 교육을 제공 · DCC는 움직이는 도서관 서비스를 파일럿 프로젝트로 진행 · 지역에 소규모 서브 도서관을 만들고 자원봉사자들이 도서를 교환하는 방식으로 운영−특히 커뮤니티 홀을 서브 도서관으로 활용해 공간을 다양하게 활용하는 방안 모색

킨세일 에너지행동감축계획

음식(먹을거리) 분야

연도	의 제
2005	· 지역음식홍보를 위한 지역식량 담당 직원 배치 · 지역식량을 고민할 수 있는 '열린공간싱크탱크 조직(open space think tank)' · OSTT를 통하여 지역식량 파트너십 형성 · 파트너십은 지역식량 이해당사자간의 토론과 네트워크 설계 후 식량사업에 대한 개요 작성
2006	· 지역식량 실천계획 작성-지역식량 책임자와 논의, 지역식량 생산자의 목소리 반영 · 지역지침 작성-식량 관련 조달 정책 변화 도모(지역생산물의 60% 구매, 이중 40% 유기농이어야 함) · 지역식량파트너십이 슬로푸드 타운의 견인차 역할 도모 · 지역 내에서 키울 수 있는 작물 재배기술 제공 · 킨세일 지역과수원의 역할도 증진
2007	· 슬로푸드의 조타수 역할은 킨세일의 식당이 좋은 질의 먹을거리를 제공 · 지역농산물과 유기농의 질 좋은 음식의 전환 · 사람들에게 지역 농산물의 유산을 전달 · 킨세일 슬로푸드 라벨을 도입 · 킨세일 마을 홀에서 슬로푸드 만찬회 개최 · 킨세일 farmer's market은 매주 금요일에 열리고 지역 농산물과 지역이 만날 수 있는 공간이고 지역문화를 습득함 · 킨세일 마을 의회는 지역 농산물의 생산 비율이 높도록 함 · 킨세일 병원은 가능한 최대로 지역에서 생산 가능한 식품을 구입할 수 있는 정책을 도입 · 킨세일 의회는 식용가능하고 생산성이 높은 새로운 나무-과일 수 등-를 심을 수 있는 곳에 대한 지침을 만듦 · 이 지침에는 지속 가능한 실행 과정에 참여할 수 있도록 학생들의 고용 기회를 확대시킴 · 킨세일 FEC에서 배출한 학생들은 식량 정원을 실행하고 지역 지침의 모델을 사업에서 일함
2008	· 킨세일은 아일랜드의 첫 번째 슬로푸드 다운으로 형성 · 이를 축하하기 위해 슬로푸드 축제를 개최 · 마을 전면에 있는 정원에서 공동체 식량 정원 조성 · 킨세일에 이를 도입하기 위해 킨세일 지역주민에게 무료로 제공되는 1601 과실수를 심고 이 과실수를 관리할 수 있는 기술을 사람들에게 알려줌 · 슈퍼밸류 주차장은 미니 에덴동산으로 전환할 수 있도록 과실수 수목원으로 조성 · 과실수 수목원은 마을의 중요한 상징물로 관광객들에게 이목을 집중시킴 · 씨앗에서 식물로 키운 데 있어서의 번거로움을 벗어나게 해주기 위해 샐러드 및 채소 식물을 작은 화분에서 키울 수 있도록 하는 'easygarden' 지침서를 제공
2009	· 슬로푸드는 B&Bs로 라벨 표시 · 라벨 기준은 슬로 잠자리와 아침 식사를 만족시킴 · 기준은 삶의 질을 향상시키는 것으로 우선 지역적 아침식사를 제공하는 것이고 지역생산물을 위한 심사 숙고한 시장을 형성함
2010	· 2010년에 들어서 식품 조달에 있어서 다양한 변화가 나타남 · 병원과 슬로푸드 라벨, 잘 형성된 지역 농산물 시장은 지역 먹을거리를 킨세일 사람들에게 제공할 수 있는 의미 있는 기회를 제공 · 지속 가능한 킨세일을 형성하기 위한 슬로푸드 체계는 킨세일 마을에서 제초제 사용을 금지
2011	· 땅에 기반을 둔 농민들이 함께 유기농 지역 푸드 조합을 만듦 · 농법을 유기농으로 바꾸고 함께 지역 시장을 위한 유의미한 농작물 작물을 함께 고민 · 지역 푸드 조합은 유기농의 가치를 알려주고 오일 정점이후의 긍정적인 면인 신선한 음식을 제공 · 저밀도의 축산업과 방목 가축들로 면역력이 높아짐 · 자유로운 방목은 종의 다양성을 높임

2012	• tasty-town(맛있는 마을)에 대한 경쟁은 가장 상상력이 있는 방법으로 가장 좋은 먹을거리를 재배할 수 있는 마을을 보여줌으로써 국가적 도전으로 보임 • 전통 다양성과 전통적인 기술을 소생시키고 먹을거리 생산에 있어서 가장 좋은 방법을 고안함 • 연수와 교육 과정은 먹을거리 생산을 위한 혁신적이고 풍부한 킨세일 공동체 시장을 제공
2013	• 의학적인 버섯 및 맛있는 포자 개발을 위한 실험실을 설립(이러한 버섯류들은 건강에 좋음) • 개인들이 자신의 먹을거리를 재배할 수 있는 easygarden 지침서가 전반적인 공동체 구성 계획과 연계되도록 함 • Apple day가 킨세일에서 연간 축제로 개최 • 연간 축제에서 킨세일 사과의 역사를 사람들과 함께 접촉하고 킨세일의 다양성을 경축
2014	• 에너지 효율성의 이점과 지역 먹을거리 재배하는 데 있어서 grant(보조금)는 사람들에게 그들 자신의 집을 전환시킬 수 있는 유인책이 되고 기준을 제시
2015	• matchmaking service(상담소)는 땅에 접근하는 쟁점의 기초를 형성 • 더 육체적으로 활동적인 젊은 사람들은 정원이 없는 집이나 플랫에서 사는 반면, 노인들은 더 이상 돌보지 않는 정원에 달린 집에 삶 • 노인들에게 '채소 세금'을 도입해 정원의 활력을 불어넣음 • 상담소는 사람과 작업 사이에서 어떠한 문제가 발생하든지 중재자의 역할을 함
2016	• 마을에 수경재배 체계가 디자인됨 • 도시의 지속 가능한 수경 체계는 여러 방법으로 도입 • 2007년에 심은 과수는 일정한 생산성을 가져다줌(이는 사과주스, 사과즙 발효 식초의 생산을 용이하게 해줌)
2016 ~ 2012	• 공간의 다양한 조직화와 지역 먹을거리 재배의 눈에 띄는 이득은 더욱더 지역 먹을거리 재배의 문화를 확신시키는 데 도움을 줌 • 지역 먹을거리 경제의 기반과 지역의 성과를 축하하는 여러 가지 기념일을 개최하는 도시로 킨세일은 두각을 보임 • 지속 가능한 수경 체계는 신선한 물고기뿐만 아니라 킨세일 도시를 따라 흐르는 물의 소리를 들려줌

젊음과 공동체 분야

연도	의　　제
2006	• 킨세일 젊은이들로 의견 포럼을 구성 • 포럼은 젊은이들의 흥미를 형성할 수 있는 공간이고 그들이 원하는 미래상의 전망을 개념화하여 소개하는 곳으로 목표
2007	• 젊은이를 위한 사진공모전을 열어, 미래에 가능한 긍정적 전망을 형성화하고 어떻게 하는 것이 최악의 경우를 가져오는가를 제시하는 두 가지의 상(이미지)을 준비 • 국제 젊은이 컨퍼런스와 축제를 개최 • 젊은이로 하여금 긍정적인 자기 개발을 할 수 있는 기회를 제공해주고 젊은이들 사이에서 운동의 축을 형성 • 킨세일 젊은이들의 선언을 발표 • 퍼머컬처 디자인 과정에 자유롭게 젊은이들이 참여 • 지속 가능성에 관련된 영화 제작 • 지역의회에서 젊은이들의 선언을 발표 • 이를 위해 시장의 예산을 사용
2009	• 킨세일 젊은이 시장 선거는 휴대폰 혹은 무기명 투표로 진행 • 당선자는 10,000 예산안에서 자신의 공약을 실행
2010	• 킨세일 젊은이 카페를 개설 • 이 공간에서 카페기능뿐만 아니라 인터넷 공간, 다양한 문화공간으로 활용
2011	• 위의 것들을 계속해서 지원 • 세계 젊은이 컨퍼런스를 개최하여 더 많은 지속 가능한 미래를 설계할 수 있는 핵심 공간을 젊은이들에게 제공
2012	• 젊은이 교환 프로그램을 국제적으로 넓힐 수 있도록 확대

교육 분야

연도	의 제
2006	• 선생님을 위한 싱크-탱크를 구축 • 공동체 안에서 유지된 그들만의 살아 있는 기술을 학생에게 제공해주는 전통 기술과 지식을 지역 주민에게서 전수받음 • 유기농 먹을거리 재배를 하기 위한 지역학교에서 이러한 프로젝트 개시과정에서 건강과 음식에 대한 지식을 제공 • 건강에 좋은 음식을 학교에서 생산할 수 있도록 학교 교육을 강화 • 퇴비 교육을 할 수 있도록 퇴비 교육 훈련을 마련
2009	• 각 학교에서 지속 가능한 행동 계획을 발전시킴 • 에너지 사용과 음식 사용이 학교 교육에 포함되어 지속 가능한 학교가 되도록 함 • 학생들로 하여금 이 계획은 착수할 수 있도록 함 • 일주일에 사용할 수 있는 에너지의 3/4 에너지를 제공해서 에너지의 경각심을 일깨워줌 • 인근지역에 있는 다른 학교 학생들과 함께할 수 있는 포럼을 일주일간 개최하는 긴 축제기간을 둠

2012	• 그간 실천했던 것들을 평가
	  - 어떻게 작업을 수행하고 무엇이 개선되었는가?
	  - 가르침에 대한 학교 예시는 있는가?
	  - 학교 이외의 삶에서 실행 가능한 과정이 교육에 있는가?
	• 실천 기술들이 일주일 커리큘럼에 있어야 함

2015	• 지역화폐체계를 통해 학생들은 지역 교역에 관한 지식과 기술을 습득 • 실천 가능한 지속성은 졸업 시험 과목 • 학교 교육은 자기 충족적인 에너지와 먹을거리를 배울 수 있는 살아 있는 교육

수송 분야

연도	의 제
2005	• 버스 시간이 연장되고 통근자를 위한 대중교통이 개선 • 피크 타임에는 버스가 매시간 운행되는 것이 선택됨

2006	• 자전거 친화 도시를 만듦
	  - 자전거 도로가 계획됨
	  - 지역에 자전거 전용 도로 지도를 만듦
	  - 자전거의 주차와 보관소를 제공
	  - 안전 교육과 홍보를 함
	  - 자전거의 장점에 대한 경각심을 심어줌
	  - 대중교통 수단에서 무료로 자전거를 실을 수 있도록 함
	• 자동차 함께 타기를 홍보

2007	• 보행자를 위한 도로 만듦 • 아이들에게 걸어서 등교하는 것을 권함 • 도시와 마을 지역에 자전거 도로 건설 • 마차나 말을 도입해 지속 가능한 여행
2008	• 노인과 타 지역민을 위한 전기 충전식의 정기 순환 버스 도입 • 무선 전화로 호출하는 일종의 콜 차량인 dial—a—ride 버스 도입 • 바이오 디젤로 대중교통 전환
2010	• 바이오 연료 충전소를 설립 • 차고지와 버스 정류장은 지속 가능한 수송과 정보를 위해 집중적으로 전환
2012	• 언덕을 오를 수 있는 실행 가능한 케이블카 선로를 개발
2015	• 모든 주유소에 태양광 패널을 설치해서 방문자가 태양 차 배터리를 사용할 수 있도록 함
2021	• 석유에 기반을 둔 수송은 전반적으로 없어지고 지역에서 자란 식물을 통해 자기 충족적인 바이오 연료를 사용

주거 분야

연도	의 제
2005	• 현재의 건축 상황과 미래 발전 계획에 대한 개요 작성을 착수
2006	• 킨세일 마을 만들기에 누구나 참여할 수 있게 하고 열린 공간 사업을 조성 – 열린 공간 사업은 킨세일의 지속 가능한 주거를 촉진할 수 있는 실천 계획을 생산하는 데 도움을 줌 • 지역 건축가와 지역 주거 담당자, 주거 건설자 등이 모여 의견을 조율 • 다음의 사항들을 실천 계획에서 다룸 - 에너지 보존과 효율 전략 - 재생 가능한 에너지 사항 - 생태적인 건축 기법 - 킨세일에서의 역사적 자연 건설 기술 제공 - 가격이 알맞은 주택 - 현존하는 조직의 역할 - 킨세일에 맞는 지속 가능한 주거 전략을 위한 추천 목록 작성 • 지역 의회는 발전을 위한 혼합된 주거정책 대신 새로운 정책 도입 • 다른 사회경제적 그룹에 따른 '사회적 혼합'을 제공
2007	• 지속 가능한 재료와 기법을 배울 수 있도록 배움의 기회를 건축자에게 제공 • 지역적 기술과 기법을 실제적으로 사용할 수 있도록 배움 • 에너지, 쓰레기, 수송, 소비, 지역사회 등에 대한 주제들이 서로 연결되어 있음을 알려줌 • 지열과 태양을 어떻게 사용할 수 있는지를 보여줌 • 주택 담당자는 지속 가능한 건축 공법으로 건설할 수 있는 사람을 고용 • 에코 – 건축의 예를 배울 수 있는 웹 공간 등을 활용 • 이러한 교육 과정을 무료로 제공해주고 다양한 교육 과정 코스를 제공
2008	• 석유 중심의 난방시스템에서 나무 알갱이 보일러 혹은 다른 재생 가능한 에너지원으로의 전환을 보여줌 • 오래된 주택은 새로 건축하고 새로운 건물은 지속 가능성을 높임 • 도서관이나 타운홀 같이 지속 가능한 건축법을 도입 • 새로운 건축 기준에는 에너지 효율성과 지역/재생 가능한 재료 사용과 지속 가능한 디자인 공법, 패시브 태양 주택 공법 등이 포함
2009	• 실질적으로 공공건물을 지속 가능한 건축 공법으로 지어 모델을 제시(이 과정에서 학생들이 참여) • 모든 기존 건물을 파괴 혹은 수리는 재료의 적어도 20%는 재활용하여 새롭게 탄생
2010	• 킨세일 지방 의회는 다음의 공고 사항이 충족될 시에만 주택을 건립할 수 있는 새로운 기준으로 제시 - 교통: 거주자가 전반적으로 자동차에 의존하게 될 것인가? - 학교: 걸어가는가? 지역 학교는 더 많은 학생을 수용 가능한 능력을 가지고 있는가? - 지역 건물/레크리에이션 편의시설: 지역 공동체성을 고무하고 수용할 수 있는 발전 계획인가? - 지역 에너지 혹은 난방 생산: 발전계획에 이산화탄소 감축을 위한 단계 설정은 무엇인가? - 먹을거리 생산을 위한 적합한 지역은 설계적으로 고안되었는가? • 단독 주택은 엄격한 기준 내에서 허가 • 건축 쓰레기 재활용률을 20%에서 30%로 높이기
2011	• 킨세일에 지속 가능한 주거 계획의 적합한 견본을 만듦 • 주택소유자와 건설자를 위한 매뉴얼을 만듦 • 에너지 사항, 낡은 건물의 개조, 새로운 건물의 설계 등을 정리 • 건축 쓰레기 재활용률을 30%로 높임
2012	• 지속 가능한 주거 지역에서 계속해서 진행하기 • 재활용된 재료 시장에 대한 형성과 함께 건축 쓰레기 재활용 비율을 계속해서 늘리고 새로운 건축에 재활용된 재료 사용의 양을 늘리기

연도	의　　제
2006	• 웹 정보를 7가지 현실적인 항목에 따라 현실에서 쓰일 수 있도록 웹 사이트를 만듦 　1) 오락 　2) 뉴스와 미디어 링크 　3) 여행 링크 　4) 자동차 서비스 및 자동차 링크, 자동차 보험 　5) 지방정부와 중앙정부의 서비스 링크 　6) 일반 사항 링크, 도움란, 개선란 등 　7) 지역 공동체 링크 • 여기에 재활용, 무료 사용란을 추구 • 지역 공동체 조직을 포함시킴
2007	• 요구란과 지역 시설 사용에서 필요한 란을 추구 • 자발적인 자원봉사란을 추구 • 지역 선생님, 학교, 학생의 도움을 받아 웹 정보를 홍보하고 대중적으로 만듦 • 이메일 토론 포럼 단체를 조직 • 의견란을 만들어서 지역의 중요한 이슈 등에 대한 여러 의견을 피드백하여 의견을 수렴
2008	• 웹 사이트를 대중적으로 홍보 • 공동체 조직 자원 교환 네트워크(community organisations resource exchange)를 만들어 지역 내의 자원들을 서로 공유 • 지역의 자원을 서로 이용함으로써 온라인에서 공동체 신용을 쌓음. • 자원 공동 관리에 대한 상세한 정보를 제공하여 온라인에서 서로 교환 • 자원 공동 관리를 위해 쿠폰 제도를 도입
2009	• 킨세일 시간 은행제도를 도입해 지역주민이 원하는 다양한 프로그램을 구비 • 시간 은행 원칙 　1) 자원봉사 노동은 동일한 가치로 측정(한 시간의 자원봉사=숙련도를 고려하지 않은 한 시간의 신용) 　2) 각자의 기여도는 특별하게 취급 　3) 기부자의 시간 기부는 공식적으로 체크(개인 시간은행은 정기적으로 '내역서'를 발급) 　4) 필요가 발생한다면 기부자는 후에 도움을 요청하고 우선권을 가짐(신용은 '소비된' 것 이런 방식으로 시간은행은 사회적 보험형태로 제공) 　5) 신용은 기부되거나 다른 계좌로 이전[예를 들면, 노인 가족 구성원들에게 중앙 신용 풀(pool)제도 혹은 다른 지역의 시간은행으로 이전될 수 있음] 　6) 따라서 시간 신용은 이자 혹은 현금으로 저장할 수 없고 단지 상수로 남음
2010	• 온라인상의 개인 계좌를 활성화 • 쓰지 않고 모아둔 것에 대해서는 마이너스 수수료를 붙임 • 은행뱅크에 모아둔 것은 사회적 약자를 위해 우선적 사용권을 가지고 있고, 그렇기 때문에 자원 공동 관리는 공동체의 장점을 극대화시켜줌
2011	• 지역의 다양한 모임들이 공동 출자의 형태로 자원 공동 관리 제도를 이용 • 이러한 활성화는 지역의 신용을 더욱 높여줌
2012	• 지역 신용은 종이로 된 화폐형태로 유통 　1) 계좌 소유자는 지역 신용을 현금으로 인출 　2) 지역 신용은 가치 있는 지역 프로젝트와 직접적으로 공동체 활성화를 위한 기금으로 순환 　3) 이자 없는 대부가 지역 신용으로 가능 • 지역 신용은 공공적인 만남을 확대 • 개인적인 교환과 유익한 공동체 활동으로 지역 화폐는 더욱 활발하게 순환
2013	• 파산된 병원도 지역 신용 화폐로 병원을 되살림
2014	• 풍부한 지역화폐로 전통 기술과 공예품 등 활성화
2016	• 국제적 연금 기금이 붕괴되면 지역 신용은 이를 대신하여 지역적 연금 서비스를 제공
2019	• 새로운 지역 화폐 네트워크의 개척을 킨세일이 주도

연도	의 제
2006	· 건강 관련한 모든 분야가 직면한 문제와 가능한 방안을 여러 다른 단체들이 모인 자리인 킨세일 건강 포럼을 개최하고 조직 · 이슈화된 사고와 전략을 고안하고 방안을 찾을 수 있는 정규적인 모임을 지속 · 약초학/한방학(herbal medicine) 과정은 서로 분리된 기존 의학과정을 통합하는 지침서를 제공
2007	· 미술 치료법과 지역 치료와 의사 등의 다양한 의료기법이 결합될 수 있는 조직을 건설 · 슬로푸드 축제를 개최함으로써 건강한 유기농식품의 경각심을 높여줌 · 어린이들에게 식이요법과 건강 관련 문제들에 관심을 가질 수 있도록 교육 · 걸어서 등교하기 등을 통해 건강 교육 도입 · 킨세일에 맞는 약초학 형성 · 킨세일 자연 건강 참여 계속 발전시킴 · 병원 경영은 탄소 제로 병원을 만드는 것을 목표로 재생 가능한 계획에 의해 건물 관리 · 지역과 통합된 건강 센터에서 의사들과 함께 작업 · 질병치료에서 건강 촉진으로 목표 재설정 · 개인 생애사, 의학 역사, 독성물질의 노출 정도, 가족사 등을 고려한 치료방법 개발 · 개인에 맞는 치료법 만듦 · 요가와 같은 다양한 치료 공간을 만듦
2009	· 정치인과 의학인에게 1차적 건강관리 프로그램을 계획할 수 있도록 설득 · 지역 보건, 간호사, 복지 및 사회 관리 노동자뿐만 아니라 환자 등이 참여하는 의학 계획 성립
2010	· 약초학 농가는 치료 약초를 통해 지역 고용과 수입원천을 제공 · 지역사람들이 참여하여 토론할 수 있는 건강 패널 구성 · 이러한 과정은 지역주민에게 권한을 주고 지역 공동체의 네트워크를 강화
2011	· 지역학교는 학교 식단에 지역에서 생산된 유기농산물을 사용 · 지역 생산자, 선생님, 영향가, 다른 공급자 등이 참여하여 지역 먹을거리 문제를 토론 · 이곳에서 지역 농산물 공급 가능한 체계를 형성 · 통합된 지역 건강 센터는 공동체 건강관리를 위한 모델이 됨 · 선구자들이 제시한 모델은 이제 현실과 맞지 않게 되어 새로운 계획이 조정
2012	· 건강관리에 대한 핵심이 새롭게 재구성 · 전통적인 관습과 대안적인 건강법, 공학적인 치유법에서 조합에 의해 설계 · 지역과 자연적 재료를 사용한 건축은 어떠한 독성물질로부터 자유로움 · 건물과 그곳의 정원에서 의약용 식물이 조화됨
2012 ~ 2021	· 건강 센터는 계속해서 강화 · 약물 처방은 줄어들고 일반적 질병은 지역적으로 생산된 약물을 사용에 의해 치유 · 지역에서 생산한 먹을거리 사용의 증가는 아이들의 질병이 줄어듦

연도	의 제
2006	• 에코관광 사무소에 지역민들이 고용되어 지속 가능한 관광을 위한 교육과 서비스를 제공 • 저에너지에 기반을 둔 잠재적인 관광업을 공개적으로 토론하는데 많은 지역주민들이 참여 • 에코광관을 위한 기본 원칙 - 최소한의 영향 - 환경 경각심과 환경 존경심 만들기 - 방문객과 지역주민 모두를 위한 유용한 경험 제공 - 보존을 위한 직접적인 재정적 장점 제시하기 - 지역주민을 위한 역량 강화와 재정적인 장점 제시하기 - 지역주민의 지역 정치, 환경과 사회적 기후에 대한 감각 고양시키기
2007	• 에코관광 기준이 지역주민의 이해관계와 만날 수 있도록 전환계획 프로그램 보여주기 • 식당가에 슬로푸드 목표를 실행 • 지역의 지속 가능한 먹거리 실행
2008	• 비즈니스업에 녹색 승인을 적용하여 관광객들에게 숙박업을 제공해주는 이들에게 환경적 고려를 할 수 있게 함 • 학생들로 하여금 지역에 적합한 숙박업을 고민하게 하기
2009	• 마을에 식용 가능하고 실행 가능한 정원 풍경 형성 • 마을 정원은 지역 숙박업 제공자들에게 음식 공급을 할 수 있고 손님들은 지속 가능한 먹을거리 생산을 배우고 그들에게 제공되는 음식이 어디에서 올 수 있는지를 볼 수 있음
2010	• 관광객에서 이전의 마을 조성이 더 이상 매력적이지 않게 되고 건물이 더 이상 지속 가능한 목적에 맞지 않는다면 그 이상의 계획이 고안되어야 함 • 이러한 계획 중 슬로시티로의 전환은 관광업을 더욱 확대
2015	• 킨세일의 식당에서는 슬로푸드 메뉴가 구비 • 아일랜드의 슬로푸드 중심가라는 타이틀이 촉진되고 슬로푸드 축제가 매년 열림 • 슬로푸드와 공정 무역을 지지하고 질적 음식을 제공하는 중심지가 됨
2020	• 킨세일은 아일랜드의 대표적인 지속 가능한 마을로 인식하고 이러한 다양한 기본 사상들이 알려짐
2021	• 지속 가능한 킨세일 도시에 대한 승인은 지속 가능한 관광업의 실행에 관심이 있는 다른 지역과 비즈니스에 경각심을 전해줌

쓰레기 분야

연도	의 제
2006	· 제로 쓰레기 관리를 통해 쓰레기 전략 계획을 전개 · 쓰레기 처리과정과 쓰레기에 대한 교육을 시작 · 대중 언론과 영화 등을 통해 홍보 · 지역 의회는 유리와 플라스틱, 캔을 수집할 수 있는 체계 구축 · 생물분해 가능한 쓰레기는 지역사회의 에너지원을 생성 · 학교에서 재활용 쓰레기에 대한 경각심을 심어줌
2007	· 가정/호텔/식당/학교 등은 그들의 퇴비 시스템을 고안할 수 있도록 함 · 쓰레기통은 재활용 가능한 물질로 만듦 · 생분해 마대를 이용해 차도 가장자리의 휴지통으로 사용 · 수거대상에 따라 쓰레기통을 다양화 · 지역 마켓은 포장지를 최소화하고 재활용 수거통 구비
2008	· 농업 쓰레기를 처리할 수 있는 방법을 고안 · 사람들에게 퇴비 방법을 고안할 수 있도록 알려줌 · 퇴비는 학교 정원에 사용
2009	· 쓰레기 사용을 통해 에너지를 발열할 수 있는 방안을 고안 · 미생물에 의한 혐기성 소화에 의해 쓰레기를 처리하는 방안 도입
2010	· 제로 쓰레기 경영은 농업작물의 잔여물인 볏짚을 통해 종이를 생산할 수 있는 방안을 고안 · 마 수확으로 섬유를 생산
2011	· 제로 쓰레기 경영과 지역의 관계자들이 함께 마 생산을 도모
2012	· 지역 종이 생산을 위한 식물 재배는 지역에서 활성화
2012~2021	· 지역의 지속성과 관련된 쓰레기 처리에 대한 방안이 계속 고안

에너지 분야

연도	의 제
2005	· 실질적인 에너지 절약을 할 수 있는 정보 제공 · 지속 가능한 에너지 공급원을 지원
2006	· 에너지평가표 도입 · 새로운 엄격한 단열 기준이 도입 · 이중창문과 단열재 지붕을 사용 · 풍력발전 지대에 맞는 적합한 곳에 조합을 건립하고 발전시킴
2007	· 거주자들이 에너지 효율을 높일 수 있는 방안을 고안 · 열병합 발전소를 고안 · 풍력발전 조합에서 발전소 건립을 추진 · 태양 패널을 식당과 호텔 등에서 사용
2008	· 열병합 발전소를 지음 · 바이오매스 이용 증진
2010	· 에너지 평가표에 의해 설계된 건물의 에너지 목표치 강화 · 태양열 온수 공급을 늘림
2015	· 풍력발전소의 비율을 늘림 · 혐기성 미생물 소화와 다양한 생물학적인 방법을 통한 에너지원을 더욱 늘림
2021	· 재생 가능한 에너지원으로부터 열과 발전을 할 수 있는 아일랜드의 첫 번째 마을이 됨 · 이는 탄소제로 마을이 되는 것임

참고문헌

- 가토 토시하루, 운전우, 제진수 역(2006). 『에코머니』. 이매진.
- 경기도(2013). "2013년 경기도 지방재정공시자료"
- 경기도의회(2011), 『기후온난화와 석유정점시대에 대비한 도시환경정책에 관한 연구』.
- 경기도의회(2013). 『경기도 토지·주택정책의 공공성 확보방안』.
- 경향신문 2011. 6. 16.
- 고병호(1994. 12). "지역개발이론의 체계적 접근과 새로운 패러다임의 형성에 관한 연구."『한국지방자치학회지』. 6권 2호.
- 구춘권(2000), 『지구화, 현실인가 또 하나의 신화인가』, 책세상.
- 국중광 외(2007), 『한국 생태공동체의 실상과 전망』, 월인.
- 국중광·박설호(2005), 『새로운 눈으로 보는 독일 생태공동체』, 월인,
- 김공회 역. 2004. 『탈세계화』. 잉걸.
- 김귀순(2003), 『세계의 생태마을을 찾아서』, 누리에.
- 김기섭(2009), "시민사회, 대안적 시장을 말하다", 생명평화 <공명(준)>, 『생명운동의 경제적 대안을 탐색하는 호혜경제 워크숍자료집』.
- 김석진(1999), 『대산주역강의』, 한길사.
- 김성균(2002), "한국 공동체의 흐름과 스펙트럼", 한국지역사회개발학회, 『지역사회개발연구』 제27권 제2호.
- 김성균(2009), "지역사회 연구영역의 재탐색과 의미", 『독일문학, 그리고 생태주의』, 한신대학교 출판부.
- 김성균(2009), "풀뿌리 자치", 『한국NGO연감』, 한국시민사회단체연대회의.
- 김성균(2009). 『에코뮤니티』. 이매진.
- 김용웅 외2인(2003). 『지역발전론』, 한울.
- 김정태·홍성욱(2011). 『적정기술이란 무엇인가』. 살림.
- 김주환(2012). "신자유주의 사회적 책임화의 계보학 : 기업의 사회적 책임 경영과 윤리적 소비를 중심으로,"『경제와 사회』, 통권96호.
- 김형아·신명주(2005). 『박정희 양날의 선택』. 일조각.
- 뉴튼(2007. 8). "기후온난화."『Newton』.
- 다다 마헤사와라난다, 다다 찻따란잔아난다 역(2003).『건강한 경제모델 프라우트가 온다』. 물병자리.
- 데이비드 하비, 임동근, 박훈태, 박준 역(2010), "공간이라는 키워드."『신자유주의 세계화의 공간들』. 문화과학사.
- 데이비드 하비, 최병두 역(1983). 『사회정의 도시』. 종로서적.

- 도넬라 H, 김병순 역(2012), 『성장의 한계』, 갈라파고스.
- 마르쿠스 슈뢰르, 정인모·배정희 역(2010). 『공간, 장소, 경계』. 에코리브르.
- 모심과 살림연구소(2004). "삼재론," 『살림의 말들』.
- 문순홍(1999). 『생태학의 담론』. 솔.
- 밀 브래스, 이태진 역(2001), 『지속가능한 사회』. 인간사랑.
- 박미혜·강이주(2009). "윤리적 소비의 개념 및 실태에 관한 고찰", 『환경생활과학회지』. 제18권 5호.
- 박서호(1993. 2). "사회와 공간간의 관계에 관한 연구 : 조선시대 문중마을을 대상으로." 서울대학교 대학원 박사학위논문.
- 생태공동체운동센터(2004), 『한국의 공동체와 공동체운동』.
- 서울경제 2011. 10. 21.
- 송명규·단국대학교 지역연구소(2000). 『생명 지역주의의 이론과 실천 : 산안마을을 중심으로』. 한국학술진흥재단.
- 스티븐 랩 외, 김명철 역(2006). 『오일의 경제학』, 세계사.
- 시장경영진흥원(2012). 『2012년도 전통시장 및 점포경영 실태조사』.
- 신상섭(2007). 『한국의 전통마을과 문화경관 찾기』. 대가.
- 신세계유통산업연구소(2012. 11). 『2013년 유통업 전망』.
- 아르마티아 센, 이상호(1999). 『불평등의 재검토』. 한울.
- 아르마티아 센, 박순성 역(1999). 『윤리학과 경제학』. 한울.
- 알도 레오폴드, 송명규 역(2000). 『모래군의 열 두달』. 따님.
- 양준호(2011). 『사회적 기업』. 두남.
- 오귀스탱 베르크, 김주경 역(2001). 『대지에서 인간으로 산다는 것』. 미다스북스.
- 요시다 타로, "유기농업으로 나라가 변한다", 『녹색평론』 2002년 11월~12월 통권 제67호.
- 우실하(1989), 『한국문화의 구성원리』, 연세대학교 박사학위논문.
- 위원학(1993). 『택리지연구』. 신양사.
- 유정길(1993. 5). "생태적 지속가능한 사회로서 계획공동체의 모색." 한국불교사회연구소. 『서원과 연대』.
- 유정길(1996). "생태적 대안사회외 공동체운동." 『환경논의의 쟁점들』. 나라사랑.
- 윤길순·김승욱 역(2001). 『위대한 전환』. 동아일보사.
- 이기옥·고철환(2001). 『공동체경제를 위하여』. 녹색평론사
- 이반 일리치, 박홍규(2010). 『절제의 사회』. 생각의 나무.
- 이반일리치, 박홍규(1973). 『절제의 사회』. 생각의 나무.

- 이영진(2007). "풍수지리를 통해서 본 마을의 공간개념." 『공간과 문화』. 민속원.
- 이유진(2007). 『동네에너지가 희망이다』. 이매진.
- 이정전(1993), "주류경제학의 가격결정이론." 『두 경제학의 이야기』, 한길사.
- 이중환(1993). 『택리지』. 을유문화사.
- 임경수(2003), 『퍼머컬처 디자인』, 이장 미디어사업부.
- 장시복. 2005. "신자유주의 세계화와 세계자본주의 거버넌스." 『신자유주의와 세계화』. 한울.
- 전재호(2000). 『반동적 근대주의 박정희』. 책세상.
- 정규호(2008). "생태적 (지역)공동체운동의 의미와 역할과 과제." 『경제와 사회』. 여름호 제78호.
- 존 S, 드라이제크, 정승진 역(2005). 『지구환경정치학담론』. 에코리브르.
- 조순(1995), 『경제학원론』, 법문사.
- 조이제 · 카터 에커트(2005). 『한국 근대화, 기적의 과정』. 월간조선사.
- 존 랩, "식량, 빈곤, 생태주의 쿠바와 베네수엘라가 길을 열다", 『녹색평론』 2007년 5월~6월 통권 제94호.
- 주성수 · 정상호 편(2006), 『민주주의 대 민주주의』. 아르케.
- 주요섭(2005), "동도동기의 생태담론을 위한 시론," 모심과 살림연구소, 『모심과 살림 총서1 : 모심시』.
- 진용선(1999). 『동강아리랑』. 수문출판사.
- 참여연대(2010). "SSM 골목상권 침투, 18대 국회는 무엇을 했나?." 『참여연대 이슈리포트』. 참여연대 민생희망본부.
- 최길성 역(1990). 『조선의 풍수』. 민음사.
- 최창조(1985). 『한국의 풍수지리사상』. 민음사.
- 칼 폴라니, 홍기빈 역(2009). 『거대한 전환』. 길.
- 콜린 워드, 김정아 역(2004). 『아나키즘, 대안의 상상력』. 돌베게.
- 토트네스 내부자료(2008.8). "Transition Initiatives Primer."
- 파울 에킨스(1995), "발전의 지속 가능성 조건", 『지속 가능한 사회를 향한 생태전략』, 나라사랑.
- 편의점 운영 동향 2011.
- 폴 에킨스(1993, 6). "생명의 경제(3)." 『녹색평론』. 녹색평론사.
- 하나금융그룹(2011). "SSM(기업형 슈퍼마켓) 산업 현황과 전망." 『하나산업정보』.
- 하승수(2007). 『지역, 지방자치 그리고 민주주의』, 후마니타스.
- 한광용(2007). "생태공동체의 생활교육." 국중광 엮『한국생태공동체의 실상과 전망』. 월인.
- 헬레나 노르베리 호지 / ISEC, 이민아 역(2000). 『허울뿐인 세계화』. 따님.
- 헬레나 노르베리 호지, 김영옥 역(2012). 『행복의 경제학』, 중앙북스.

- 헬레나 노르베리 호지. 퍼터 고어링, 존 페이지, 정영목 역(2003). 『모든 것은 땅으로부터』. 시공사.
- 홍연금·송인숙(2010. 6). "우리나라 윤리적 소비자에 대한 사례연구", 『소비자문화연구』, 제13권 제2호.
- 황선애(2005). "독일 생태공동체의 가족과 젠더", 국중광·박설호, 『새로운 눈으로 보는 독일 생태공동체』. 월인.
- 휴 위릭, "쿠바의 유기농업 혁명", 『녹색평론』 2000년 1월~2월 통권 제50호.
- GS디테일(2012. 12). 『GS리테일 사업보고서』.
- sbs. (2008.6.8), "SBS 스페셜 : 행복실험실 자연주의 마을 토트네스".
- 문순홍(1999). 『생태학 담론』. 솔.
- 김성균(2013). "생태적 재지역화", 『녹색당과 녹색정치』. 아르케.

- Aldo Leopold(1949). 『A Sand County Almanac, and Sketches Here and There』. Oxford University Press.
- Alexander, Donald(1990, SOmmer). "Bioregionalism : Science or Sensibility?" 『Environmental Ethics 12』.
- Arne Naess(1995). "The Deep Ecological Movement : Some Philosophical Aspect." George Sessions ed., 『Deep Ecology for the Twenty - First Century』. Shambhla.
- Arne Naess(1995). "The Shalloe and the Deep, Long-Range Ecology Movement." Alan Drengson & Yuichi Inoue eds., 『The De대 Ecology Movement』. North Athlantic Books.
- B. Devall & G. Session(1985). 『Deep Ecology』. Peregrine Smith Books.
- Berg, Peter and Raymond Dasmann(1978). "Reinabiting California." Peter Berg ed., 『Reinhabiting a Separate Country ; A Bioregional Anthology of Northern California』. Planet Drum Foundation.
- Berg, Petet(1982). "Developing beyond Global Monoculture." 『CoEvolution Quarterly』. 32.
- Bordo, Michael D. 2002. "Globalization in Historical Perspective." Business Economics. January, pp.20-29.
- D. Harvey(1973), Social Justice and the City, Edward Arnold.
- Diana Leafe Christian(2003), Cresting a Life Together, New Society Publishers.
- Hildur Jackson & Karen Svensson(2002), Ecovillage Living, Green Books.
- IPCC(2007), 『IPCC제4차보고서』.
- J. Hicks, Value and Capital, (Oxford: Clarendon, 1948), p.172. H. E. Daly and J. B. Cobb, For The Common Good, Beacon Press, 1989, pp. 69- 76.
- Jackson, Hildur & Svensson, Karen(2002). 『Ecovillage Living』. Green Books.

- Jacqi Hodgson & Rob Hopkins(2012). 『Transition in Action Totnes and District : An Energy Descent Action Plan』. Transition Town Totnes.
- Jan Martin Bang(2005), Ecovillage, New Society Publishers.
- John Friedmann(1966). 『Regional development Policy』. MIT Press.
- John H. Dunning(1993), The Globalization of Business, Routledge.
- Kinsale Furture Education Collage(2005). 『Kinalse 2021 : An Energy Descent Action Plan』.
- Kirkpatrick Sale(1991). 『Dwellers in the Land : The Bioregional Vision』. New Society Publishers.
- Richard Heinberg(2005), The Party's Over: Oil, War and the Fate of Industrial Societies, New Society Publisher.
- Rob Hopkins(2008), 『The Transition Handbook』, Green Books, p. 75.
- Rob Hopkins(2008), The Transition Handbook, Green Book.
- Rob Hopkins(2008). 『The Transition Handbook ; From Oil Dependency to Local Resilience』. Green Books.
- Rob Hopkins(2009), The Transition Timeline, Green Book.
- Rob Hopkins(eds),(2005), Kinsale 2121 : An Energy Descent Action Plan. Kinsale Further Education Collage.
- Rosemary Morrow(1993), Earth User's Guide Permaculture, Kangaroo.
- Salah El Serafy, The Proper Caculation of Income from Depletable Natural Resources, Y. I. Ahmad, S. El Serafy, and E, Lutz, (eds), Environmental Accounting for Sustainable Development, Washington D. C., World Bank, 1989,
- Thomas Berry(1990). The Dream of the Earth. Sierra Club Books.

- http://energiewende.wordpress.com/
- http://totnes.transitionnetwork.org/
- http://www.transitiontowns.org.nz/
- http://www.transitiontowns.org/

색인

인물

분명한 전환

생태적 재지역화 개념, 이론 그리고 모색

초판인쇄   2015년 3월 12일
초판발행   2015년 3월 12일

지은이   김성균
펴낸이   채종준
펴낸곳   한국학술정보㈜
주소   경기도 파주시 회동길 230(문발동)
전화   031) 908-3181(대표)
팩스   031) 908-3189
홈페이지   http://ebook.kstudy.com
전자우편   출판사업부 publish@kstudy.com
등록   제일산-115호(2000. 6. 19)

ISBN   978-89-268-6845-4 03330

이 책은 한국학술정보㈜와 저작자의 지적 재산으로서 무단 전재와 복제를 금합니다.
책에 대한 더 나은 생각, 끊임없는 고민, 독자를 생각하는 마음으로 보다 좋은 책을 만들어갑니다.